本项目承蒙

厦门大学研究生院
厦门大学中国东南文化研究实习基地

资助
谨致谢忱

|厦门大学人类学与民族学系田野调查报告丛书之五|

闽南陈坑人的社会与文化

余光弘　杨晋涛　主编

厦门大学出版社
XIAMEN UNIVERSITY PRESS
国家一级出版社
全国百佳图书出版单位

目 录

第一章 导 言..(余光弘)1
　附录一　金门位置图.. 6
　附录二　陈坑位置图.. 8
　附录三　陈坑示意图.. 10
第二章　陈坑聚落农业的发展和变迁..............................(王世伟)12
　一、自然生态环境和土地所有制................................ 13
　二、1949年前的传统农业...................................... 17
　三、1949年后的农业状况...................................... 22
　四、变化与影响.. 36
第三章　陈坑村传统牵网渔业....................................(徐春晨)41
　一、渔　具.. 42
　二、网组组成.. 51
　三、牵网过程.. 56
　四、渔获处理.. 63
　五、网组账目.. 67
　附录一　陈坑村6家牵网网组人员............................... 73
　附录二　网账簿日期格式...................................... 74

1

闽南陈坑人的社会与文化

第四章　陈坑的战地商业 …………………………（林晓露）76
　一、战地商业发展………………………………………… 77
　二、军民交易……………………………………………… 83

第五章　陈坑的战地生活 …………………………（付明晴）95
　一、1949年前的衣食住行 ………………………………… 96
　二、1949年前的生计 ……………………………………… 100
　三、1949年后的货币及物资供应 ………………………… 106
　四、1949年后的衣食住行 ………………………………… 109
　五、1949年后的生计 ……………………………………… 117
　六、"小额贸易" …………………………………………… 119

第六章　陈坑聚落旅游景观的营造…………………（吴应其）124
　一、陈坑发展旅游的优势 ………………………………… 125
　二、休闲渔业的兴起 ……………………………………… 129
　三、洋楼及周边景区的开发 ……………………………… 137
　四、旅游景观营造中的缺憾 ……………………………… 143

第七章　陈坑的人口与家庭 …………………………（郑　杰）149
　一、人口结构 ……………………………………………… 150
　二、家庭结构 ……………………………………………… 161
　三、分　家 ………………………………………………… 170
　四、老人赡养 ……………………………………………… 174
　附录　陈坑村基本家庭调查表 …………………………… 179

第八章　陈坑的战地军民关系 ………………………（吴亚芳）181
　一、财产侵害 ……………………………………………… 182
　二、民防组训 ……………………………………………… 187
　三、对生计、生活的影响 ………………………………… 191
　四、军民的情感纠葛 ……………………………………… 197
　五、司令官的作为 ………………………………………… 200

第九章　陈坑的宗族 …………………………………（商艾思）206
　一、宗族的形成与发展 …………………………………… 207

二、宗族的标志 ……………………………………… 210
三、宗族的祭祖活动 …………………………………… 219
四、宗族关系 …………………………………………… 227
　附录一　陈坑陈氏系谱图 …………………………… 234
　附录二　族产分布图 ………………………………… 292

第十章　陈坑的家庭宗教 ……………………（陈婷婷）293
一、家　宅 ……………………………………………… 294
二、安　符 ……………………………………………… 304
三、净　油 ……………………………………………… 304
四、祭　祀 ……………………………………………… 307
　附录一　木师师傅所列掀梁典礼的备办物品 ……… 324
　附录二　一户人家寄后土的备办物品 ……………… 325

第十一章　陈坑的聚落宗教 …………………（钟鹭艺）326
一、宫庙与五方 ………………………………………… 327
二、村庙管理 …………………………………………… 334
三、聚落性宗教活动 …………………………………… 339

第十二章　陈坑的岁时祭仪和供品 …………（史艳兰）352
一、陈坑的岁时祭仪 …………………………………… 353
二、岁时祭仪中的供品 ………………………………… 358

第十三章　陈坑村的辟邪物 …………………（周　璐）381
一、分布概况 …………………………………………… 382
二、村落辟邪物 ………………………………………… 386
三、民宅辟邪物 ………………………………………… 389
四、辟邪物的设置 ……………………………………… 402

第十四章　陈坑村的婚俗及其变迁 …………（郭仙芝）408
一、订婚前的准备 ……………………………………… 409
二、结婚前的准备 ……………………………………… 415
三、婚　礼 ……………………………………………… 422
四、婚后仪式 …………………………………………… 430

第十五章　陈坑的生育与养育习俗……………………（刘　芳）434
- 一、祈子习俗 …………………………………………… 435
- 二、生育与养育相关的神明 …………………………… 438
- 三、祈生巫术 …………………………………………… 439
- 四、孕产习俗 …………………………………………… 444
- 五、抚育婴幼儿风俗 …………………………………… 447
- 六、幼儿疾病的民间疗法 ……………………………… 450
- 附录一　小儿冲犯关煞便览 …………………………… 457
- 附录二　落花园诵词 …………………………………… 459
- 附录三　十二月栽花歌 ………………………………… 461

第十六章　陈坑的外来媳妇………………………………（陆　姣）464
- 一、研究意义及资料概述 ……………………………… 466
- 二、文化适应 …………………………………………… 468
- 三、心理调适 …………………………………………… 473
- 四、经济适应 …………………………………………… 481

图表目次

表 2-1	种植户农机资本投入		表 12-1	金纸
表 2-2	2010 年高粱、小麦种植现金投入		表 12-2	银纸
			表 12-3	纸钱
表 2-3	1949 年前主要农作物及其生长周期		表 13-1	陈坑村辟邪物的种类及数量
表 2-4	1949 年后主要农作物及其生长周期		表 13-2	瓦将军
			表 13-3	烘炉
表 3-1	牵网上船人员职称		表 13-4	石敢当
表 4-1	1959—1991 年陈坑村开业商家数量及类别		表 13-5	照墙
			表 13-6	照镜
表 7-1	正义里历年人口数统计表		表 13-7	山海镇
表 7-2	性别统计表		表 13-8	八卦类辟邪物
表 7-3	年龄与性别统计表		表 13-9	盆栽类辟邪物
表 7-4	年龄、教育与性别统计表		表 13-10	网袋
表 7-5	年龄、职业与性别统计表		表 13-11	剑狮
表 7-6	陈坑村家庭结构表		表 13-12	其他辟邪物
表 7-7	陈坑村家庭类型表		表 14-1	订婚礼篮内容
表 7-8	陈坑村老人的奉养方式		表 16-1	外籍与大陆（含港澳）配偶人数
表 7-9	陈坑村老人的居住方式		表 16-2	金门县各乡镇大陆及外籍配偶人数统计表
表 9-1	"十三陈"			
表 9-2	"十三股"			
表 11-1	甲、房祧与神辇		表 16-3	陈坑外来媳妇统计表
表 11-2	建醮科仪简述			

图 2-1	吊鸟			之人员配置
图 2-2	甘薯擐		图 3-18	布网顺序
图 2-3	麦梳		图 3-19	腰枷
图 2-4	植小竹当防风墙		图 3-20	腰枷使用方法
图 2-5	浇灌菜地的 PE 塑胶软管		图 3-21	每日账目
图 2-6	机耕菜地		图 4-1	1959—1991 年陈坑村开
图 2-7	整耕高粱地			业商家分布图
图 2-8	撒播高粱		图 5-1	番信
图 2-9	高粱地驱鸟的冲天炮		图 6-1	陈坑海滩
图 3-1	牵网渔船基本结构		图 6-2	沙滩牵罟
图 3-2	船眼		图 6-3	海滩花蛤季
图 3-3	大橹		图 6-4	陈景兰洋楼
图 3-4	橹眼		图 7-1	不同年龄段的人口分布
图 3-5	橹得与橹槛		图 7-2	年龄与性别统计图
图 3-6	槛橹		图 7-3	阉书
图 3-7	渔网		图 9-1	民房上的"颍川衍派"
图 3-8	渔网水平剖面图		图 9-2	"太子太傅"灯号
图 3-9	浮子、陶坠与浮筒		图 9-3	新近修缮的南方宗祠
图 3-10	网片		图 9-4	北方宗祠
图 3-11	仙鹤寺旁的石头槽		图 9-5	北方宗祠正厅
图 3-12	网索、槽头与浮竿		图 9-6	《前山房私谱》
图 3-13	"必精"网组头家成员		图 9-7	《竹北东势金门陈坑八
图 3-14	"石头皮"网组头家成员			郎公宗派陈氏族谱》
图 3-15	"新进"网组头家成员		图 9-8	祖厝之一
图 3-16	5 人上船之人员配置		图 9-9	祖厝内的牌位
图 3-17	1960 年前后 6 人上船		图 10-1	金花、梁伞
			图 10-2	祖龛前的双耳炉

图 10-3	天公炉	图 13-9	镜与网袋
图 10-4	新式的铜色荐盒	图 13-10	剑狮
图 10-5	纸扎的七娘妈亭	图 13-11	独特的新型辟邪物
图 10-6	前世父母	图 14-1	三色花
图 10-7	前世配偶和神明共享神龛	图 14-2	礼篮
		图 14-3	双喜巾
图 11-1	暗神	图 14-4	喜饼盒上订婚卡
图 11-2	拜水龙宫	图 14-5	婚床和床头巷
图 11-3	监筵	图 14-6	福禄寿和母舅联
图 12-1	拜车祭仪及供品	图 14-7	新婚家庭客厅布置
图 12-2	七娘亭	图 14-8	新娘灯和新郎灯
图 12-3	蒸糕容器	图 14-9	花帕和余思裙
图 12-4	发糕	图 14-10	现在的带路鸡
图 12-5	红粿及其模型	图 15-1	花帕
图 12-6	祖先祭日中的供品	图 15-2	余思裙
图 12-7	七夕供品与麻油饭	图 15-3	莲招花
图 13-1	陈坑村辟邪物分布图	图 15-4	镇杀(煞)符
图 13-2	南方风狮爷	图 15-5	保胎符
图 13-3	观音石	图 15-6	风葱
图 13-4	瓦将军	图 15-7	还魂草
图 13-5	石敢当	图 15-8	符袋
图 13-6	照墙尺寸规则	图 15-9	符袋
图 13-7	山海镇	图 15-10	古币挂串、符袋
图 13-8	八卦镜		

第一章

导　言

◎ 余光弘

　　陈坑位于金门岛正中央的南侧,是居民以陈姓为主的单姓村,村中其他姓氏的居民大约仅有一成。陈坑陈氏一族相传宋时自晋江围头的陈卿村迁入,故初期沿称陈卿,另有上坑、顶坑等数种旧称,1960年被改成成功,现在的行政区划属于金门县金湖镇正义里。正义里下辖 19 邻,分布在陈坑、尚义、夏兴三个自然村,其中陈坑是人口最多的村,共占有 13 邻,估计人口数在 1500 人左右。陈坑东距金湖镇治所在的山外约三公里,西距金门县治所在的金城约八九公里,每日有数班公交车,往返山外、金城、水头码头及机场,交通称便。

　　依山傍海的陈坑昔时兼营农耕与渔业,农业以旱作杂粮的栽培为主,地曳网(俗称牵网或牵罟)渔业曾经十分兴盛,但是农渔营生所获仅供陈坑人勉强维持温饱。1949 年大批军队进驻金门后,为供应军人的日常消费,村人曾以种植蔬菜换取现金。1959 年至 1989 年间,位于陈坑海滨的陈景兰洋楼成立"金门防卫部官兵休假中心",每日都有大批军人住宿,带动陈坑商业活动蓬勃的发展。休假中心关闭后,陈坑逐渐回复往昔清静;近年陈景兰洋楼经过整修后,开放作为旅游景点,来往的游客也日渐增多。

厦门大学人类学系的研究生能够到陈坑做田野调查实习,是因为特别的机缘。2010年秋季,我与内人到金门旧地重游,金门大学人文学院院长兼闽南文化研究所所长江柏炜教授设宴接风;席间谈起他手边有数个研究计划同时进行,甚为忙碌,我试探性地问是否有多余的经费可资助我带学生去金门做田野调查,想不到江教授一口答应,而且立刻建议以金沙镇的碧山及阳翟二村为田野点。2011年5月,我前往该二村勘察,并安排大队人马的食宿,几经周折后发现在碧山、阳翟很难找到可以容纳将近二十人食宿的场所。幸好江教授又伸出援手,表示位于陈坑的正义国小校长陈顺德先生是其旧识,如果陈坑可以作为田野点,他愿与陈校长商借校舍使用。我们到陈坑踏勘后认为诸般条件都还算理想,因此田野点的问题就如此确定下来。

我回厦门后曾电话询问江教授借用正义国小的事,得到确认无误的讯息,因此我们于2011年6月20日抵达金门,即到正义国小借宿,当时陈校长在台北,在校的主任及老师对于接待我们似乎颇为为难,而且言及仅能收留我们十天,经过数度沟通甚至在江教授的协助下取得县教育局的公文,都无法让学校改变决定。虽然正义国小只准我们短暂停留,在那段时间中学校上下的教职员工对我们都颇为照顾,对于我们的需求(例如使用网路、用餐等等)都能尽量满足,简宗尧老师更主动为我们介绍金门的社会文化概况,并借我们数本参考书。对于正义国小的陈顺德校长及所有老师、职员的接待,谨致上最诚挚的谢忱。

正当我们为无处栖身所苦时,正义里的里长陈偃武先生慷慨地将里办公室的楼上借我们使用。面积约100平方米,原本是小型阅览室的大房间,我们以乒乓球台与书桌隔开为三区,中间为整理资料、讨论、阅读的工作区,也是男、女生打地铺睡觉的楚河汉界,四张竖立的球台为女生提供必需的隐私。从6月30日至8月12日,正

第一章 导言

义里办公室就成为我们的家;不但楼上可住,我们也能在楼下的厨房料理三餐。我们在陈坑得以"安居乐业",陈里长雪中送炭之情将永铭我心。我们很快发现,搬家真是塞翁失马、因祸得福。住在学校内除了学生"主动出击"外,很少有机会在校内见到村人。一住进里办公室后,立刻发现一楼的空间村人的利用率极高,每日晨昏都有人泡茶、聊天、看电视;午饭后有一批四色牌友的聚会,参战者加上观战者,人气十分兴旺;还有宗族事务的讨论、金门酒厂发放金门高粱酒、医疗卫生常识宣导、鱼贩卖鱼等等也都假里办公室进行;学生只要走下楼常常就能碰到可以提供资料的报道人,对于田野调查工作实在是再理想不过的居地。几天之后就从村民的耳语中获得学校无法收留我们的原因:有一位对学校有影响力的人物,不知何故不愿见我们住于其内,校方无法抗拒他的压力,只能对我们下逐客令。

本次田野调查实习是由杨晋涛教授和我带队,参加学生是厦门大学人类学系 2010 级的硕士生 12 人和博士生 5 人,每人的姓名及调查主题如下:郑杰(人口与家庭)、陈婷婷(家庭宗教)、商艾思(宗族)、陆姣(外籍配偶)、周璐(辟邪物)、吴亚芳(军民关系)、刘芳(生育与养育)、付明晴(战地生活)、林晓露(战地商业)、郭仙芝(婚俗)、徐春晨(渔业)、钟鹭艺(聚落宗教);吴应其(旅游)、王世伟(农业)、史艳兰(岁时祭仪)、张馨凌(饮食)、吕应宏(政治),后两位学生的田野调查报告因故未收入本书。

我建议学生将研究的时间聚焦在 20 世纪 90 年代之前,因为金门人从 1949 年开始有四十年左右的时间是受到战地戒严管制的,在近代人类的历史中大约很少有类似生活经验的,留下陈坑人有关战地的生活记忆应该是很有学术价值的。其次由于学生的"身份特殊",虽然在金门时并无人为此对我提出任何意见,在曾经是深度戒严的金门"做调查",我们不能不自行警惕,探问昔时往事触及敏感议题的可能性总是较低的。

在陈坑 54 天的田野实习中,学生都能将课堂所学的田野调查理论付诸实际,努力融入村人的生活,成为陈坑社会文化的学习者,不仅最后都能取得丰富的田野材料，最可贵的是与陈坑人建立互信互爱的亲密情谊。我们依依不舍地离开金门后，与陈坑的联系一直不绝如缕，虽然大多数的学生限于访台手续的繁琐无法回访，陈坑的乡亲却已数度来厦门，和我们把酒欢聚，而且相约在2013年6月学生毕业前一定要再在厦门相会，希望本书能够适时地出版，一方面作为来访的陈坑乡亲返金的伴手礼，再则作为陈坑人与厦大人类学研究所2010级学生建立长久情谊的见证。

　　本书能够出版，首先要感谢金门大学的江柏炜教授以及厦门大学研究生院资助的田野调查费；江教授除了出钱之外，也为解决我们碰到的各种问题付出不少时间与精力。金门大学闽南文化研究所的师生给我们各种必要的协助，尤其林建育、黄献煜、石佳灵等几位，经常为我们提供资料、充当翻译，也经常破费带美食给大家解馋。官澳的老友杨天厚、林丽宽伉俪从我们抵达金门到离开，不论是调查工作还是生活上碰到的问题，都仰赖他们的大力帮忙。官澳老友杨永民及黄邦建两位老先生，不惮在溽暑中的跋涉，到陈坑探视并赠物慰劳大家。金沙的庄镇忠也是出钱出力，协助我们的调查，照顾我们的生活。金湖镇镇长蔡西湖先生临行前设宴为我们饯行。萍水相逢、来自高雄的江丽淑女士与金门的道亲，数度惠赠糕饼水果饮料等。以上诸位的隆情高谊，谨致以最深的谢意。厦门大学中国东南文化研究实习基地资助本书的出版经费，谨致谢忱。

　　当然我们最要感谢的是陈坑村的所有父老兄弟姊妹，在我们停留的期间张开双臂温暖地接纳我们，不仅不厌其烦地回答学生无尽的问题，还不时嘘寒问暖，送瓜菜，赠饼饵，临行前村人更组织了数次的饯别宴；在返回厦门的当日原定接送车辆迟到，幸好数位村人大力相助，将我们分批送往码头，交通问题才能解决，在最后几分钟内全员得以平安登船。我们对陈坑乡亲的感激难以笔墨形容，由于篇幅的关系在此不能一一列出关照我们所有村人的名字，但是陈炳仁、陈金盛、陈国强、陈木漳、陈舜照等几位先生，是几乎每个学生都一再去"骚扰"的主要报道人，在此特申谢忱。

第一章
导言

我们还要感谢澎湖科技大学观光休闲系系主任李明儒教授以及海峡两岸交流协会的刘昌明先生，透过他们的帮助与资助，我们得以到澎湖访问四天。参访澎科大时承蒙王明辉副校长拨冗接待，李明儒教授两度以澎湖最鲜美的海产招待，刘昌明先生全程的陪伴与导览，都让我们留下深刻印象，并感激不已。

最后要声明的是本书仅是学生的实习报告，注重的是学生在田野调查中搜集资料，以及调查结束后整理资料并撰写报告的训练，我们确实能看到学生在参与整个过程中取得的进步。虽然从学术的标准来衡量，并非每一篇报告都达到出版的水平，但基于对学生的努力的肯定，还是将大家辛苦经年的成果一起呈现。由于学生大都不谙闽南话，可能记录的资料会有一些问题，希望陈坑乃至金门的乡亲以及大雅方家不吝赐予指教。

闽南陈坑人的社会与文化

附录一　金门位置图

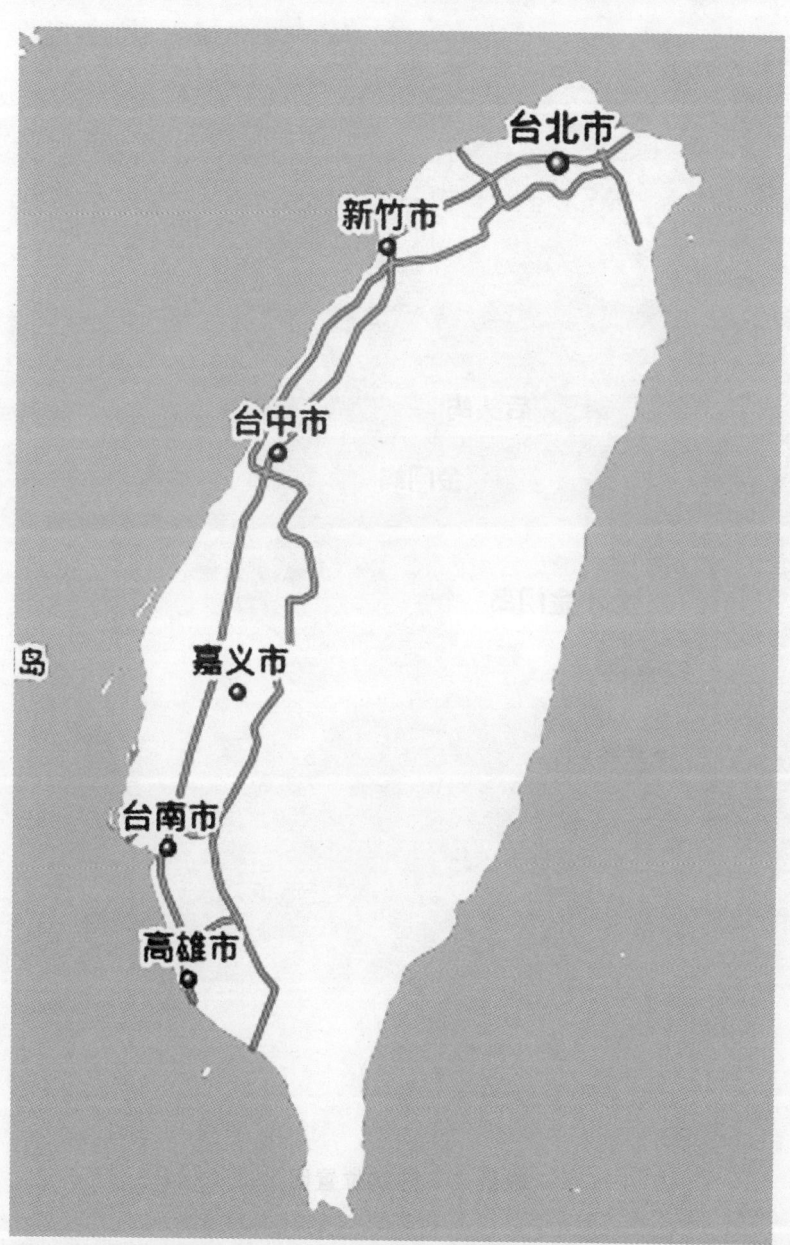

闽南陈坑人的社会与文化

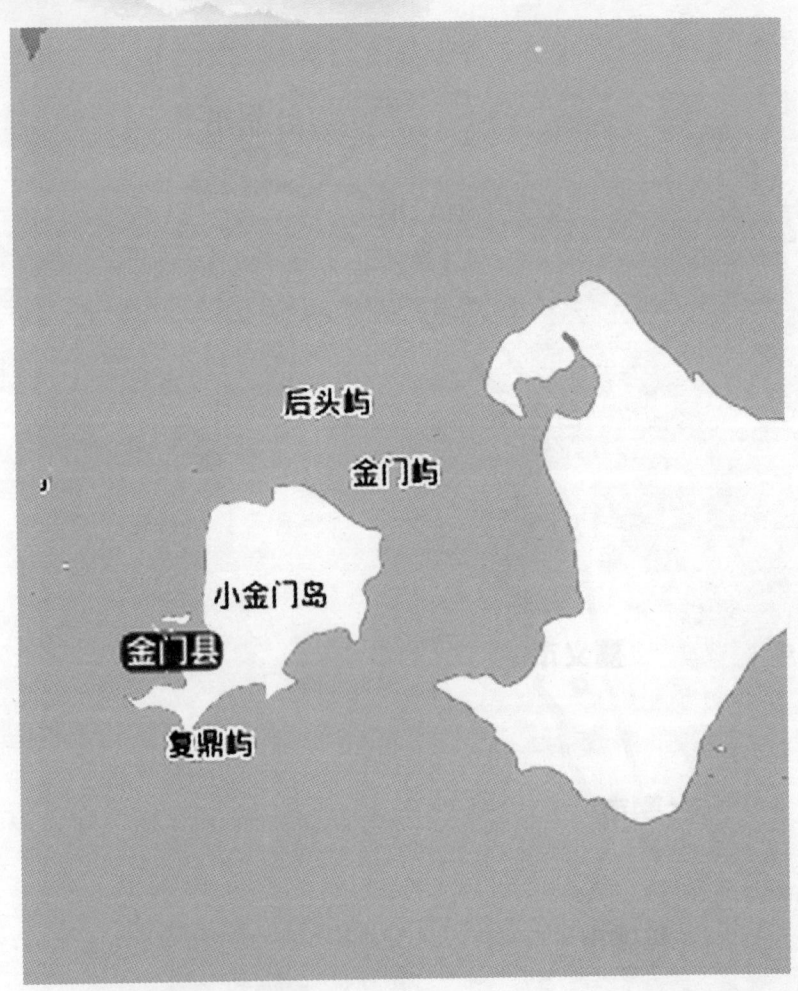

附录二　陈坑位置图

第一章
导　言

附录三 陈坑示意图

第一章 导言

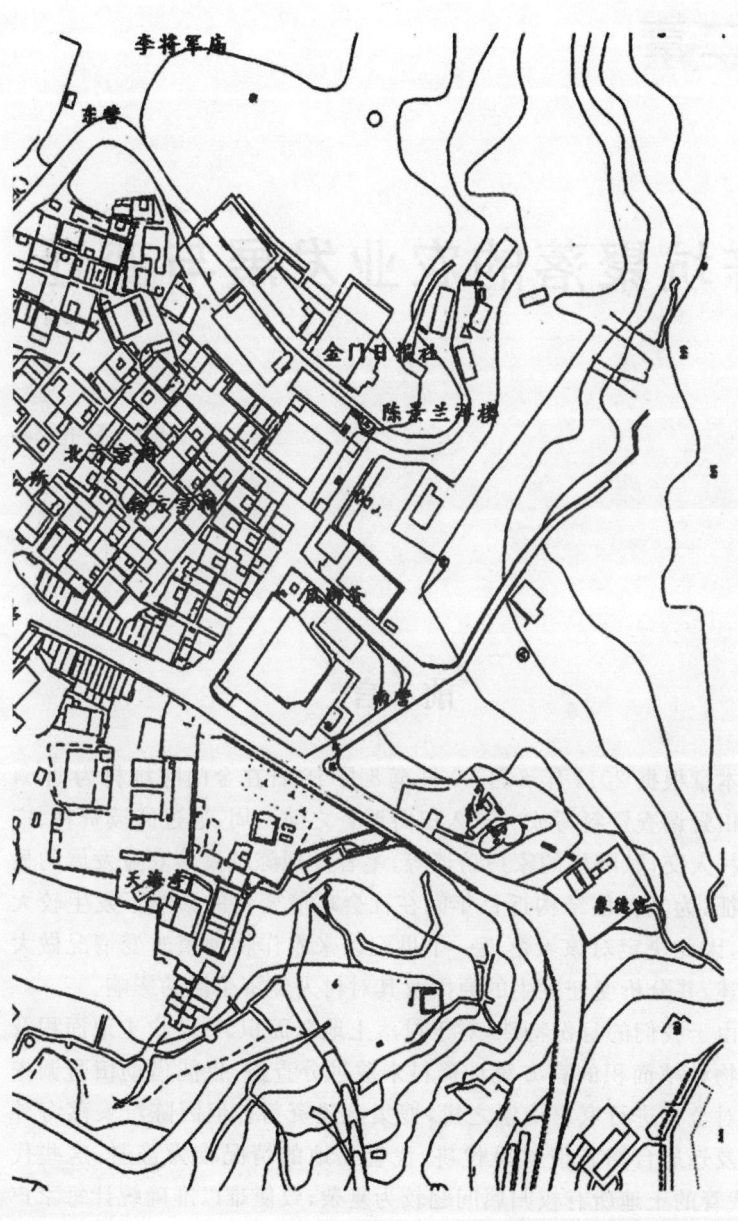

第二章

陈坑聚落的农业发展与变迁

◎ 王世伟

前　言

本章根据 2011 年 6 月 20 日至 8 月 12 日在金门陈坑村为期 54 天的田野调查资料写成。进入田野调查之前两周，通过阅读资料、广泛与村人交谈、随机的家户访谈等，笔者发现陈坑聚落农业发展的显著特征，为其种植结构近百年间在社会环境变化的影响下发生较大转变，因此决定对该聚落近一个世纪以来农作物种植改变情况做大致描述，并分析变迁发生的原因及其对村人经济生活的影响。

由于我们的身份特殊，对于村落土地总面积、每家户土地面积及农作物种植面积的官方统计资料未敢过分查探；仅能借助田野调查小组对全村进行家户访谈之机，搜集上述资料。但因陈坑聚落海外华侨及迁居台湾者请村民代耕、代管土地的情况较为普遍，这些代耕、代管的土地所有权归属问题较为复杂，致使难以准确统计每家户土地面积；其次村人对不同时段自家农作物种植面积具体情况记忆多已模糊，因此相关资料均极粗略。家户土地面积与农作物种植面积等关键农业数据的缺乏，使得本章分析较为笼统。

本章除前言和结语外共分四节。第一节介绍陈坑农业发展的基础条件，包括自然生态环境和土地所有制。第二节对1949年前陈坑的传统农业形态进行描述。第三节述及1949年后陈坑农业的转型及其在1990年后出现的衰落、迷茫景象。第四节在前文叙述的基础上分析变迁发生的原因及其对村人经济生活的影响。结语部分则对陈坑目前农业发展状态做出反思。

一、自然生态环境和土地所有制

农业生产涉及水源、土地、劳动力等基本要素，而土地又包含自然的土质状况和社会文化性的所有制方面。陈坑聚落农业近百年的发展历程中，水源、土质状况及土地所有制方面未有多大变化，因此先简略介绍该聚落包括水源在内的自然生态环境及土地所有制情况。

（一）自然生态环境

陈坑聚落地处金门岛中南部，其气候、水源等与金门岛整体自然环境颇为相似。据《金门县志·土地志》载：金门"隔海与厦门、同安遥对，纬候大致相同，然厦、同比邻内山，气候稍和而风势较弱，金则接近外海，四面无高山屏蔽，中间有丘陵起伏，雨量颇不均匀，风力特较强劲"（李仕德2009：137）。《金门县志·经济志》对金门农业生产自然环境及种植结构更为具体地描述到："浯为海山，古与市井隔绝，无所谓经济活动。晋移民始辟榛莽，唐置牧区，宋筑埭田，元建盐场，明设所寨，此其发展之略也。宋元林郁溪清，稻麦尚为主食；明清垦荒过度，风沙始为祸患。蕞尔岛屿，唯薄土短流，无深山密林，物产素非丰饶，农作仅能旱耕"（上引书：25）。由此可见，至清代金门是一个

闽南陈坑人的社会与文化

风沙为患、干旱缺水、土地贫瘠的地方,自然生态环境不利于水田稻作的生产,仅能种植耐旱作物。

具体而言,南临金门料罗湾、北靠象山的陈坑聚落,农业生产条件更是"先天不足"。20世纪初期陈坑聚落的农业生产空间已无多大变化,可用耕地一为象山后的硗确山园,一为陈坑海滩边的农地,包括现在陈景兰洋楼外的少量海边土地。象山后农地以红壤土为主,酸性重、表土薄、土质硬;海滩边耕地则以砂土为主,沙层厚,保水保肥力均差。由于降水不足,且无地面溪流,陈坑聚落农业灌溉用水多仰赖地下水源。象山后农地土质较硬,凿井困难,地里凿井较少;同时由于地势较高,地下水位低,打井深度最少在5~6米,多则在10米以上才可接近灌溉水源。海边农地砂质土,打井较为容易,但所凿水井须用石块砌垒或水泥培注等方式加固井壁;由于地下水位较高,打井一般4到5米深就可获取水源,村民多在此挖凿浅水井安装吊乌①(见图2-1)灌溉海边农田。虽凿有一定数量的浅井,但陈坑聚落地下水源并不充裕,稍遇干旱农业收成便面临危险。陈坑人常用"天公喂人人会肥,人喂人四肢无骨"的俗谚,形容农业靠天吃饭的境况。同时陈坑耕地的两种土质和水源条件,决定该村耐旱作物的种植结构。

(二)土地所有制

除去土质,每家户所持土地面积也是影响陈坑聚落农业发展的

---

① 据《金门古式农具探寻》载,金门人所称"吊乌"者,在《天工开物》等书中称作"桔槔"。它是利用杠杆原理做成的打水器具,位于水井旁4~5米处,主要由一根竖高约3米的石柱(或水泥柱)与一根横向长约6米的粗竹(或粗木)作为杠杆搭建而成。杠杆靠水井上方一端视水井深度连接一根竹竿以装置水桶,另一端系以沙袋或者石头。使用吊乌打水时,手握细竹竿,拉下、提上非常便捷,加上另一端石头或者沙袋的作用,打水就较为省力,但吊乌仅使用于地下水位较高的浅水井(黄振良 1996:40)。陈坑聚落海滩边农地曾较多使用吊乌汲水灌溉庄稼,现因抽水机的使用多已废弃,调查期间仅见两个吊乌仍在使用。

第二章
陈坑聚落的农业发展与变迁

图 2-1　吊乌

因素,而土地的获得涉及土地所有制及其分配问题。陈坑聚落大部分土地为私人所有,由于未能搜集到该聚落农用土地面积的正式统计资料,只能根据村人报道对聚落土地面积做大致估算。据村人介绍,陈坑海滩边农地重划区的土地面积约有 17 公顷,象山后的土地面积较陈坑海滩边农地稍多,因此笔者估计陈坑聚落的农用土地总面积在 36 公顷左右,约合 550 市亩[①]。具体到家户,陈坑聚落每户

---

① 金门地区现用田地计量单位有平方米、市亩、公亩、公顷等,换算关系为 1000 平方米＝10 公亩＝1.5 市亩＝0.1 公顷。据《金门县志·农业志》载:"为配合农业生产需要,便利交通,扩大单位耕作面积,改善丘形与水利,办理归户集中,以利地籍管理,并适应农业机械之发展。"(李仕德 2009:229)县政府于 20 世纪 60 年代中前期开始在金门实施农地重划,重划后农地方整且较为平坦,标准规格为 20 米宽,50 米长,相当于 10 公亩或者 1.5 市亩,金门人将这样一块耕地称为"一耕区"。陈坑海滩边的农地重划后,此地原有农家分散的土地得以集中,但由于大多数村民在象山后也有土地,因此村民所持土地总体而言仍不集中。另据村人报道象山后的农地因地势较高没能进行重划。此外,陈景兰洋楼外现仅存 2～3 市亩土地,对估算整个聚落土地面积影响不大。

闽南陈坑人的社会与文化

村民拥有的土地多寡不一,有些财力比较雄厚的家户持有土地多达30~40市亩,少的则只有3~4市亩。而土地获得除个别的买卖、赠与外,仍以传统的父系血缘继承为主。根据民间传统惯例,家户的土地所有权为诸子分割继承;分家时先保留收成最佳的一块田地给"大孙"(长子的长子)做"长孙园",再将其他准备分割的土地与家内财物较为均等地分割,分写在几份阄书上;几位继承者在公证人的见证下随个人运气抓阄,以取得各人的继承份额。由于多子多孙多福寿观念的影响,陈坑一般家户都有数位男丁将原有的一份土地分割继承。这种继承制使得土地所有权分散,每户所得耕地面积不断减少,有碍农业生产的发展。

陈坑传统的土地面积以番薯栽①为计算单位。金门县于1952年7月推行土地改革,陆续完成土地测量、土地等则查定及土地所有权状发放等工作。县政府还于1955年实施"耕者有其田",扶植自耕农的政策,将出租耕地的业主之部分土地有偿征收放领给没有土地的农民②(金门县立社会教育馆 1992:712)。经过一系列土地改革,陈坑土地所有状况,除依据民间习惯法认可转变为政府公文书认可,计量单位由番薯栽改为平方米、公顷等外,其他并无多大变化,土地仍为私人所有,每一家户所持耕地仍旧多寡不均,土地为祖宗之遗传产业,不愿随意买卖也依然如故。

---

① 番薯,即甘薯,金门人又称安茈或地瓜,为行文统一,后文皆以"甘薯"指称"番薯"。据《2009年金门文化节番薯田野调查》载,"金门居民称甘薯苗为'甘薯栽'(安栽),多少支薯苗即称为多少栽,而栽也是度量园地面积大小的单位,如一百支薯苗称为'一百栽',而种植一百支薯苗所需的土地面积,也称为'一百栽'"。1946年"金门县田粮处派员下乡登记田园厝宅面积,作为开征田赋之依据,当时以每2800栽划为一亩计算"(陈炳容 1999:54)。土地面积以"甘薯栽"为计算单位,可见当时甘薯在金门人生活中的重要性。

② 并非根据人口平均分配土地,只是将出租耕地的业主之部分土地有偿征收发放给无地或土地很少的农户。

二、1949年前的传统农业

陈坑是个近海聚落,但仅靠捕鱼不足维持日常生计,村人因此也必须仰赖农业。尽管陈坑农地土质并不理想,但为满足日常口粮所需,村人仍得充分利用每块耕地,栽种主要食粮作物甘薯、大麦及小麦等杂粮,也栽培少量蔬菜、水果等供自家食用。

(一)甘薯的栽种

甘薯其性耐旱、耐瘠、耐风,又抗病虫害、栽培容易、产量较大,颇能适应陈坑的自然生态环境,陈坑人过去即以甘薯为主食。据村人报道甘薯的栽种可分早晚两期。春季种植者称为早甘薯,一般在农历三月[①]插种,天气较为暖和的情况下六、七月便可收获。早甘薯的品种有厦门种、幼支藤、秤砣番、站藤仔、大叶婆等。这些甘薯品目各有其特点,其中幼支藤只需栽种一小节枝藤,在一般气候状况下即可长出较大的块根;秤砣番则可过霜放置较长时间,还可用于酿造甘薯酒;站藤仔肉质较硬,宜做甘薯签。在七月左右种植的甘薯,称为晚甘薯,次年四、五月收获,五爪番为晚甘薯。早甘薯生长期间雨水较为充足、气温较高,甘薯生长速度快,且村民仰赖早甘薯为主食及制作安签、安脯[②],故种植面积较大。晚甘薯生长期内雨量较少,故块根所含水分亦少,淀粉含量高,宜做甘薯粉(陈炳容 1999:60—62),但煮食后口感不佳,故种植面积较少。

1949年前金门栽种甘薯所需薯苗,或由大陆泉州、厦门等地贩运至金城(昔称后浦)、沙美等地市场出售,或由本地农家自行培植育苗。陈坑人有时到市场购买薯苗,但为省钱,更多村民选择自行繁育

---

① 以下述及月份时间,若未特别说明,均以农历为准。
② 安签也称"甘薯签",由甘薯加工成的产品,呈细条状;安脯即晒干的甘薯片。

薯苗。陈坑地处金门岛中南部,气候较为温和,村民在正月末或二月初便将前一年特意选留的保持品种原有特性较好、无病虫害又无破损的种薯,埋入已犁松整平的园地中繁育早甘薯所需的甘薯栽。种薯的埋植有两种方法,一是将整个种薯直接埋入土中;另一方法是先用刀将种薯上端顶部约1厘米处切除,在留下部分的切断面涂抹草木灰,以防病虫侵入而致种薯糜烂,再将种薯切断面朝上填埋即可(上引书:52)。种薯繁育完早甘薯所用甘薯栽后,也可续留到七月左右剪栽、插植晚甘薯。晚甘薯在三、四月成熟时,也可剪其藤枝作为早甘薯的甘薯栽。

种薯出苗至30至40厘米时,已发藤节7节左右,便可剪栽,村人称此为"剪七"。剪栽多选在晴天的下午进行,此时太阳较小且薯苗经过半日日晒已无露水,剪栽后拿回家放置在阴凉处生长须根的甘薯栽不会因水分过多而发黄或者腐烂。正常情况下,甘薯栽放置3、4天即会生发须根,栽种前将甘薯栽放在水里浸泡约半小时,备足下栽时所需水分。

栽种甘薯的畦在剪栽薯苗后已经犁好,高约50～60厘米、宽约120厘米,两畦间的距离约50厘米。村民插植薯苗时大多左手执苗,右手拇指和食指将苗心向上夹住甘薯栽,其余三指先插入土中并顺势将薯苗往土中斜插入5～10厘米,再以土盖住、压紧(上引书:62)。此种插植法插植的薯苗生发甘薯个数多,且长势较为均匀。若天气干燥,则在加盖的土壤上留出一道小坑用以灌溉浇水。浇水2到3次后,再以旁边的土壤将小坑压紧填埋。

甘薯成长过程中要犁地施肥两次。在薯藤长到约60～70厘米时进行第一次施肥,先将同一畦的薯藤翻捡到一边,再在紧挨薯苗的另一边犁地施肥。第一次施肥后约1个月进行第二次施肥,此次翻捡薯藤和犁地方向与第一次相反。甘薯成长过程中须时常翻捡薯藤,以免其在畦间的沟里生根再长小甘薯,而影响施肥和已有甘薯的长势。栽插至收获期内还应时常检查薯苗上面的覆土是否因干旱而龟裂,如有则须将其踩压结实,以防甘薯遭遇病虫害。

第二章
陈坑聚落的农业发展与变迁

作为陈坑人的主食,村民不但对甘薯的种植、栽培有极大的热情,进行较为繁复的精耕细作,甘薯本身亦备受村民珍惜,村人总是争取最大量的收获。九月甘薯块根已较为肥大,但村人此时只用甘薯握[①](见图2-2)将较大块根挖

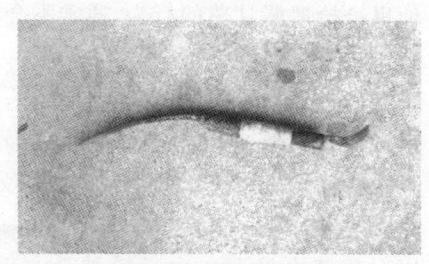

图2-2 甘薯握

起食用,留下小薯继续生长。至尾牙[②]左右,才用牛拉犁将薯藤翻犁。这样的犁地也需三次,第一次先犁薯藤较为边缘的部分,第二次犁靠近薯藤的部分,第三次才将薯藤完全翻犁。每次犁田时同时捡拾翻出的甘薯,尽可能地做到不会有甘薯被遗漏。晚甘薯由于种植面积较小,产量也相对有限,收获时以三齿耙全株挖起即可。

陈坑村人多地少,有些土地不足的农家遇荒年甘薯歉收时,便以渔获从其他地方换购回甘薯或安签、安脯。甘薯作为主要的口粮遭偷盗的事情也时有发生,但在接近尾牙时,陈坑人遵守一个约定俗成的规矩,就是犁过的地里被遗漏的甘薯谁都可以捡拾。陈坑是一个互帮互助的聚落群体,土地多又收成好的农家对于歉收村人在自家

---

① 据《金门古式农具探寻》载,甘薯握为"甘薯长大后用来刨挖甘薯的一把尖掘。上下两端都是铁制,下端为扁弧形,末梢尖锐易于刨土,上端有一截弯状的小刀,中端处为方便手握,采用一小截木棍连接,也有些甘薯握整支都是铁制的,在中间手握处缠上布作为握柄。当甘薯长大时,必须挖起,但为了使地里尚未长大的小甘薯继续成长,所以不能整株拔起,此时只好以甘薯握下端先刨开甘薯四周的园土,遇有大甘薯则用其上端的小刀将甘薯与主根部连接的地方切断,将甘薯挖出,再以土覆上,则不会损害'藤母',让土里的小甘薯继续成长"(黄振良1996:49)。

② 每月的初一、十五日或者初二、十六日,是闽南及台湾商人祭拜土地公的日子,称为"做牙"。二月初二日为每年第一个做牙,故称"头牙";十二月十六日是年终最后一次做牙,故称"尾牙"。

地里捡拾遗漏甘薯的行为,通常不会有何异议。

(二)杂粮、蔬菜的生产

除甘薯外,陈坑人也种植大麦、小麦等杂粮。大麦、小麦均在十月左右播种,来年三、四月收割。因为大麦、小麦的种麦麦壳较硬,所以撒播前须将种麦泡水一夜以促其破壳发芽。次日播种时,先在地里撒上牛粪等做基肥,随即撒播麦种,紧接着用牛翻犁麦畦两旁土壤覆盖种麦。大、小麦成熟后的收获处理较为费时费工,分为拔麦、脱穗、晒干和脱粒等程序。昔时村人徒手将麦连根拔起,并在腿上敲打抖落麦秆根部泥土,然后在田里以"麦梳"①(见图2-3)将麦脱穗。拖运回家晒干后的麦穗或用连枷击打脱粒,或以牛拉石磙碾压脱粒。大小麦收获后便可接种早甘薯。

图 2-3 麦 梳

花生可佐餐或充零食,也可磨制成粉作为各种糕饼的馅,还可用于榨油,因此也是陈坑人种植较多的作物。花生一般在三月播种,七月左右收获。因为种植量较多,村民常用陶土大缸储存带壳的晒干花生。除去部分从大陆运送来的菜油,陈坑人过去主要食油即为花生油,村人用生花生与油坊交换花生油和花生渣。此外有些家户也种植少量的黑芝麻用于榨油。

糖也是居民饮食生活中的必备品。甘蔗是制糖的主要原料,在

---

① 用铣铁锻制而成,整个麦梳高约20厘米、宽约21厘米,有10多齿。用时将其绑在板凳上一端,组合成"麦梳椅"。梳麦者坐在板凳的另一端,将拢成整把的麦子从麦梳上拉过,使麦穗与麦秆分离落到麦梳下方铺放的草席等物上。

自给自足的年代,也为陈坑人所种植。国民党军队到来之前,陈坑村仙鹤寺旁有一个制作黑糖的作坊,甘蔗收获后,村民将甘蔗交与作坊制成黑糖,并以产出之固定比例作为付给作坊的工钱换回黑糖。

蔬菜为佐餐的主要副食,陈坑人也常在屋边角地和菜园种植蔬菜供自家食用,葱、蒜、韭菜、空心菜、高丽菜、萝卜、红豆、绿豆、黄豆、米豆、丝瓜、南瓜等是村人过去较常栽培的作物。村人总是善于利用熟悉的生态环境为自己的

图 2-4　植小竹当防风墙

生计所需服务,为抵御寒风对蔬菜栽培的影响,陈坑人多在春季将村庄周围坡地上生长的小竹、芦竹、牧草等植物,挖其根或截其枝移栽到菜园北侧或四周充作防风墙(见图 2-4)。秋冬季节长至人高的防风草可为菜园挡风,过冬之后村民还可割砍挡风草枝杆晒干充做柴火,其残留植株可继续发芽生长,以备下一秋冬季节挡风之用。

(三)劳力与其他生产资料的投入

在艰苦年代,为生产日常所需基本口粮,村民将大量劳动力投入生计活动中。陈坑是个滨海聚落,除打鱼外男子也从事农业生产活动,犁田、整畦、浇水、搬运肥料及收割庄稼等。同时由于青壮年男子时常出海从事渔业,村中妇女常承担除翻犁田地外的所有农活。收获甘薯、花生及制作安签、安脯大忙时,陈坑人以亲属关系或其他社会纽带组成换工群体互帮互助。传统农耕工作仰赖牛、马等畜力,特别是牛,当时种地的农家大都养一头耕牛。因为牛对农耕生产的贡献,陈坑老辈村民大多不吃牛肉,他们告诫年轻人"吃牛肉的人不会读书",来反衬牛在传统农耕社会中对于维持家庭生计的重要性。

由于土质贫瘠,水肥、牛粪、猪粪等都是陈坑人过去农业生产所倚重的肥料来源。水肥储积在厕池中,厕池因此成为农家的重要财

产。陈坑人在分家继承祖父辈物业时,厕池亦是其中须争取的部分。有时兄弟较多,厕池的所有权还会细分为由兄弟共有。有些农家由于自家水肥不足,须以承租方式向其他村人租用厕池水肥的使用权。陈坑人在国民党军队进驻前还到金门北部中兰等地挑运回海泥,与猪粪、牛粪等放入厕池搅拌发酵后,再运至田中肥化土地。此外榨出油后的花生渣,柴草燃烧后的柴草灰等也是好肥料。

1949年前的传统农耕时代,陈坑人将大量劳动力及生产资料用于生产自家消费的口粮、蔬菜等作物。尽管村人终岁辛勤劳作,也常只能勉强维持温饱,"一季花生一季麦,还有甘薯轮着种,才有得吃,但未必能吃饱",清楚描述村人十分艰难的生计境况。当时陈坑的农业生产与市场之间也并非毫无联系,不过仅有简单的以物易物及小额经济交易,市场对陈坑农业生产并无太大影响,因此可说其是游离于市场之外,或者处于市场的边缘。

三、1949年后的农业状况

自然环境为农业发展提供一个基础条件,外在的社会环境,如社会特殊事件、当局施政政策及生产技术变迁等也会对其发展造成影响。1949年10多万国民党军队进驻金门,金门岛遍地皆兵,大量军事活动干扰陈坑人正常的农业生产活动,主要体现在侵占农业用地和对农业劳动力的挪用两方面。

陈坑聚落海滩边的农地地势较为平坦,水源较好,是该聚落本就有限的农业用地中较好的部分。国民党军队为构筑碉堡、火炮阵地等军事设施,或无偿、或给予少量象征性的补偿,将此处农地部分征用。陈坑海滩农地重划区靠海处,目前尚有一处较大的军事碉堡建筑遗存。陈景兰洋楼外海滩边的部分农地也曾被军队用铁丝网圈围,安置地雷,以至村人无法在自家农地上生产劳作。面对强势的军队,手无寸铁的村民不敢提出任何异议。调查期间几位主要报道人均述及土地被军队占用之事,其中一位土地较多者,更言及自家土地

第二章
陈坑聚落的农业发展与变迁

被军队占用近 10 市亩之多①。土地是进行农业生产最为基本的生产要素,在温饱尚无法解决的艰苦年代,本就人多地少的农家如若土地被占,生活无疑便会变得更加艰辛困苦。

为应对军队的民防训练及战时出勤等,村民正常投入到生产中的劳动力和劳作时间也受到干扰。1949 年到 1992 年戒严期间,军队规定 16 岁到 55 岁的男子,及 16 岁以上未怀孕的女人②都必须加入民防队,并参与军事训练及军需物品运补、军事设施构筑等活动。16 岁到 55 岁的男子,正是农业生产中的主要劳动力,军队无偿占用他们的劳动力,严重地损害他们原本能为家庭生计做出的贡献。村里七八十岁的男性长者常用"一辈子有一半的时间都在给公家[指军队]做事",来表述军事活动对他们生活的干扰。

军队的到来,既给陈坑村民的生产劳作带来若干负面影响,但也在一定程度上促成该聚落农业生产渐走上商品化的道路。大军进驻金门后,军民所需米粮及日常生活物资大抵依赖台湾输送。但由于台湾、金门两地距离较远,加上当时保鲜措施及运输工具的欠缺,金门大量驻军及居民每日所需蔬菜、水果、禽畜肉类等仍靠本地农民供给。同时台湾当局为了应对金门战备需要,也以各项措施维持与繁荣当地经济生活,在农业方面则对其生产环境的改善进行大量投入,包括植树防风固沙、进行农地重划、加强农用基础设施建设、补助农用物资等。

20 世纪 50 年代县政府在陈坑海滩与象山后分别修建寮口塘、

---

① 事实上,就土地被军队占用这一现象进行随机访问,常能听到村民报道自家或者其他村人土地被占的事例。据了解,当局现已开始无偿归还村民被占土地,但村民必须持有被占前土地的原有地契或其他证明所有权的文件,或提供被占土地四邻之土地所有权人两人以上的保证书等,方可取回被占土地的所有权。陈坑在 20 世纪初就有许多村民远走海外,这些海外华侨已有部分同村里亲属失去联系,导致他们在村里土地的所有权难以确认,其亲属也因此难于要回土地的所有权。

② 怀孕 5 个月后不须再参加民防队任务。

闽南陈坑人的社会与文化

图 2-5 浇灌菜地的 PE 塑胶软管

正义塘与振兴塘三口储水塘供灌溉使用。据村人介绍,陈坑海滩边的农地因为面积较小、地势较为平坦,利于重划工作的进行,成为金门县较早的农地重划点,1966 年左右完成重划。重划后的农地面积约 17 公顷,与邻村尚义村重划后的蔬菜区共同组成"尚义蔬菜区"。在县政府补助农用物资政策的鼓励下,村中大多数家户在重划地上安装抽水机,提高灌溉能力。20 世纪 80 年代县政府又对灌溉效果更好的 PE 塑胶穿孔软管[1](见图 2-5)施行补助购买。据村人报道,补助依照土地种植面积进行,具体为一耕区补助 10 根 PE 管。每根市场价为 280 元[2]左右,县政府每根资助 150 元。在县政府的帮扶下,该聚落的菜农亦在重划区的农地里安置此项灌溉设备。由于海沙可改良红壤土,重划区外海堤的沙土被不断运往金门各地,导致海堤不断下降。20 世纪 80 年代,为阻止海水侵蚀农地,保证该农业地

---

[1] 一种配备在重划区农地上使用的灌溉软管,主要用于浇灌蔬菜。管长 50 多米,管身带有许多小孔,开口端连接农地上安置的灌溉用龙头,使用时顺重划区农地放置于两行蔬菜作物间,打开龙头放水填满软管,管身受水压作用从小孔喷射出水浇灌作物。

[2] 全文提及的货币单位均为台币。

带的生产安全,在重划区海岸上修筑防波堤。

县政府一系列帮扶农业发展政策的影响及市场需求的刺激,使得陈坑聚落农业生产渐由生计型向商品型转换,并改变聚落原有的作物种植结构,1949年后村人种植的作物较为重要的有蔬菜、高粱与小麦。

(一)蔬菜栽培

军队对蔬菜的大量需求,基本解决陈坑蔬菜生产的市场销售问题。用陈坑人的话说,20世纪50—70年代种菜是不愁卖不出去的,加之村民本就有丰富的种菜经验,蔬菜是在短期内可赚取现金收入的经济作物,很快成为陈坑人农业栽培作物中的重要部分。当时只要家里有地的农户大多会根据自家田亩的数量,规划出一定比例的土地栽种蔬菜,土地少的农家更将自家田地主要用于蔬菜生产,仰赖蔬菜在短时间内能够提供现金收入补贴日常家用。从此,蔬菜渐从陈坑村民的佐餐副食摇身变成换取现金的重要经济作物,陈坑农业生产也从徘徊市场之外一步迈入市场之内。

不仅种植面积有所增加,蔬菜品类也因市场需求逐渐丰富。刚开始较大规模栽种蔬菜之初,金门农家所需的蔬菜种子大多由台湾输入本地市场,陈坑人当时多搭乘军队车辆前往金城、沙美等地市场购买菜种。后金门县农业试验所不断研制、推出适合金门本地种植的蔬菜品种,并派员到田间指导村民栽种,村民生产蔬菜的品类日益增加,除传统的南瓜、苦瓜、丝瓜、冬瓜等,甜椒、黄瓜、山东大白菜、西红柿等也加入栽培的阵容。

冬季气候干冷、水汽蒸发相对较少,菜地每天只需浇水1次,病虫害也较夏季轻,陈坑人多在冬季种植高丽菜、白菜等叶类蔬菜。正月、二月气候回暖、土壤较为湿润,蔬菜生产旺盛。此时由于产量较大,蔬菜市场也会出现供过于求的现象,菜价较低。曾经发生过的最坏情况是,一手推车200斤左右的高丽菜,大部分只能分送亲友作为养猪饲料。为减轻市场风险,一般农家都会尽力维持比较固定的买主,以销售自家蔬菜。夏季日照强烈、水汽蒸发严重、虫害较多,村民多栽种南瓜、苦瓜、丝瓜、冬瓜等瓜类蔬菜。由于土壤保湿保水能力很差,夏季蔬菜较难种植,菜地一般每天需要浇水2~3次,但菜价较好,以芹菜为例,20世纪70年代1斤芹菜在夏季能卖30元左右。

早期陈坑人多将蔬菜运送到山外、新市等地市场出售。1958年"八二三炮战"后,金门地区晚上9点至早上4点施行宵禁。陈坑聚落北边路口有处军事关卡,为赶早市卖好价钱,村民常在早上3点多即将捆扎好的蔬菜,以手推车推到关卡处,等待卫兵4点放行前往菜市场。后来金城、沙美、山外等地的菜贩也直接开卡车到陈坑的农地边收菜。

20世纪90年代初两岸关系缓和,金门战地政务解除,由军政回归宪政。政治、军事形势的变化,也对金门的农业生产环境造成重大影响,其中对蔬菜栽培的影响最为严重。众多驻军的撤离,使得金门蔬菜需求市场大为缩减;同时由于台湾商船每周运送3~4次果蔬到金门贩卖,金门本地的蔬菜生产遭受冲击更为严重,很多农户放弃蔬菜经营。陈坑聚落在2000年左右,仅剩下少数农家进行小面积的蔬菜栽培。为解决部分销路问题,陈坑聚落曾两次尝试以集体的力量进行蔬菜的精致化、多元化生产销售。一次为正义农渔休闲区的尝试,一次为金湖镇蔬菜产销第二班的成立运作,但两次尝试均不成功。

由于陈坑农地重划区紧靠金门环岛南路三段,亦与陈坑海滩出口毗邻,交通便利,陈坑聚落所在的正义里于1997年左右提出创办"正义农渔休闲区",设想将农地重划区的果蔬种植与海滩时有进行的牵罟渔捞活动相结合,发展现代休闲观光农业。在休闲区创办之初,曾在陈坑海滩出口处设置蔬菜销售摊点,并雇请村人负责销售蔬菜区每日所产新鲜蔬菜。但由于缺乏宣传及经营投入,顾客不多,摊点摆设一段时间后就无法继续经营。

2002年响应农试所积极鼓励农民成立各种栽培班之号召,金湖镇蔬菜产销第二班成立,班内成员14人皆为陈坑人。根据《金门县志·农业志》(李仕德 2009：359)资料统计，该班共有果蔬栽种面积 6.554 公顷①。成立产销班，除为班内成员提供技术学习交流机会，目的更在于解决班内蔬菜产销问题。由于市场不景气，加之成员意见不一，该班终未能发展出诸如金沙镇蔬菜产销第一班、第三班的集体协调生产与销售模式。金沙镇蔬菜产销第一班、第三班与金门本地厂商签订契作协议，各为厂家生产加工原料大蒜及大白菜。由于签有契作，班内成员所产大蒜及大白菜的销售较有保障。在厂商无法完全购买时，金门县农会作为服务农友之组织，则尽力帮助销售两个产销班所产大宗大蒜及白菜。相较之下，金湖镇蔬菜产销第二班内的蔬菜生产协调较差，品类杂而产量有限，无批量销售之条件，无论是农会还是县政府都无力帮助其销售，滞销的蔬菜有时只能低价贱卖，有时甚至任其在地里腐烂。

  以集体力量进行蔬菜精致化、多元化产销经营失败后，陈坑目前 136 户②居民中仅剩 10 余户农家栽种蔬菜，且仅有 4~5 户的蔬菜生产目标在于市场销售，其他家户栽种目的多为自家消费。4~5 户较为专业的菜农都为 50 岁以上的夫妻两口，他们在重划区的土地上自耕或借种其他村人的土地，总计栽培面积约 25 市亩。由于土质较差，菜农采取轮流休耕的方式保持菜地的生产力。因缺乏劳动力，有 2~3 户菜农在近 4~5 年买进割草机、小型中耕机等进行菜地的整耕工作(见图 2-6)，但蔬菜栽种仍为劳力密集型劳作，撒种、间苗、灌溉、除草、采摘等工序仍需投入大量劳动力。夫妻两口忙碌一日，往往只有八、九百元的收入，相当于一位 8 小时临时工人每日所挣工资。大量的劳动力成本投入与回收之间的巨大反差，是村中年轻人不愿从事蔬菜生产的根本原因。菜农将目前所处境地一方面归结为军队撤离后市场需求的减少；另一方面则认为县政府给予金门本地

---

  ① 根据产销班保存资料，实际栽种面积应为 4.967 公顷。
  ② 以实际居住在陈坑的家户为准，同居共爨合用一口灶为一户，而非以政府部门登记之"户"为单位。

蔬菜生产的保护力度不够,台湾农产品的大量输入,使得本地菜农蔬菜销售市场每况愈下。

图 2-6　机耕菜地

(二)高粱、小麦的保价收购与种植

不同于蔬菜的普通市场销售,1949年后金门地区的高粱、小麦栽种情况更可见当局政策对农业发展的影响。1949年前高粱与小麦在金门传统的农业生产中,是主食甘薯之外的辅助杂粮。1952年胡琏将军担任金门防卫部司令,他见金门适合植种高粱,但金门人多不食用而做禽畜饲料。加上当时每月向台湾买酒10万瓶以上,若能将买酒钱改买大米,以米换高粱,并筹设酒厂酿造高粱酒,则民有米可吃,高粱秆可做燃料,高粱可以酿酒,一举三得。为发展农业经济,增加农户收益,胡琏提出高粱换大米构想。同年一公斤高粱换购一公斤糙米的政策出台(胡琏 1976:17—18)。

高粱换米政策固为供给居民的粮食需求及振兴金门经济,但初期陈坑村民并不特别积极种植高粱;一是大家对刚出台的政策持观

第二章
陈坑聚落的农业发展与变迁

望态度；二是早期的高粱品种不易栽种，产量又低，且金门酒厂[①]只收购干燥程度达标的高粱；高粱成熟时如遇阴雨天气，高粱在地里就会发芽，此时酒厂只给予农户小额经济补偿，农民则要承担天灾的损失。此外由于农地较少，甘薯单位面积产量较高，除供人食用外，还可兼做养猪饲料，且栽培蔬菜的经济利润尚属可观，陈坑人在20世纪50—70年代仍栽种甘薯、蔬菜较多。20世纪80年代军队渐次撤离金门，曾经直接拉动蔬菜大规模栽种、间接带动甘薯作为养猪饲料种植的市场动力逐渐消失，蔬菜、甘薯的种植大面积下降，高粱作为县政府保价收购的经济作物，其种植面积才有较大幅度的增加。

20世纪50—80年代，陈坑人曾经种植的高粱有北扫、金选三号及台中五号3个品种。由于村内许多家户所持土地面积较小且分散，既在象山后也在陈坑海滩边，陈坑人在20世纪90年代以前并未引入机器生产，仍靠传统人工方式种植高粱。

高粱一般在二月中下旬到三月中旬播种。播种前先用黄牛拉犁将地犁松整平，然后撒上牛粪、猪粪、柴草灰等有机肥做基肥，接着将整平的地做畦。畦的宽度在60厘米左右，两畦间沟的距离约10厘米，此间距不仅适合高粱生长所需的空间密度，同时也为后面的培土工作做好准备。有时为提高效率，一家劳动力会分工协作，一人耕地，一人同时就在耕好的畦上撒播种子。在气候正常的情况下，种子播好约20天即可出苗10～15厘米，种子的发芽率在80%～85%。手工播种及种子自身发芽、长势情况的不同，会造成根苗间距的不均匀，因此还需间苗和补苗。间苗即将过于密集的幼苗拔出，补苗则是在出苗较少的地方补种幼苗。太阳太大时补苗需要浇水，所以一般选在阴雨天补苗。

高粱苗长至30～40厘米时就应中耕培土。培土前先将高粱地

[①] 金门酒厂初名九龙江酒厂，因金门西岸地处"漳江"（又名九龙江）入海处而命名。1956年金门战地政务实验区成立，九龙江酒厂更名为"金门酒厂"，隶属金门战地政务委员会。1992年军管解除后，金门酒厂改隶金门县政府。

29

闽南陈坑人的社会与文化

的杂草铲除,再在畦间的沟里撒上化肥做追肥①,追肥不能撒到叶上,以免裸苗遭"肥害"。施肥后用牛将畦间的沟土翻犁到畦上,完成培土工作。培土增加畦上土壤层的厚度,也增强高粱苗成长过程中的抗风能力,同时保证高粱生长所需肥力的供给。高粱生长过程中,如若天气干燥,需不时浇水灌溉。

在利用机器收割之前,村人收割高粱的工具就是镰刀,村民将收割的高粱秆成捆运回家脱粒。陈坑聚落内的巷子较窄,村人多在巷中以麻布或草席做帷幔,构成脱粒场所。车辆较多后,村人将高粱穗置放马路上,来回车辆过往就能将高粱碾压脱粒。2000年金门县农会谷物干燥中心成立之前,村民必须设法将高粱晒干达到金门酒厂规定的干燥程度。早期北扫种的收成,1000平方米可收高粱150到200公斤;改种金选三号后,每1000平方米可收高粱200到250公斤;台中五号则为1000平方米产出300公斤左右。

高粱收购先由金门酒厂组织,后改为农会负责。陈坑的收购地点在陈坑锅贴馆边的空地上,现已建为停车场。县政府保价收购高粱初期,施行1斤高粱兑换1斤糙米的实物交换。据村人报道,由于换回的糙米还要人工再脱糠一次,相当麻烦,后应农户要求,政府将兑换米由糙米改为精米,兑换比例先为1∶0.93,后为1∶0.9;即100斤高粱兑换精米渐从93斤改为90斤。由于每家户所需米粮有限,市场米粮供应渐也充足,县政府继续施行高粱、大米实物交换必将影响农民种植意愿。1967年县政府施行现金优购高粱政策,无市场销售之忧的高粱渐成金门人栽种的经济作物。随着栽培技术的发展,20世纪70年代高粱可宿根栽培②一年收获两季,金门人栽种高粱的意愿增强,土地较多者更是乐于将大面积的土地用于栽种这类无需承担市场风险的经济作物。20世纪80年代初陈坑也有数家高

---

① 因为第二次施撒肥料,所以称为"追肥"。
② 即春季高粱收割后,不翻耕而保留距地面约5~10厘米的植株继续发芽生长。

粱种植大户。以其中一户为例,该家户播植约 2 公顷的高粱,春秋两季收获近 1.3 万公斤,换得现金 15 万元左右。

除高粱外金门酒厂也兑换大麦和小麦,高粱每公斤兑换 1 公斤糙米,大麦兑换 0.75 公斤,小麦兑换 1.25 公斤(徐雨村 1994:66)。虽然小麦的兑换比值优于高粱,但村民并不因此就选择大规模种植小麦,村人总是在投入和产出的计算中,争取有限土地面积上经济效益的最大化。保价收购初期的实物交换,栽种小麦与种植高粱一样,并不会为村民现金收入带来多少助益;其后政府虽将实物交换改为现金收购,但随着高粱生产一年可收两季,且其种植收割程序较小麦简易,加之蔬菜栽培收入尚属可观,因此整个戒严时期小麦在村人农作物的种植安排中并不占据很重要的地位。

金门酒厂保价收购高粱、小麦的价格,随市场米价不断变动。至 1993 年时高粱收购价格已为 27 元每公斤,包括收购价 23 元,补贴搬运费 4 元。虽然收购价格很有吸引力,但与金门官澳聚落在 1992 年时既有大规模种植形成鲜明对比,陈坑人栽种高粱、小麦的热情未增反减。1992 年官澳聚落仅 14 户农家就共栽种秋季高粱超过 28 公顷(徐雨村 1994:67),这几近整个陈坑聚落的土地面积;而该聚落同年有 52 家农户栽种共计 71.73 公顷的秋季高粱(上引文:70),栽种面积是陈坑土地总面积的近 2 倍。这样大规模的栽种面积,与当时村里拥有大型农机设备紧密相关。官澳村民杨肃成先生 1982 年时已成立代耕中心,以曳引机、收割机、干燥机等大型农业机械,协助农民解决需要大量劳力的犁田、收割等问题(上引文:61)。陈坑人栽种高粱、小麦的热情未增反减,究其原因,主要是村内家户土地面积较小且不集中,在小面积土地上如果继续传统的人工高粱、小麦种植,则劳动力投入成本大、收益少;二则因为陈坑缺乏栽种高粱、小麦的机械化设备,曳引机、收割机、烘干机等机耕设备价格高昂,财力一般的村民无法承担。而同时期金门其他农产品市场的不景气,加剧陈坑农业生产的衰落,村里大多数家户舍弃曾为他们带来较好收益的农业生产,前往台湾或金门等地其他行业领域谋求发展,大量农地

闽南陈坑人的社会与文化

处于抛荒状态。

1997年左右陈坑村民陈向尧先生征得村人同意,无偿借用他们象山后和陈坑海滩边休耕的农地,累计购置近450万元的耕种设备(详见表2-1),投入到高粱和小麦的机械化生产上。尽管高粱与小麦都是相对耐旱的作物,但对于大规模农业生产而言,水源仍是必须考虑的重要因素。陈坑农业用地保水、保肥能力差,政府虽曾补助聚落在农地里开凿浅水井,配置灌溉设施,但村里拥有的水源条件对于大面积的高粱、小麦种植而言,仍显得有些捉襟见肘。为解决象山后农地的灌溉水源,陈向尧以每年6000元的承包费租用小径村两口储水池。

由于优厚保价收购政策的吸引,有些私商为赚取差价,从金门以外其他地区低价收购高粱、大小麦卖给金门酒厂。为减少县政府财政支出,同时维护本地高粱、小麦种植户的利益,金门县政府自2000年开始,以金门农业试验所与农友订立契作面积的方式,确保高粱、小麦为金门本地农户所产。陈先生响应政府政策,现签订有约200市亩的栽种面积,其中大部分为陈坑的土地。下文所述即以陈坑现存的唯一种植户为主。

20世纪50—80年代,小麦因栽种、收割程序复杂,在其他经济作物收益尚属可观的情况下,未成为村人栽种的主要经济作物。施行机械化生产之后,小麦的栽种、收割、烘干全由机械操纵完成,栽种程序相对高粱更为简易,且其生长期又值水分蒸发较小、鸟虫害相对较轻的冬春季节,产量较有保证,保收价格也相当优渥,为该种植户大面积栽种;高粱生长期在水分蒸发严重的夏秋季节,遭遇干旱威胁较大,但因金门酒厂所需主要原料为高粱,政府出台政策,限定种植户栽种小麦就必须种植前期作物高粱,故陈先生最终选择秋季高粱与春季小麦进行轮作。

六月是撒播秋季高粱的时节,高粱种撒播前需整地两次;第一次先以曳引机将地打松整平,随后由撒布机播撒有机肥。半月后如土地湿度不是太大即可再次整地并撒播种子(见图2-7、图2-8);有时遇上几天的台风天气，撒播好的种子会因雨水过量不能正常发芽而需再次撒种。高粱出苗20～50厘米时，以大型中耕机和撒布机完成中耕的培土、除草和施肥工作。如杂草蔓生情况严重，利用中耕机无法清除，还要另外喷洒杀草剂。高粱生长期在地表水蒸发严重的夏秋季节，如遇旱情，为保证春季象山后小麦地的有限灌溉水源，通常只能放弃喷灌高粱，高粱只好看天得收成。除去短缺的水源，鸟害也是影响高粱收成的重要因素。九、十月高粱成熟时节，也是鸟害最为严重的时候。陈坑地处金门县最高山峰太武山南部，秋冬季节气候较为温暖，斑鸠、麻雀等鸟群较多。为减轻鸟害，陈先生近几年每年购置3万多元冲天炮放置在高粱地周围燃放（见图2-9），但此方法长期使用后，对

图 2-7　整耕高粱地

图 2-8　撒播高粱

图 2-9　高粱地驱鸟的冲天炮

鸟群的驱赶作用已渐减，高粱常被啄食殆尽。高粱收割约两周前，金门县农业试验所派人前来勘查实际种植面积，并带回高粱样本送至防疫所检查农药残留量情况；符合采收标准后即可采收。由于未购置采收机，高粱和小麦都请代耕中心代为收割，近几年费用为每年20万元。

高粱刚收割完就得接种小麦,再晚就会延误小麦收割期至五月左右的梅雨季节而影响小麦收成。小麦是高密度种植,无法进行中耕,第一次整地完后就要撒播足够的有机肥和化肥,保证小麦生长过程中所需的肥力,施完肥即可撒播小麦种。早期县政府未对小麦种进行管制,该村民同金门当时大多数小麦种植户一样主要撒播大陆的小麦品种,该麦种比同期金门的小麦种产量高约三分之一。由于金门酒厂酿酒主要原料为高粱而非小麦,为减少财政开支,2005年左右当局限种大陆麦种,因此近年改种台南五号等台湾麦种。四月左右小麦已经成熟,同高粱一样,小麦也遭遇诸如黑嘴鼻等鸟群的啄食。

保价收购政策虽然暂时解除种植户栽种高粱、小麦的市场销售之忧,但不同于太武山北面斗门溪、金沙溪附近斗门、后水头①等地,水源较好、土地较为肥沃且鸟害相对较轻的自然地理优势,陈坑聚落灌溉水源的缺乏及严重鸟害,仍使陈先生面临大面积生产带来的风险。在气候适宜情况下,一季高粱一季小麦尚有些许收益,2010年小麦收购价格为每公斤41.75元(包括运费补助每公斤10元),小麦平均每耕区收获约250公斤,200市亩小麦合计收入约139万元;高粱收购价格为每公斤38元(包括运费补助每公斤10元),因缺水和鸟害严重,栽种高粱收获没保障且收益较少,200市亩收入约40万~50万元。扣除农机利息、折旧及前期现金投入后(详见表2-2),净收益只在50万~60万元。如遇气候不佳、风雨不顺之年,种植户就得承担较大的经济损失。小麦的收获相对高粱有保障,但因县政府政策限定种植户栽种小麦就必须种植前期作物高粱,如此加大种植户的经营风险。考虑到这些因素,陈先生正思考是否放弃已经经营14年之久的高粱、小麦种植。

---

① 据村人介绍,斗门、后水头等地因自然条件较为有利,一耕区可收获500~600公斤高粱、小麦,是陈先生收成的约2倍。

表 2-1 种植户农机资本投入

名 称	金额(台币)
二手挖土机一部	约 50 万元
二手曳引机一部	约 60 万元
新买曳引机一部	约 190 万元
播种机一台	约 30 万元
肥料撒布机	约 40 万元
喷水系统	约 10 万元
中耕机	约 40 万～60 万元
烘干机	约 20 万元
合 计	约 450 万元

表 2-2 2010 年高粱、小麦种植现金投入

名称	数量	单价	金额(台币)
高粱种子			约 2 万元
小麦种子	3000 公斤	45 元/公斤	13.5 万元
高粱用有机肥	1000 包	105 元/包	10.5 万元
高粱用化肥	200 包	330 元/包	6.6 万元
小麦用有机肥	1000 包	105 元/包	(每包补助 20 元)8.5 万元
小麦用化肥	450 包	330 元/包	14.85 万元
农药			约 1 万元
冲天炮			约 3 万元
采收费			20 万元
承包水塘两口			6000 元
合 计			约 80.55 万元

闽南陈坑人的社会与文化

四、变化与影响

由前文记述和分析可知,受自然生态环境、政策及市场因素等影响,陈坑聚落农业生产经历 1949 年前市场边缘的生计型农业向 1949 年后商品化农业的转变。在转型过程中,村落种植结构发生明显变化(参见表 2-3、表 2-4),这显示村人适应外在社会环境变化做出生计调整的一面,同时也反映农业在村人经济生活的地位和影响。

表 2-3 1949 年前主要农作物及其生长周期

农作物\生长周期	1月	2月	3月	4月	5月	6月	7月	8月	9月	10月	11月	12月
早甘薯		※	※	※	※	※	※	※	※	—		—
花生			※	※	※	※	※					
大麦	※	※	※	※						※	※	※
小麦	※	※	※	※						※	※	※
甘蔗		※	※	※								

表 2-4 1949 年后主要农作物及其生长周期

	农作物\生长周期	1月	2月	3月	4月	5月	6月	7月	8月	9月	10月	11月	12月
50至70年代	早甘薯		※	※	※	※	※	※	※	※	—		—
	高粱			※	※	※	※	※					
	小麦	※	※	※	※						※	※	※
	蔬菜	※	※	※	※	※	※	※	※	※	※	※	※

第二章
陈坑聚落的农业发展与变迁

农作物	生长周期	1月	2月	3月	4月	5月	6月	7月	8月	9月	10月	11月	12月
80年代	春季高粱		※	※	※	※	※						
	秋季高粱							※	※	※	※		
90年代至今	秋季高粱						※	※	※	※			
	春季小麦	※	※	※	※	※					※	※	※

说明：※表示主要产季。—表示次要产季。

1949年10多万军队进驻前，村民从事农业生产，目的在于尽力维持自家一日三餐所需。村人根据土壤、气候、水源及各种作物的生长习性，终年在有限的耕地上轮种甘薯、大麦、小麦等生计作物，头年二、三月插种甘薯、撒播花生至六、七月收获后，休耕一两个月接种大麦、小麦，翌年二、三月大、小麦收获后又接种甘薯和花生，完成一次循环耕种，甘薯、大麦、小麦、蔬菜的栽种发挥口粮的功能。

1949年大量驻军到来后，当局支持农业、保价收购杂粮政策的刺激，及大量驻军对蔬菜等的消费，带动陈坑聚落农业生产的商品化转型。20世纪50—70年代，村人一方面继续栽种甘薯作为粮食作物和家畜饲料，另一方面对经济作物的种植热情也逐渐增加，蔬菜、高粱、小麦从村人自家的消费品渐成为他们获取现金收入的经济作物，陈坑人兼种粮食作物与经济作物。头年二、三月插种甘薯及播种高粱，至六、七月收获，休耕两月后接种小麦，翌年二、三月小麦收获后又接种甘薯和高粱，蔬菜则根据一年四季气候不同择其适合者栽培。20世纪80年代军队渐次撤离金门，曾经直接拉动蔬菜大规模栽种，间接带动甘薯作为养猪饲料种植的市场动力逐渐消失，蔬菜、甘薯的种植大面积下降；同时由于村人经济收入的增加及市场米粮供应的充裕，甘薯在村人餐桌上的主食地位消失，粮食作物自此退出陈坑聚落农业生产。高粱则因金门酒厂的高价保收及其栽培技术的改进可一年收获两季，成为村人较多种植的经济作物，在二月至六

37

闽南陈坑人的社会与文化

月、六月至十月春秋两季播种、收获。

戒严时期特别是20世纪50—70年代,由于农业生产收益较为可观,耕地的价值也得以凸显,以20世纪60年代为例,当时进驻金门军队中一个中阶级军官的月薪在200至350元间,从军中流出进入市场的一袋45公斤的大米售价约20元,每市斤0.2元左右,而同时期租种一块1000平方米的土地每年需支付1000~1500元的租金,月租在80~120元左右。20世纪50—70年代,陈坑聚落每家户栽种经济作物蔬菜、高粱等的比例在同一时期不尽相同,各种作物在家庭总收入中所占比重亦有殊异,但聚落农业的商品化发展逐步提高村人经济收入和改善村人生活质量却是不争的事实,农业收入得以补贴家庭日常生活开支,并为子女上学及修建房屋等提供部分经济来源。

20世纪90年代,金门县政府为寻求当地经济的更好发展,将政策扶持力度转向观光旅游业,再者台湾及福建等地农产品的大量输入,更让整个金门地区农业生产,特别是蔬菜栽培业的市场环境雪上加霜。以村人集体力量扭转蔬菜生产经营困难局面的尝试失败后,曾在陈坑聚落广泛种植,并为村人带来丰厚经济收益的蔬菜,其经济创收功能大为减退。现在除少数几户村民还维持小面积的生产外,蔬菜成为更多村人必须购买的日常消费品。20世纪90年代金门诸如官澳等地即已形成高粱的规模化机械耕作,但人工小面积种植成本偏高、村落机械设备的缺乏等,使得陈坑村民于20世纪90年代初期普遍放弃高粱、小麦的生产经营。目前陈坑农业大宗作物高粱与小麦的栽种,主要依赖金门酒厂的保价收购政策得以存续,有六至十月秋季高粱一季,头年十月至次年四月春季小麦一季。但在气候、水源、鸟害及当局限制政策等诸多不利因素的影响下,村里唯一的高粱、小麦种植户继续栽种的意愿也处于未定状态。

农作物种植结构受政府政策、生产技术及市场因素等影响不断变动,陈坑村土地利用及村人的劳动力投入也受农作物功能、价值的改变而发生转变。1949年前迫于生产口粮的需要,20世纪50—70

年代经济作物的较好收益,农业生产吸纳了村里的众多劳动力。20世纪80年代中后期金门农业市场环境的不景气,使得许多村人放弃农业,前往就业机会较多的台湾或者金门城区谋求发展,大量农地闲置。与20世纪50—70年代农地里繁盛一时的生产景象相比,目前陈坑聚落从事农业生产的劳动力所剩无几,除去唯一的高粱、小麦种植户和几家菜农所耕种的土地,聚落有近一半的耕地处于荒置状态,陈坑农业生产发展呈现一片艰难、迷茫的景象。

结　语

  本章依据2011年暑假短期田野调查所获资料写成,尽管村人很是热心提供帮助,但由于笔者个人能力有限,语言沟通也存在若干问题,疏漏或误差难免。陈坑土地面积少,相对金门后水头、斗门等地,农业生产自然条件亦较为恶劣,该村农业并非金门全岛农业发展"成绩卓然"的典范,但它仍不失为我们观察金门农业发展及社会变迁的一个窗口。

  陈坑现有大宗种植物高粱、小麦的生产,主要依赖延续戒严时期对金门本地农产品实施的保护性政策而存在。附加性农业政策依据统治阶级利益需求而制定,处于不断变动之中。县政府在戒严初期出于保证军民口粮供给,维持和繁荣当地经济的目的,实施高粱、大麦、小麦保价收购;在后期政策执行过程中,县政府为节省财政支出,曾于1987年有意将小麦收购价格比照高粱办理,但此事件遭遇金门本地农户的联合抗议(徐雨村 1996:116),一度传出县政府拟在1999年起停止保价收购(徐雨村 1996:118),但同样部分因为当地农民不支持而未能执行。在政策执行与栽种高粱、小麦的农户的博弈中,目前农户所进行的抗争活动暂时仍是胜利的。然而面对台湾谷物价钱便宜、品质较佳的形势,县政府保持高价收购的政策还能持续多久仍是未知数,类似陈坑的高粱、小麦种植大户农业产业化经营的前景也还难以预见。在当局附加性农业政策支持力度较小,以集体力量扭

闽南陈坑人的社会与文化

转蔬菜生产经营困难局面失败后的陈坑蔬菜种植业,除面临市场困扰外,自身劳动力断层也是关涉其未来走向的一个重要因素。当局附加性农业政策变幻不定,市场需求不足,农业劳动力断层交加影响下的陈坑聚落农业生产,其后续发展如何,值得我们继续观察。

参考文献

李仕德(编修)
  2009 金门县志:2007年续修,金门:金门县政府。

金门县立社会教育馆
  1992 金门县志,金门:金门县政府。

陈炳容
  1999 1999年金门文化节番薯田野调查,金门:金门县政府。

岳立涛、战元芳
  2011 反思与探索:中国农业发展的困境和破解之路,《理论与改革》1:71—73。

胡琏
  1976 金门忆旧,台北:黎明文化事业股份有限公司。

徐雨村
  1994 官澳的生计活动与生态环境系统的关系,载余光弘、魏捷兹(合编),《金门暑期人类学田野工作教室论文集》,南港:"中央研究院"民族学研究所。
  1996 国家力量、人口流动与乡民经济变迁——以金门官澳为例,台湾大学人类学研究所硕士论文。

黄振良
  1996 金门古式农具探寻,台北:设计家文化事业出版有限公司。

第三章

陈坑村传统牵网渔业 ▶▶▶

◎ 徐春晨

前　言

　　人类学的目的之一为探究人类如何适应环境，其中生计方式的变迁直接体现人类通过文化手段适应自然与社会环境的过程，本章企图通过对陈坑村传统牵网渔业的研究，展现村人面对外在社会环境压力的调试。陈坑村传统渔法主要包括流刺网、延绳钓与地曳网3种，地曳网俗称"牵罟"，陈坑人称之为"牵网"，是一种规模较大的集体性渔捞活动，以网组为单位进行组织。据传，清末民初，陈坑村曾有18家牵网网组。至1949年，全村仍存在6家，上百村人参与其中，牵网曾为陈坑人的一项基本生计活动。在1958年"八二三炮战"之后，牵网渔业逐渐没落，其兴衰背后有复杂的社会文化因素。另一方面，鉴于目前对牵网的研究较少，而曾经参与牵网者年事渐高，如不尽快对牵网活动做一记录，此一独特的地方性知识恐将失传，保存

41

这一文化传统亦为本章目的之一。

在为期54天的田野工作之中(2011年6月20日至8月12日，期间离开陈坑访问澎湖4天)，最初计划是以陈坑的渔业为调查对象，后逐渐了解到牵网的重要与独特性，于是将精力集中于此项渔法的探究。田野最初2～3周在熟悉村庄整体环境，观察村中陈景兰洋楼博物馆中陈列的渔具、阅读相关材料，调查进展较为缓慢，直至遇到一位关键报道人，为网组头家之子，拥有长期上船经验且普通话流利，才逐渐对牵网有较系统了解，并寻找到更多报道人，最终对6家网组的头家或头家亲属、8位上船成员(其中包括2位艄公)、2位鱼贩、4位担糜者，以及若干其他牵网的参与者进行访谈。在此过程中，因渔具渔法未见实物较难理解，常借道具帮助，一位报道人曾折叠一只纸船以形象讲解渔船的结构与功能，在与另一位报道人探讨如何利用岸上景物对海中汕礁定位时，他在一张茶几上利用茶杯、香烟盒等什物进行演示，以助理解。另一方面，因语言隔阂，访谈对象主要为可讲普通话者，兼之报道人记忆精确性、田野时间限制等因素，皆对资料造成一定影响。

本章记录20世纪40—60年代陈坑村传统牵网渔业，主要对渔具与网组人员的分工做一说明，并绘制部分网组头家的系谱，在此基础上力图重现牵网作业的完整过程，并对渔获处理与网组账目之状况进行叙述分析，最后于结语中探讨导致传统牵网渔业没落的相关因素。

一、渔　具

牵网使用的渔具有渔船与渔网，其中渔船为人力舢板，一般以杉木制成，内部以铁钉接合，有民谚形容其构造曰："木船木橹木有木，铁锤铁钉铁打铁"。渔船主要动力来源为大橹与槛橹，相对简单的渔具导致较为精细的摇橹方法，使掌橹成为专门技术。牵网渔网分为大网与小网2种，适用不同渔期，须请专门师傅制作，染网的工作一般由网组头家自行承担;用以牵拉渔网的绳索为网索,一般由头家召集网组伙计自行制作;下文将依次对渔船、橹、渔网与网索等进行介绍。

(一)渔船

牵网渔船长 5～6 米,宽约 2 米,高约 1 米,一般分为船头、船腹与船尾三部分(见图 3-1)。船头长约 1 米,与地面约成 60°,其外两侧分别对称地以 3 根铁钉固定一椭圆形木片,木片为上白下黑,形成 2 只向下凝视的船眼(见图 3-2);船眼古而有之,村人对此的解释分为两种:一谓船有眼则可明察鱼群所在,助渔民满载而归,亦可辨识海中汕礁,躲避危险。其二谓船眼有震慑之威,传说海中鱼怪甩动尾部即可兴风作浪,轻易使小船倾覆,然而一旦见到船眼,便心生畏惧而逃避,使人船平安。

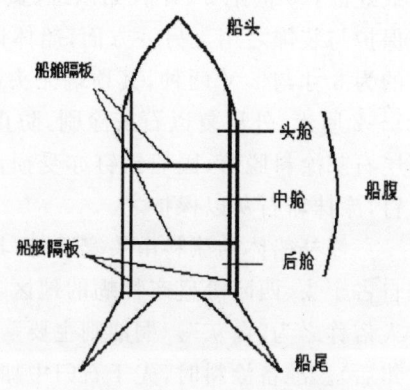

图 3-1 牵网渔船基本结构

图 3-2 船眼

船头内部不可置放杂物,俗称"龙喉",忌讳为人所坐。农历新年首次出海,须挑选天气晴好的吉利日期,祭拜船头,以祈求一年的佳运;一般于当日清晨,抬船至海滩处,船头朝海,前置供品,烧纸祭拜后,方可出海作业。

船腹与船头相连,其内以略低于船舷的木隔板大致将其分为 3 格,分别称为头舱、中舱与后舱;船腹内部两侧壁上亦对称地设有隔板,可稳固船体,亦可放置杂物;船腹末端连接 2 条与水平面约成 30°、长约 1 米的船尾。

早期船身涂以桐油,呈淡黄色,每隔 4～5 月须重新涂刷,以防白蚁蛀蚀;20 世纪 60 年代始以红、黄、黑等不同颜色油漆涂刷船身,做保护与装饰之用。另一方面,船体以铁钉接合,铁钉规格不一,常见的为 3 寸与 5 寸两种,其顶端无头,尾部尖端成四面体,须钉入木板 1～2 厘米,外层复以石灰涂刷,防止海水侵蚀。渔船使用日久后,外层石灰涂料脱落,固船铁钉亦受损,此时须将旧涂料除尽,并更换铁钉,涂抹新石灰以保护之。

修补船体的涂料由头家置备,其原料为石灰与桐油;石灰主要购自古宁头、西园等盛产牡蛎的地区,牡蛎壳碾碎后即可烧制石灰,村人俗称之为"白灰"。桐油则主要购自大陆(1949 年前)与台湾(1949 年后)。准备涂料时,先于石臼中加入石灰与少量桐油,以木杵舂之,待成黏糊状后补入一定量桐油,复舂之,最终使其成糊状,此过程通常持续 1～2 日。

涂料备妥后请专门师傅前来修补,有位被称为"丁仔"的师傅生于陈坑村,因幼年丧父被送与世代以造船为业的夏墅村人抚养,后即从事造船、修船行业;本村渔船多出自于丁仔师傅之手,修船亦多委托之。

修船时先去除既有涂料,更换铁钉,再于破损处补入石灰涂料,复以破旧渔网或树皮填充,以涂料覆盖其上;完毕后将船体翻转,置于日光下,待涂料晒干后方可再次使用;一般 1～2 日即可完成一次船体修补工作,历经修补的渔船可使用数十年无碍。

(二)橹

牵网渔船的动力设施主要为大橹与槛橹 $k'anlo$,分别位于后舱尾座与中舱左舷处,各由 2～3 人摇之。大橹长 6～7 米,橹头为直径 5～6 厘米的圆柱形木棍,约占总长的 1/3,橹中部渐趋扁平,橹尾成圆弧形;摇橹时橹头部分以配件固定于船体之上(见图 3-3);通常于后舱与中舱隔板左上部横穿一孔,其间系一绳套,称为橹鞭 lopî,长约 1 米,长度可依摇橹人身高调整;鞭首处系一长约 20 厘米、宽约 10 厘米的薄木板,称为橹圆 lowan,下端与橹鞭相联结,上端中心处为一直径 5～6 厘米的圆孔,摇橹时将橹头嵌入,为固定之用。

橹中部有一截长约 20 厘米的木块,两端以铁丝箍于橹上,其中央处并排凿有 3 个相距约 5 厘米、约铜币大小的半球形凹槽,称为橹眼 logan(见图 3-4);后舱尾座左端约 20 厘米处有一长约 3～4 厘米、顶部为半球形的圆柱体,称为橹得 lode(见图 3-3 与图 3-5),一般以相思木制成,可与橹眼相投契,为摇橹支点;橹眼所在木块之位置可随摇橹人身高而做出调整,3 个橹眼可供摇橹时换挡之用,以中间橹眼最为常用;使用上端橹眼可增加橹的吃水深度,从而增加划水面积,提高行船速度,同时亦耗费更多气力,使用下端橹眼则相反。

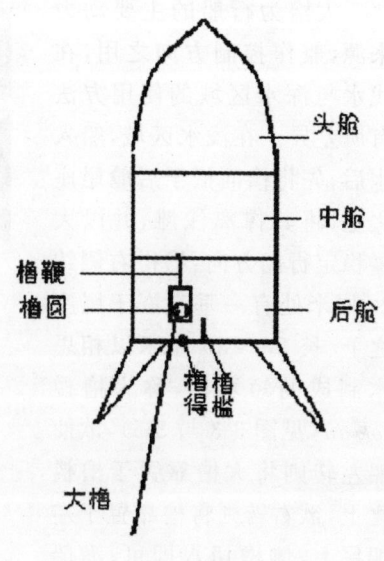

图 3-3 大橹

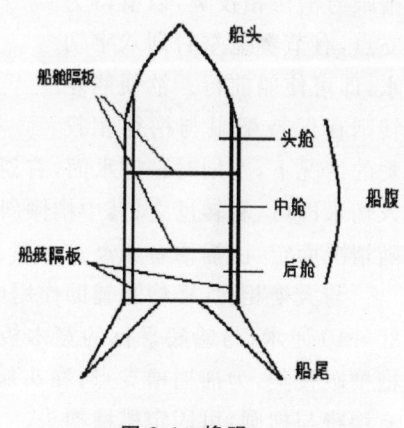

图 3-4 橹眼

闽南陈坑人的社会与文化

大橹为行船的主要动力来源,兼作控制方向之用,在浅水与深水区域的使用方法有所差异。在浅水区域,船入水后,先将橹面抵于后舱尾座之上,将其撑离浅滩,并以大橹稳定行船方向:橹得右侧约20厘米处有一垂直嵌于尾座之上、长20～30厘米以相思木制成的短木棍,称为橹槛 lok'an(见图3-3与3-5),欲使船左转则将大橹靠置于橹槛之上,欲右转则将橹靠置于左船尾上,侧橹切水即可;渔船归岸时亦须如是调整方向。

图 3-5　橹得与橹槛

待船进入深水区域,可将橹眼与橹得相投契,以橹得为支点,有节奏地左右划八字切水,即可使船前行。欲使船左转则在保持橹眼与橹得相投

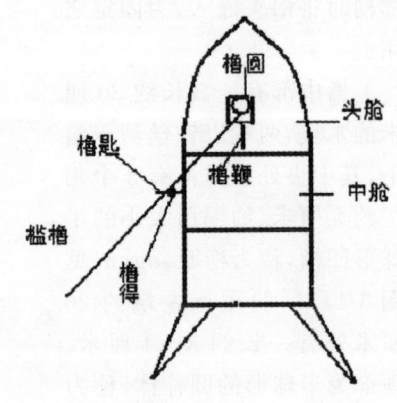

图 3-6　槛橹

契的情况下,左划时平擦水面,右划时将橹面向右下倾斜一定角度深入切水即可,右转反之;其中橹倾斜角度、擦水与划水深度与速率,皆随情况而定,由摇橹者凭经验拿捏。

与大橹相比,槛橹起辅助作用(见图3-6),中舱左外侧插有一长30～40厘米、与船底平行的宽木板,称为橹匙 loxi,上有橹得,与槛橹橹眼投契,为摇槛橹支点;在头舱底部木板之上同样横穿一孔,系有橹鞭与橹圆,可固定槛橹橹头。

(三)渔网

牵网作业对象为季节性洄游鱼类,与渔期相适应,牵网所用渔网分大网与小网(见图3-7);小网又称虎网 $hobaŋ$ 或女性网 $zabobaŋ$,体积约为大网的 1/3;网组通常备有大小网各 2 张。一般春夏季节多用大网,在离岸较远区域捕捉黄花鱼等较大型鱼类;而秋冬季节适用小网,在离岸较近区域捕捉勿仔鱼[①]等小型鱼类。

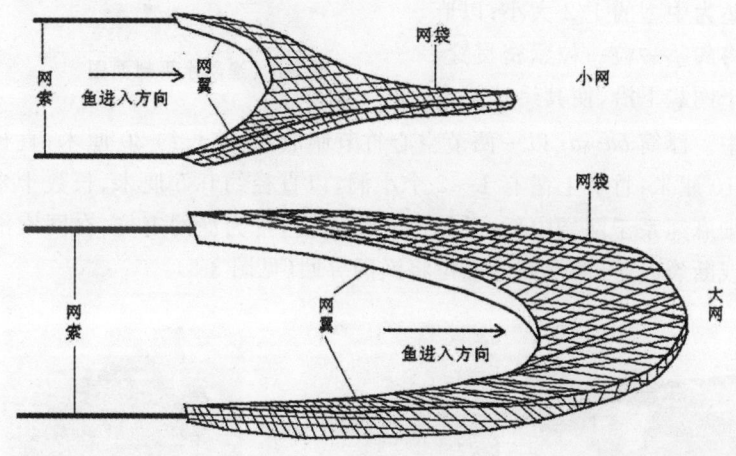

图 3-7　渔网

不论大小网两端都是对称的,由网翼与网袋两部分组成(见图3-8)。网翼为长条形,分左右 2 支,其宽度逐渐增加直至与网袋相连,大网网翼长约 80 米,网袋成圆拱形;小网网翼长约 50 米,网袋部分成直筒形,长约 30 米,尾端系以绳索。

大小网之上皆有浮子、陶坠与浮筒等配件(见图3-9)。浮子为内外直径分别约为 7~8 厘米与 3~4 厘米的圆筒形木块,以直径约 1 厘米的麻绳将所有浮子串连,各浮子之间相隔约 30 厘米,绑于网

---

① 为几种鱼的幼鱼之合称,其鱼细小如线状,通常写作"鱼"字旁加"勿"。

袋上沿,可助其摊开。陶坠为白、红、黑等不同颜色的中空圆柱体,其规格不一,可与不同渔网相配套;其中大型陶坠内外直径分别约为4厘米与2厘米,长4~5厘米,中型陶坠约为大型的1/2大小,小型陶坠为中型的1/2大小;以麻绳将陶坠一粒一粒紧密贯穿,绑于网袋下沿,使其迅速沉入

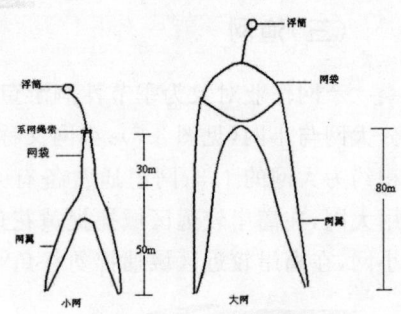

图 3-8　渔网水平剖面图

水中。浮筒 baŋsai 以一两节空心竹节制成,一节长约 20 厘米,直径约 10 厘米;竹节上凿有 1~2 个小洞,以直径约 0.5 厘米、长数十米的细麻绳系于网袋中部;浮筒漂浮于海面,可为渔网定位,在网索滑脱或断裂时,可循浮筒的方位将渔网寻回(见图 3-8)。

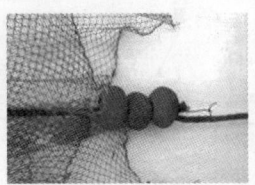

图 3-9　浮子、陶坠与浮筒

织网材料主要为苎麻 tue(*Urticaceae Boehmeria*)①,1949 年前多购自福建地区,之后多从台湾买进;制作 1 张网通常需数十麻袋的苎麻,再请织网师傅前来头家家中作业。夏兴、后湖等地有专事织网、补网的师傅,网组与织网师傅之间通常存在较稳定的合作关系;夏兴有师傅名为陈子和,与其子陈水龙、陈水结曾共同为"新进"②织网、

---

① 本章涉及的植物学名皆来自《中国植物志》。
② 为陈坑村 20 世纪 60 年代的网组之一,详见下文。

补网;织网师傅一般昼至夜归,头家为其提供三餐,一般一两个月方可完成一张网。

制作完毕的网片(见图3-10)为白色,染色晒干拼接成型后方可投入使用,渔网使用数次后逐渐褪色甚至腐烂,须洗净晒干,将大网拆分为三片、小网两片再重新染色;染网频率视网使用情况而定,一般旺季月染一次,通常挑选天气情况不适宜牵网作业时进行;染网原料为红柴 aŋcha(又称龙眼根,学名待查)与薯榔 ziuneŋ(*Dioscorea cirrhosa* Lour.),二者均可增强绳索韧度并延缓腐烂程度。

1949年前多使用购自福建地区的红柴,由男子将红柴根部与头部劈开,剖成长约30厘米的细条状;妇女在头家家中或网寮中将红柴条置于大锅中,以水煮泡约2小时,使其不断渗出红色汁液,再将制备完毕的染液置于木桶中,由男子担至海边或村中石块处,利用其表面沟槽作为染网器皿,称为石头槽,陈坑村仙鹤寺旁的石头槽为染网地点之一(见图3-11),将红柴染液倾入石头槽,将网片浸入其中,着色后取出置于石头槽边晒干,如此反复过水歇水3~4次后再蒸网固色。

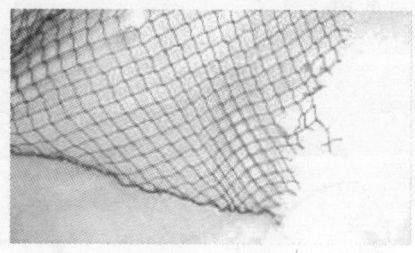

图3-10 网片

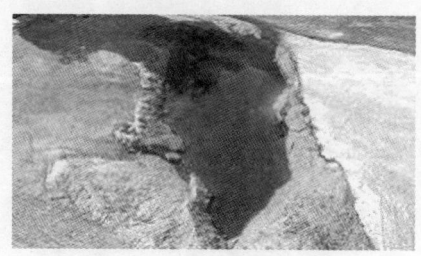

图3-11 仙鹤寺旁的石头槽

蒸网用直径约1米的大锅,加入适量清水,其上叠放数层直径约1米的蒸笼,最底层蒸笼上置一竹篾,将染色完毕的网片置于其上,以水蒸煮约2小时后晒干,反复蒸网3~4次,直至红柴颜色完全附着于渔网之上。

闽南陈坑人的社会与文化

1949年后两岸交通隔绝,染网材料多使用购自台湾的薯榔,通常浸染一张大网约需50公斤薯榔染液,制作薯榔染液的工作主要由妇女承担。在一块长30～40厘米、宽约20厘米的木板上钉上数排铁钉,钉头凸出木板约1厘米;将此钉板斜靠于一开口直径约60厘米、高约30厘米的圆形木盆壁上;以薯榔反复摩擦铁钉,使其成细条状,同时红色汁液不断渗出,加入适量水使其成黏稠状,以手反复挤压直至汁液与纤维质完全隔离,加水稀释可得到薯榔染液。其染色程序与上述使用红柴时类似,但无需进行蒸网,将网片晒干拼接后即可使用。

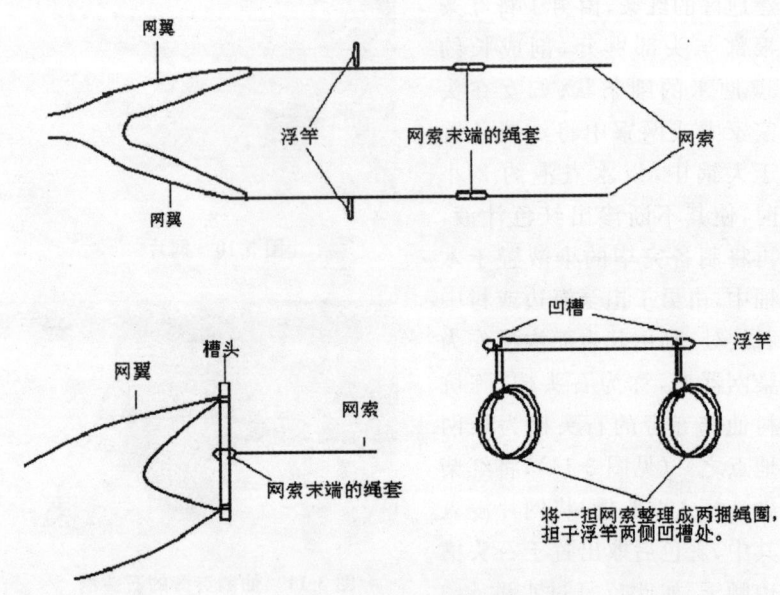

图 3-12 网索、槽头与浮竿

牵拉渔网的绳索为网索(见图 3-12),约成人食指粗细,习惯上以担为长度单位,1担长100米,其首尾皆结成长约40厘米的绳套,每担网索均可由绳套互相系结,组成较长的网索;网翼始端分两段分别以细麻绳与一根两端存在凹槽的木棍相系结,木棍长约40厘米,直径约 5 厘米,称为槽头,网索末端绳套通过槽头与网翼相系结。

每担网索中点处与一根长约 1 米的浮竿 $t'aŋ$ 末端相系结,浮竿可使网索在作业过程中浮于水面,并为其定位;在牵拉网索过程中亦可以两侧浮竿位置做参照,灵活调整拉网人员数量,使二者进度基本一致。此外浮竿亦为担网索的工具,首末两端设有凹槽,1 担网索分为 2 捆,分别担于两侧凹槽处。

制作网索的原料为洋麻 yīūmuā(Hibiscus cannabinus L.),由头家种植或从市场购得;头家一般利用牵网作业停歇期,召集本组伙计合作编绳,将洋麻剥皮后晒干,使用时将其泡水软化,撕为长条状,利用打绳器编织网索。新制成的网索同样须染色,旧网索亦须定期重新染色,染色方法与上述染网程序类似。

二、网组组成

牵网以网组为单位组织作业,网组成员分为头家与伙计两部分,头家为网组渔具所有者,与伙计之间为雇佣关系。就牵网作业分工而言,网组成员可分为上船者与留岸者两部分。以下首先说明各网组头家组成与网组继承情况,再分别介绍上船者与留岸者在牵网作业中的职能,为描述牵网作业过程做一铺垫。

(一)网组头家

20 世纪 60 年代全村共有 6 家网组[①],分别为:老保长、石头皮、新进、必精、红头、乌量秤。因网组创始人陈祠王先生曾担当保长,故其网组名为"老保长";石头皮的网寮盖于一片平整石坪上,被称为"石头皮";"新进"网组成立时间较晚,故得其名,又因其 4 兄弟未分家,共同经营网组,又被称为"大家";"红头"乃其网组船头部分呈红色;另一家网组拥有一架黑色木秤而被称为"乌量秤"。其中"必精"

---

① 6 家网组成员名单参见附录一。

含义不明。

上述 6 家网组之中,头家为一人或由数人共同担当;现以资料较完备的必精、石头皮与新进 3 家为例说明。必精网组头家为一人,头家近亲多参与其中;而石头皮、新进两家网组分别为兄弟共有,由众兄弟分工负责网组的各种重要事务。三家网组组成详见下图,为方便起见,女性后代在此省略(新进网组有一处例外),名字外圈方框者是未参加网组者。

"必精"由陈记所创立,陈记共有 3 子,为乐煌、乐补与乐彰,网组仅为乐补 1 人继承;其堂兄清稑、友辖皆加入网组,为上船人员;乐煌 4 子皆加入网组,其中文亭为艄公,其余 3 人为岸上人员;乐补共育 7 子,其中加入网组者 4 人,皆可上船,此外清稑之子陈铜亦加入网组,为上船人员。

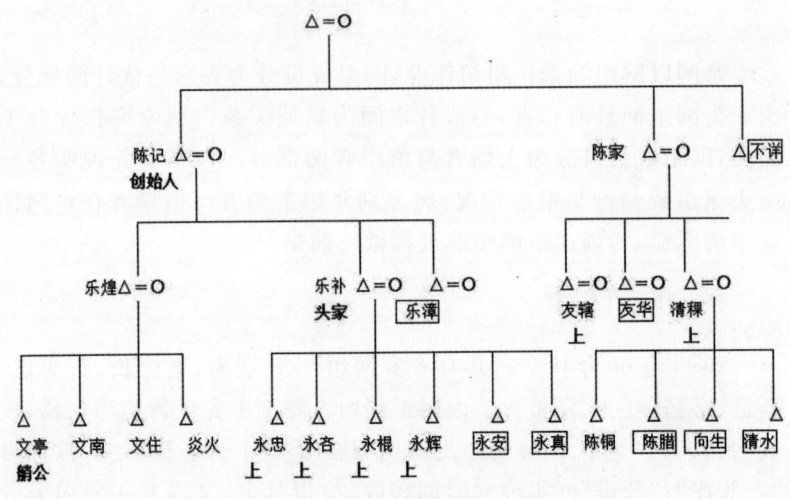

图 3-13　"必精"网组头家成员

石头皮网组由陈祠自创建,祠自生 6 子,长子与幼子未成婚,网组为其余四子乐厌、乐典、乐怨、乐梓所继承,网组收入头家与伙计 4

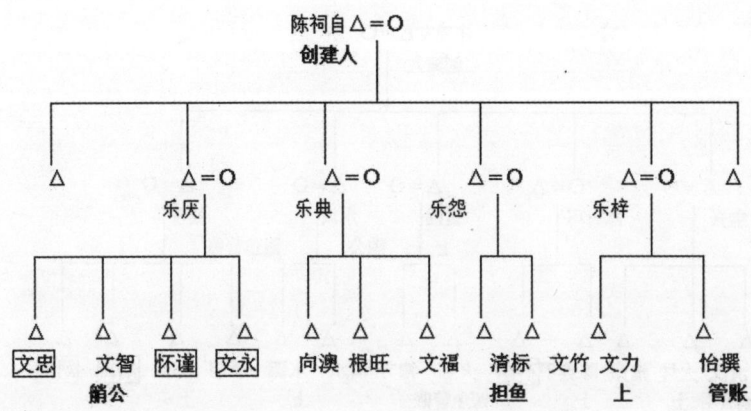

图 3-14 "石头皮"网组头家成员

：6分成后,头家所得的4份为此4人平分;4人则分工负责牵网作业,如管理账目、销售渔获、与鱼贩鱼行交易、保管与维修渔具等事务,之后此四人共育有11男,除去移民南洋或迁居台湾者,4人各挑选1子继承,即由文智、向澳、清标、文力分别继承其父之份额;其中文智、文力可上船作业,文智为艄公,清标则负责挑鱼贩卖;后因乐梓之子怡撰牵网技术高超,具有组织才能,也负责管理账目,故经众人同意后将先前四份重新均分为五份,为五人共有。

新进网组为庄建友所创,其4子宗兴、锡盘、水填、锡赛未分家,共同经营网组;其中锡盘、水填皆可上船,锡盘擅长补网,水填为艄公,锡赛负责贩卖渔获并管理账目;此后此4人共育有11子,其中9子加入网组,可上船者共计4人,宗兴之子清汉接任水填担当艄公一职,锡盘之子火练则继锡赛之后负责渔获贩卖与账目管理等事项;此外建友长女玲巧之子陈连丁亦加入网组,且可上船。

总而言之,网组可围绕一人或多人进行组织,通常以网组头家及其一部分的男性亲属为网组的核心成员,负责牵网作业的各种重要事务,加上外雇伙计共同组成一个生产性团体。

闽南陈坑人的社会与文化

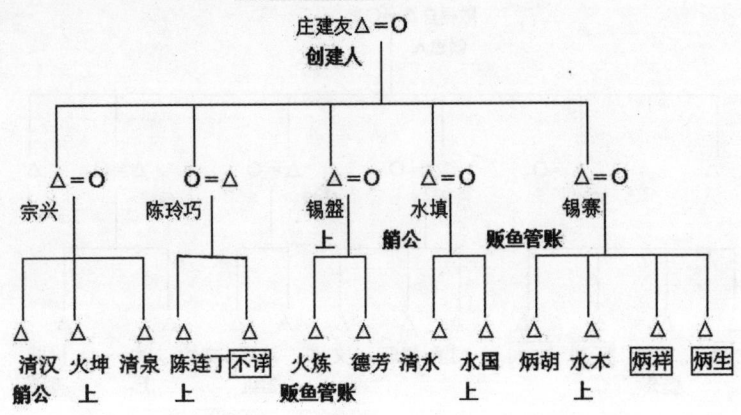

图 3-15 "新进"网组头家成员

(二)船上成员与岸上人员

就牵网作业分工而言,网组成员可分为上船者与留岸者两部分,网组内有能力上船作业的成员较为固定,一般为 6~8 位,包括主力与替补者,以确保牵网作业不因个别成员的缺席而中断;若头家与伙计皆可上船,因上船者可多得半份,头家一般将上船机会让与伙计。

上船人数从 3~6 人不等,其人员配备可随天气与海象变化而灵活变动,风平浪静之时,3~4 人亦可出海,1~2 人负责摇橹,另 2 人负责布放网索与渔网;总体上以 5 人与 6 人最为常见,其人员名称参见下表。

表 3-1 牵网上船人员职称

taikoŋ	yolot'ao	k'ioaok'a	p'ok'anlo	yok'anlot'ao	kasam	yojiu
艄公	摇橹头	捡后脚	抱槛橹	摇槛橹头	加三	摇桨

5 人上船时(见图 3-16),3 人立于后舱,后舱右侧立有 1 人,称为捡后脚,主要负责下放网索;左侧 2 人负责摇大橹,分别为艄公与"摇

54

第三章
陈坑村传统牵网渔业

橹头"。

艄公即船长,为把持大橹舵手,一般由体魄强健、头脑灵活,性格沉稳者担当,艄公须熟谙潮汐与海象变化,依据岸上的山峰、树木与建筑物等参照物为海中汕礁定位,以确定最佳的行船路线与布网地点;摇橹头把持橹头,立于艄公之前起辅助作用。摇橹时,摇橹头右手将橹头与橹圆握拢,确保摇橹过程中,橹不至脱离橹鞭,其左手则向上握橹;艄公立于尾座前,为摇橹主要出力者,其左手向上、右手向下,两手相聚约 30 厘米,握橹摇之,使其以橹得为支点,与水面约成 30°不断左右切水,使船前行。

立于中舱左前者为"抱槛橹",与位于前舱的"摇槛橹头"共同负责摇槛橹,此外抱槛橹还要与捡后脚一起负责布网;船出发时,由捡后脚负责放置网索,其余四人摇橹,网索放毕,抱槛橹行至中舱右侧与捡后脚一同布放渔网;待渔网布放完毕,抱槛橹回原位继续与摇槛橹头一起摇槛橹,捡后脚继续放置另一半网索。

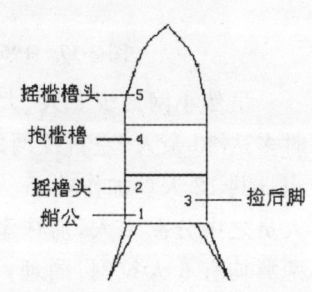

图 3-16　5 人上船之人员配置

风浪较大出海时在抱槛橹后加设一人协助摇槛橹,称为"加三",变为 6 人上船。仍由捡后脚放置出发时网索,再与抱槛橹一起布放渔网,加三与摇槛橹头负责摇槛橹;之后由抱槛橹继续放置另一侧网索,捡后脚加入艄公与摇橹头之间,共同摇大橹。1960 年后,不再设置加三,改为于头舱右侧加设 1 人负责划桨,变成二橹一桨,以助船行,称为"摇桨"。

与上船人员相比,岸上人员的数量相对灵活,随牵网当日召集的伙计数量而定;相较而言,拉网者属于网组外围成员,并非专属于某一特定网组,少年伙计最初参加牵网时,可随诸网组当日作业需要决定参加对象,往往先后加入数家不同网组,随气力增强,技艺逐渐娴熟,待可担当较重要任务时最终成为某一网组的稳固成员。

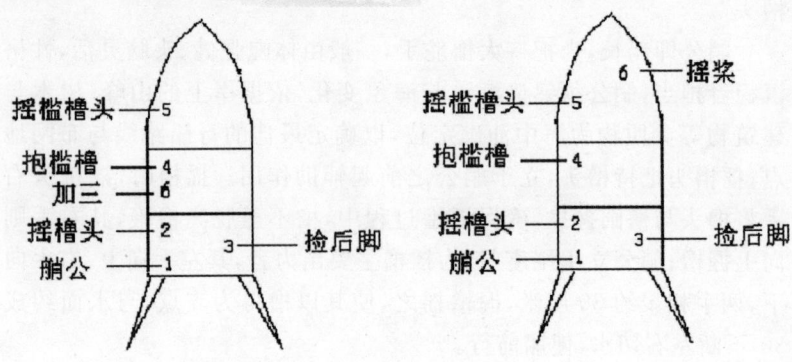

图3-17　1960年前后6人上船之人员配置

虽然小网最少8人、大网12人即可牵拉,实际作业中参加者有时多达30余人;左右拉网的人数须基本相当,使二者进度一致。若当日共12人参加作业,5人上船,7人留岸,则于船行归岸后,由岸上人员之中分派1人,前往牵拉归来网索,称为"接船",如此可使左右两翼均有6人拉网;同理,若16人参加牵网,5人上船,则派3人前往接船,依此类推。需要说明的是,接船人数并非固定,可随实际情况进行变通,保持两侧牵拉的力量平衡即可。

三、牵网过程

牵网为集体性生产活动,须细致分工与互相协调,是一个连续不间断的过程;为叙述方便起见,下文分准备工作、行船布网、拉网、收鱼、收网五部分对牵网作业的主体部分进行描述,并介绍牵网成员吃糜的情形。

(一)准备工作

牵网作业之前,头家早起往众伙计住处召集人手,春夏季节通常3点出海,太阳升起后近海鱼群容易散去,秋冬季节的作业时间可推迟至 4~5 点。村中少年常于暑假期间参加牵网以补贴家用,夏日夜晚于仙鹤寺中铺席而睡,至 3~4 点即有头家前来通知牵网,冬日清晨海水寒冷刺骨,少年伙计着短裤赤脚参加牵网,衣裤常为海水浸湿,脚底亦屡生冻疮,甚是艰苦。

众人集聚之后即进行牵网的准备工作,首先由 8 人负责抬船,船头船尾各 4 人,将其抬至近水处,保持船头向海方向,再从网寮中取出网索与渔网,先将当天使用的数担网索一半放入后舱,为行船出发时布放之用,另一半放入中舱,待回程时布放,然后抬网置于中舱,准备工作即告完毕。

从前牵网作业可夜出昼回,1949 年之后渔具受到军队统一管制,渔船被编号,贴于船尾处,停放于指定地点,作业时间亦受到一定限制,须于晚间前往渔民指导员(副村长)处领取出海许可证明,次日清晨在出海口聚集,接受哨兵点名,领取当日旗帜暗号插于船尾处,方可出海,因首先放行的网组在作业地点选择上占据一定优势,为公平起见,每日由不同网组轮流先出海作业。

(二)行船布网

准备工作完毕之后即可正式开始牵网作业,先推船入海,由抱槛橹与摇槛橹头等人先行上船,分别立于头舱与中舱之中,其余 3 人负责推船;艄公与捡后脚分别立于后舱左右两侧,摇橹头立于尾座中部后端,三人共同推船向前;待船入水且水可浸至膝盖处时,艄公与捡后脚分别由后舱左右船舷攀爬入舱,摇橹头则紧随其后,分别以橹槛与右船尾为支撑点,翻入舱中,其后由艄公持大橹将船逐渐撑离浅滩,之后进入行船布网的阶段。

在行船布网地点之选择上,陈坑村的牵网范围位于尚义与渔村(陈坑村邻村之名)之间,其海岸线绵延逾 3000 米,艄公习惯将位于本村以东的尚义方向称为"高",将本村以西的渔村方向称为"低";此区域内汕礁附近为鱼群集聚之地,最佳布网位置通常为汕礁周围,同时又必须避免围住汕礁,以免割破渔网。有关汕礁的知识为艄公所独有,不轻易透露于人;各个汕礁均被赋予名称,由岸上相应的山峰、树木与建筑物等为其定位;其中以山峰为主要参照物,根据两点确定一线的原理,依据附近岸上一远一近两座山头可确定某一汕礁的横坐标,复以另一岸上的远近两座山头确定该汕礁的纵坐标,如此便可为其定位。

在布网的具体操作上,捡后脚入舱后即开始下放后舱中的网索,船先以垂直海岸方向前行,待网索放毕,即逐渐左转或右转,开始布放一侧网翼;之后以平行海岸之方向布下网袋,再逐渐转回海岸方向,对称地布下另一侧网翼;然后以垂直海岸方向返回,布放另一侧网索。

布网时须考虑潮水影响,涨潮时海水由西南向东北流动,退潮反之;艄公结合潮水流速与流向,计算出摇橹使力之方向,使船在橹与潮水合力

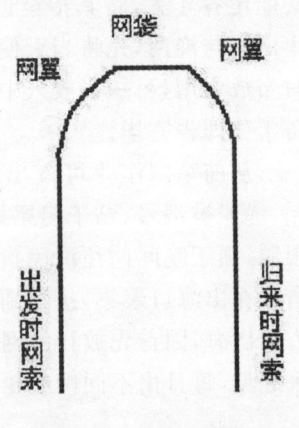

图 3-18 布网顺序

作用下,沿着"n"字形路线行进(见图 3-18);涨潮时应于离岸较近处布网,退潮反之,随着潮水流动,网将形成一开口向岸、跨度较广的圆弧形。

偶遇鱼群集中之时可准备两张网,一网上岸后留与岸上人员负责牵拉网索、渔网并处理渔获,上船人员带上另一张渔网立即重新出海,在上一张渔网外围布下第二张网,有时鱼群会追随首张渔网而来,使第二张渔网的收获优于第一张。

古宁头战役之后,军队在成功海岸设置防止大陆船舰登陆的防御设施,在水泥底座中部嵌入铁轨,分排立于海滩之上,每排长约 10 米,横竖排皆间隔 2~3 米,称为轨条砦。当时陈坑村的牵网作业因轨条砦的存在必须做出相应的调整。

早期陈坑村前海滩宽达 200 米,无论潮水涨退均可出海牵网作

业;设置轨条砦之后,若在潮水上涨淹没轨条砦时出海作业,则须格外注意潮水流向与布网区域,以避开轨条砦。实际上为防止轨条砦撕破渔网,兼之军管时期可供牵网的海岸线大为缩短,渔民更倾向于退潮时出海牵网。

(三)拉网

上述布网过程中,在船行归岸从最远处行至离海滩一半距离时,岸上人员即可先行缓慢牵拉留岸网索;若遇到渔网触礁等特殊情况,船上人员可举手摆动示意岸上人员停止拉网;待船上人员举起斗笠或浮竿摆动时,即为要求岸上人重新牵拉的信号。

另一根网索待渔船归岸之后方可牵拉,渔船登岸之际,船头向岸,为方便下一次出海作业,将船头转向朝海方向;由抱槛橹拉紧放毕网索,作为渔船转动之支点,艄公依据潮水流向,摇橹将船左转或右转,使船头向海停于浅水之中。

然后船上人员立即登岸,与接船人员一同以一较快速度牵拉网索;左右两队人员逐渐靠拢,牵拉时尽力使网索成一直线,同时保持两队进度一致。随着网索不断上岸,队伍尾部成员立即转移至网索前线,继续牵拉;如此循环往复,直至两边网索全部上岸。

牵拉网索可单纯使用双手,亦可佩戴腰枷作为辅助工具,以节省力气。腰枷为一长条形木构件,有不同型号,以适合不同体型的作业者。腰枷左右两端各占总长 1/4 处为直板,其中一直板的尾端凿有一小凹槽,可扣住网索;中间部分略成拱形,佩戴时可环于人后腰处;在直板与拱形板交界处分别凿有孔洞,以直径约 1 厘米的两根细麻绳穿入其孔后打结系之,与腰枷本身形成一等腰三角形,而长绳末端自系为一粗结(见图 3-19 与图 3-20)。

使用腰枷时立于网索一侧,将腰枷抵于后腰部,将网索压入其末端凹槽内,以右手固定;再将腰枷长绳末端扣住网索后与粗结相抵,当拉绳者用力后退时即形成一稳固活结,与此同时,左手从身前扶住网索,然后身体微后倾,腰部用力不断后退。

在上述两队牵拉网索队伍末端各有1人整理上岸网索,待网索全部牵拉上岸即可继续牵拉网翼,此时佩戴腰枷者将其系于腰际,空手牵拉网翼;小网网翼较窄,可将其握住一股向后牵拉,大网网翼较宽,一般由拉网成员交替牵拉

图 3-19　腰枷

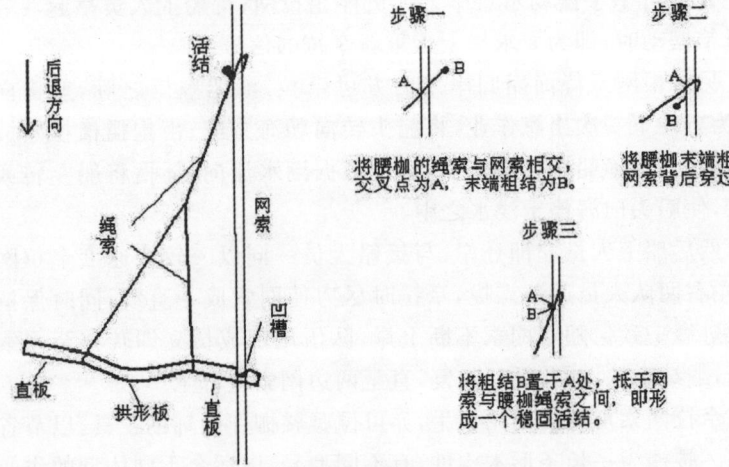

图 3-20　腰枷使用方法

网翼上沿与下沿。前方拉网时队伍末端2人继续整理网翼。

　　在轨条砦设置之前,拉网方向基本上垂直于海岸线,之后牵网作业范围缩小,同时为了使渔网避开轨条砦,拉网方向往往与海滩成一倾斜角度;另一方面,拉网时,两队人员须一边后退一边相互靠拢,若在设有轨条砦的海岸区域作业,则要在轨条砦的间隙之中移动,由众人合力将网索举高越过轨条砦,方可使两队人员逐渐靠拢。

(四)收鱼

网袋出现时暂时停止收网,由2~3人快步向前将网袋上下两端提起合拢以防渔获漏出,众人紧接上前立于网袋四周不断抖动,将渔获尽量赶入网底;同时将一以竹片编成、直径约1米、高50~60厘米、可装载50~100公斤渔获的网篮移置网旁,准备接收渔获。

小网网袋成长条形,尾部系以绳索,由一人截住网底前端,另一人将仍浸于海水之中的网袋底部拉出,解开其尾部绳结,移鱼入篮。大网网袋为半球形,渔获较少时,由众人捏住网袋四周,将其合拢仅留一出口,由此将渔获倾入网篮中。渔获较多时可直接以网篮入网袋之中舀鱼;渔获甚多时为节省时间计,可直接将渔获倾于海滩之上,立即收网进行下次作业。

渔获上岸时通常有鱼贩肩挑两个直径约1米、高约15厘米的鱼篮前来收购渔获,由头家与鱼贩合作,将不同种类的渔贝分类后置于鱼篮与篮盖上,称重完毕,以海水清洗之后交予鱼贩挑往市场。

在上述整理渔获的工作进行之时,另有部分伙计继续整理网袋部分;若网翼部分或网袋外围有破损,则将破损处先打结相连,继续下一网次的作业;其次要去除缠绕网中杂物,以海水将网袋中携裹的泥沙洗净。然后将整理完毕的渔网与网索一同重新抬至渔船处,依次放入舱中,开始下一轮作业。

(五)收网

每日牵网作业结束后,须整理渔具归位。海滩边用以放置渔具的设施称为网寮[①],以石块垒成,其缝隙间填以石灰,大小不一,建筑较为简陋,民居的屋顶一般铺设两层瓦,而网寮之顶只有一层,寮内地面并未铺地板,常布满沙砾。网寮亦可供牵网人员躲避风雨或休

---

① 今日陈坑村海滩农渔休闲区内的4间军营旧址曾为牵网网组的网寮所在地,现编为陈坑村1~3号,已改为旅游设施。

憩之用。

渔网与网索是以麻制成，浸水之后须晒干以利保存，如果当日渔获较少，牵网作业白天即告结束，将渔网与网索置于沙滩或较平整石块之上，铺展摊开以日光晒干；及至天黑方将其抬入网寮之中。寮内设有数排木架，其上悬挂绳套，将担网竹竿与担网索之浮竿嵌于绳套内。如果当日鱼群汇集，牵网作业一直延续至夜晚，作业完毕之后可将渔网与网索放置在沙滩或石块上，无须抬入网寮中，次日作业时继续使用；若当晚潮涨应将网置于离海较远区域，潮退时可就地放置。

渔船不放入网寮之中，一般作业完毕后由8人合力抬置于沙滩之上，保持船头向海方向。若潮退则可将船置于浅水处，若潮涨则将其抬至离海较远处安放。橹桨等要避免烈日曝晒，以防止木质开裂，作业完毕后置于网寮中保存。

（六）吃粥

牵网作业一般3～4时出海作业，至6～7时牵网人员通常于海滩上就地进早餐。视当日参加牵网作业人数，由1～2人提前一小时返村挑粥（糜），1人负责挑8～10份。粥一般由土瓮装盛，瓮底部直径约20厘米，高约30厘米，其下层用于装载主食，一般为地瓜粥，间或有小麦或地瓜、小麦混合粥。当时一名伙计一餐可食5～6碗粥；将半球形瓮盖倒置于瓮口，内装花生、鱼干等配菜，复以一空碗覆于配菜之上；若逢年节，配菜一般较平时丰富。当日参加牵网伙计之家人通常备粥后于家中等候，将土瓮与碗筷一并交予担糜者，若错过往往要亲自送粥至海滩。

担糜者先前往头家家中领取糜篮①与扁担等工具，当日作业完毕后，再将其送还；之后即可依次沿街通知各家备糜，待回头时一一取走，再挑至海边。

少年伙计加入网组初期，在力气、技术与经验上皆远较成年伙计

---

① 糜篮开口直径约50厘米，篮身扁平高约30厘米，可装6～7份糜。

逊色,经常担当此任;担糜少年集齐当日之糜,在担去海滩之前往往先行检查一番,如遇美味罕见的配菜,有时亦忍不住私自品尝少许。

吃糜一般于牵网作业间歇期间分批次进行,视网索长短与渔网规格,船行20至30分钟即可完成一次布网,拉网时间从30分钟至1小时不等。船上人员完成布网作业后,即可先行吃糜,由岸上人员负责拉网、收鱼等事项。完毕后可进行下次布网。此时岸上人员可休息吃糜,如此可轮番作业,吃糜通常数十分钟即告完成。

用餐完毕后,伙计一般先以海水将土瓮清洗一番,置于沙滩上,否则剩余糜与配菜易黏滞于土瓮内壁,难以清洁;中午时分,担糜者将所有土瓮置于糜篮中,再返村取糜。据村人回忆,少年时期肩挑2篮合计约25公斤的糜,在正午骄阳下赤脚行于灼热沙滩上,甚为辛苦;待拥有木屐则倍加珍惜,将其携带至沙滩处才穿上。

午餐后牵网人员可于象德宫附近的树下稍事休息,夏季时疲惫的渔民往往于树荫之下、凉沙之上躺卧小睡;冬季时只能坐在树下,小憩片刻即重新出海作业。

牵网作业为重体力劳动,除吃糜外,常需额外进食点心,以补充体力。早餐完毕后,约至10点常有一位来自大陆地区的老者从金城购得饼后,肩挑2个箩筐,前来海滩处叫卖;腹中饥饿的伙计可先向头家借钱购买点心,头家将出借数额记于当日账本之中,待结账时再从该伙计的报酬中如数扣除;有时头家亦亲自解囊,请众伙计吃饼,以补充体力。

若当日作业延续至傍晚,则约至午后4点,牵网伙计之家人一般将面条、面线等点心送至作业海滩;临近点心时间之时,饥肠辘辘的少年伙计常常前往象德宫附近翘首等待,急切盼望送点心的家人身影。

四、渔获处理

牵网渔获的处理为整个牵网活动中的一个重要环节,一方面渔获的销售直接影响渔民的收益,另一方面分配销售之余的鱼,可供渔民补充日常餐食。本节将分别叙述渔获的三种销售方式,特别是鱼贩售鱼的情况,并介绍不用于销售的末网渔获分配,以及村中孩童前往海滩捡拾漏网之鱼,和妇女煮、晒勿仔鱼的有关情况。

(一)渔获销路

首先头家可自行担当贩卖渔获的工作;石头皮网组由陈清标专事担鱼贩卖,新进网组则由庄锡赛、庄火练二人先后负责渔获贩卖。

其次头家若与沙美、金城等地的鱼行较为熟络,亦可直接与之进行交易;必精网组伙计陈水琛与陈燕兄弟之母李棵曾长年为网组担鱼至沙美鱼行,再由头家定期与鱼行店主进行结算;若渔获较多而鱼贩皆已外出,头家亦会请伙计担鱼至鱼行,视担鱼重量而给予报酬;鱼行亦常为担鱼伙计提供午餐。

第三种方式即为将渔获直接卖予鱼贩;20世纪50—60年代陈坑人中购鱼货者十余人,其收购范围包括牵网、流刺网与延绳钓等不同渔法之渔获。鱼贩常与一家或几家牵网或流刺网组建立相对固定的合作关系,当出现几位鱼贩相互竞争时,头家将优先售予有合作关系的鱼贩。

另一方面,在交通欠发达又缺乏有效保鲜方法的时代,清晨较早到达市场者可获得较高收益,后来者即在价格上居劣势。鱼贩必须保持一定的机动性,当牵网的渔获量可观时,原本于岸边等待流刺网船归来的鱼贩亦将立即决定转购牵网渔获;若陈坑村渔获欠佳,鱼贩亦常前往相邻渔村寻求收购机会。

运鱼交通工具在不同时期经历过一系列改变。早期多依靠脚力来回,前往金城约一小时,至沙美约一个半小时;亦有鱼贩借助骡、马等运鱼去市场,一天可输送一次至三次不等。1960年后陈坑村逐渐出现以脚踏车或三轮车运鱼,当时脚踏车前端车笼之中须置一相应重量的石块以平衡车尾部的渔货重量。

鱼贩以赚取买卖之间的差价为目的,其与头家的交易分为两种情况。渔获较多时为节省时间计,由鱼贩先行担鱼前往市场,当天晚上再与头家报价结算,鱼贩一般论斤抽取定额利润,其与网组之间的分成比例约为 1∶3。当渔获较少而交易时间较为充裕时,鱼贩常凭经验当场与头家议价,待贩卖完毕后兑现其许诺价格,盈亏自负。内行的鱼贩在报价情况下往往有机会赚取更多的利润。

鱼贩担鱼至金城、沙美等地后,面临两种贩卖的选择,渔获量较多时可直接卖予鱼行,后者一般抽取 2%～8% 的利润,如此可节省时间回村多担 1～2 次,亦无需担心渔获滞销。若渔获量较少,鱼贩可先于市集沿街叫卖,如有剩余可再前往琼林、小径、古宁头等乡村进行零售;此种情况下贩鱼收益取决于鱼贩个人的商业技巧,风险亦由鱼贩本人承担,销路欠佳时,往往只能贱价卖出。

鱼货销售在多种因素的影响下受供求关系调节,形成不同的"时价",节庆时对鱼的需求较平时为多,农历七月祭拜活动较多时,鱼货销售价格往往上涨,鱼贩要"抢年抢节",方可获得较大收益。

另一方面,鱼贩须熟悉各地区对鱼类的不同需求与喜好,有目的地前往贩卖,建立起较为稳固的买卖关系,便可获得较同行更大的收益。陈坑与古宁头素为结盟村庄,两村之间常缔结婚姻关系,亲戚之间多存在鱼蛤之间的相互交换;陈坑村人常将渔获赠予古宁头亲戚,对方亦于庆典时期以海蛤回馈。同等条件下,古宁头与陈坑村的鱼贩往往选择前往对方村庄进行买卖。

另外以前两岸海上交通便达,兼之金门人口较少,民生艰困,消费能力有限,陈坑村人常将当日所得渔获运往福建地区贩卖。1949 年之后两岸交通阻隔,渔获多于金门岛内销售,当时大量军队驻扎金门,形成一个巨大的消费市场,成为牵网渔获的主要消费对象。

(二)分鱼

每日最后一网的渔获通常较少,且往往不及送往市场贩卖,通常在当日作业结束后将末网渔获置于网篮之中,运至海滩附近较平整的石块处或村中空地上,按份额分给当日参加作业的众伙计;此处所分渔获较有限,伙计常将所得渔获置于先前装糜的土瓮之中,一并携带返家。陈坑人有两种含有娱乐性质的分鱼法,现分述如下。

首先将留待分配的总渔获依成员数量进行等分,置放成圆圈状,然后众人聚集于渔获四周,当场随机指定两人猜拳,以决定分配方向为顺时针或逆时针、以何人为基准等事项;之后众人同时挥手,伸出任意手指,从0~5不限,将所有手指数相加,得到总数,假设为20,则从基准之人起按照议定方向依次数20,由最后数字落定之人首先取得第一堆鱼,其余众人按议定方向依次取得各自份数;有时亦会特别设定一份分量较大的渔获,由最后数字落定之人取得,具有抽奖性质。

第二种方法则于渔获等分后,当场任意指定两人,一人背对渔获,立于附近草丛之中或大树之后,另一人手指一堆鱼大声询问此鱼分给何人,前述躲藏之人则任意答以一伙计姓名,该伙计便可将指定渔获取回;如此反复问答直至将渔获全部分配完毕。

(三)捡鱼

在年岁未及参加牵网的资格之前,村中7~8岁孩童(一般为男童)常携带竹篮前往海滩捡拾小型鱼虾,以补贴家中菜肴;每逢拉网上岸之时,落网鱼儿往往跃起掉落于海滩之上,机灵的孩童可乘机捕捉一两条;亦可守候于紧张整理渔获的伙计身旁,将因经济价值较低或破损而被抛弃的鱼虾等捡入篮中。一般而言,牵网过程中掉落之渔获属于可捡拾范围,捡鱼孩童若从网篮中偷鱼会遭受网组伙计或头家斥责。

有时网组伙计亦可趁头家分心之时,将一两条鱼赠予家境艰困的孩童;渔获量较大时,头家亦常主动赠予孩童一定量的渔获。另一方面,孩童将尽其能力为牵网作业完成一些较为简单的任务,如整理绳索、为头家取送鱼篮什物等。

军管时期要持渔民证、通过哨兵检查方可进入海滩区域。一般年满12岁方可办理有关证件,未足岁孩童须取得家中成人之证件,交予哨兵方可进入海滩。有时胆大顽皮者亦常偷偷爬过铁丝网,躲过哨兵监视,进入海滩区域捡鱼。

(四)煮鱼与晒鱼

牵拉小网所得渔获主要为勿仔鱼,因其数量众多,往往无法全部于当日贩卖完毕,常从首轮网次结束后即开始煮、晒工作。

此项工作可由头家家中妇女负责,或交予与网组有固定合作关系的鱼贩之妻负责;煮晒工作多于头家家中进行,个别网寮中设有灶,亦可就近于网寮中煮之。经过煮、晒的勿仔鱼在价格上较新鲜者稍逊,但可保存一个月之久。

首先以井水将勿仔鱼冲洗数遍,去除其中的泥沙杂物,然后在大锅中加入适量盐将其煮熟,去水之后待至5~7分干时,铺于海边较平整石块上;晒干后将其置于竹筛中抖动数次,去除细小杂物即可。此过程中所得鱼汤极其鲜美,可做烹饪调料,头家亲戚或邻居听闻煮晒勿仔鱼,常前往帮忙或索取鱼汤,头家亦乐于将之分予村人。

晾晒勿仔鱼之时,为防止猫、狗、鸟等袭取鱼干,头家家中孩童常被遣派至海边看守勿仔鱼干,同时亦可赚取一定数量的零用钱。为防止孩童怠工或前去别处玩耍而置鱼干于不顾,有经验的妇女常于煮鱼时掺杂一些可食用的虾米、乌贼和墨鱼等,孩童为寻找鱼干中的美味零食,便能较长久地守候左右,完成任务。

五、网组账目

牵网作业完毕后,头家清算当日账目并记录于网账簿之中,一般包括当日参加作业者,标示出上船人员、艄公,以及与鱼贩之间的交易,伙计赊账数额等开支情况。各牵网网组的账簿多已散佚,现仅以尚可见的老保长网组记于1936年7月14日至1937年8月19日的账簿为依据,对账目格式、内容与渔获分成方法稍作说明。

闽南陈坑人的社会与文化

（一）账簿格式与外观

此账簿为右侧线装本，外层以蓝布为面；其上右侧上端书以"牵网日清部"一行小字，中部下端大书"颍川堂"三字，右侧中部记录购置时间，因日久字迹模糊而不可辨。封面上书"接上本"，说明本账簿为一系列账本之一。

蓝布内侧为一油纸夹层，其内即为账簿正文，其上以红色印刷条格以供书写，外围以花纹装饰；其格式悉循古制，自上而下、自右而左书写；末页上端左侧书以"终"字，表明此本账簿至此结束。

账簿正文先记录牵网当天日期，一律使用农历，主要有3种格式：一为采用"孟仲季"与不同季节组合来指代月份；二为采用当月开放的典型花名指称之，如"桂月初一"、"菊月十六日"等[①]；三为平常数字记法，如"四月初三日"；其中第一种记法使用频率较低，以后两种记法混杂用之为多。

（二）正文

账簿正文包括2种类型，一为每次牵网作业当日之情况，二为定期结算之账目，以下分述之。

每日账目中大多首先记载当日售予鱼贩的鱼种、斤两及价格，如"清木去大头 27 斤，又去鱼 11 斤，合 42 元"；如有村人前往海滩直接购鱼，则记曰"现兑"，并附斤两。

随后即记载参加当日作业的伙计姓名，此处所用名称较近口语，或用实名，如"清林、温仁、火贵、清元"等；或用简称，如"春仔、友仔、秋仔、通仔"等；或用绰号，如"石头、屎仔、臭猪、水瓜"等；对于长辈，则以辈分呼之，如"通叔"；头家则自称为"自己"。若某一家庭有数名成员参与作业，则可只记录其中一位于名单中，于其名上方书曰"二人"或"三人"等即可，伙计若买鱼则同时附记斤两于其名下。

[①] 详见附录二。

第三章
陈坑村传统牵网渔业

图 3-21 每日账目

在上船伙计的名称上方则书以"上"字以示区分,在担当艄公者其名上端附注"代工"二字;在伙计名录的上端空白处记录当日参加作业的总人数;一般将与鱼贩的交易记入总账结算后,可于其名字上端画一圆圈,将与伙计的份额结算后则在其名字上端点一竖点;最后于其末端记录当日账目,包括合计收入、每一份额数目、上船人员收益、艄公收益。

以上为每日账目,在账簿之中占据较大比例,定期结算账目则掺杂于每日账目之间。每次结账的间隔并不固定,少则一周,多则一月。渔获多则结账较为频繁,少则相反,通常于天气状况不适宜出海时召集伙计至网组头家处当面结账。伙计家中面临婚丧大事急需花销时,头家亦将及时与其结账,甚至给予一定的财力支持;逢年节前一般亦须结账。

结账当天的日期书写较为完整正式,如"民国二十五年岁次丙子葭月十七日作账",当日将自上次结算以来每位伙计的账面逐条汇总清算,举例如下:

"火贵面会承前数尚长＊＊元"表示火贵目前为止仍亏欠头家之

69

数额；

"水瓜面会尚合＊＊元"、"宗通面会承前数尚合＊＊元"则表明水瓜与宗通此次结算应得之报酬；

此外当天出海牵网一次后，若因天气原因决定收网，常将所得渔获当场卖予鱼贩，再将所得现金按份额分给参与作业的众伙计，称为"现合"；与伙计结算之后则于其名之上书曰"算清"。

（三）分成方法

网组头家与伙计之间遵循 4∶6 的分成原则，首先根据当日总收入与参加牵网之总人数来计算每份数额，头家所得 4 份称为小头，伙计所得 6 份为大头；4 份的小头为网组的维修经费，在 6 份的大头之中，岸上人员每人得 1 份，船上人员每人得 1.5 份，其中艄公得 2 份。若某次牵网共 20 人参加，5 人上船，15 人在岸，当日收入 1000 元，则 400 元为头家所有，600 元为伙计所得，根据个人份额计算 20 人伙计共分为 23 份（15＋1.5×4＋2），每份约为 26.1 元，则岸上伙计每人得 26.1 元，艄公得 52.2 元（26.1×2），其余上船 4 人每人得 39.2 元（26.1×1.5）。

伙计如因正当理由而产生经济上的需求，如做头、庆生做寿、操办婚丧等事项亦可向头家预支报酬；每次结账可留下一定比例的公积金，以备来日伙计赊账、借款或其他不时之需，为调节资金运行之用。

上述为基本的分成原则，在实际操作中，头家通常依据每位伙计在力量、技术、经验等方面的高低而调整其所得份额。13～14 岁少年跟随父亲加入网组，最初所得份额通常较成年伙计为少，从 0.6 至 0.8 不等；之后随着对网组贡献的增加，其所得份额亦渐提高。另一方面，身强力壮、勤劳能干的少年伙计往往享有与成年人同样的份额；对于家境困难者，头家也常给予特殊照顾，从自己的份额中支出一部分，加以补贴。

此外农历十月初十日为水仙圣王诞辰，当日牵网作业完毕后，头家将米粉、高丽菜、五花肉、鱼头等供品挑往海滩船头前,烧纸祭拜后再将其挑回家中,当晚头家将宴请网组伙计,称为"做牙"。年终时头家常给予体格强壮、勤劳的伙计以额外的犒赏,此部分是不记于账簿中的,称为"暗盘"。

结　语

牵网活动在金门南海岸的尚义、陈坑、后湖等数个渔村持续至少百年之久,为一种独特的文化现象,其渔具由网组头家提供,渔法相对简单,青壮年男子加入网组,投入体力便可维生,为村人的一项主要生计方式。

从上文叙述中可看出,牵网活动嵌于村落整体生活之中,涉及众多事项,全村男女老少皆参与其中,在吃糜、贩鱼、捡鱼、煮鱼晒鱼等活动中,包含按年龄、性别等进行的分工合作,形成特定的社会关系,在此基础上网组借助亲属关系进行组织。同时拜船头、祭拜水仙王等宗教活动贯穿于牵网活动中,显示它与其他文化要素的相互融合。

20世纪40年代后,牵网在外在的经济社会压力之下历经了一系列变化,如渔船与渔网的制备、保存方法有所改良,上船人员配备在1960年后亦得到改进,尤其是牵网渔法在军管条件下的积极调适,体现了村人通过文化手段适应社会环境变化的过程,也可看出一种文化要素在面临外在压力时首先进行成本较小的修复,改良无效时才最终被替代。

牵网渔业的没落可由"八二三炮战"为分界点,炮战当天,恰为渔获颇丰之时,陈坑村6家牵网网组清晨即全部出海,至下午炮战开始时方休,最后人船皆平安返航。新进一家计有1500公斤以上的渔获,石头皮网组的收获亦逾1000公斤;炮战之后连续40余日全村不曾进行牵网作业,诸网组虽并未立即解散,牵网次数却大为减少。陈坑村6家网组之中,红头与乌量秤于20世纪50年代末即解散,新进与必精随之于 20 世纪 60 年代解散①，石头皮于 1973 年解散，1983 年最后一家网组老保长解散，陈坑村的传统牵网渔业至此消失。

牵网的没落可归结为内外合力的综合作用，一方面以前可根据不同渔期灵活决定作业时间，1949 年后出海时间受到管制，往往不能在最佳时间段出海作业，使渔获量减少，同时轨条砦的铺设使牵网作业的空间大为减少，带来诸多不便。另一方面，20 世纪 60 年代随着受县政府补助的机动舢板等先进渔具之引入，原先参加牵网作业的渔民转而从事经济效益更高的流刺网等渔法；同时部分牵网伙计或转营商店，或成为建筑工人，不少青壮年伙计前往台湾另谋发展，成为公务人员、教师及职业军人等；传统牵网渔业在诸种因素的合力作用下最终消失。

总而言之陈坑村牵网的长期存在、在外压下的调整延续直至消失的过程可看做村人适应环境的结果，是文化变迁的一个极好标本，特别是牵网的兴盛没落与金门独特政治经济环境之间的联系值得进一步研究。

参考文献

中国植物志编委会
    1959—1992　中国植物志(1～71 卷)，北京：科学出版社。

---

① 上述 4 家网组解散之后皆重组为流刺网组。

附录一 陈坑村6家牵网网组人员

老保长：

头家	陈祠王、陈水智、陈国强
船上人员	陈厚德（艄公）、陈火贵、陈祠庆、李大头、陈文苍
岸上人员	陈向赞、陈向再、陈乐江、陈长兴、陈清源、陈清池、陈万、陈水石、陈渊、陈全、陈火良、陈谅德、陈庆章、陈渊平、陈火来、陈火宽、黄向忠、狗屎
鱼贩	陈清木、陈金巢

石头皮：

头家	陈怡撰（管账）、陈文智、陈向澳、陈清标、陈文力
船上人员	陈文智（艄公）、陈金庆（艄公）、陈祠琪、陈祠续、陈永鹅、陈文力、陈福源、陈加添
岸上人员	陈祠兴、陈祠曲、陈根胜、陈根旺、陈根灿、陈根雄、陈永锡、陈兴恭、陈金盛、陈吉能、陈成业、陈文福、陈向澳、陈文竹

新进：

头家	庄宗兴、庄锡赛（管账兼卖鱼）、庄火练（管账兼卖鱼）
船上人员	庄水填（艄公）、庄清汉（艄公）、庄锡盘、庄火坤、庄水国、庄清水、庄水木、陈连丁
岸上人员	
鱼贩	陈怡平、陈友财

必精：

头家	陈乐补
船上人员	陈文亭（艄公）、陈友辖、陈永棍、陈永辉、陈铜、陈燕
岸上人员	陈永忠、陈永吝、陈乌皮、陈久成、陈江、陈丁卯、陈向生、陈乐对、陈乐明、陈清稞、陈文南、陈水琛、陈向裕、陈腊、陈文住
挑鱼	李棵
鱼贩	陈金水

乌量称：

头家	
船上人员	陈茶古（艄公）、陈水香、陈向八、陈水举、陈天一
岸上人员	陈水木、陈天三、陈聪平、陈乐仕、陈向展
挑鱼	陈天二

红头：

头家	陈水土
网组成员	陈木枝、陈木仁、陈木成
挑鱼	陈宁金、陈金水

附录二　网账簿日期格式

	孟	仲	季
春	一月	二月	三月
夏	四月	五月	六月
秋	七月	八月	九月
冬	十月	十一月	十二月

端月	花月	桐月	梅月	蒲月	荔月	瓜月	桂月	菊月	阳月	葭月	腊月
一月	二月	三月	四月	五月	六月	七月	八月	九月	十月	十一月	十二月

第四章

陈坑的战地商业

◎ 林晓露

前　言

　　金门位于福建东南沿海,是孤悬在台湾海峡上的一个小岛。1949年后,金门作为台湾的前哨,长期实施战地军事管制。随着海峡两岸对峙局势的缓和,金门变成大陆人民探亲、旅游观光的胜地。当探访的脚步走进这个过去的战地孤岛,令人惊讶地发现,这个封闭近半个世纪的岛上曾经有过另一番繁荣的历史。

　　在金门南海岸中央的陈坑聚落进行为期54天的田野调查中发现,陈坑聚落不仅拥有迷人的海岸线、海外侨胞回乡建造的陈景兰大洋楼,而且凭借地理优势于军管时期在此开设"金门官兵休假中心"。大批军人的进出必定伴随相关的商业活动,街道上遗留下的旧时商家招牌、废弃斑驳的老式店面,这些痕迹似乎在诉说曾经辉煌一时的商业景象。

第四章

陈坑的战地商业

通过深度访谈,对陈坑在战地政务时期的商业发展和军民交易情况展开调查。田野初期查阅相关文献了解陈坑村落的历史背景概况,并在熟悉村落环境且与陈坑居民熟络后,开展家户访谈,收集陈坑村商家开始经营及结束营业的时间及商家种类等数据。

一、战地商业发展

从1949年两岸隔离对峙局面开始至今,金门岛经历从战地政务到地方自治的转变,陈坑村的商业正是在这个军事社会大背景下,从早期零星小店的兴起,慢慢走向商业的繁荣发展,直至戒严后的没落,具体经历以下三个阶段:

(一)早期(1949—1958年)

1949年10月古宁头战役后,海峡两岸长期军事对峙,金门仍然在台湾当局的管辖之下。在军事第一原则下,金门废县治,设军管区制。以军主政,改革基层组织,改乡镇为区,保甲为村(里)邻,严密户口组织管理,建立民防部队,强化社会治安。

1953年金门恢复县治,已成为军事重镇。1956年7月金门开始实施战地政务,秉承战地政务实验原则,"强化战地组织"、"办理五户联保",实施教民养民政策。1958年8月23日"八二三炮战"爆发,经过四十五天的激烈炮战后,国共双方采取"单打双不打"的方式持续炮击。

位于金门岛南海岸中央的陈坑,地当太武山南麓滨海之象山顶上,南濒料罗湾。俗谚说靠海吃海,陈坑有其得天独厚的海上作业之地理优势,出海捕鱼自然成为当时村民的主要生计方式。在经济拮据的时代,渔民一日三餐难以为继,买不起渔船的渔民每日只有以简单的渔具在浅滩和近海处捕捞鱼贝,经济条件稍好的渔民会采取与同村或邻村渔民组合的办法,大家共同出资置办网具,或是由极少数经济条件较好者出资购买渔具,再交由渔民作业,有人出钱,有人出力,共谋生意之道。村落中有负责挑鱼前往鱼市的专人,俗称"鱼担子",渔民每日从海上捕回来的鱼贝都会交由"鱼担子"徒步挑到沙美、金城的市场,将鱼货卖给鱼贩。由于渔民须多人合作,分工作业,因此卖鱼所获几经分利后,每位渔民的所得已经不多。

除了捕鱼,陈坑人的另一种生计方式是农业耕种。在驻军到来之前,村民种的菜以自给自足为主要目的。田地一般就在自宅附近,陈坑通往邻村尚义的大道两旁也有村民的田地,村民简单地种植地瓜、大蒜、菜豆、南瓜等蔬菜。

饲养家畜也是陈坑人的重要生计来源。这一时期的陈坑还称得上是以物易物的年代,村民L回忆说,家里养的鸡不多,平时舍不得宰杀,只有过年过节时才会吃鸡。鸡生的蛋可以和杂货店主换火柴、肥皂、油等等。没钱买猪崽,只能赊账,养大的猪卖了再还账。喂猪的饲料多是山上摘来的野菜、薄荷叶、甘薯叶,或是挑拣坏的甘薯煮熟了喂猪。卖猪所得除还账外,剩余的买布料为家人做衣裳。

随着金门成为军事要地,进驻金门岛上的军队人数日益增多。据有关数据显示,1949年后,从各地辗转来金门的官兵约有五万余人。1958年"八二三炮战"时的守军部队有五六个步兵师,八个炮兵连,五个高炮营,三个战车营及勤务支持部队,总兵力约八万五千七百余人。

初到金门的军人没有修筑碉堡,晚上就借住在百姓家中,形成了"百姓睡房间,军人睡客厅"的局面。虽然军人的进驻给陈坑带来不少人流,但鉴于当时战争局势紧张,社会动荡,军人忙于备战,除了在基本生活需要上与陈坑人有少数的商品交换外,并无过多的商业需求。陈坑人靠着农、渔、畜等初级生产方式维持生计,没有过多的现金开店经商。村内仅有的几个商家主要靠向亲戚借钱才得以开业。这一时期,陈坑总共有10个商家,其中有6家杂货店,2家煎粿小吃,1家补皮鞋的小店,1家做豆腐生意的家庭作坊。杂货店的规模较小,商品种类少,如香烟、零食、饮料及简单的日常用品等,开店成本低,利润微薄,主要消费对象以本村内的居民为主,时常有村人赊

第四章 陈坑的战地商业

账欠账,令小店生意显得平淡又缺乏生机,日常的收入也仅仅是贴补家用,甚至在生意清淡的月份,店主还需要再向亲戚朋友借钱才得以补货进货,维持运营。煎粿是金门当地的一种特色小吃,主要食材是海产品牡蛎、蔬菜和面粉,一个煤炉一把锅就是小店的生产工具。村人C回忆说,记得小时候喜欢到现里公所西侧的榕树下买煎粿,早晨和傍晚的生意都比较好,但也不是天天如此。

这一时期的豆腐生意得益于村人与军队以物易物的商品联系,店家Z说,他家在陈坑里最早经营豆腐生意,当时由军队提供黄豆,一斤黄豆可以制作三斤豆腐,交给军人两斤豆腐,剩下的一斤豆腐归其所有,可以三两块卖给村人,或者拿一斤豆腐和别人换半斤黄豆,如此运作,基本上不必掏钱买黄豆就可以做上豆腐生意。

(二)兴盛(1958年—1992年)

"八二三炮战"发生后,进进出出的军用补给船舰抢滩作业繁忙,金门南方料罗湾海面的动静,在陈坑这个海岸高地上可以看得清清楚楚,更显得其地位重要。此时滨海处的岩石地下坑道,担负着海岸防御的重大任务,一两门中射程的岸炮,担任料罗湾的守门工作,近距离的多管机枪,则负责湾内海面的防卫。加上经过"八二三炮战"之后,金门的飞机场也从西洪迁到南海岸边的尚义,此时的陈坑已不只是海、陆交通的要道,而是海、陆、空交通的辐辏之区。

1959年8月,"金防部"为了嘉奖防区官兵,鼓舞士气,在陈坑村内的陈景兰洋楼成立"金门官兵休假中心"。凡表现优秀的官兵,有的放荣誉假安排返台探亲,有的则在金门休假,各单位将表现优秀官兵送休假中心,由中心安排食宿、参观、表扬、慰劳、休闲等活动。

陈景兰洋楼,居民习称"陈坑大洋楼",是金门第一座量体最大、规模最宏伟的洋楼。"金门官兵休假中心"的范围很广,包括陈景兰洋楼围墙内全部建筑、楼前坡下的金汤公园、洋楼大门口左侧风狮爷旁的贩卖部,以及隔着陈坑中间马路对面的特约茶室、照相馆、餐厅、羽球场、溜冰场、篮球场等娱乐设施。至今,在洋楼园区的门额上,尚留有当时司令官刘安祺所题的"金门官兵休假中心"几个大字。

"金门官兵休假中心"在陈坑设立期间,除了提供优秀官兵一个幽雅的休闲园地外,也同时为陈坑带来不少商机。随着农渔业的发展和早期军民交换的现金积累,陈坑人的生活水平较有提高,有些勤劳智慧的陈坑人更是看准商机,做起军人生意。陈坑村内这条南北走向的主要干道两旁兴建二十余间店屋,命名为"陈坑街"(现名为"成功街")。这一时期,从官兵休假中心大门口前面的路旁至整条陈坑街及附近的民房都陆续开起小店,经营的形态与项目也应有尽有,根据调查结果见表4-1所示,1959年至1991年间,陈坑村开业的商店达到52家,主要包括:杂货店10家,撞球室10家,小吃店10家,这些行业的数量最多,主要原因是商家根据军人的需求,采取多元化经营,在一个店面内同时配套经营几种生意。其次热门的行业有洗烫改军服7家,冰果室6家,理发店5家,照相馆2家,书店2家。多元形态的陈坑商家为当时休假的官兵和附近的驻军提供丰富多彩的生活娱乐服务,其热闹的场面并不亚于镇上的商店。时光流转,昔日的小渔村,转眼间成为一个商业鼎盛的小市集。

表4-1 1959—1991年陈坑村开业商家数量及类别

年别\业别	杂货店	撞球室	小吃店	冰果室	理发店	照相馆	书店	洗烫改军服	合计
1959年	0	1	0	0	0	0	0	0	1
1960年	0	0	0	0	0	0	0	0	0
1961年	0	0	0	0	0	0	0	0	0
1962年	2	0	0	0	0	0	0	0	2
1963年	0	0	1	0	0	0	0	0	1
1964年	0	0	0	0	0	0	0	0	0
1965年	0	0	0	0	0	0	0	0	0

第四章
陈坑的战地商业

年别＼业别	杂货店	撞球室	小吃店	冰果室	理发店	照相馆	书店	洗烫改军服	合计
1966年	0	0	0	0	0	0	0	0	0
1967年	0	0	0	0	0	0	0	0	0
1968年	0	0	0	0	0	0	0	0	0
1969年	0	0	0	0	0	0	0	0	0
1970年	3	1	1	1	0	0	0	1	7
1971年	0	0	0	0	0	0	0	0	0
1972年	0	1	1	1	1	0	1	0	5
1973年	0	0	0	0	0	0	0	0	0
1974年	0	0	0	0	0	0	0	0	0
1975年	1	0	0	0	0	1	0	3	5
1976年	0	1	1	0	0	0	1	0	3
1977年	0	0	0	0	0	0	0	0	0
1978年	0	1	0	0	1	0	0	1	3
1979年	1	2	2	1	0	0	0	0	6
1980年	0	1	1	1	1	0	0	0	4
1981年	0	0	0	0	0	0	0	0	0
1982年	1	0	0	0	0	0	0	1	2
1983年	1	1	1	1	0	0	0	1	5
1984年	0	0	0	0	0	0	0	0	0
1985年	1	0	2	0	0	0	0	0	3
1986年	0	0	0	1	0	0	0	0	1
1987年	0	1	0	0	2	1	0	0	4

年别＼业别	杂货店	撞球室	小吃店	冰果室	理发店	照相馆	书店	洗烫改军服	合计
1988年	0	0	0	0	0	0	0	0	0
1989年	0	0	0	0	0	0	0	0	0
1990年	0	0	0	0	0	0	0	0	0
1991年	0	0	0	0	0	0	0	0	0
合计	10	10	10	6	5	2	2	7	52

1982年,台湾当局对金门实施军队精减计划,金门驻军开始撤回台湾,但由于官兵休假中心仍然开设,陈坑村内的军人数量并无太大的变化。从1982年至1991年的十年间,陈坑村仍有15家商店开业。直到1989年,一方面驻军的精减,另一方面交通的便捷,防区官兵之休假办法做了重大的改变,无论官或兵,均可依规定排列假期,轮流返台休假,因此官兵休假中心已无存在之必要,后期休假中心的主任与副主任,均不再由退伍高官担任,亦无休假官兵进驻;不久所有支持人员归建,仅留下少数雇员留守,而后裁撤。伴随官兵休假中心的撤离,陈坑大洋楼人去楼空,陈坑街道也变得冷清起来,自此,陈坑内再无新的商店开业。

(三)没落(1992年至今)

1992年战地政务解除,军人撤返台湾,金门面临从战地政务到地方自治,从军政一元到军民分治的过程。近年来两岸局势缓和,阻隔五十余年的金厦海域试办"小三通",两岸人民开始互动。

如今的成功街已不见当初人潮攒动的热闹场面,除了少数住家兼营商店勉强持续营业外,大部分均已歇业。陈坑村里仅剩两家历史悠久的杂货店,由于居民拥有方便的交通工具后,一般自行到山外的市场与商店购买物品,杂货店的生意远不如从前。其中一家杂货店除了贩卖金纸、烟酒和饮料外,别无其他商品,另一家杂货店虽已缩小规模,但仍旧维持往日种类繁多的商品销售,成为现在陈坑里的重要商店,应付居民的不时之需。现存的两家小吃店是成功锅贴店和佑升饮食小吃店,锅贴、酸辣汤、海蚵煎蛋、炒腰花、卤猪脚,这五道菜是金门本地及台湾游客来光顾时必点的菜,口碑流传,历久不衰。

撞球室、冰果室、照相馆的身影消逝,书店衍变成生意冷清的文具店,理发店仅剩一家还打着招牌正常营业,其他的理发店主多是将小店长期关门,另谋生计,偶尔村中的熟客电话联系,才开门做生意。昔日的洗烫改军服店都已关门停业,只留下家中静静放于一隅的缝纫机,热爱缝纫的妇女偶尔摆弄起针线,接一些简单的缝补工作。

二、军民交易

1959年至1991年是陈坑村商业发展最繁荣的时期,在这一时期里,伴随着陈坑村军人数量的不断增加,陈坑人看准商机,做起军人生意。这一时期的军民交易在以下三个方面体现其特色:

(一)多元化的军人消费商家

对于长期驻扎于陈坑附近军营的军人而言,除营区外,陈坑村就是他们日常生活和假日休闲的主要去处,军人在衣、食、休闲娱乐等方面的消费需求主要依靠陈坑商家提供服务。在军管时期,战地性格明显的陈坑村日渐形成较为完善的商业圈,多元化的商家类型主要是洗烫改军服、撞球室、冰果室等数种服务(参见图4-1)。

1. 洗烫改军服

大量的驻军为陈坑人带来的是洗、烫、改军服这项特殊且简单的生意。军人被要求衣着整齐、干净,熨烫整齐,有些营区设有洗衣部,但军营外若有店家提供洗衣服务,大多便会结束洗衣部的经营。

20世纪70年代,村人Q在现今锅贴店对面的空地上开设一家洗衣工厂,雇佣8名员工,并于山外、榜林、小径、尚义等地分设收衣

图 4-1　1959—1991 陈坑村开业商家分布图

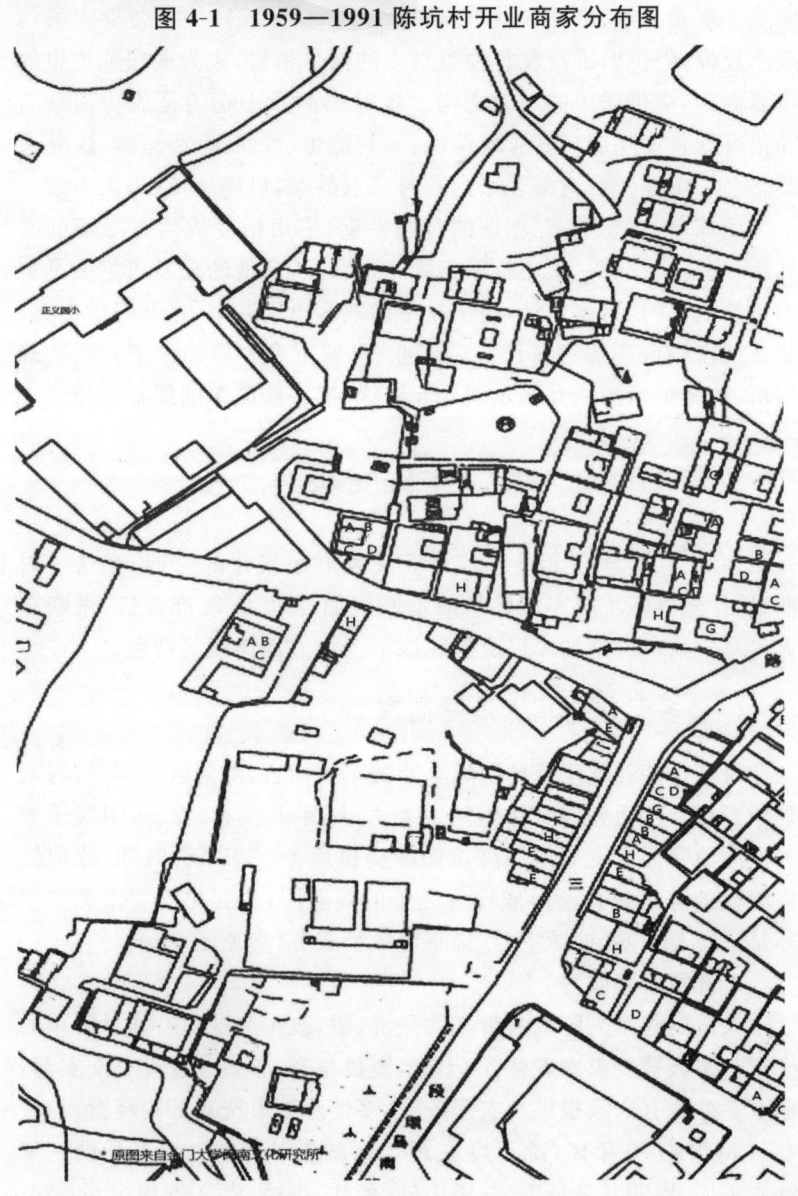

第四章

陈坑的战地商业

点。厂内设有滚筒式洗衣机，运用小型发电机发电，开凿水井或是缺水时向军队的水车购买一大车的水以供洗衣。这样的规模在当时的陈坑村里仅有一家，但是由于成本较大，每月付出员工薪水后，利润微薄，几年后因经营不善而关闭。

对于家庭作坊而言，洗衣烫衣的简单劳动基本上不需要多少昂贵的设备，改衣这项针线活则是多数女性熟稔的技巧，所以陈坑妇女劳动力较多的家庭便接起为军服洗、烫、改的"一条龙"服务。军人在忙于出操没有时间洗衣、懒得洗衣和没有熨烫工具的情况下，便会将军服交给军营外经营"洗烫改军服"的店家。早期的家庭洗衣作坊一般将衣服带至溪边浣洗，后有自来水供应，便在家中完成。早期拿到店里浣洗的服装主要是军人的操练服，一些协助地方建设的军人开沟挖渠，衣服上经常沾满红泥巴，清洗起来格外费力。随着时代的变迁，一套军服的洗衣价格从2.5元逐渐增加为5元、7元、12元、15元、20元，20世纪90年代初期已经发展到每套25元的价格。

军服是军人的身份标志，所以保管好店里的军服是商家重要的责任。店家会将每套军服附上三个木牌，一个交给军人，另外两个木牌分别挂在衣服和裤子上，军人凭借木牌领回衣物。由于洗衣店里存放的军服数量多，难免会产生一些意想不到的事故。店主F回忆到，洗衣生意最忙时一天家里就要存放一百多套军服，某日下午，三个外村年轻人到店里来，声称到陈坑村游玩，想借军服穿上拍照，店主一时心软便答应出借。然而对方并非借军服做拍照用，而是穿着军服到陈坑茶室消费，结果东窗事发，店主也因此遭受牵连。

多数店家提供最多与洗军服配套的服务是烫军服。熨烫军服有一定的技巧，先在大锅里将米浆和太白粉煮成糊状，后将洗好的军服放进锅中浸泡，领口处为了熨烫效果更显笔挺，须另外浸泡生太白粉水，再将烧红的木炭放进熨斗里才可以开始熨烫。

军队统一制作发放的军服总显得宽大不合身，于是多数军人将领到手的军服送到"洗烫改军服"店中，重新量身修改。通常修改一件上衣的价格是30元，裤子60元，换拉链50元。修改裤子分为"小改"和"大改","小改"只改裤管,"大改"连裤头也得一并修改。军服上都会绣有每个军人的名字,有时军队里会将退伍军人的旧军服配给新兵,就需要将大批量的旧军服送到"洗烫改军服"店里将衣服上的名字拆除重绣。

在"洗烫改军服"店中,服务项目不只有洗、熨、改,有的商家还提供定做军服的服务。根据店主 P 表示,1972 年,政府开设"清寒妇女自助缝纫班",招收镇上的妇女参加缝纫技术培训,于是她报名参加,将嫁妆中的布料带到培训班上学做衣服。学成归来,就在家中为军人裁制军服。从台湾进口的半尼龙草绿色布料,三码做一套军服,每套 800 元台币,每次做军服要量身剪裁,由于家中没有"车边"的机器,还需送去山外的西服店做"车边"。

2. 杂货店

在陈坑村商业鼎盛时期,杂货店的数量是最多的。除了军人为主要消费对象以外,村民也是小店的消费群。店中有村人需要的米、油、蔬菜、罐头,还有村人和军人都需要的日常用品,如:毛巾、肥皂、牙刷、脸盆、卫生纸、药品等。随着百姓生活水平的提高,后期陈坑杂货店内还增加烟酒、零食、饮料、电话卡等,种类繁多。

有些商家最早经营的并非杂货店,而是小吃店、冰果室、洗改军服这类的生意,伴随原先营业项目的兴旺,资金逐渐充足,便不断地扩充店中的商品与服务项目。烟、酒、饮料、泡面是军人在杂货店购买最多的商品,军用配备是这一时期杂货店也会卖的,如:水壶、软木塞、腰带、绑腿、军鞋、汗衫等。当时不能回家探亲的军人平日会买信纸给家人写信,也会买礼品寄给亲人。另外有奖牌、锦旗、退伍纪念品、礼品等,也是以军人为主要销售对象。尚义和夏兴的商店很少,远不及陈坑街热闹,所以尚义和夏兴的军人也会到陈坑消费。总之,用商家的话说就是"什么都卖"。军队也曾在陈坑村开设过福利社,但是由于福利社营业的时间有限,不能满足一般军人的需求,且因军人在福利社消费时无法赊账,所以他们更愿意前往军营外的杂货店购买商品。

3. 小吃店

长期吃军中伙食的军人,大多早已厌腻口粮的一成不变,他们常设法到附近的小吃店就餐,或者托弟兄带回食物。在退伍前夕,相熟的袍泽会相邀到小吃店中叫一桌酒菜庆祝,基于各种原因,小吃店在陈坑村总有生存的空间。

小吃的内容一般是水饺、炒面、炒饭、卤菜等,饭菜的口味较重,店里通常会提供店家自制的辣椒酱,这大概源于早期来自大陆各省籍的军人遗留下的饮食习惯。军人在一家店吃惯了就会经常光顾,偶得几个弟兄在店中喝酒聊天吃饭,条件好的店家还会添置电视机和录像带播放机,每日播放港剧、歌唱节目,军人来店后会自行点播。店主K表示,有时二三十名军人成群拥入,生意忙得无暇顾及的情况下,有些军人用餐后适逢军车在外催促归队,未付账便离开,所以生意好时,往往会遇上几个吃"霸王餐"的军人。

4. 冰果室

多数小吃店在夏日里都会兼营冰果室,吃刨冰成为军人夏日解暑休闲的方式。手摇刨冰机(后改为电动刨冰机)、玻璃柜、冰箱、电唱机、无电力时代的汽灯,就是冰果室的所有设备。最早的刨冰是清冰加上糖水和香蕉水,后为迎合顾客口味,商家开始贩卖多种口味的刨冰,红豆冰、绿豆冰、仙草冰、爱玉冰、草莓冰、百香果冰、牛奶冰、四果冰等。四果冰包含水果类和蜜饯类,水果类的四果冰通常任顾客挑选四种水果搭配,蜜饯类的四果冰主要含有梅子、杨桃片、李子、软糖四种配料。只要客人喜欢,随意搭配就能成为一种创新冰品。在陈坑村的冰果室里,最受军人欢迎的是红豆牛奶冰。通常军人休假时三五成群地来到冰果室,各点一碗偏好的刨冰,欣赏电唱机里播放的音乐,谈笑聊天,不失为一种好消遣。

5. 撞球室

撞球是一项具有比赛性质的娱乐活动,人数从两人到五人最理想,20世纪60年代的金门,军人最普通的休闲娱乐应该就是打撞球,其次才是看电影,当时在金门的每一个角落,只要附近有驻军,村落中就有撞球室,尤其是周末假日,走在村落的街上,此起彼落的撞球声,处处可闻。

撞球室也称弹子房,陈坑村早期的撞球室规模并不大,小小的店面仅容下一两张撞球台,通常摆上撞球台后,店面显得拥挤。后期有的商家在新盖的楼房一楼大厅内摆设撞球台,由于建屋时已做好开店的准备,商家会特意将一楼大厅的空间扩大作为店面,大厅内除设数桌撞球台外,还会额外贩卖饮料、兼营小吃、冰果等生意。

同时经营过杂货、小吃、撞球室的一名老板表示,早先家中生意是由兄嫂打理,贩卖日用品、饮料、军人配备等,后见村内的撞球室和冰果室生意兴隆,店内也引进3桌撞球台,夏季做冰果生意,冬季经营小吃。20世纪80年代,兄嫂去台湾,店面由其经营管理。由于生意好,撞球台发展至6桌,还雇佣两名年轻小姐担任计分员。

打球的军人难免会以计分小姐的姿色挑选撞球室,所以商家雇佣撞球小姐时,自然会以容貌、言谈举止、服务态度为选择标准。计分小姐一般负责将每局参加者按12345的顺序排列后进行开球,然后将每人所打的分数记在编号下,按撞球规则打到最后一球进洞,算是一杆(一局结束),该局的账由分数最低的一人付,接着按所得分数高低排列下一局的轮流顺序,进行次局比赛,参加者决定停止游戏时,计分小姐将所打杆数全部结算,每位参加者各输几杆,每杆两元结账。会打撞球的计分小姐,有时还要陪军人打上几杆,其每月薪水大概在400~500元左右,后期逐步增加。当时军人打撞球还流行一种称为"撞牌仔"的赌球法。先在四色牌上写好分数,一般分数设在18~42分之间,每人抽一张牌,先打到其牌上分数者,即赢得其他人的钱。

6. 书店

战地政务时期,陈坑村内有两家书店,一家漫画屋,一家综合书店。村民Z于1972年在陈坑街上建好房子后,开设这家综合书店。当时军人活动范围小,只限于陈坑村附近,所以每逢休假时都会有好多军人到店中看书、租书。店面一侧墙都堆满了从台湾引进的书刊,有些喜欢看书的军人,一进来就停留一两小时,店中最受军人欢迎的是文艺小说和武侠小说。

随着消费需求的增加,书店也开始贩卖军用配备,只要来店军人询问过的商品,店家都会积极进货。据村民 Z 透露,1973 年书店每月营业额平均达到 4 万元,纯利润有 1 万多元。这家书店的营收是他们家庭的主要收入来源。其身为公务员当时月薪 800 元,其妻是国小教员,月薪 500 元。

除了文艺小说和武侠小说,军人也喜欢看漫画。陈坑的另一家书店就是主营漫画,从小本组合装的漫画集到合订本的漫画集,租金从 3 元一本的到 10 元一本,来店租漫画的军人也络绎不绝。

7. 照相馆

官兵休假中心的成立不仅让优秀官兵前来陈坑休假,也吸引金门岛上其他军人、百姓到此游玩,陈坑村内的照相馆也应运而生;然而开设照相馆的成本较高,因此数量并不多,自官兵休假中心成立以来,陈坑村仅有两家照相馆开业。

店主 D 在台湾一家纺织厂工作一年后,回到金门学习拍照技术,而后开了陈坑第一家照相馆,主要营业内容包括拍照、相机出租、贩卖胶卷、冲洗相片等。照相馆内搭建一个小型摄影室,一架大型相机,两架雨伞灯,数块长 2 米、宽 3 米的拍照布景,布景内容包括莒光楼、古岗湖、中正公园、太湖等金门风光,还有几套海、陆、空军服。

照相馆有二十部相机出租,军人在退伍前、过节举办活动时常会租相机拍照留念。在休假中心派车接送军人到金门各地游览时,店主 D 也会带上相机与军人一同出游,为他们拍照。

8. 理发店

理发店是军人假期里的另一去处。约上一两位袍泽到理发店洗头、剪发,生意繁忙时,就坐在理发店里和老板娘聊天等待,太多人等候时可先到理发店周围的小吃店、撞球室消遣,再回来理发。

根据村人 C 自述,她于 1979 年在山外学习一年的美发技术,在陈坑村内开设了一家理发店。店中设有两个理发座位,两面墙镜,一部卷烫发机器,一个洗发台,外加理发专用的剪刀、毛巾、洗发精等消耗品,开店成本在 50000 元左右。军人常见的发型称为"五分头",有些即将退伍的军人会要求烫发,以象征自己脱离军队的约束。1981 年里每月的收入平均约有六万元,理发店成为家庭的主要收入来源。

由于老板娘 C 年轻漂亮,当时许多年轻的军人都喜欢到她的理发店来,同时期村里的另外几家理发店则多是为村中的老人理发。村人 Y 早年就学会了理发技术,且擅长为男士理发。家中店面经营的是早餐小吃,店面前的空地上摆放他的"剃头担子",也做起理发生意。

(二)赊账、人情与信任

陈坑村内的许多商家,以前都留有一本账本,上面清楚地记录着军人来电消费的日期、姓名、消费项目、消费金额、欠账金额等。有些军人属于小店的常客,与店主关系不错,店主在繁忙时就只能随手记录姓名和欠款金额。由于军人的薪水较低,又常喜欢外出消费,刚发薪水的前两周内军人还不会赊账,因为薪水足以支付,待到下半月,薪水不够支出,便开始签单赊账。

对待军人赊账一事,陈坑的商家表现出理解宽容的态度。对商家而言,平日里军人都是常客,偶尔商家都会主动免单请客,过年过节时也会送礼,与军人交情甚好。若是追讨过紧,不仅有伤双方之间的和气,破坏感情,还影响日后生意。商家与军人之间的关系不仅于买卖,更有人情在。

长此以往,人情建立起双方之间的信任,多数军人当月的欠账在次月领到军饷或收到台湾的亲人汇来的钱时便可还账。军队不允许军人向家人要钱,一旦被发现,立刻勒令将钱退回。军人一般会让亲戚将钱寄到与其熟络的店家中,然后再向店家领取,避开军队的检查。

此外军中长官对于军人在营外赊账的情况管理较为严格,每到军人即将退伍时,军官都会到营外的小店询问是否有军人赊账,若被查出,则会影响其顺利退伍。因此大多数军人在退伍前,无论如何都会尽力将自己在外的赊账还清。

(三)传统家庭妇女的角色转变

在传统农业社会中,妇女常被束缚于家庭中,被要求在家中照顾子女而放弃在外工作的机会。然而顺应陈坑村商业兴起与繁荣的时机,村内的妇女开始走出家庭,承担抛头露面的工作。

妇女 J 由于出身贫苦家庭,家中兄弟姐妹多,父母为减轻家中负担,将其早早嫁出。19 岁结婚后,夫家生活亦艰难,家中婆婆为人裁制汉服。于是其开始在家中制作并贩卖军人的绑腿沙袋①,后期还量体裁衣为军人制作军服。子女则交由婆婆照顾,由其经营小店赚钱贴补家用。

同时兼营杂货店、小吃店、冰果室、撞球室和洗改军服的村人 P 说,当时多种经营在家中同时展开,全靠家中四位年轻女儿帮忙,商店名称也因此取名为"四凤"。当时生意红火,煮小吃、撞球计分、看管杂货店,晚上还要帮忙清洗军服,每天繁杂的工作全靠四姐妹分工合作,全力帮忙。后来女儿各自出嫁,自己行动不便,家中缺少人手,才关店停业。

在陈坑商业兴盛期内,妇女为商店的运作贡献重要的力量。这一时期,陈坑妇女的形象是整个金门岛妇女形象的缩影,她们不必再重演侨乡时代忍受艰辛、独立撑持家计的侨眷妇女角色,实现了从家务劳动者到经济生产者的转变,她们充分发挥身为女性的特质优势,积极参加培训班学习新知识新技能。然而在实现向公共领域拓展的同时,她们仍不忘肩负传统女性的职责,照料好家庭内部的事宜,她们是传统与现代妇女形象的结合体。

---

① 军人在行军及长跑训练时绑于小腿上的沙袋,用于锻炼军人的耐力和速度。

结　语

1949年古宁头战役后,造成台湾海峡两岸的隔离,金门位于前线扮演着台湾的前哨站。1992年11月,战地政务终止,1998年4月,"离岛建设条例草案"的通过,当年5月"金门、马祖、东沙、南沙安全辅导条例"终于通过予以废除,使金、马恢复常态,此时金门才真正摆脱战地、前线的角色定位,并以地理位置的特殊性,扮演另一个角色。新世纪曙光初露之际,两岸"小三通"也从金、马开始启动,使金门从原本的战争前线转为两岸和平的桥梁。

从积极备战到炮战发生,从你来我往的炮战到长期对峙,再从对峙到局势的缓和,由缓和而至开发民众赴大陆探亲、观光、交流,再到台商赴大陆投资的热潮,直至如今大陆逐渐开放的金、马、台湾自由行,两岸关系在不断深化发展,开创和平新局面。

从20世纪50年代末到20世纪80年代末,陈坑村因其特殊的背景,展开做军人生意的三十年好光景。陈坑街因军人的到来、官兵休假中心的设立造就其商业的兴盛与繁荣,其后又因军人的骤减而没落。在这段时期,陈坑人由自给自足的生计经济瞬间转变成积聚现金为目的的市场经济,军人生意应运而生。陈坑的商家,除了杂货店的商品流通外,还包办军人的食、衣、娱乐各方面的需求,军人是主要消费群体,军人数量的增加与递减关系到商家的持续经营,村人的生计与驻军息息相关。

在军民交易关系中,商家为满足军人各方面生活需求而提供丰富多样的商业服务,多元化的商业形态应运而生,买卖关系的双方不再局限于消费者和商家店主之间的关系,商家顾念人情,对军人的赊账现象给予更多的理解,彼此的互动成为朋友,产生相互的信任,超出于经济利益上的交换联系。妇女配合战地需要展现出不同的形象,在这段时期的军民交易中凸显出来,打破过去只能居留家中、身为男性附属品的角色,从私领域向公共领域转变,并显示出不可小觑的生产能力。

尽管如今陈坑里军人的身影早已零落,陈坑街的光环亦暗淡下来,居民依靠个人劳动和社会福利在岛上仍可以获得衣食无忧的生活保障。面对大陆逐渐开放的金、马、台湾自由行,陈坑这一风景优美的文化聚落正积极地利用其自然与人文地理优势朝向旅游观光业发展,或许人潮将再度重聚。

参考文献

金湖镇镇公所
　　2008　金湖镇志,金门:金湖镇镇公所。
周妙真
　　2008　官方影像中的金门战地妇女形象,金门:金门技术学院闽南文化研究所硕士论文。

第五章

陈坑的战地生活

◎ 付明晴

前　言

　　1949年前,陈坑与对岸福建沿海来往密切、互通有无。1949年后,两岸对峙,十万军队进驻金门,必然影响了陈坑村人的生活。本章根据2011年夏在金门县金湖镇正义里陈坑村进行为期54天的田野调查资料整理完成,试图以开始施行军事管制的1949年为分界点,对村人在此前此后近百年的基本生活需求满足状态进行探究,以了解陈坑村人在不同时期基本生活需求的满足方式、途径及变化等。

　　文中资料主要来源于对村人的访谈。1949年军管前的生活状况主要依据村中长者的回忆,其中最年长者近九十高龄,但以六七十岁居多,所以文中"军管前"可视为20世纪前半叶这一时段。对1949年军管后村人生活情况的了解,主要基于对亲历者的访谈,并

闽南陈坑人的社会与文化

参照相关地方文献的记述。①

一、1949年前的衣食住行

昔时陈坑村人生活困苦,艰难度日,勉强维持生计,忍饥挨饿是常有的事。因风沙大、土质贫瘠等因素影响,农作物的种植很受限,村人只能种植地瓜、花生等耐旱作物;讨海生计也极不稳定,且风险大;购置盐、糖等生活必需品,必精打细算,能勉强维持即可。总体而言,村人日常生活中考虑的重心是如何度日维生。穿新衣已属奢侈,须逢重大节庆或将赴特殊场合才考虑添置,而新屋的建造则需二三代人的辛劳积攒。

(一)食

昔时村人辛勤劳作,在农事之余出海打鱼或打鱼间隙兼做农事,②即便如此辛苦,亦难以获得充足食物,所以村人多是日食二餐。

因较难获得五谷杂粮,村人多以种植的甘薯(又称番薯或地瓜)、芋头等作为餐桌上的主食,普通家庭中大米少见,仅在特殊的日子如节庆或"拜拜"时才能吃米饭。"时到时担当,无米煮番薯汤",这一俗谚是那段岁月岛民无粮可食、只能喝甘薯粥的真实生活写照。现在和老人聊起那段岁月,他们笑言:"有番薯汤喝的日子已经不错了,有的人家连番薯汤都喝不到"。甘薯帮助很多人摆脱饥饿的威胁,所以

---

① 调查期间,陈坑乡亲给予极大的支持和帮助,有时为了对某个问题有更深入的了解,需要对相关报道人进行多次访谈,他们即使是劳累工作一天,仍不厌其烦地耐心叙述;有时为让我有更直观的感受,亦会亲自带我去见实物;有时为让我对某个问题了解更全面,他们还会热心帮忙找一些资料或介绍其他相关报道人。村人提供的帮助甚多,难以详述,谨在此表谢意!

② 据村中老者回忆,那时专事农业或渔业的家户很少,从事其他行业(如商业等)的人,更是寥寥无几,如20世纪20年代至30年代本村的商店仅有2~3家。

陈坑人乃至全金门人对其感情极深。插种甘薯秧的时节通常是农历三、四月份,将薯藤剪成长约 20 厘米的枝节后斜插入土即可。甘薯生长期间如未遭到雨水浸泡或牛羊啃食,农历九月即可大量收成。甘薯可制成薯干或甘薯签,也可用石磨碾成粉,将其存储缸中以供来日与菜或少量的米一起煮食。早年的甘薯被充分利用,初夏藤叶已非常茂盛,可充牲畜饲料。甘薯收获后,村人也会将藤蔓运回家中晒干,以备秋冬喂食牲畜。

除甘薯外,花生也是多数家户会种植的作物,不论是煮熟或晒干,都是充饥的佳品。村人将少部分煮熟,以供家人食用;大部分则晒干储存,供日后食用、兑油或售卖。芋头亦是村人会选择种植的作物,将其蒸熟或煮熟后可充当主食。而高粱、大麦、小麦等粮食作物,与甘薯相比成本较高、产量较低,故昔时村人较少种植。

副食亦是自给自足,主要来自田中的各类蔬菜及海里捕获的各种鱼贝。那时家家户户都种植蔬菜,如高丽菜、芥菜、牛皮菜、大蒜、青葱等,尤其是高丽菜,种植面积甚广。临海而居的陈坑人吃海味的频率较高,捕获的鱼,将卖相较好、比较受市场欢迎的挑出贩售,剩下的小鱼、杂鱼及受损伤的鱼就供自家食用,若数量较多,还可将之腌制或晒干,供日后食用。至于肉类,因经济拮据,一般家户一年仅食用几次,通常是在重要节庆日、"拜拜"时或家养的猪出售后,买一二斤猪肉打牙祭。也有少数境况不错的家户平日里偶尔买几斤肥肉,提炼猪油贮藏在坛中,供日后孩童拌饭吃,"猪油拌饭"在昔时是十足的美味佳肴。陈坑人所食用的油大都是用花生兑换的花生油,少数未种植花生的家户则到市场购买。早期食用的糖多是黑糖,由村人种植的甘蔗榨成。长成的甘蔗运送至制糖作坊即可加工成黑糖。作坊按比例抽取少量成品黑糖作为加工费用。早期村内仙鹤寺旁即有一个制糖作坊,但因其年代久远,具体情况已鲜有人知。盐的获得则较为容易。金沙镇的西园即设有盐场,全金门的盐多来于此,村人在商店或集市即可买到。该盐场因经营不善,已于 1995 年停产。

（二）衣

昔时村人衣着多自行缝制，所用布料以机制织品为主，自织布甚少，据传说，自清末起金门地区即普遍出现机器纺织品，致使自织布数量骤减。20世纪50年代全岛仅有少数老人使用织布机（黄振良2007：106），且集中在种植业人口比例较高的村落，临海的陈坑很少人自纺自织，受访者中，即使是八九十岁的老妇人也无人有织布经验。制衣布料须购买，陈坑人对岸的在厦门、漳州或本岛的金城、沙美等集市售卖鱼或花生等后，常捎带布料归家。当时的布料以卡其布、AB布①居多，颜色以白、黑、蓝、藏青色为主。衣装样式简单，多由家中妇人缝制。昔时好女都须学习女红，诸如裁剪、缝补衣服等，所以几乎家家都有人会做衣服，少数无人可做裁剪的则须请亲友邻居帮忙。因物资匮乏，普通家庭一件衣服几人轮流穿是常有的事，偶尔在节庆日购布做新衣。平时只有须经常外出的一家之主、待嫁的女子或待娶的男子等才会添置新服。有些子女多的人家夜间棉被不足，常在身上加盖衣物及麻袋②以御寒。至于床单、被罩等，因条件所限，多是用旧衣料等草草缝制。

（三）住

在昔时的金门，七八个甚至十余个孩子（堂兄弟）同睡一室是常见现象。夏天气温高难以入眠，孩童会在屋外铺席睡觉。有数子的家户，在尚未增建新房之前，已婚诸子的小家庭亦会与父母及未婚兄弟同居一屋。对房屋的需求虽然迫切，然而建房却是项"大工程"，并非每户人家都可以实现，常要经过二三代人的辛劳积攒，方可建新宅。

昔日建房无须申请建筑执照，待家中建房款项筹措大半，即可请

---

① 一种面料名，此面料由棉、涤混纺而成。
② 麻袋的另一功能是雨天当雨衣。

第五章
陈坑的战地生活

来"地理师"牵舆勘地、计算流年。建房须在流年(亦称为利年)进行,如果此年不是流年但家户必须建房,则须"借运",即请来风水师作法将未来流年的好运借到当年使用。下一步是购置建材,早年金门与对岸来往频繁,砖瓦[①]、杉木(福杉)、质地较好的花岗石(泉州白)、青斗石等建材亦多从对岸的泉州、赤岗一带购得。金门料罗的"石窟"也是村人开采或购买石料的主要场所。现村内还留存数栋旧时房屋,村人告知,这些旧房墙壁的石头越大、越平整,即显示当年该家户财力越雄厚。建筑中所用木材,以从福州购置的杉木居多,其运载方式一般是将绳子的一端系牢在木头上,另一端系在船上,将木头置于水中由船拖运至陈坑,村人认为,木头经海水浸泡后生不易生白蚁。建房所需的沙、土则是就地取材,沙子在海边挑担;金门特有的红洽土(亦称为"红土")是很好的建筑材料,自明代即当黏合剂使用,同时亦可用来制作土砖,红赤土的土质因其分布区域而异,建筑师一般认为金门东半岛昔菓山的红赤土最适宜在建筑中使用。但陈坑人去东半岛取土并不易,便只在西半岛寻觅质地尚佳的红土即可,自己掘取或向土地所有者购买。对于建房预算少的家户,建房过程中用土比例较高。一般做法是外墙用石块或红砖,内墙则用土砖或用红赤土、草等物混合砌成。为节约成本,土砖多是自制。家人先将红土置放于空地,加入适量的水,后用脚踩踏将之搅和拌匀,再置入规格大约长30~40厘米、宽20厘米、高18厘米的木制砖模内。后经过脱模、晒制等程序后,土砖方可制成。搅拌过程中,若加入沙子、碎草等物,可制作成不同质地的土砖。红瓦、红砖因其价格偏高,民居建造中较少使用,多用于宗祠、寺庙等。

就访问所得,早期金门较好的建筑物多是从厦、漳、泉一带聘请师傅来金营造。因生计需要,亦有闽南的木匠、石匠等到金门工作,有的在金定居从而其技术也流传下来,昔时没有所谓的设计师、设计

[①] 早期金门也有砖窑,但村人多认为生产砖块品质不如厦门(有人认为是土质的原因),所以有条件的家户会去对岸购置。

图等,有经验的老师傅将建房步骤、要点、注意事项等早已牢记在心,仅将重要细节,如房屋格局的类型如两落、九架、七架、大九架、大七架等写在寸白簿①上,供参阅提示。也会在长木条上写下有关所建房屋的要点,置于檐下,供日后整修房屋时作为依据②。在建造寺庙、宗祠等公共建筑或较大的民宅时,可以见到方形的砖契,其上可见建房者用毛笔书写的建房年代、房屋尺寸、建房过程、筹款来源等相关事项,书写时通常由外向内呈环状。最后一般将其置于神龛之下,可做鉴定建筑年代的凭据。一座建筑物通常有两块砖契。村民祭拜或宴请亲友通常在客厅进行,客厅的建造面积必须够大,因资金限制等原因其他房间的面积必然较小,故村人的印象是早时房屋客厅比厢房大。

(四)行

早年多是崎岖蜿蜒的土路或山路,村人平日岛内往返皆是步行。少数家户养有骡、马等牲畜,除做农事外,亦可在必要时作为交通工具,如当家人生病须请医生前来急诊时,即会牵骡或马代步。若要出金门岛,目的地多是对岸福建沿海,因本村来往于对岸的渔船较多,所以搭船较为方便。

二、1949年前的生计

昔时村人的经济生活可视为以自给自足为主的生计方式,现金收入及开支项目皆少。村民可以从农业、渔业、畜牧业中得到部分收入,有些家户还可得到外汇的支援。

---

① 寸白簿是早期建筑师用于书写建房数据的一种簿册。
② 此一记录房屋尺寸的长木条称为高尺。

第五章
陈坑的战地生活

（一）农业

据村人回忆，早期农户每家都有面积不等的自耕地。田地少或是有多余劳动力的家户会替地主"代耕"，收获后双方三七或四六分成，地主得到较少那份。农户为地主代耕一亩田的花生，花生收成时，地主家可去田中挖三分地的花生；若种植的是地瓜，地主可挖总行列的十分之三，一般是靠前或靠后的部分，少数地主挑选长势较好的行列。少数村民可将多余的农作物，如地瓜签、地瓜干、花生、芋头等，担挑至金城、沙美一带的市集售卖，或走街串巷兜售，然需求量甚少。

（二）渔业

常言道"靠山吃山，靠海吃海"，对于陈坑人而言，渔业是重要的生计方式之一。家境稍好的村人会自资或联合出资，制造船只、购买渔具，进行海上作业。多数村人则在近海或浅滩从事捕捞、采集[①]、挑担[②]等工作。近海作业的通常是体积较小的舢板，长度一般不足 8 米，可承载 1.5 吨左右的重量；较大的船只可去远海捕捞，一般是双桅船，在海上可借助风力行驶。本村渔船多是向外村的师傅定制，或邀请对岸师傅来村制造，制船所用的杉木也多从对岸购得。

捕鱼作业极为辛苦，渔民的饮食、作息甚无规律。出海捕鱼时间须与当日的潮汐及风向相配合。一般而言，近海捕鱼一般在早晨三四时起床，准备出海，若是夏季时间则更早，上午九十时即可返回。如果去外海捕捞，夏季一般凌晨一二时左右准备出发，若运气好捕鱼较多，渔船在上午九十时即可返航，可返家用餐。若不能归航，通常上午十时左右渔民自行在船上做午饭。渔民在海上时，只要有鱼群

---

① 在海滩上捡拾螺贝或岩石上挖蚵等。
② 部分村人专门从事将刚上岸的新鲜渔获挑至集市的工作，其中多为青壮年男子。

出现,不论何时都须全力投入作业中。

若当日风向适合且渔获较多会直接运至厦门、漳州石码、晋江围头一带售卖。鱼贩通常在渔船靠岸的惯常时间去码头等候,如果船只提前返航,船家则须派人招来鱼贩购买或运至集市卖给摊商。若风向不宜运至对岸,则只能运至陈坑邻近的集市、村落售卖。若渔获量甚多,通常会等待至第二天风向适合时再运去对岸卖;若是接连几天风向不适,为防鱼腐坏,须将其腌制或蒸煮、晒干,再运载至对岸。晒制的鱼干以小丁香鱼、仔鱼(小鱼苗的统称)居多,腌制的多是鳁鱼。据报道人回忆,渔获至少一二百斤时才会运至对岸售卖,若渔获仅百斤或更少,渔船会归航,在陈坑海边将鱼整理分类,将卖相较好或比较受欢迎的鱼装入筐中,担运至金城、沙美、琼林等集市或附近村庄叫卖。因早时多是崎岖不平的土路或山路,售卖鱼货仅能步行,即使是抄近路沿海岸线走,一个往返也需两小时左右。

(三)畜牧业

陈坑人习于饲养牲畜,其中猪、鸡、鸭的饲养较为普遍,牛、马、骡等仅少数家户才有。猪是家庭收入的主要来源,家中较大项目的开支(婚丧喜庆等),大都依赖卖猪所得。多数家户会养一二只猪,部分村人饲养三四只,少数家户饲养多达十数头,如此则须请人"代养"—即将买来的猪仔放在无钱买猪仔的家户,请其代为饲养,两家遵循着"我出钱,你出力"的原则,待猪长成后,四六或三七分成(出钱买猪仔的家户得较多一份)。那时养猪大多无猪圈,仅围栅栏,所以猪的活动范围很大。猪的饲料主要是坏掉的或残损的地瓜、野菜及少量厨余。早期猪一般要饲养1~2年才能出售,一般是在家户需用钱或逢年过节时方卖猪。欲售猪的家户请乡人转告或亲自去集市通知屠夫来村收购。有的村民也饲养鸡、鸭,但并非用于平日餐食,多是在逢年过节或婚丧嫁娶等重要日子时宰杀食用。鸡蛋则可与村中杂货店兑换火柴、盐等生活必需品。其他牲畜村人较少饲养,仅部分依赖农业的村人会饲养牛、马或骡,用于犁地或交通运输。

第五章
陈坑的战地生活

（四）外援——番银

金门是著名的侨乡,侨汇是早期金门经济发展的重要助力。据《金门县志·华侨志》载:"有谓自明隆庆、万历以后,倭寇就歼,海上安澜,闽人与安南、暹罗、吕宋交通频繁,浯民自不例外,其于斯时附海舶远涉重洋者有之。证以南洋之物产,如番薯等,明时即已移植本岛,良足为信"(金门县文献委员会 1960:95)。鸦片战争后,"航路畅通,金厦咫尺,相互援引,其往南洋者,乃如过江之鲫,直视南洋做外舍焉"(上引书:96)。金门几近每个村落都有人出洋务工,出洋原因主要可归结为"避难"与"谋生"。村民虽农渔兼营,但即便全年辛勤劳作,也仅能勉强糊口,若遇天灾战祸,则苦不堪言。所以十五六岁的青年男子常选择随同亲友一起远渡重洋另谋出路,俗称"落番"。19 世纪英、法、荷、西等殖民者在东南亚的开发,需要大量劳动力,所以陈坑很多男子同本村或邻近村落的亲友一起下南洋,成为"番客"。陈坑与金门的其他村落相比,因从事渔业相关生计的人较多,所以本村下南洋的总人数相对较珠山、古宁头、琼林、后埔、官澳等村落要少。

有的番客走东洋,有的去吕宋,但真正的落番一般指从金门乘船到厦门,再从厦门转往新加坡,之后或留在新加坡工作,或再从新加坡转到马来西亚、印尼等地。初到异国的番客被称为新客,海外侨社通常会为其提供"估俚间"①作为暂时落脚点。初到番地的金门人刚开始多受雇于荷兰、英国、西班牙、葡萄牙等国的热带种植园,从事作物栽培业,进行耕种、采收、晾晒胡椒、咖啡、烟草等劳作,有时须进入深山大泽,忍受高温、潮湿及瘴气。出洋的陈坑人大部分在熟悉的领域工作,如舢板驳船、捕鱼等;少数运气好的番客可在九八行、火炭业等寻得差事。

番客省吃俭用,积攒工资寄给亲人贴补家用。若养家后还有余

---

① "估俚"即苦力,指早期从事体力劳动的华人移民。

闽南陈坑人的社会与文化

款,多会转营商业。若店名中有"金"字,如"金成发"、"金泉发"、"金再发"、"金隆成"、"金福源"等,通常是金门人士经营。其中"九八行"较为典型,是新、马、印尼华人贸易商行的俗称,其所代理的货物贩卖出售时抽取2%的佣金,而同地区其他洋人开的商店利润可达20%~30%。"九八行"的相关从业人士,从店主、驳船载物的船主到搬运货物的苦力,多是金门乡亲,彼此很是信任,生意往来亦颇顺利。

对于青少年时即出洋者,经过在海外三五年的辛劳积攒,稍有积蓄即奉父母之命回乡成亲。一般新婚后一两个月即再只身前往侨居地继续工作。少数善于经营谋划者,有能力在家乡建精美的洋楼以光宗耀祖,村人即称之为"番仔楼"。(杨树清 1996:203)。现在村内尚存有那段时期建造的三座洋楼,规模最大、最有影响力的当数陈景兰洋楼[①],亦被称为金门"第一洋楼"。可当年能在家乡建洋楼的村民毕竟为数不多,很多人背井离乡多年却一事无成,也有的将家眷带往侨居地,终生不返。而侨眷收到侨汇时,也常自嘲是"典夫卖子钱",可见当年出洋者极其家人的艰辛。

为赚更多的钱,出洋者多终年在外,仅靠"番信"(见图5-1[②])和"番银"(即侨汇)维系着和家人的联系。对于部分家庭而言,生活开支主要依赖于此,所以侨汇一般以较为固定的周期寄给家人,汇寄数额不多,通常是二、三个月的工资。因早期尚无邮政通汇或银行等金融机构,番客如要寄信或汇款回家,只有等"水客"、"客头"或同乡相识的人回国时捎带。后随着信、汇寄送量增多,专事侨批民信的民信局便应运而生。此类民信局通常由"水客"或"客头"投资创立,也有一些是客栈、商号等组织兼营或转业形成。闽地的批信局主要集中

[①] 该建筑物于1917年由旅居新加坡的陈坑人士陈景兰买地兴建,1921年竣工。后遭受岁月摧残,损坏严重。1992年后由金门县政府接管,在江柏炜等学者的努力下,向内政部申请项目取得经费支持得以修缮,并于2008年8月以战事博物馆方式对外开放,免费供人参观,现已是著名旅游景点。

[②] 该图翻拍自2011年唐振瑜执导的《落番》电影宣传册。

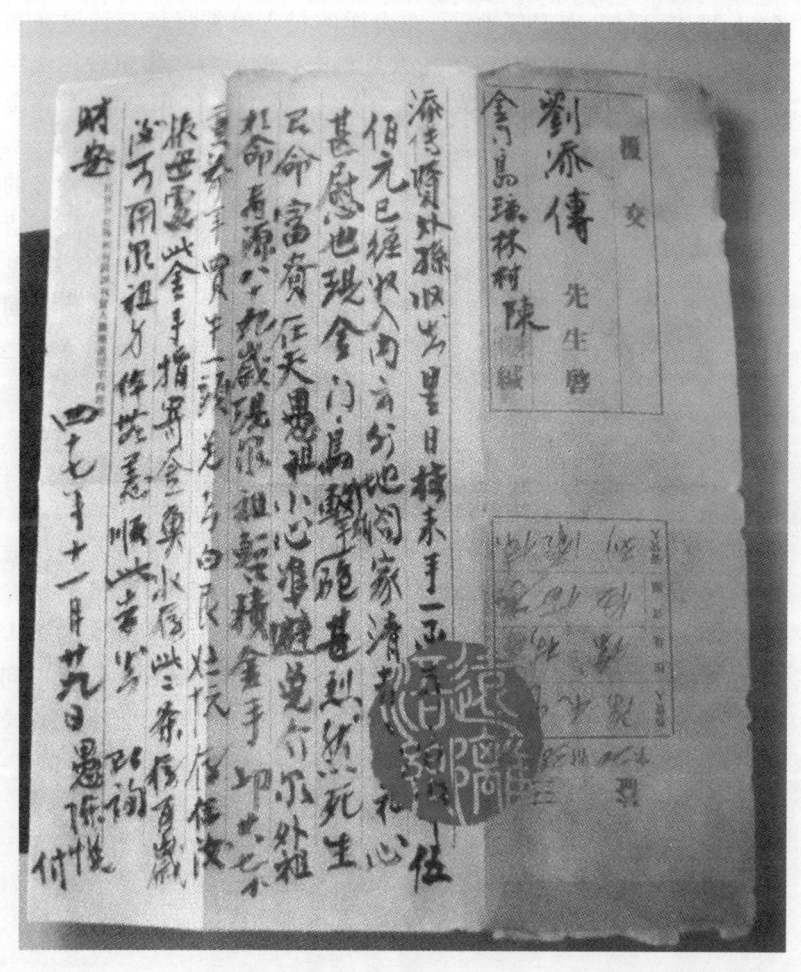

图 5-1　番信

在厦门、泉州和福州等地，以厦门地区数量最多，信汇范围包括厦门、

闽南陈坑人的社会与文化

金门、同安、晋江、南安等地①。在南洋的村人通常将信与钱放在当地可代理侨信业务的商店,信局人员再去各商店将之集中后运送至金门的"三益"等批局,金门人称之"三益行"的三益批局,当时设在金城镇忠兴路,亦经营货物批发业务,陈坑的侨汇业务主要由其受理。前期由批局安排熟悉当地情况的专职人员将侨汇、侨信送至番客的家人手中。随着批局职员与村落店主渐熟悉,待店主前往批局进货时,"三益行"会委托店主先将该村的番信带回交与寄信人家属,待见到寄信人家属所写回执后,方才将汇银交给店主。店主将番信带回村中,通知番客家属来店取信,若寄信人家属不识字,店主即须为之读信,并预先垫付汇款,然后代写回执送回三益行,取回款项。

三、1949年后的货币及物资供应

自金门设县后,因政局动荡、法令不彰等因素造成金融秩序紊乱,给岛民生活带来诸多不便。1949年市面上流通的钱币有银元券、银币、旧台币等多种通货,货币市场混乱,急需调控。1949年古宁头战役之后,十万军人驻扎金门,全岛近十五万军民的物资供应问题迫切需要解决。面对此种局面,当局通过发行粤华流通券、设置民生物资供应处与民粮代售点等措施,使岛上军民生活逐渐步入正轨。

(一)货币

1949年末,民心浮动,经济失衡,金融秩序濒于瓦解。为稳定金融市场,当局决定以兵团军饷为担保,以军用票的方式发行地区流通券,

---

① 金门与南洋间的信汇往来受内外环境、形势的影响甚大。据《金门县志·财赋志》载,1949年金厦民信阻断,金门的"许振和"、"三益"、"南侨"、"裕丰"等批局与南洋信局开始进行业务往来。1980年金门尚有"南侨批局"、"三益批局"在营业。1983年"南侨批局"停办,2001年"三益"走进历史(金门县立社会教育馆 1992:1199—1200)。

并定其名曰"粤华流通券"①(胡琏 1976:23),村人简称"粤华券",金门粤华官兵消费合作总社于 1950 年 4 月 17 日发行此券(王振汉 2006:81),共有壹角、伍角和壹元三种面值。形势稍稳定之后,行政院为统一币制,于 1952 年 5 月 1 日发行金门地区专用新台币,即在新台币上加印"金门"二字,俗称"金门钱"。当时村人按粤华券壹元对金门新台币参元的比例兑换,规定兑换期限为十五天,逾期即作废。其后,此券由金门防卫司令部(以下简称金防部)委派其武装宪兵在现金城金门高中操场统一烧毁。"金门钱"限金门地区专用,一体通用的新台币也可在金门使用,但所占比例极低。持有金门钱的陈坑人如要前往台湾消费,可向台湾银行金门分行兑换等值面额的新台币。在台湾本岛赚得的台币带回乡里可正常使用,或可至台湾银行金门分行兑成金门钱,但几乎无人前去兑换,多是将新台币收藏。若是汇款或转账至金门的款项,银行或邮局支付的一定是金门钱。村人谈起对金门钱的记忆,大多认为只是特殊时期的流通工具而已;部分村人虽理解其中缘由,但心理上却难免有被视为治外之感。

(二)物资供应

全岛十几万军民物资初期只能依赖军用舰艇从台湾运补②,但

---

① 粤华是当时金门驻军第十二兵团的代号(胡琏 1976:23)。
② 1954 年"九三炮战"后,来自台湾的登陆艇必须算准涨潮时间抵达,抢滩登陆后,岸勤人员即刻涉水架桥或让岸上备妥的车辆驶进舰上运载物资,或由岸勤人员登舰搬运,随着潮水逐渐退去,工作进行也比较方便。抢滩时除时机必须把握准确,岸勤的搬运工作也不可延滞,必须在 12 小时内完成作业。下一波潮水涨满时,船舰必须离岸。"八二三炮战"期间,运补船舰大都选在傍晚涨潮时候抢滩登陆,岸勤人员连夜抢运,到凌晨时,抢运工作完成,此时潮水再度涨满。抢滩的岸勤人员以军人为主,有时也雇佣民工,除了清运由台湾运来的物资外,也包括转运小金门的物资,"八二三炮战"期间,勤务人员包括军人和民防队员,军人由各师轮流担任,民防队员按乡镇轮流担任运补抢滩作业(黄振良 2003:81)。

初时运补船只到达海岸却无码头可供驳卸，货物常受损失①，后随着局势渐缓及料罗码头的建立，情况稍有好转。

运补物资的任务由金门粤华官兵消费合作社负责②。该社于1949年11月由金门防卫司令部设立，当时系属部队福利机构，后改名为"金门经济管制物资供应处"，其间该机构曾数度易名，并转隶福建省政府、金门防卫司令部、联勤总部、金门政务委员会等不同单位管辖；1964年改为"金门政务委员会物资供应处"，再度拨隶金门战地政务委员会督理（许加仁 2002：44）。所售物资由驻台办事处主办、政治部负责监察，在台统一采购。因大批购置买价较低，且运输车免费，故即使在采购、运输、储存过程中有损耗或散失，物价大致与台湾相似。物资运回后军队经济管制组织将其依台湾市值加上损耗统一定价，再以八折价格批发给有营业执照的民众物资承销商，由承销商将货物批发零售给各村商店与岛民，其中可得20%的利润，若售货超过规定物价便要受罚，降低则不过问。此措施贯彻五年之久，渐形成一种定制（胡琏 1976：23）。

米粮、面粉、糖、食油、燃油、烟酒、火柴、钢筋、水泥、燃煤、汽油等早期均由物资处进口，民间商店凭营业执照向该处批发。其后允许民间申请自行进口数种物资，如衣物、布匹、生鲜蔬果、家具用品、文具书籍、化妆品、棺木、冥纸、灯具电器等项目，但是收音机、电视机等仍在在严格限制之列。由物资供应处所供应的物资，随着金门不同时期的战地角色调整而时有转变，大致是愈往后期，管制愈松，有愈多的物资开放由民间自行采购进口，直至最后物资处只负责金门酒厂生产的酒类批发工作（黄振良 2003：89）。

20世纪50—80年代，金门多种物资皆须储存一定数量，因应战

---

① 运补船只在海岸常停留三五天仍无法卸货，猪、鸡、鸭等常晕死，只能抛掷海中（胡琏 1976：21）。

② 军人的物资供应，在军队中以团为单位设立消费合作社，物资供应处以记账的方式对部队的合作社先供应货物，后收回货款（胡琏 1976：23）。

地储粮备战之需,以防发生战事时,即使后方无法及时补给,亦能维持半年的粮食供应。各种杂粮和蔬菜金门尚可本地生产解决,而米粮却全赖台湾供应。但大米不易储藏,所以从台湾进口的米粮都是糙米,以便运至金门后保存,等到用时送往碾米厂①加工成白米,后配销各军事单位及隶属金门物资处的各"民粮配销站"。民粮配销站亦称为"民粮代售点"或"民粮代销处",由小商店或专人代理,也有若干由农会的农事组长代理经营。凡属这种性质的商店或住家,都会在门口悬挂"民粮代售处"的招牌。这种代销处当时几乎每村都有,供应米、面粉、煤炭、燃料油等(黄振良 2003:91)。当时陈坑村内仅设一家"民粮代售处",位于现在"三角公园"脚下的老街位置,主要销售大米。代销处如要补货,须提前告知货物数量,由其主管单位(物资供应处)用专车载送至该处。代销处批发和零售价格,都按政府的公定价享有固定的利润,不得自行调整,未遵守约定而哄抬物价者,经检举查实后取消其代销资格并以军法论处(上引书)。据当年经营代销点的家人回忆,代销点贩售米粮无需本金,因物资供应处提供的第一批米粮的款额直至代销点被撤销前夕才要求补还。陈坑村的代销点自始至终运营良好。

四、1949 年后的衣食住行

1949 年至 1992 年军事管制时期,岛民衣食住行基本生活需求之供给呈现出独特性。在军管的不同时期陈坑人的生活也有差异:军管初期村人基本生活需求尚难得到满足,尤其是军人登岛之初,原本即已不足的土地、粮草、房屋等生活物资一旦被军人征用,对村人的生活立刻产生影响。自 1959 年官兵休假中心在本村设立以后,村人的生活状况逐渐改善。

---

① 金门民间习称碾米厂为"米绞",位于金湖镇新湖村塔后聚落郊外,陶瓷厂至塔后村的路旁。

闽南陈坑人的社会与文化

(一)食

军事管制初期,物资仍很缺乏,但数月后军队的伙食即得到改善,他们在在食物方面给予村人一定资助。当时每位驻军都有固定的战地口粮配给,如牛肉干、压缩饼干、罐头等,这些口粮军人若吃不完,便会悄悄地赠送或卖给村人。据几位当年家中有军人同住的报道人回忆,军人会将饼干、罐头等口粮与其家人分享。军人若在村人家中做饭,剩余食物亦会送给住户,村人则以甘薯、鱼等作为回礼。此外,军队若有剩粮,炊事班会私下卖给商店,以换取其他物资,改善军人的伙食,或悄悄地卖给熟识的村人。因军队米粮口感远胜于民粮,村人很希望可以购得军中剩粮。因军队规定村民不得使用军用物资,若被发现将会受罚,所以村人不可公开食用军粮。但据多位报道人回忆,此规定要求较松,村中并无任何人因而受罚。

因物资供应处和民粮代售点的设立及村民收入的增加,村人逐渐摆脱缺衣少粮的状况,餐桌上食物的种类和分量逐渐增多,大米、白面渐渐取代地瓜,食用大米已成常态。早期大米用麻袋装盛,每袋90市斤或93市斤。若是将一百市斤糙米碾制加工成90市斤可直接食用的白米,该白米种类就是九〇米,若一百斤碾成93斤,就称为九三米,所以九〇米价格略高于九三米(黄振良 2003:91)。20世纪70年代之后,改以塑胶纤维袋包装的小包白米,米质也更为精细。但因战备储粮的需要,导致村人所食用的大米都是汰换出仓的战备米。当局为维持战备米的品质,须用新米换旧米,一般是新米入库,旧米供军民食用,此种情况一直持续到1989年初,所以金门人食用旧米达三十年之久。据陈坑村人回忆,以前吃的都是已放置三年之久的陈米①。若存放时间较长或存储不当的米会发生霉变,滋生致癌的黄曲霉素。所以村民认为,部分村人罹患癌症与长期食用"战备

---

① 此处和前文提到的战备物资须备足"半年"之需似有矛盾,但来自陈坑及其他村落的报道人对食用放置三年的陈米一事十分确定。

米"有密切关系。

(二)衣

军管前期,村人会用装面粉的袋子为孩子裁衣。当时面粉通常是20公斤装,袋上印有手握手的图案及"中美合作"的字样,因袋子的尺寸有限,制成的衣服穿在孩子身上时,前身是手握手的图案,臀部则是"中美合作"的字样。那时村人无力购买整袋面粉,通常是论斤散称,所以得到面粉袋的机会不多。只有当适逢购买袋中的最后的部分面粉时,店主才会赠送袋子。军中对面粉的需求量大,所以空面粉袋很多,而承包厨余或常与军中炊事班打交道的村人可以得到军队不用的面粉袋,供家人或亲友制衣。

金门人习称军人为"阿兵哥"[①],阿兵哥的军服常较大,不合身需修改。陈坑村有不少修改军服的商店,在为军人裁改军服时,剩下的布料可以拼接起来为家人做衣服,同时也可以将阿兵哥废弃的衣服裁剪成孩童的服装,军服的两袖可为少儿做条裤子。军管前期民防队员的服装需自费购置,为节省经费,民防队员多私下向军人购买军服,再将绿色军装染成规定的蓝、棕或灰等色。那时集市上或其他村落有人专事染布一职,他们会定期到村中收集衣物后统一染色。军管前期军人穿的是黑色胶鞋,因每年都有配给,昔时军用鞋很耐穿,军人常有剩余可赠送或售予村人。[②]

(三)住

军人驻岛初期,常借住民宅。有些家户人多屋少本已拥挤,军人较少入住。部分家户因家人在南洋工作,空置房间较多,则会有较多

---

① 此称呼沿用至今,调查期间,村中的中、老年人对现在的年轻军人亦称呼为"阿兵哥"。

② 军管中、后期军人改穿俗称"中国强"的白色运动鞋,此时岛上物资较为充足,村人经济好转,所以穿军鞋者减少很多。

闽南陈坑人的社会与文化

的官兵借住。通常是屋主与家人住厢房,军人在客厅打地铺。随着军营的建成,军人也不再借住民房。

1958年"八二三炮战"之后,因两岸关系紧张,村人晚上在家时常遭户口检查之扰。户口检查通常是在晚上十一时之后开始,由各村指挥部派人同村干部(一般是邻长①)一起进行,进入民宅核查家中人员与户口登记是否相符,如果人员有异,须交代清楚。若是村人走亲访友在外过夜,必须事先到户籍所在地的村公所开立在亲友家留宿的证明。同样若是村人家中留客,外村的访客也须持有该文件。其上须写明何时、何因要到何村何户人家过夜,停留几日,有几位未成年儿女随行等。当外村的亲友家晚上查户口时,留宿的陈坑人必须出示此证明和身份证。若事先未开具证明,留宿的主人和客人就会被带到村公所进行盘问,查问完毕后方可释放回家。后期检查较松,无证被查获者,只要向检查人员说明原因,诸如"本未打算留宿,但天色太晚没来得及回去"等之类的借口亦能过关。若村人须在本岛其他村落长时间居住,但仍保留本村的户籍②,则须办理"流动户口"。

军管期间,夜间有严格的灯火管制,村人家中的灯火及电器使用都受到限制。军管初期,多数村民家中无电可用,多以花生油、煤油等点灯照明。官兵休假中心成立后,其周边少数做生意的家户可以从中心接电照明。数年后,村内其他家户有电力可用③,但夜间灯光外泄仍然严格禁止,须以窗帘和灯罩等物遮蔽灯光。灯罩须用黑色与红色二层布,红色用于内层,黑色用于外层。军队与村干部共同负责检查,做生意的家户是主要检查对象,因为这部分村人用灯时间较长。检查者若看到民宅窗户灯光外泄,一般会敲门以提醒或警告。

---

① "邻"相当于村组织单位的"组","邻长"意近于"组长"。

② 虽然迁居他村,一切勤务仍在原户籍地服勤。

③ 报道人对"陈坑何时有电可用"说法不一,有说是官兵休假中心通电后的一两年,有说是三五年。

第五章
陈坑的战地生活

村人晚间亦不得使用手电筒向天空或他处随意照射。夜间行进的车子,车灯的三分之二须用油漆涂上,后来村民用黑色胶布代替油漆将车灯蒙起。不仅晚上管制,白天任何足以引起信讯嫌疑的工具(如手电筒或镜子)都要避免使用。灯火管制的日子一直持续到"单打双不打"炮火停止的1979年。

为防止村民与对岸通讯联系,收音机、照相机、录放影机等都经历相当长的管制期,若要使用须申请使用许可证。其中收音机是较早列入管制的用品,依照规定,一般民众不得持有,欲购买收音机者必须申请使用许可证。访谈中得知,军管严格时期村人的申请大多是不予批准的,所以村民一般不会去申请使用许可证。中后期有较多的人申请使用许可证,但获准使用后,亦要遵照使用规定,否则便会受到惩处。少数在台湾工作的年轻人回乡时会偷偷地携带收音机收听对岸广播,以满足好奇心理。

当局对新建房屋也有很多限制,确保房屋所建的地点与高度不会妨碍射击。但凡建造房屋,都须附设防空洞。根据家户人口及房屋的大小设有几种规格的防空洞可选,村人可根据自家情况建造。有关房屋建造的限制直到1992年解除"战地政务"后才被取消。

陈坑聚落所建新房极少。1979年炮击结束后,随着局势平稳、村人收入增加,随后的二十年(即20世纪80—90年代)村中新建房屋数大增。

(四)行

军管时期大批军人驻扎金门,同时亦带来大量军用车辆。当时金门防卫司令胡琏下令:未满载的军车行驶途中必须搭载有乘车之需的村民。这项规定极大方便了村民的出行。据村人回忆,那时军车几乎招手即停,除非车已满载。若村人家中操办喜事,亦可向军队借车接新娘或载客人。村人借军车,须提前至村公所登记,各公所上报后,由金门防卫司令部统一调配。当年胡琏将军的专用轿车亦可借给村人当礼车用。

闽南陈坑人的社会与文化

20世纪50—60年代,若村人需往台湾,只能搭乘当时运补物资的军用舰艇(又称为"开口笑")[1],出行者须提前登记申请,因船票数目有限,先申请者先得,故行程确定者早日申请为佳。村人得到乘船通知后,于规定时间内至码头报到、领票。登陆艇通常是在夜间或凌晨出发,因全岛实行夜间出行管制[2],所以搭船的村人须在管制前到达码头报到、领票。村人常结伴在码头附近等候,听到通知上船时,则互相通报,排队上船。早时,村人在新头码头候船,后料罗港启用,当局依潮汐及抢滩原因选择在新头或料罗载客。乘客有时在新头码头报到后,会临时被军车载往料罗港上船。"单打双不打"期间,若为无炮火的"双日"且潮汐适合,则白天抢滩,抢滩后村人即可上船,如此,村民搭船时间则较为方便。

早期陈坑村人搭乘军船并无座位,仅少数与军队后勤人员相熟者,时常可借用军人船位,多数村人只能在底舱以自携的报纸、硬纸板等垫坐。船舱中通常人满为患,很难觅得可供躺下休息之处,加上空气流通不畅,易晕船者只好上甲板找位置休息。然而甲板上多数时候亦是人多位挤,纵使如此也只得坚持。夜间时风寒露重,且甲板常遭海水冲击,所以乘客极易受凉生病。在海上这般坚持二十多个小时才可到达高雄港,若去台北,村人还得再忍耐十小时左右的火车颠簸之苦。

20世纪70年代,输送人员为主、载货为辅的"太武轮"通航,方便村人前往台湾。但因此时台湾进行"十项建设",金门赴台就业人数大增,所以"太武轮"通常满载,拿到船票依然不易,高峰期更是一票难求。春节期间是高峰期之一,大量在台湾就业、求学的金门人欲

---

[1] 军管初期,虽有飞机往返于金台之间,但班次少机位有限,仅供高级官员休假及临时公差出勤人员搭乘。其他官兵及民众,除非有特殊事故或特殊关系,否则都只能搭乘军用运输登陆艇。

[2] 不同时期宵禁时间不同,据村人回忆,军管前期是晚上八时开始禁止出行,后逐渐延至晚十时。

返金过节。另一个高峰期是在每年的六、七月暑假开始之际,准备赴台参加升学考试的初、高中毕业生,得争取船票、船位(黄振良 2003:85—87)。

军管时期,金门当局虽为金门人提供免费搭乘军车军舰之便,但对一般民众的出入管制甚为严格。

军管期间施行宵禁制度,局势紧张时期宵禁时间较长,晚上八时至次日五时不得随意外出。若需在夜间去医院急诊,必须持有通行证明,该证明由副村长负责填发。两岸关系稍缓和时,宵禁开始时间延后为晚上九时、十时,结束时间提前至次日清晨四时。通常情况下,宵禁开始前的半小时,军人便已在路边站岗,时间一到,即将路障搬移至马路中央,来往的人员或车辆出示通行证才可通行。军管后期宵禁有所放松,村中一位妇女在 1986 年的某晚赶往医院生产时正逢宵禁,当时未来得及取得通行证,被卫兵查到时她告知是去医院生产,卫兵见状即刻放行。

军管时期金门防卫总部对某些军事区域实施通行限制,仅持有该区通行证方可通行。据村人回忆,军管时期太武山区被列为军事管制区,一年仅在农历正月初一至十五日开放,以便村民登山进香①,其余时间如未持有通行证不得进入。如情况特殊须通行,必须持有乡镇公所或主管单位开具的证明文件。20 世纪 80 年代末开始开放某些路段供汽车在特定时段通行。1992 年 11 月战地政务解除前夕,金防部才宣布太武山本已开放汽车通行路段亦可允许自行车及机车通行。1993 年为配合防区解严及开放观光年,太武山登山道全面开放,每日上午 7 时至下午 5 时民众可自由通行(黄振良 2003:202)。

论及管制区通行政策是否给生活带来不便,村人多认为除了祭祖扫墓被阻断之外,对日常生活影响不是很大,因为此类限行区域平日很少前往。

---

① 正月初一至十五日,陈坑人有去太武山上的寺庙烧香拜佛之习俗。

战地政务时期，村人即使来往于大、小金门间也受管制，须至村公所取得相关证明文件后方可获得船票。往返于两地的公教员工，须由工作单位出具通行证明才可购票登船。从70年代后期改为以居民的身份证件、公教人员的职员证取代原用的通行证件（黄振良2003:199）。因村人往返烈屿频率较高，所以此项管制给村人造成较多不便。

村人赴台须持有"台湾金门地区往返许可证"（后改名为"往返同意书"），该证件由地方境管单位以金门防卫司令部名义核发。且离金、返金时皆须进行身份查验。军管初期局势紧张，申请往返许可证较难，且每次往返申请限用一次。后两岸关系缓和，金门当局据岛民出行需求，于1998年将许可证有效期改为一年内可往返三次（现役男子除外），后改为可往返十次等。金门的公职人员往返台湾，须填写申请表，取得"金门战地政务委员会员工赴台差假证"。早期此证由政委会或县政府核发，后改为由公职人员的主管自行签发。1990年6月16日开始，村人往返金台之间可以身份证替代原用的"往返许可证"（或"出入境证"）（黄振良2003:200）。

（五）其他

两岸对峙、局势紧张的非常时期，任何可能泄露信息的方式、途径都被严格禁止，如：担心"飞鸽传书"，禁止岛上所有人饲养鸽子；为防止风筝飞达对岸或用其作为暗号，严禁岛民放风筝；禁止燃放鞭炮，以免目标暴露引来攻击；禁止海边游泳；禁止村人持有篮球、足球、排球、塑料制品等漂浮物，以免将其作为到达对岸的工具，若学校、医院等单位须配置此类物品，必须经过申请、登记，且由专人保管。

诸多限制随着两岸关系的逐渐缓和而渐渐放松，多已在1978年至1992年间被取缔。长期的生活管制也在一定程度上形塑了村人的生活习惯，如现在村里的老人大多随身携带身份证件；即使是解除禁令多年，金门上空也鲜见风筝踪迹。

五、1949年后的生计

（一）传统的生计

1949年至1992年的军事管制时期，村中的传统生计受到较大影响。一方面，军人巨大的生活物资需求，极大地促进了村中传统生计的发展。另一方面，鉴于两岸的紧张关系，金门当局又必须对村民采取一些管制措施，这在相当程度上影响村人的生活，以下依序叙述军管对农、渔、牧业的正面及负面影响。

1949年前外界对陈坑的农作物需求量极为有限，1949年十万军队入驻金门，粮食及蔬菜的需求量随之大增①，此时擅长农事的村人便增加农作物的种植面积和种类以满足外界需求②。岛上生态环境较差③，植被稀疏，沙尘蔽天，且陈坑是临海村落，不适宜叶菜类生长，故以种植瓜类、豆类、块根类植物较多。驻军在岛上大量植树后，环境渐好转，村人亦可种植其他种类蔬菜。因蔬菜生长周期较短，很快即可长成出售，所以农户多选择种植蔬菜作为经济作物。1952年胡琏为促进地方经济、改善岛民饮食，在金门筹设高粱酒厂，同时采取一公斤高粱换购一公斤糙米的政策，以鼓励岛民种植高粱。此政策施行初期，陈坑农户对其回应并不积极。因为当时种植蔬菜、甘薯的回报颇为可观，种植高粱因经验不足而有风险，若高粱成熟时节遭遇雨水，便会发芽，不符合酒厂收购标准。20世纪80年代后，村人收入增加，多数农户从蔬菜种植这份辛苦的劳作中转向其他领域，因高粱种植技术的提高及成长过程中所需劳力投入较少，所以此阶段农户多选择种植高粱，享受到换购政策的益处。

---

① 为有蔬菜可食，军中亦倡导部分士兵向当地人租田以种植蔬菜。
② 相关部门、机构亦采取措施帮助农户改善农作物的栽培等。
③ 军队驻岛后，进行植树造林绿化金门，渐渐改变其环境。

闽南陈坑人的社会与文化

军管时期,因军人对海产品的大量需求,鱼货销路甚好,渔民无须担心滞销问题。但与此同时,渔民出海作业受到当局严格的管制,劳作时间、方式、地点等受到诸多限制。渔民出海或海边作业须办理许可证,如渔民证、蚵民证、滩民证、蚝民证等,村人持有的以渔民证、蚵民证居多。民防总队对此类许可证每三五年须核发一次,村民申请许可证须村长与另一位村人做保方可办理。村人凭证在规定时间内出海、返航,违规者将受到"禁止下海"的惩处。渔民出海捕鱼,须于前一日晚至副村长处领取出海许可证,当日清晨至海岸岗哨处点名,并领取当日旗帜①;渔船领到旗帜后,将其插于船尾后依次出海。军事管制中、后期,前来陈坑度假的官兵增多,村人还须负责自家院前屋后的环境卫生,出海作业前副村长挨家挨户进行卫生检查,不合格者不准下海作业。当局的这些举措直接影响到渔民的劳动时间和劳动成果。

由于军人对猪肉的大量需求,村中所养猪只数量较多,农户家中少则二三头,多则十余头,卖猪所得是其收入主要来源。通常情况下,村民家中会设大、小二只锅。小锅供家人做饭,大锅主要用于煮猪食。同时军队厨房大量的馊水,也可供部分村人饲养猪只。通常是那些和军队炊事班较熟悉的村民会承包厨房馊水;据村人回忆,承包费只是象征性的,数额极少。因馊水量极大,常由家族兄弟共用喂养牲畜。为公平起见,军队每年将馊水供应给不同家户。军管前期,胡琏号召全岛军民植树以改善生态环境,因羊啃食树苗,禁止饲养。访谈时发现此禁令对陈坑村人影响不大,因陈坑是典型的渔村,养羊的农户很少,且自1959年官兵休假中心成立,村人被要求负责自家周边卫生维护,所以村人饲养羊只的意愿不高。

随着两岸形势缓和,金门撤军,农作物、海产品需求量骤减,导致陈坑从事农业、渔业的人数减少,转而选择赴台工作或在其他领域中

---

① 为辨识海上渔船,军队每天分发不同颜色旗帜,以作为辨别敌我的标志。

谋求发展。

(二)新衍生的生计

1949年起驻扎于本村的军队及1959年始来此休假的大量官兵带来新的消费需求,推动村内衍生出一种新的营生方式——战地商业。据调查,1949年前,村内仅有二三家杂货店,而1949年至1959年村内新开十多家商店,其类别有杂货店、小吃店、豆腐店及修鞋店等。尤其自1959年8月陈景兰洋楼被设立为"官兵休假中心",成批的优秀官兵来此休假,同时吸引了岛上他处的军人与居民来此游玩,往来村内的军民人数大增,村内的消费需求呈现前所未有的态势。部分村人借此机会选择从商,据问卷调查显示,于1959至1987年间村中又新开张五十多家店铺,按其数量的多寡大致分列如下:杂货店、撞球室、小吃店、洗改军服店、冰果室、理发店、书店、照相馆等。官兵是这些商店的主要消费群体,本村人及来此游玩的外村人亦会在这些店里消费。据《金门县志》(李仕德总编修 2007:77)记载,1977年陈坑村共有136户,据此推算,20世纪70年代村中参与商业的家户数已近全村总户数的一半。商业活动极大促进了本村的经济发展,提高了村人总收入。由此可见自1959年官兵休假中心设立之后本村逐渐从原有的农渔兼营转变为以商业为主、农渔相辅的生计模式,此状态一直持续到1989年官兵休假中心从陈坑撤离。①

六、"小额贸易"

金门与福建沿海一带自古以来贸易往来频繁,1949年后两岸往来被阻断。然而两岸渔民外海捕鱼相遇却不可避免,即便是军管严格时期,两岸渔民海上相见仍时常打招呼。可见在陆地上颁布的严厉管制措施,在海上未必被严格遵守。随着两岸关系渐缓,渔民海上

---

① 有关经营军人生意的情况,本书《陈坑的战地商业》一章有详细说明。

交流亦增多。两岸施行"心战"阶段，当局发放衣服等物资至渔船，以赠送给对岸渔民，这在客观上增加了两岸渔民的交流机会，在一定程度上为日后"小额贸易"创造条件。

"小额贸易"指20世纪80年代末至20世纪90年代初金门与福建沿海一带所进行的被禁止的、非正式的海上贸易往来，此交易以生活物资为主，数额通常较小。从事此贸易的多为渔民及小生意人。

金门人习称"小额贸易"为"冲山"。"山"是讨海人对海岸的俗称，问及"冲"字的涵义，部分村人认为因货物上岸时须借助潮水的力量，动作必须要快，以"冲"向岸边，进而得名"冲山"。

20世纪80年代末两岸关系缓和，驻防金门海岸军人陆续撤离，对出海渔船检查力度减弱。所以部分渔民去外海捕鱼时船舱会藏若干可交换物品。初时携带的通常是生活用品，如雨衣、雨靴、方便面、蚊香、八宝粥、味精等，即使管理人员发现亦可谎称为供己之用。而大陆渔船提供的交换物也只是渔获、普洱茶、木耳、香菇等。但1989年至1992年期间，金门海防署尚未建立，有更多的渔船加入此交易行列，交易量、交易频率、交易种类大增，部分渔船甚至不再进行捕捞作业而专事台湾与大陆间的贸易，他们从台湾购置鳖、鳖蛋等物品转卖与大陆渔船，或购置大陆的烟酒等高价商品贩卖至台湾。与此相应，大陆渔船所售卖货物种类、数量亦增多。从大陆运过来的货物有米、麦子、面粉、水果、蔬菜，甚至有活的牲畜，如马、羊、猪等，交易方式也从原海上渔民间的秘密进行转变成对两岸生意人所需商品的直接供给。为避开通讯监控，两岸贸易者在电话中商定交易地点、时间、交易量时，都有一套暗语，如："某天一起出来吃饭吧?!"意为"某天进行交易"；"去哪里吃饭?"意为"在哪里卸货"；"需要定几桌"即"需要多少货物"等。这只是其中一种信息传递方式，不同的交易伙伴间有其不同的替代"话题"。

进行小额贸易的大陆船只行至金门海岸边时，载有货物的大船停泊在海上离岸较远处，以备情况危急时可迅速逃离。载物的大船后面往往拖着一二艘小舢板或"保丽龙"①以用来载运货物上岸,舢板或保丽龙需要借用潮水的力量才可以冲至岸边。冲山时间一般选在夜深人静之时,通常为凌晨三时左右。一般情况下,购买者在海岸边等待接货。如果购物者未能到达,送货船只则会安排一位送货者在海岸看守货物或将其搬运至隐秘处。等到合适时机,购物者再将其运走。

"小额贸易"盛时,金门北海岸线一带甚至出现"渔船夜市"的情形,许多售货的舢板直接停靠在海岸边。其交换贸易商品以日常生活物资居多,如香菇、麦子、面粉、米、水果、扫帚、竹椅等,此亦吸引其他地方的居民前往。由于此类贸易往来在离大陆较近的北海岸一带的村落居多,因此据多位报道人称,位于金门南海岸的陈坑村中无人专事小额贸易,但也有村民会出现在北海岸的渔船夜市。有些村人偶尔会在夜市购买些小东西,但数量极少;部分村人会向亲友打听以购得需要的小额贸易商品;也有部分村民前往进行小额贸易的海岸,仅是因为好奇。

结　语

调查发现,陈坑人的衣食住行随着时代的变迁及政局的影响亦发生改变。

1949年前因地理环境恶劣、交通不便等因素,村人基本处于自给自足的生活状态,除部分村人下南洋挣番银外,大多村人收入极低,那一时期的生活特点是简朴、贫困,维持生存是其生活重心,此阶段状况与当时中国大部分地区的渔村相似。

1949年后金门施行战地军事管制,对村人的生活影响甚大。一方面,村民生活受到极大限制:基本生活物资须几经周折才可获得;

---

① 即塑料泡沫,长约2米,宽约1.5米。将货物置于其上,后用网将货物罩住。

闽南陈坑人的社会与文化

下海捕鱼、海边作业亦严格受到时间、地点、方式等方面的管制；出行、乘船、访亲探友、往返烈屿、往返台湾等皆须文件证明。但同时，十万驻军对蔬菜、鱼类、肉类的大量需求也在一定程度上促进了村里农业、渔业和畜牧业的发展。1959年陈景兰洋楼被设置为"官兵休假中心"后，大批来此休假的官兵产生新的消费需求，衍生出商业这一新的生计方式，诸多村人放弃传统的农渔业，转入商业，使陈坑由原本的农渔兼营的生计模式转变成商业为主、农渔相辅的模式。

军管时期，当局虽采取种种措施以满足村人的基本生活需求，但昔时村人所经历的艰难困苦却不可以被忘记。随着岁月的流逝及当事人的相继离去，这些曾经发生过的故事会被后人逐渐淡忘，所以笔者希望通过对陈坑五十多位及其他村落数位相关报道人的访谈及相关文献书籍的参阅，可以为前人所经历的生活留下些文字记载，供后人了解。

参考文献

王振汉
  2006 金门万缕情。金门：金门金门县文化局。
许加仁
  2002 调盈济虚利溥民生，金门：金门县物资处。
李仕德（总编修）
  2007 金门县志：2007年续修，金门：金门县政府。
金门县立社会教育馆
  1992 金门县志，金门：金门县政府。
金门县文献委员会
  1960 金门县志·华侨志，金门：金门县政府。
杨树清
  1996 金门族群发展，台湾：稻田出版有限公司。
胡琏

1976 金门忆旧,台北:黎明文化事业公司印行。
黄振良
1996 金门古式农具探寻,台北:设计家文化事业出版有限公司。
黄振良
2003 金门战地史绩,台北:优点印刷设计有限公司。
黄振良
2007 金门农村器物,金门:金门县文化局。

第六章

陈坑聚落旅游景观的营造

◎ 吴应其

前　言

1987年台湾当局解除戒严,金门的军事地位开始产生变化。1989年3月1日台湾行政部门通过金门地区综合建设方案规划,决定在不影响军事安全原则下,采部分开放措施,发展观光事业。1992年11月7日政府宣布解除金马地区战地政务,次年2月《金门马祖地区开放观光办法》公布,金门正式开放观光(杨再平2009:339)。因军事封锁而得以保留的自然生态、人文环境、侨乡风貌和战地遗迹成为发展旅游业的良好基础,战地时期以军人为服务对象的农渔牧业和商业的解体,使金门人期待以发展观光产业作为原有经济形态的替代形式,解严以后的金门处处涌动着旅游开发的热潮。

在金门逐步开放观光的大背景下,陈坑村因其旖旎的海岸风光、良好的海滩环境、特有的海洋资源、深厚的传统渔业基础,独特的侨乡风貌和战地风光,具备开发旅游观光的潜质,日益得到政府、商界、学界和村民之青睐,围绕如何利用陈坑的资源发展观光产业,各界人士不断地进行尝试和实践。

2011年暑期笔者在陈坑滨海景区展开为期54天的田野调查,通过现场观察、对报道人的深度访谈等方式,获得陈坑旅游发展的基本资料。又适逢一年一度的旅游节庆活动——海滩"花蛤季",使笔者能有机会亲身体验古老鱼贝采集——牵罟、挖花蛤,并观看文艺表演等大型活动,从而更直观、更具体、更全面地了解花蛤季的举办形式、活动内容、效果及影响。

本章将以此次田野调查资料为基础,结合《金门县志》、《金门日报》等文献之有关内容,描述陈坑发展旅游的资源优势,探讨地方政府、民间力量参与陈坑旅游景观营造的实践努力,分析在地居民的利益诉求和地方文化力量的影响,以及从在地的角度看旅游景观营造的缺憾。

一、陈坑发展旅游的优势

陈坑依山面海,地理位置优越,海岸环境优美,海域资源丰富,具有发展观光、度假和现代休闲渔业的先天优势。世代聚族而居的陈坑人孕育了深厚的聚落文化,近代华侨兴建的大洋楼独具魅力,战地时期的官兵休假中心及地下坑道等军事据点颇具神秘性,所有这些构成陈坑发展旅游的资源基础。

(一)自然环境

陈坑位于金门岛南海岸的中央,地当太武山南麓滨海之象山顶上,象山海拔高61米,南滨料罗湾;海岸线东与双打街及后园相邻,东南与料罗隔海湾对望;西傍砂头(尚义)与金门机场相连;西北为砂头坡地,并隔着陈仔山与琼林毗连,东北则是太武山余脉石山南麓延伸到海岸,与石山之间有一道坑沟,过此坑就是下坑(今名夏兴),太武山西南麓的水由此坑沟注入料罗湾,旧日附近的居民习称之为"陈坑澳"(黄振良 2006:19)。

陈坑优美的自然风光主要集中在该村南端、环岛南路外侧的滨海地带。站在象山之顶的中兴亭,面向大海,左侧是一片连着海滩的坡地,绿草如茵,树木婆娑,近处是晓园,远处是当年为军队官兵休假而建的金汤公园。俯瞰前方是辽阔的台湾海峡,整个料罗湾尽收眼底。沿着环岛南路前行约 200 米,即是陈坑出海口广场,其上留有军队修建的营舍,可以举办大型游乐活动;广场外是一段绵长的海滩,直至尚义、后湖,沙质洁白、细腻,靠近岸边斜插反登陆的轨条砦。附近海域洋面开阔、少岩石,潮间带平整,昔日渔产丰富,是理想的牵罟场所,故有"陈坑、尚义、昔果山、后湖号称为金门四大牵网渔场"之说(上引书:124)。清道光十二年记载:"陈坑澳渔船一百九十八户,舵水五百丁。大小罾渔船三十五户,舵水八十丁(上引书:126)。"可见陈坑渔业之兴盛。

图 6-1　陈坑海滩

陈坑渔民传统的捕鱼方式以牵罟为主。牵罟又称"牵网",一般由数个家庭组成一个网组,牵罟作业船叫舢板,渔具为拖曳网,包括两端的拖绳长约 500 米。牵罟前由六至八位身强力壮的渔民将舢板从岸上抬下海,然后将网具有序堆放船上,其中一端的拖绳由岸上一人抻着。接着五人上船,其中三人摇橹(机动舢板出现后,一人掌控船外机,二人摇橹),行船至 200 米后,另二人下网,待船作一定绕行后,返回岸边,同时将网绳的另一端带回。在船者陆续下船后,与在岸者合力将网拉向岸边。当网渐渐靠岸,两端拉网的人也逐步靠拢,缩小网口,最后网拖上岸,检视渔获。整个牵罟过程历时约一小时。

除鱼类外,陈坑海滩还盛产花蛤等贝类。花蛤俗称沙屉,又称白金蛤(*Rudita pesvariegate*)。每年四月至八月是陈坑往尚义一带海边潮间带花蛤最肥、产量最多的季节,天气晴好之日的退潮时分,村民三三两两去海边挖取花蛤,并带回海水将花蛤浸泡其中一两天,待蛤将腹中沙吐尽后即可煮食。

(二)人文史迹

陈坑是一个陈氏血缘聚落,至今已有 800 多年的历史,现有南、北两座宗祠。村民多信仰中国传统民间宗教,村内目前有象德宫、仙鹤寺等多座宫庙。因拥有金门的中央位置、海路的交叉点及高耸的地势,明初官府在陈坑设巡检司,是当时金门四个巡检司之一,其位置大致在陈坑东方高地,今《金门日报》社一带,不过因年代久远遗址已难以找寻。

清朝道光年间,因国内政治腐败、民不聊生,一些陈坑人被迫背井离乡,远走南洋谋生。民国成立后不少在外打拼成功者返乡置产建屋,旅居新加坡的陈景兰乃其中影响最大者。1917 年陈景兰斥巨资在故乡兴建一座融兴学与居住功能于一体的大洋楼,即陈景兰洋楼。洋楼使用福建上等杉木和石材,历经四年竣工,坐落于聚落边缘西南侧,面朝料罗湾,前方为一片绿地,即前述之金汤公园。气势恢宏,为金门第一大洋楼,是陈坑最具特色的人文景观。洋楼高二层,一、二楼的前、左、右三面都有五脚基围绕,正面三开间,进深三格。建筑本体墙身是砖砌,外墙抹灰,屋身构造硬山搁檩,立面柱头廊有多层装饰,外廊拱券,造型典雅。楼前有一广大庭园,并有宽广阶梯通往金汤公园,庭园左侧建一凉亭。楼的右侧还配建一排长形的一

闽南陈坑人的社会与文化

层低矮平房,分为六间,门向大楼,最前面的一间顶上也有简单装饰,上有水泥塑的"1921",纪录这片建筑的建造年代。平房后方,亦即本片建筑物的右后角开一扇小门,门内上方塑有十字"余望后辈当念建业艰难",上款"民国十年",下款"兰书",应是建屋人陈景兰先生用以训勉后辈的话(黄振良 2006:98—101)。洋楼建好后,陈景兰还充分利用其废料在滨海象德宫旁的高地上建一座铳楼,取名"尚卿碉楼",作为防御海盗贼寇入侵的碉堡。

洋楼落成后至 1937 年日本占领金门前,陈景兰辟一楼大厅设尚卿小学,培育村内陈氏子弟。抗日战争时,陈景兰的家属避往南洋及厦门,洋楼成为日商冈田盛寿收购陈坑及附近渔获的据点,并驻有日军一班约十人。1945 年日本投降后,大楼又做学堂之用,楼旁的平房成为国民党特派员住所。1948 年洋楼为军队要塞司令部占驻。1949 年,先后有正气部队、虎军、青年军等军团之干部驻扎于此,后为联勤第五十三医院。1954 年因受"九三炮战"影响,金门高中迁至陈坑,洋楼作为办公及师生宿舍。

1958 年"八二三炮战"之后,金门中学迁台避难,金门防卫司令部决定将陈景兰洋楼规划为官兵休假中心,并在楼前下方坡地修建金汤公园,周边也大兴土木,增盖多幢房舍和康乐活动场所,为有功官兵休闲度假之场所。1959 年 8 月"金门官兵休假中心"在陈景兰洋楼成立。1983 年 1 月官兵休假中心改建之"擎天山庄"门楼及部分屋宇落成启用,山庄提供有"文化交流地,英雄娱乐所"的功能(黄振良 2006:119)。随着局势的变化,金门驻军减少,加上台金交通发达,官兵可以返台休假,原休假中心的功能大幅降低。1989 年金防部裁撤官兵休假中心,洋楼改为接待外宾之餐厅,并对外营业,其他建筑基本闲置。两年后因经营不善,餐厅休业,洋楼及周遭房舍因无责任单位维护而荒废。

除官兵休假中心外,如同金门的其他地方,两岸的军事对峙在陈坑留下众多军事遗迹。炮战期间,陈坑因僻处南海岸,地理位置特殊,可避免来自大陆的直接炮击,加之地形复杂,成为金门军队新闻传播的中心。1955年10月金门军中广播电台首先在陈坑设立,地点在金门日报社现址,1960年改为金门广播电台,次年迁往湖前西郊的塔山地下坑道。1962年11月军队《正气中华报》社迁至陈坑。1965年11月30日《金门日报》在陈坑创刊,面向民间发行,初期由《正气中华报》兼办,后两报分离,至今《金门日报》社仍留驻陈坑。驻军利用陈坑的海岸岩石高地,开凿数百米长的地下坑道,兴建岗哨、营房,后来因两岸局势的缓和,驻军陆续撤离,这些军事设施逐渐闲置。

二、休闲渔业的兴起

随着现代化渔船的普及,以及近年来海洋生态环境的恶化,导致近海渔业资源日益枯竭,加之传统渔民逐渐老化,青年人口大量外移无人愿意继承,陈坑的传统牵罟渔业日渐凋零,1983年陈坑最后一艘牵罟舢板上岸收摊。然而金门开放观光后,传统渔业再度受到注意,政府及相关单位欲借此配合发展休闲旅游,丰富观光产业的内涵。于是在渔民的努力、政府的推动下,陈坑的传统渔业以休闲的方式得以传承,并以节庆活动的形式加以推广。在此过程中,陈坑村民各尽其能,想方设法以各种途径丰富活动的内容。

(一)村民发展休闲渔业的不断努力

开放观光的大好形势,唤起陈坑老渔民产业转型的兴趣,他们想借发展休闲渔业之机会,将祖辈赖以生存的渔法传承下去。于是在金门区渔会的指导下,1996年成立渔会直属的休闲渔业正义里牵罟班,由陈坑老渔民、渔会理事长陈水义亲自担任班长。当时接待的外来游客并不多,主要是接受金门在地机关、学校的预约,向机关工作人员和在校师生演示古老的捕鱼技法,同时游客也可以参与岸上拉网活动,体验牵罟的苦与乐。牵罟班每次下海收取6000元劳务费,免费提供解说,渔获归预约方。

闽南陈坑人的社会与文化

早期正义里牵罟班无船,每次都得借船出海。1998年九位志同道合的老渔民每人出资1万元购置牵罟舢板,取名"尚卿玖和",为节省人力还配备船外机。有了"尚卿玖和"号,陈坑的休闲渔业如虎添翼,陈坑人在正义里公所和社区发展协会的引领下,欲结合本村的蔬菜基地进一步发展休闲产业。2002年正义农渔休闲区在陈坑海滩正式揭牌。当时里长的想法是在举办牵罟活动的同时,让菜农在海滩设置蔬菜摊位,销售本地特产的无公害新鲜蔬菜。此一构想在随后的几次活动中进行过尝试,但蔬菜的销路不佳,菜农参与的意愿低落。

眼看老渔民年事日高,海上作业渐显力不从心,陈坑的后辈中有人提议接棒。2009年,"尚卿玖和"号及其附件整体转让给另一班组。该班组先后加入的人数多达20余人,每人以7000元入股。其成员比较复杂,有少数经验老到的长者,有年少时参与过牵罟,但经验不丰富的中年人,大部分则是新手,甚至还有数位外地人,该班组的组成纯粹是出于娱乐的动机。由于人数众多,牵罟班管理松散,也因为其成员各有各的事业,仅能在空闲时偶尔参与,所以有时客人前来预约却找不到足够的成员下海。不论如何,牵罟这一传统的渔捞方式以休闲渔业的形式在陈坑得以延续。

这种以娱乐形式呈现的沙滩牵罟既为现代人带来乐趣,又生动地展示金门传统渔业文化,使现代人得以了解古老捕鱼技法,面临消失的文化遗产因之得以传承。所以牵罟是一项融娱乐、教育、文化传承等多功能于一体的休闲渔业活动,深受机关单位、学校和社会团体的欢迎。牵罟班自成立以来,每年均接待来自金门在地及台湾的多批次游客。牵罟活动的活跃是政府后来考虑在陈坑举办每年一届的大型休闲渔业节庆活动——花蛤季的因素之一,牵罟也因此成为每届花蛤季的特别节目。

(二)渔会、水试所对休闲渔业的推动

金门休闲渔业之起步和兴起离不开在地渔民的努力,也得益于

图 6-2　沙滩牵罟

金门区渔会和金门水产试验所(以下简称水试所)等公部门的鼓励和支持。金门区渔会成立于 1953 年 8 月,根据现行台湾地区渔会法,渔会以保障渔民权益,提高渔民知识、技能,增加渔民生产收益,改善渔民生活,促进渔业现代化,并谋其发展为宗旨。其任务共列 19 项,涉及休闲渔业的任务有二:其一为"倡导渔村副业、辅导渔民增加生产,改善生活";其二为"渔村及渔港旅游、娱乐渔业"[①]。近年来为因应金门观光立县之政策,破解金门渔业从业人口老化和渔业资源日益枯竭等严峻形势,渔会不断尝试引导传统渔业向休闲渔业转变。主要举措包括:休闲渔业知识的宣导,辅导设立牵罟班,补助休闲渔业之网具,向政府要求同意建造牵罟之专用舢板,建请政府由新湖渔港做整体之观光休闲规划,举办渔村游憩解说员培训活动,与地方政府协办与渔业有关的"一乡镇一特色"节庆活动,如金宁乡的"石蚵文

---

① 参见台湾渔会法(2004 年 6 月 4 日修正) http://www.civillaw.com.cn/article/default.asp? id=16664。

化节"、金湖镇的花蛤季活动。

陈坑因拥有洁净、辽阔、平整的海滩和渔民发展休闲渔业的热情,成为金门区渔会重点辅导的休闲渔业推广实验点,加之自1992年以来,村人陈水义一直担任渔会理事长或总干事,其特殊身份在推动休闲渔业发展的资源分配上对本村颇为有利。1996年6月22日金门县渔会为发展地区休闲渔业,假陈坑渔港出海口举办牵罟活动(杨再平2009:423)。1998年为陈坑牵罟班"尚卿玖和"号免费提供渔具。2006年由渔会主持的陈坑渔村休闲游憩资源推广渔村经济转型,走向休闲渔业的计划,在台湾农委会众多竞争计划中脱颖而出;配合此一计划,同年11月渔会联合县政府在陈坑举办陈坑渔村解说员培训班。培训内容涵盖陈坑的地理位置与形势、历史与渔业史、休闲产业与观光发展、金湖镇海滩花蛤季、华侨发展简介、建筑、战役史料及自然资源等。2008年10月为进一步培养渔村休闲游憩推广解说员,渔会再次联合县政府举办以陈坑村民为主要对象的渔村休闲游憩推广解说员培训。渔会还多次协助金湖镇政府在陈坑海滩举办花蛤季活动。另外渔会不遗余力地向社会推介陈坑,2006年委托金门文史工作者编著出版《邂逅陈坑渔村》一书,该书主要介绍陈坑的历史、人文与传统渔业,目的是让外来游客了解陈坑,吸引游客来体验渔村风情。

近年来原本从事渔业及水产试验研究的金门水试所也因应形势之需,将部分工作重心转向辅导地区渔业及水产业之转行上。陈坑因得天独厚之海洋环境,再次被选中为传统渔业向休闲渔业转进的试验点。水试所多次在陈坑海滩举办海洋生态之旅等休闲渔业活动,仅2002年7月28日就组织二百多位游客到成功海滩体验牵罟、挖贝和沙雕①。水试所也积极推动陈坑海滩花蛤季活动。

2009年在台湾休闲渔业发展协会的协助规划下,水试所以古宁

---

① 翁碧莲:《海洋生态之旅在尚义海滩盛大登场》,《金门日报》,2002年7月29日。

头、琼林、陈坑三个典型的金门渔村为对象,制订名为《建立金门渔村在地水产销售之营运模式》的金门休闲渔业行程规划案。该方案规划的主要活动内容包括体验传统渔业、入住渔村民宿、品尝渔村风味佳肴,其中涉及陈坑的项目有沙滩牵罟与生态观察、海边采花蛤体验、享用时令海鲜美食。水试所期待游客因体验渔村和品尝渔村美食,进一步了解渔村物产的优质与鲜美,对渔村产生浓厚的感情,进而促进通过订购宅配的形式,远距离消费渔村"少量、多样、安全"的特色水产品,并希望以休闲渔业为卖点,吸引更多观光客来体验不同的金门之美,创造公单位、地方产业、游客三赢的好模式。为推动该方案的实施,水试所在2009年、2010年分别拨出50万元经费,2011年增加到80万元,用于扶助休闲渔业经营者。2009年水试所派专员到陈坑举办休闲渔业说明会,请台湾渔业专家播放休闲渔业纪录片,以唤起村民参与经营休闲渔业的意识。同年水试所组织两批台湾游客到陈坑海滩体验牵罟,并请村民先后在洋楼前广场和陈坑坑道出海口广场烹饪渔家菜招待客人。水试所试图以此种实践方式培养村民经营休闲渔业的兴趣。2011年4月配合金宁乡石蚵小麦文化季,水试所推出三天二夜的"渔村见学体验假期"旅游促销行程,成功招揽来自台湾七团五梯次的渔村体验游客,并将游客拉到陈坑海滩,欣赏美丽的海岸风光,感受渔村人文气息,品尝在地美食。

(三)陈坑海滩花蛤季

挖掘地方特色资源,举办主题性的节庆活动,是近年来台湾建构"一乡镇一特产"的重要形式,以期推动地方特色产品之行销,提高在地产业的附加值,及吸引观光客流,带动地方旅游产业发展。借鉴日本"一村一品"地方行销理念,自1989年起台湾"经济部"中小企业处以"一乡镇一特产"为发展目标,推出地方特色产业辅导计划。所谓特色产业是指依据当地气候、地理资源、历史故事、传统技艺、种族风俗所发展的经济活动,具有独特、唯一、历史、文化的特性。具体做法是在台湾319乡镇中挖掘深具当地特色的产业及产品,在辅导团队的协助下,用知识经济的概念,以创新、创意和品牌,提高产品的附加值,培育人才创造当地的就业机会,有效地与当地生态、观光、节庆相结合,形成更有规模且可永续经营的经济体。

战地政务结束后,为加快地方经济转型,促进在地特产销售,振兴旅游经济,金门地方政府积极发掘在地特色资源,并努力结合传统文化,倡办产业节庆活动,打造"一乡镇一特产"。2000年5月9日金城镇举办以浯岛城隍崇拜为主题的第一届金门观光节(倪国炎2009:419)。同年12月21日,依托高粱酒产业,县政府与金酒公司共同筹办"千禧年高粱酒文化节"(陈延宗2009:52)。其后数年,其他乡镇也立足自身资源优势先后举办一年一度的节庆活动,如金宁乡的石蚵文化节、金沙镇的西瓜节、烈屿乡的芋头节等等。通过举办节庆活动,活络地方经济,提高了地方的知名度。

就在其他乡镇纷纷推出其节庆活动之际,金湖镇公所也公开征集建议,选择该镇最具代表性的特色产业,并探讨如何加以推广的方式。一正义国小教师向政府提出建议,认为美丽而洁净的陈坑海滩盛产花蛤等贝类,且陈坑自古乃渔村,保留有古老的捕鱼技法牵罟,近几年还组建牵罟班,有良好的休闲渔业基础,故完全能以花蛤为名举办大型休闲渔业节庆活动。经过权衡、比较,镇公所最终确定尝试在陈坑海滩举办花蛤季活动。

镇公所的提议得到金门区渔会和水试所的大力支持,2004年8月14日为期两天的首届金湖镇海滩花蛤季在陈坑海滩盛大登场。围绕"金湖、碧海、花蛤"的主题,本届花蛤季举办"彩绘金湖风情"绘画比赛、"碧海、花蛤、金湖情"摄影比赛、"金湖花蛤情"园游会、"碧海、花蛤、彩陶情"陶艺制作大赛、沙滩牵罟、金湖"花蛤杯"挖花蛤大赛、沙雕大赛、蛤苗流放、风帆船表演等系列活动,还邀请来自台湾的摇滚乐队助阵。首届花蛤季精彩绽放,成效亮丽,为金湖镇经济发展注入新的活力,也博得媒体"创意活动典范"的称誉。

首届花蛤季的成效给主办方增添了信心,也为他们带来希望,踌躇满志的镇公所一心想将花蛤季做大做强,一方面要丰富花蛤季的

第六章
陈坑聚落旅游景观的营造

内涵、提高其规格,另一方面加大对外推介的力度。首先在内涵上一年比一年丰富,陆续推出陈志伟贝类工艺展、拼贝DIY、蔡显国摄影个展、陈森照摄影个展、沙滩车障碍体验、花蛤仙子选拔赛、花蛤食神大赛、花蛤王闯关大赛、歌唱大赛、千人寻找沙中仙、两岸三地乐团PK、金门赛马竞速比赛、台湾原住民歌舞表演等活动。特别是2010年和2011年两届不仅活动内容增加不少,而且时间跨度延长,由原来的二至三天延长到2010年的9天、2011年的36天,不过大型活动往往集中在周末。其次因近两年县政府应邀加入主办,花蛤季名称上有所变动,2010年定名为"夏艳金门——金湖海滩花蛤季",2011年又改为"夏艳金门海洋风系列活动——金湖海滩花蛤季",可见花蛤季规格提升,县政府意欲将它打造成金门夏季海洋观光盛事。为争取更多台湾游客的参与,主办方也不遗余力地推销花蛤季,2005年花蛤季前夕,主办方曾在立荣航空机上杂志做宣传广告,但成效不佳。2010年县、镇新一届政府上任后,改变思路,增加营销投入,连续两年到台北举办记者会。2011年4月花蛤季套装游程参加台北旅展,6月10日金门县长在莒光楼前参加台湾无线卫星电视台(TVBS)拍摄花蛤季宣传片,县政府还与雄狮旅游合作推出"金好康——金彩一夏金门花蛤季"主题行程,给予参加者多项优惠。[①]

  对于在自己家门口举办的大型休闲娱乐活动,陈坑人积极响应配合。牵罟班视海水潮位适时表演牵罟作业,不断给游客带来惊喜。村民踊跃报名参加挖花蛤体验、千人寻找沙中仙等活动,为活动现场增添不少人气,当然主办方给予参与者摸彩券、花蛤季纪念T恤、纪念帽等礼品也产生很大的促进作用。擅长美食制作的家庭主妇参加花蛤食神大赛,或在现场摆摊销售地方特色小吃。社区守望相助队成员自愿维持花蛤季活动现场交通秩序,有时甚至要坚持到深夜,每人每天只领取500元的补贴。他们认为能为活动尽力责无旁贷,还可借此在上级领导面前表现一番,为今后本村的其他大事博得上级

[①] 参见2011年4月至2011年6月《金门日报》相关报道。

图 6-3　海滩花蛤季

政府部门更多的支持。村民陈森照、陈志纬发挥自身特长,分别举办摄影展、拼贝艺术展及教学,为活动增添不少文化气息。

1. 陈森照摄影展

花蛤季摄影展始于第二届(2005 年),当时主办方邀请金门摄影名人蔡显国假尚未修缮的陈坑坑道举办"金门人"摄影展。第三届(2006 年)花蛤季,蔡显国又在此举办"金门英雄"影像展。2007 年花蛤季个人摄影展由陈坑在地摄影名人陈森照接棒,这一次办展地点改在陈坑出海口广场旁营房,展出取名"浯岛森情",主要内容为陈森照用镜头捕捉到的金门今昔变化。两年后的花蛤季陈森照又参与金门县摄影协会在金汤公园的"沉思小筑"举办的,以金门地区各种鸟类生态摄影为主题,名为"浯岛飞翔"的摄影展。

2011 年 6 月 27 日,陈森照"森情 100·金湖飞扬"在陈坑坑道隆重开展,拉开本届花蛤季的序幕,100 多位陈坑村民及正义国小锣鼓队前往祝贺。此次展出的作品多达一百余幅,是陈森照三年来拍摄的成果,内容既有金门风光,也有金湖镇的人文影像,但更多的题材取自陈坑社区,比如象德宫庙会期间村中老人在大榕树下聚会、正义国小学童锣鼓表演、渔民补缀渔网、渔民在里公所前叫卖鱼货、沙滩牵罟、花蛤季挖花蛤等村中人文活动,以及陈景兰洋楼、中兴亭、仙鹤寺、陈坑南方宗祠与北方宗祠等人文景点。整场展出充分显示陈坑的人文风貌。

2. 陈志纬拼贝艺术展及教学

陈坑人陈志纬从事营造业二十余年,闲暇时好钻研贝类手工艺创作,渐渐无师自通,早期作品以平面铺排为主,后专攻立体拼贴。创作所用材料大多为附近海边俯拾皆是的螺、蚌、蛤、蚶、蚵等贝类,部分购自外地。作品以动物及神话人物为题材,经过大胆设计、巧妙构思,精心粘贴,件件栩栩如生,令人爱不释手。陈志纬对创作的要求极严,不剪铰贝类,不重复制作,对不满意的作品拆掉重来,所以每件作品都浑然天成、独一无二。多年来陈志纬创作大量的作品,但从不买卖,仅部分赠与邻里及亲友,以至于在陈坑的老家容纳不下,两年前只好到邻近的夏兴村新建居所。因工艺精湛,常有金门中小学校邀请他前往教学,也有不少家长携子女上门求教。

经时任正义社区发展协会理事长的推荐,2005年陈志纬贝类工艺品首次受邀在花蛤季上公开亮相,于陈坑出海口广场空置营区展出,同时他还亲临现场指导贝类制作教学,深受孩童的喜爱。由于其贝类手工艺特色鲜明,观赏性、趣味性强,且切合花蛤季活动主题,故此后每届花蛤季,主办方均邀请他参加,只有2009年第六届花蛤季因个人原因未能出席。2008年陈景兰洋楼开放后,陈志纬拼贝艺术品又作为在地特色工艺品在洋楼展厅常年展出。

三、洋楼及周边景区的开发

金门开放观光后,业已荒废的以陈景兰洋楼为主体的官兵休假中心,因其历史文化和商业价值,吸引各界的关注。村民向军队要求收回官兵休假中心,商人决定对其进行旅游开发,最终由政府邀请学界进行整体规划并加以开发与利用,整个过程颇费周折。在此期间,陈坑人始终积极争取他们的权利,以不同身份和利益诉求参与其中。陈坑聚落文化也因洋楼的开发得到一定程度的展示。

(一)官兵休假中心的收回、利用与改造

战地政务解除后,曾任金门县临时议会副议长、时任金门兼陈坑陈氏宗亲会理事长的陈再权团结村中其他人,以陈氏宗亲会的名义积极向金门防卫司令部要求将官兵休假中心归还。经多方争取后,金防部在1994年7月15日将原官兵休假中心之地上物点交陈坑陈氏宗亲会。不久洋楼右前方房舍对外招商,一台湾商人看好金门开放观光的前景及官兵休假中心的位置和环境,邀集数位金门朋友入股,以年租金500万元租下这些房舍,经营旅馆,租金依房舍所占地面积按比例支付给不同的土地所有者。同时该商人还想以五千万元开发陈坑海滨,并愿意以其中三千万元买下陈景兰洋楼,为此特派其友人陈坑村民陈祯明去厦门找陈景兰长孙陈鼎新洽谈,但陈鼎新不为所动,此事便不了了之。

经过简单改造装修后,旅馆对外营业。据一位曾在旅馆充当服务生的陈坑村民讲述,当时旅馆以提供住宿为主,兼营早餐,服务人员主要来自陈坑本地。不过因不符合当时《金门旅馆业创设实施管理办法》,旅馆始终未获得核准,处于非法营业状态。正因为如此,金门电力公司不予供电,旅馆只得自行发电,但成本很高。后在陈坑陈氏宗亲会理事长陈再权利用个人关系与电力公司协调下,获准供电六个月,在此期间,旅馆效益也只能保本或微利。台湾商人见势不妙,遂将股权转让给另一台湾商人。后者系立法委员,有一定的社会关系,欲扩大营业规模,在未经审核情况下,擅自在一楼的基础上加盖一层。不久该商人因其立委选举买票贿选被揭露而外逃,其他小股东难以为继。另外陈坑一从事营造业的村民因未获得该楼房扩建的施工权,纠集其他土地所有权人去政府部门申告,从中作梗,致使电力公司再次中断电源,施工被迫停止。此后该处房舍再次闲置,渐

成一片废墟,只有通往洋楼路边的几个房间被村民占用。

(二)侨乡与战地之再生

陈景兰洋楼闲置多年后,建筑体水泥龟裂,墙面抹灰多处剥落,屋顶坍塌,廊道被树根穿入毁坏,而面临倾圮,前方金汤公园一片荒芜。面对这一破落景象,村人很焦急。2002年一位来自陈坑的镇民代表提议金湖镇公所尽快整修洋楼,充分利用洋楼前方之金汤公园种植中草药。该提议唤起政府对洋楼及周边环境的重视,同年镇公所组织人员研究制订《金门县金汤公园及附近沙滩环境改造计划》,并参与当年内政部营建署城乡风貌竞争型计划案评比,因规划内容较单一而落选。2003年洋楼因其特殊的历史背景,独树一帜的建筑风格,对于陈坑聚落的重大意义,被金门县政府列为历史建筑,从此洋楼的命运发生逆转。

首先时任正义里里长陈国强代表社区建请金湖镇规划整修洋楼。随后以金湖镇公所为主体的多个单位组建团队,着手对洋楼与陈坑聚落、金汤公园、军营、坑道进行整体规划。里长和里干事负责协调联系陈景兰家属和社区民众,里长曾自费七、八次往厦门与陈景兰后裔协商洋楼再利用问题。陈氏宗亲会及陈氏基金会的董事长、理事长、董事等人负责协调土地使用和社区事务,整理环境,提供文史口述资料。在对洋楼及周边环境之自然、历史、人文、教育充分把握的基础上,县环境景观总顾问金门技术学院(现金门大学)江柏炜教授领衔,重整《金汤公园及附近沙滩环境改造计划》,提出《侨乡与战地之再生:一个关于时间与记忆的地景保存设计》案,引入"生活环境博物馆"的概念,围绕三大主题进行空间规划,分别是以陈景兰洋楼为核心博物馆,集合金门的传统工匠加以修护,过程中提供技艺传承,使成历史建筑修护的典范,并规划成华侨与战地为主题的地方文物展示馆。洋楼外的金汤公园及其海滩则以史诗公园为主题,保存及再利用军事地景,并引入战地文学之意境体验,配合眺望料罗湾的空间趣味,成为反思战争与和平的新历史场景。弥缝成功聚落那些被道路穿越或切割过的聚落纹理,丰富生活空间的活动主题及功能,改造无趣的街道建筑,在日渐萧条与人口外流中,着力于聚落生活价值的确立,尝试重塑"新金门厝"的可能性(江柏炜、陈书毅 2009:43)。

2004 年 10 月在"内政部"营建署创造台湾城乡风貌竞争型计划评比中,《侨乡与战地之再生:一个关于时间与记忆的地景保存设计》案荣获第二名,并获得内政部八千万元的补助,与之配套金门县政府也拨出三千万元。2005 年 11 月陈景兰洋楼整修工程动工。在其后的两年多时间,金汤公园、陈坑坑道、陈坑营区,以及周边游憩资源修复及开发也陆续展开。在洋楼施工和内部布置期间,陈坑人始终各尽其能,献言献策。村中耆老提供洋楼原始样式的参考意见,里长义务搜集社区民众意见,并就近随时监控施工现场,陈坑的镇民代表也不忘在镇代表会上表达村民心声,提出洋楼景观改造建议。村中大木师傅陈清顺标中洋楼修复工程后,出于家族的自豪感和使命感,对工程质量严格把关,老木匠虽年事已高,却因施工现场离家很近,几乎每天到工地巡视,解决许多施工中的棘手问题。在洋楼开幕启用之际,里长倾力翻寻出家中具有代表性的传统渔业与农业器具,以充实内部展品内容,村民陈木漳捐献陈坑陈氏族谱。洋楼及周边景区的顺利开放,也得益于景区的土地所有权人无偿提供五年期的土地使用权。

2007 年 8 月尚在修缮的陈景兰洋楼及金汤公园冠名"金汤观海",通过推荐票选荣列金门新十景第二位(杨再平 2009:431)。2008 年,整饬一新的陈景兰洋楼迎来发展契机,金门县各界在此举行隆重的启用典礼,与来自新加坡、厦门、台湾各地的陈景兰后裔共同见证此一美好时刻,从此洋楼和周边景观正式对游客开放。

作为生活环境博物馆的核心馆,陈景兰洋楼现有展出空间分为二层。一楼的空间依主题区分为:游客中心、战地教育馆(金门中学在陈坑)、城乡风貌成果展馆、陈景兰先生纪念馆、金门愿景馆、陈坑聚落主题馆、战地休闲展馆(撞球室、冰果室)、官兵休假中心及野战

图 6-4　陈景兰洋楼

医院展馆。二楼的空间划分为：餐饮区、金门当代海外华侨馆、海外金门会馆、洋楼修复过程展馆。因文物资料有限，展示的方式以图、文为主，文物展示、影视播放为辅，少量为现场复原。

其中陈坑聚落主题馆以图文并茂的形式，展示陈坑今昔的人文发展与变迁概况，其内容分为宗族移垦、陈氏宗祠、行政疆域、庙宇信仰、文化景观、军事地景、地方产业等八大板块。"宗族移垦"讲述陈坑陈氏的来源、移入陈坑的时间、陈氏族裔播迁台湾及海外的历程。"陈氏宗祠"记录陈坑南、北宗祠兴建的年代、建筑形制及二者之间的关系。"行政疆域"勾勒陈坑的行政隶属沿革。"庙宇信仰"介绍陈坑主要庙宇象德宫和仙鹤寺的来历、建筑形制、祀奉的主神。"文化景观"描绘尚卿碉楼的功能、规模、修筑缘起，村中风狮爷雕像的高度、坐落、朝向及村中两棵老榕树对村民生活的意义。"军事地景"列举高炮、中兴亭(岗哨)、成功营区及坑道、战车掩体、两栖登陆小艇掩蔽坑道等军事设施，说明陈坑战略地位之重要。"地方产业"介绍报社园区和商业空间，前者指出《金门日报》社(含《正气中华报社》)与其

141

闽南陈坑人的社会与文化

周围的康乐厅、凉亭、陈景兰洋楼(官兵休假中心)、金汤公园风景优美,为战地政务时期金门著名的旅游景点;后者讲述1949年以后,因军队进驻带动的地方型消费经济产业,从大宗百货、军人用品、书店、杂货、小吃、撞球间到冰果店等,集中分布于贯穿聚落的街道店屋。聚落主题馆还展出聚落宗教信仰的微缩五营旗、记录渔获分配的网账簿、渔具(网杓、腰枷、浮朴、陶坠、渔网、补网针、装补网针的竹筒、网尺)、农具(钩篮、大小麦脱穗用的麦梳、三齿、镰刀、锄头、钉耙、狗耙仔、钩绳)、重要食物(安脯,即干甘薯片)及其加工工具(将甘薯切成条状的安籤的铜锉、裁切甘薯片的安脯刀),这些实物一定程度上反映往昔陈坑人的生产方式和生活状况。

陈景兰洋楼及周边景区开放三年来,社区及地方政府仍不断致力于完善及美化景区环境。2011年2月,拨款九百多万元的象德宫周边环境改善工程动工。该工程建设项目包括:庙前广场及护坡整建、新建照壁、搭建陈坑出海口观景平台、新设石桌椅、周围美化等。工程完成后,将使象德宫向上可以与陈景兰洋楼及成功坑道串连,向下可以与成功海滩衔接,成为完整的景点。为庆祝陈景兰洋楼落成九十周年,金门县政府与金湖镇公所在2011年下半年还将投资一千多万元,再次对洋楼及陈坑坑道进行修护,充实展品,现已公开对外征集体现华侨文化和军旅生活的文物,以充实洋楼展品。

(三)景区的营运

洋楼及周边景区自开放以来一直由金湖镇公所观光课管理,在洋楼建立管理服务班,设班长一人,最初工作人员共四人,其中陈坑村民二人,工作事项主要涉及接待和解说、日常维护、环境整治。后来为提升景区服务品质,工作人员有所增加,目前景区共有管理、接待及保洁员十二名,其中陈坑人占八位。

为提高接待和解说水平,观光课于2008年洋楼开放前夕在陈坑举办一期两梯队的陈景兰洋楼暨周边区域游憩资源推广之解说员培训,参与的对象有陈坑村民、社区发展协会成员、艺文社团员,以及有兴趣的民众近一百人。2009年4月镇公所在洋楼现场再度办理洋楼观光解说员培训,参加培训者近三十人,其中陈坑当地居民七八人。学员主要学习洋楼与陈坑坑道等景点导览课程以及观光导览解说技巧。经过培训后部分陈坑学员被选拔进洋楼工作或任临时解说员。镇公所录用工作人员时往往优先考虑在地居民,如应聘者较多,则先申请后抽签,当然人情关系也很重要。2009年随着游客量的增多,洋楼组建解说志工服务队,五六位解说义工配合观光公车时间,轮流每天一人为观光公车游客提供洋楼导览解说服务。每讲解一次,政府补贴200元劳务费。后取消观光公车解说义工服务,改为聘用合同制接待员,他们也兼任洋楼景区内的保洁工作。

洋楼及周边景区不向游客收取门票,故景区几乎无收入,只有邻近海滨的文学茶坊(由原军人澡堂改建而成)委外经营,每月租金最初5500元,2011年初涨至8000元,但扣除地主租金后所剩无几。陈坑出海口广场的旧营区也曾委外经营过,因客人少两个月后便关闭。政府每年用于洋楼及周边景区的水电费、员工工资及设施设备维护费约300万元。

四、旅游景观营造中的缺憾

开放观光以及旅游景观的营造,为因战地政务解除、军人撤离而沉寂、落寞的陈坑渔村多少带来一些人气,特别是旅游旺季往来于陈景兰洋楼、金汤公园、陈坑坑道的游客络绎不绝。然而对于大多数陈坑人来说,游客的到来或与己无关,或熟视无睹,偶尔在被询时指点方向。确实除聚落环境得到改善以外,旅游开发并未给陈坑带来多少实际经济利益,传统渔业文化也没能与旅游观光结合,得以充分展示和传承。

(一)社区获利有限

陈景兰洋楼及周边景区山海相连、草木青葱、环境优雅,然而此

闽南陈坑人的社会与文化

一宝贵的景观资源却未给陈坑人带来多少实惠。1994年台湾商人欲整体将洋楼及周边景区规划为度假村,却因业主不配合而作罢。原官兵休假中心房舍1995年改造停工后,至今留下烂尾楼。该地产权关系极为复杂,除40%为公有土地外,其余土地归30多个业主所有,业主的意见很难统一,所以无论是政府还是私人都不敢插手接管。这些房舍的价值因此未得到实现,不仅如此,还严重影响观瞻。

洋楼及周边景区无收入来源,所以景区的土地所有权人难以启齿向政府要求补偿。面对整治一新的景区,正义社区发展协会曾提出致力于营销陈景兰洋楼地景及社区的有机蔬菜,酝酿在陈坑出海口广场设立夜市,经营酒吧和小炒,但均未得到落实。先后任社区发展协会理事长和镇民代表的陈国泰曾向镇公所提出由社区接管景区、优先雇用社区居民在景区就业、完善景区内部交通设施、社区蔬菜班利用景区土地种植玫瑰、设立洋楼专业解说员等建议,但未得到社区居民的响应,甚至村中长老认为这是自找麻烦。他们认为景区无门票收入,相反的还要负担高额管理维护成本,即使有政府的补贴,也无所盈利;而收取门票不符合金门惯例,会导致游客不上门,这件事最终因无具体方案而搁置。

其实洋楼及周边景区所蕴藏的商机还是有的。据金湖镇观光课长介绍,每年到访的游客大约50000人。就在笔者开展调查的七月,洋楼管理处统计的数据为11098人,可能正值暑假旅游旺季,参观的游客特别多。面对不少的游客,陈坑人却无动于衷。通往洋楼的路上无任何商店,附近除一家工艺品店外,无民宿也无食杂店。问及原因,则各有各的说法。在村里开早点店的一村民认为,到洋楼及周边景区观光的游客一般逛一圈就离开了,在附近贩卖饮料会有一些生意,但要租店面就不合算,若荒废的旅舍能重新利用,可能会带来更大商机。洋楼的管理班长则看好洋楼带来的生意,认为洋楼人流量大,开店肯定能盈利,但金门福利较好,村人缺乏辛苦赚钱的动力。洋楼旁的一长者曾被建议开食杂店,但自认为年事已高,嫌开店麻烦、束缚自由而未采纳。看来村民确实不为此商机所动。所以除几

第六章
陈坑聚落旅游景观的营造

位在洋楼景区上班的陈坑人领到薪水外,基本上大多数村人并未从中得到利益。

另外相关部门满腔热情鼓励和扶持的休闲渔业在陈坑进展缓慢,村民并未因休闲渔业得到多少实惠。当初牵罟班老渔民确实对此项新兴产业充满兴趣与期待,为此也进行一些投资。然而这些老渔民并未完全专注于这项产业,他们中有的另有正业,有的已经退休,可以说个个衣食无忧,只是出于怀旧、娱乐和传承的目的,故无人专注这项产业的经营。有团体客人预约即下海,无人上门也不在乎,而且他们也很少提供餐饮等配套服务,所以真正的旅游团很少参与,更多的是来自地方机关单位的团队。第二个牵罟班经营策略有所改变,他们虽然技术较差,但每次出海的费用要价更高,而且捕捞的渔获自留。他们曾经通过立荣航空进行营销,却因牵罟费用过高,游客难以承受,响应者甚少。2009年水试所在与牵罟班短暂合作之后,要求其降低出场费、提供渔家料理,双方因谈判条件不一致,2010年起终止合作关系。水试所从公部门的角度出发,表示牵罟不应作为盈利工具,而只是招揽游客的手段,牵罟班应该考虑发展与之配套的消费产业,如此方能带动整个社区的发展。而牵罟班只着眼于当前利益,没有考虑到长远的效果;对于提供餐饮服务,他们认为水试所的项目非常态化,时间不固定,实施起来很麻烦,如能签约则合作。其他村民也不热心响应休闲渔业,曾经为水试所在洋楼前办理过渔家料理的某村民表示,村里缺乏相关配套的项目,休闲渔业难以有经常性客源,经营料理收入不稳定,自家缺乏营业空间,租用他人店面风险更大。此外作为休闲渔业的大型节庆活动,花蛤季也未为陈坑人带来多少收入。前两届主办方给村民优先提供园游会摊位,但只有一两户村民参与摆摊,贩售特色小吃,每天盈利10000元上下。村民陈志纬的拼贝艺术展从未得到主办方补助,其拼贝制作教学每套只收取50元材料费。2011年花蛤季主办方承诺包销400套材料,实际只销出100多套。真正能从每届花蛤季获取报酬的只有牵罟班两至三次出场费,每次6000至8000元。

(二) 花蛤季中社区的边缘化

立足于陈坑海滩自然资源及传统渔业的花蛤季，近年来随着规模的扩大，渐渐失去其地方文化特性。具有典型本土特色的项目逐步被边缘化，甚至被取消。由于生态环境恶化以及游客及村人大小通吃的滥采行为，导致花蛤栖息地遭受严重破坏，花蛤数量越来越少，游客挖不到花蛤很失望，参与积极性自然下降，本应唱主角的挖花蛤体验活动渐失其趣味性。以花蛤为主料的花蛤食神大赛，因主办方未提供遮阴帐篷及重视不够，2009年和2011年停办。另一项重头戏沙滩牵罟，也因各种原因失去吸引力，沦为配角。首要原因是海中鱼源逐年减少，加之现牵罟班技术有限，甚至常将渔网弄破，致使渔获量小，游客没有收获感，渐失兴趣。加上牵罟班管理松散，其成员参与度不高，牵罟现场人气不旺，对游客缺乏吸引效应。而且牵罟活动未能与传统渔村的其他文化有机形态结合，内容显得单薄。牵罟舢板的动力由船外机取代传统摇橹，以及2011年为节省人力本应由人力抬船下海的方式改为由四轮铁架车拉至海边下水，使得该活动失去传统意义。

最能反映本地与花蛤有关的陈志纬拼贝艺术也未得到应有的尊重。2011年陈志纬拼贝艺术展被安排在远离花蛤季主现场的"沉思小筑"，而且导引牌不明显，游客难以发现，下洋楼后往往直冲海边沙雕。陈志纬的现场教学也受约束，教学时间因其他活动被挤压，由事前约定的每天下午3～6时改为4～6时，学习者仅限青少年及儿童。上届花蛤季，教学用贝类材料还由主办方掌控，对此陈志纬甚感不满。其他本地文化被忽视的现象屡见不鲜，如花蛤季现场展示传统渔业文化的渔村文物馆因文物不多未正常开展，主办方也未积极加以充实；园游会四十余个摊位均来自台湾和金门其他村镇，销售外来饮食，未见本地人的身影；展现海洋特性的水上运动项目，涨潮时因轨条砦的障碍及无沙滩休闲场所而受制约。

与主题无关的外来娱乐节目却大行其道，日益成为花蛤季的主角,如歌唱大赛、冠名"花蛤仙子"的选美、艺人演唱会、魔术表演、两岸三地乐团 PK 赛、台湾原住民舞蹈、原住民文物展、赛马以及来自国外的火舞、桑巴舞等等。

对于花蛤季的效果及意义,镇民代表和村民颇有微词。镇民代表主要从经济效益的角度考虑,2010 年有代表提出参与活动人数未如预期,台湾观光客有限,镇公所应有效统计人数,以作为未来活动规划之参考。2011 年有代表担心花蛤季延长至一个月,可能会给人烂戏拖棚、劳民伤财的感觉①。对此很多村民也表示认同,他们感觉时间拖得太长,难以形成活动焦点,以致缺乏激情,若游客在非周末时间来到现场,却发现冷冷清清会很失望,对花蛤季造成负面评价。村民对活动项目也很不满,特别是年长者认为外来娱乐节目主导活动现场,没有突显牵罟等地方特色项目,本地风味饮食缺位,越来越背离花蛤季的初衷。当然村民对花蛤季的总体态度是正面的,虽然花蛤季目前并未给本村带来多少实际益处,但是聊胜于无,只要活动继续办下去,终究能扩大本村的知名度,增加人气,招徕商机。

结　语

在金门打造"国际观光休闲岛屿"的大潮中,陈坑融渔村、侨乡、战地于一体的特殊角色,成为各界共同进行旅游开发的景观素材。在这场旅游景观营造的进程中,县政府着力于陈景兰洋楼、金汤公园、陈坑坑道、陈坑四营区,以及周边游憩资源的修复及开发,推动侨乡与战地之再生,其中对陈景兰洋楼的整修,是金门县境内对单一建物修缮所做的最大投资。同时,积极鼓励与扶持陈坑休闲渔业的发展,特别是举办一年一度的海滩花蛤季活动。在软件上,有关部门多次办理休闲游憩推广解说人才培训。村民凭着对族人陈景兰的感念,对传统渔业的感情,对家乡的厚爱,以不同的方式参与本村的旅

---

① 参见 2010—2011 年《金门日报》相关报道。

游开发，地方文化也因此有了展现的机会。在由县政府主导的旅游开发中，由于利益协调、村民态度等问题，导致村民受益不多，传统渔业文化也未能充分展示与传承。看来要使旅游开发真正造福于一方，还得改进现有的运营模式。期待陈坑的旅游业有更好的发展前景。

参考文献

江柏炜、陈书毅
  2009 传承与创新——金门县城乡风貌发展纪实，金门：金门县政府。
陈延宗
  2009 金门县志·文化志，高雄：贯虹国际文化有限公司。
杨再平
  2009 金门县志·观光志，高雄：贯虹国际文化有限公司。
倪国炎
  2009 金门县志·大事志，高雄：贯虹国际文化有限公司。
黄振良
  2006 邂逅陈坑渔村，金门：金门区渔会。

第七章

陈坑的人口与家庭 ▶▶▶

◎ 郑 杰

前 言

本章是在为期约七周的田野调查基础上撰写的,调查的田野点是闽南金门岛上的一个农村——陈坑。陈坑村隶属于金门县金湖镇正义里,正义里由陈坑、夏兴和尚义三个自然村组成,共有十九邻。其中陈坑村包括了十三邻,是三个自然村中最大、人口最多的村落。

在田野调查中搜集资料的方法主要有访谈法、观察法等。所使用的家户和人口资料来源于以下三个渠道:一是由同学们分工完成的家户调查,由于调查时间紧张和村民不愿提供相关信息,造成小部分资料信息登录的缺失,使得数据输入不完整,如年龄统计遗漏10人,有效百分比为98.4%,教育程度遗漏12人,有效百分比为98.0%,职业遗漏14人,有效百分比为97.7%。故此三项的总计与全村人口数609出现差距;二是从金湖镇公所得到的人口资料;三是从金门的官方统计网站得到的资料。因为金门很长的时间是被置于战地管制之下,我们的身份又特殊,为避免引起不必要的困扰,田野调查时对于官方的档案资料不敢做过多的查探;少数村民对我们的调查未能积极配合,不愿提供相关资料,我们也仅能尊重他们的决定;加之受人力、调查时间的影响,家户调查未实现对每个家庭入户进行访谈。但是从整体上看,所获资料在相当程度上能够体现陈坑村人口和家庭的基本情况。分家、赡养这部分几乎没有可参考的资料,因此所使用资料主要是通过与报道人的访谈获取的。

下文从人口、家庭结构、分家、老人赡养四个方面依序进行描述和分析。其中人口包括人口数量、性别与年龄分组、教育和职业四个部分;家庭结构包括家庭基本类型、各种类型家庭比例等;分家包括分家的原因和形式、仪式过程和财产的分配等;老人赡养包括子女的照顾、政府的福利补助和社会福利馆。

一、人口结构

金门户籍登记始于 1948 年,在此之前的人口信息如出生率、死亡率和生育率等均无档案可寻。据报道人介绍,金门有金门高粱酒厂,酒厂的良好运作及获利,为金门人带来极佳的福利。金门县政府在 2004 年春节开始实行以户配酒,这一政策出台后,村民不惜拆户,以增加配酒单位,短短两周之内,金门户数暴增。发现这一问题后,政府在 2005 年春节停止以户配酒,转而实行以人头配酒,规定每个年满 20 岁的公民都有配酒的资格。为配酒而拆户,为我们的家户调查增添不少麻烦。也由于金门优渥的社会福利,许多外来人口(主要是台商和村民的亲戚)将户口迁至金门,以便享受金门的福利,造成金门地区的户籍登记人口远远大于实际居住人口,金门人将那些人统称为"幽灵人口"。正是这些幽灵人口在金门的大量存在,为我们的人口统计带来另外的困难。本次调查的人口统计是针对实际居住在金门陈坑村的人口。

(一)人口数量

由于人口统计最小单位为行政村,因此很难得到陈坑村精确的人口资料,但是通过金门的官方统计网站得到正义里从2007年到2010年12月份以及2011年1月份和6月份的人口统计表。通过对正义里人口资料的分析,可从一定程度上反映陈坑村人口情况。从表7-1可以看出,从2007年到2011年这5年间,正义里的户数、总人口数、男性人数和女性人数都是持续增加。其中户数从2007年的642户增加到2011年的721户,增加79户;总人口数从2007年的1721人增加到2011年的2116人,共增加395人;男性人数从2007年的917人增加到2011年的1093人,增加了176人;女性人数从2007年的804人增加到2011年的1023人,增加219人。正义里的人口明显有继续增加的趋势。从表7-1中还可看出,近几年中女性增长数量大于男性增长数量,但是男性人数却一直都高于女性。我们也可以看出,迁入和迁出的人口在2007年到2009年间基本是持续增加的,其中迁入人口数大于迁出人口数;随后的2010年间,迁入和迁出的人口数迅速减少;而在2011年,迁入和迁出数量又快速增加。

表7-1 正义里历年人口数统计表

年份	户数	总人口数	男	女	迁入人数	迁出人数
2007年12月	642	1721	917	804	7	1
2008年12月	674	1801	960	841	27	8
2009年12月	708	1995	1042	953	30	7
2010年12月	713	2067	1076	991	7	3
2011年1月	715	2071	1077	994	7	3
2011年6月	721	2116	1093	1023	20	7

闽南陈坑人的社会与文化

由于表中的统计数据是官方登记的,其行政性强,也由于金门配酒的特殊政策,使得实际的人口情况与官方统计的数据会出现偏差。表 7-2 是我们通过家户调查得到的陈坑村实际人口统计表。从中我们可看出,男性人口数高于女性人口数,这与上面关于正义里的统计数据相一致。根据正义里 2011 年 6 月的人口资料,总人口数有 2116 人,而陈坑村占正义里十九邻中的十三邻,以 13/19 的比率计算,可以大概推估陈坑村的总人口数为 1448 人,是我们实际调查人口数的 2 倍多。

表 7-2 性别统计表

性别	人数	百分比
男	318	52.2
女	291	47.8
合计	609	100.0

(二)人口的性别、年龄

根据家户调查资料,笔者将陈坑村不同年龄段男女人口数的统计结果制成图 7-1、图 7-2 及表 7-3。从图 7-1 可看出,陈坑村人口在不同年龄段分布的规律性不太明显,依次有三个峰顶。人口数量在 0 到 19 岁的年龄段是呈现上升的趋势;而后开始下降,直到 39 岁;在 39 到 49 岁年龄段是上升趋势;49 到 69 岁总体是下降的;从 75 岁开始,人口依然呈现下降趋势。据了解,45 到 49 岁的人数激增是因为此年龄段者由于年龄渐长,不想再往外发展,选择在陈坑村附近做工。而 20 到 39 岁这一年龄段的人数逐渐减少,在一定程度上说明了青壮年劳动力的外流。由于金门的厂矿不多,所以很多年轻人为寻求更好的就业机会,选择离开家乡出外打工。从图 7-1 可以很明显地看出,15 到 19 岁这一年龄段的人数是所有年龄段中最高的;此年龄段一般是上学接受教育的年龄,人口数量的偏高可能是我们在做家户调查时将在外求学但是未婚的学生也计算在内。

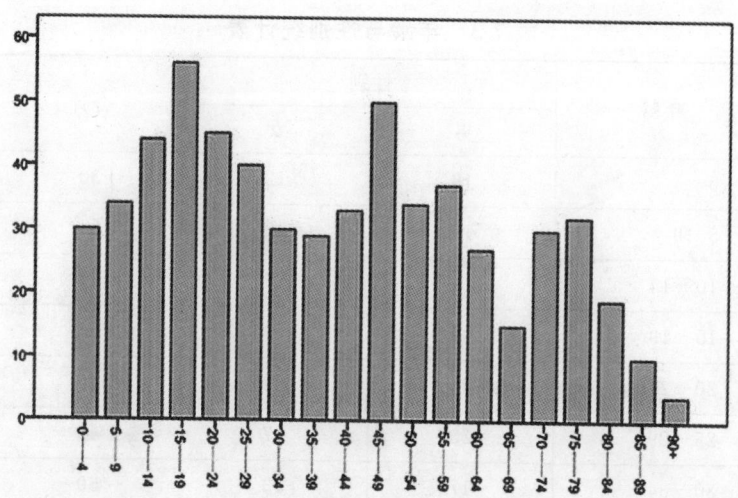

图 7-1 不同年龄段的人口分布

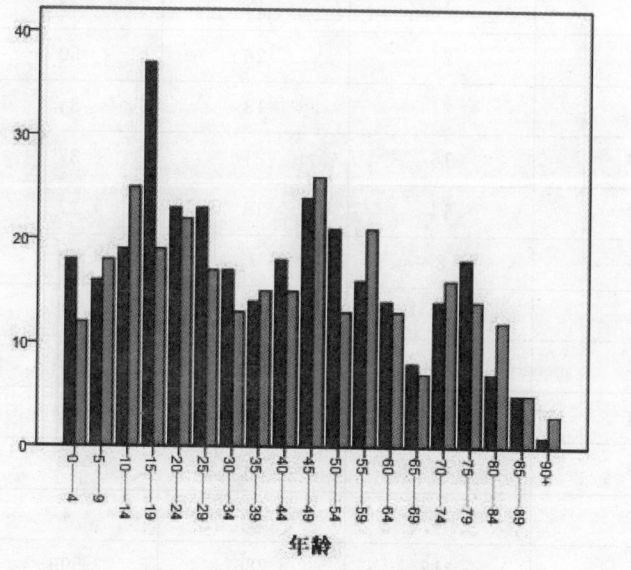

图 7-2 年龄与性别统计图

表 7-3　年龄与性别统计表

年龄	性别		合计
	男	女	
0—4	18	12	30
5—9	16	18	34
10—14	19	25	44
15—19	37	19	56
20—24	23	22	45
25—29	23	17	40
30—34	17	13	30
35—39	14	15	29
40—44	18	15	33
45—49	24	26	50
50—54	21	13	34
55—59	16	21	37
60—64	14	13	27
65—69	8	7	15
70—74	14	16	30
75—79	18	14	32
80—84	7	12	19
85—89	5	5	10
90—	1	3	4
合计	313	286	599

从性别的角度来看(见表7-3、图7-2),在很多年龄段,男性和女性的人数都相差不大,但是在个别年龄段中男性和女性的人数仍存在较大差距。其中差距最大的是15到19岁这一年龄段,男性有37人,女性有19人,二者相差18人;其次是50到54岁年龄段,男性21人,女性13人,男性比女性多8人;在0到4岁和25到29岁二年龄段中,男性都比女性多6人;而在10到14岁年龄段中,女性比男性多6人;55到59岁和80到84岁两个年龄段中,女性均比男性多5人。从总体上来看,目前男性总人数高于女性总人数。

(三)教育程度

通过对陈坑村居住人口的教育程度进行统计(参见表7-4),发现不同年龄段及不同性别在不同年龄段的教育程度都存在若干差异。从表7-4可以看出,男性在20到24岁年龄段间教育程度最高,都接受过高中或高职以上的教育;其中本科及本科以上的共有16人,是接受本科及本科以上教育人数最多的一个年龄段,并以此年龄段为中心,接受本科及本科以上教育的人数随着年龄的增长呈现递减的趋势。其次,15到39岁的男性都接受过国中(即初中)以上的教育;并且15到19岁年龄段间,接受高中或高职教育的有20人,是男性在所有年龄段中接受高中教育人数最多的年龄段。40到64岁年龄段间的男性,都接受过国小(即小学)以上的教育,而80岁以上的男性则几乎全部是文盲,没有接受过任何教育。以女性来看,20到24岁年龄段也是教育程度最高的,几乎都接受过高中或高职以上的教育;其中有18人接受本科及以上教育,是所有年龄段中接受本科及以上教育人数最多的,也是以此年龄段为中心,随着年龄的增长而出现递减的趋势。女性接受本科及本科以上教育的人数略多于男性。和男性一样,女性在15到39岁年龄段中都接受了国中以上的教育,仅在25到29岁年龄段里有1个文盲;不同的是女性在此年龄段中接受教育的总人数较男性少,男性接受教育的人数是114人,而女性仅有86人。女性75岁以上几乎都是文盲,这与男性的80岁有差，全部文盲的年龄比男性提前5岁。表7-4中0到4岁没有上学的孩子在统计时没有剔除，所以0到4岁中的文盲人数很多；将0到4岁年龄段的文盲人数剔除后，男性文盲总人数为25人，女性为65人，女性文盲人数比男性多40人，在其他教育程度上，男性的总人数也是多于女性的，一定程度上反映农村中普遍存在重男轻女的思想。相比较来看，年轻的父母在让孩子接受教育方面，基本上体现男女平等的情况，重男轻女的思想已不像老辈明显。

表7-4 年龄、教育与性别统计表

性别		教育						合计
		文盲	幼稚园	国小	国中	高中或高职	本科及本科以上	
男	年龄							
	0—4	11	7	0	0	0	0	18
	5—9	0	9	7	0	0	0	16
	10—14	0	0	9	10	0	0	19
	15—19	0	0	0	13	20	4	37
	20—24	0	0	0	0	7	16	23
	25—29	0	0	0	2	11	10	23
	30—34	0	0	0	2	9	6	17
	35—39	0	0	0	3	7	4	14
	40—44	0	0	1	4	10	2	17
	45—49	0	0	2	7	11	4	24
	50—54	0	0	2	8	9	2	21
	55—59	0	0	2	6	6	2	16
	60—64	0	0	6	4	3	1	14
	65—69	1	0	5	1	0	1	8
	70—74	6	0	5	2	1	0	14
	75—79	8	0	8	1	1	0	18
	80—84	7	0	0	0	0	0	7
	85—89	2	0	3	0	0	0	5
	90—	1	0	0	0	0	0	1
	合计	36	16	50	63	95	52	312

性别		教育						合计
		文盲	幼稚园	国小	国中	高中或高职	本科及本科以上	
女	年龄							
	0—4	11	1	0	0	0	0	12
	5—9	1	7	10	0	0	0	18
	10—14	0	0	10	15	0	0	25
	15—19	0	0	0	3	11	5	19
	20—24	0	0	0	1	3	18	22
	25—29	1	0	0	2	5	9	17
	30—34	0	0	0	2	7	4	13
	35—39	0	0	0	2	9	4	15
	40—44	1	0	0	5	8	0	14
	45—49	0	0	7	6	9	4	26
	50—54	4	0	2	5	2	0	13
	55—59	4	0	10	5	2	0	21
	60—64	6	0	5	1	0	1	13
	65—69	5	0	2	0	0	0	7
	70—74	11	0	3	1	1	0	16
	75—79	13	0	0	1	0	0	14
	80—84	12	0	0	0	0	0	12
	85—89	5	0	0	0	0	0	5
	90—	3	0	0	0	0	0	3
	合计	77	8	49	49	57	45	285

说明：表中数字包含肄业和在校的学生。

（四）职业

金门陈坑村虽然是个农村，但是农业却并非村民的主业。根据实际访问和调查结果将陈坑村人口的职业分为无业、务农、散工或做工、学生、渔民、清洁员、军人、公教人员、服务业、医生和退休十一种。无业是指没有工作的人，主要是在家做家务的女性。务农是指在家从事高粱、地瓜等农作物的种植；散工或做工的意义较广，既指工作时间相对较短且种类较多的职业,也指工作时间长、比较固定的在厂矿内做工的;学生就是指正在接受教育、还没有正式就业的人。渔民是指以捕鱼维生者;清洁员是指参与金门县政府的永续就业[①],在陈坑村从事道路清洁工作的人员;公教人员是指教师和通过考试、在政府机构任职者;服务业是指那些担任司机、经营小店、理发等职业的人员;医生是指在医院工作的人员;退休是指年满65岁,已经退休在家,但每月领取退休金的老人。

从性别角度来看,男女在若干职业上存在差异(见表7-5)。从表7-5可见,男性职业中人数最多的是散工或做工,共76人;其中25到29岁年龄段有13人,40到49岁年龄段有25人,这两个年龄段占男性所有做工人数的一半。相较之下,女性做工人数只有21人,远远少于男性人数。女性除了无业外,从事人数最多的是服务业。唯一一个只有男性从事的职业是军人,共有9人,主要集中在15到29岁这一年龄段。还有一个男女差距较大的职业是渔民,男性有15人,而女性只有1人从事,这与职业的工作性质有关,一般由男性来从事。从陈坑村可以看出,渔业除了30多岁的男性从事外,60岁和70岁的老人也仍在捕鱼。也有某些职业是女性人数多于男性,如清洁员中女性有12人,男性只有4人;服务业中女性有32人,男性有27人,女性比男性人数稍多。务农和公教人员男女人数恰好一样,务农人数都是13人,公教人员都是19人;男性公教人员集中在30到59岁年龄段,女性则在20到54岁年龄段。表格中的无业者,并非无收入的意思,年满65岁的老人每人每月都能领到政府的补助。女性的无业人数是92人,男性有27人,女性的无业人数高于男性,

---

① 永续就业是政府为了解决就业问题,帮助村民提高经济条件,由金门县政府拨款补助的一种就业形式;要取得永续就业的资格,首先要提出申请,然后县政府对申请者进行资格审查,如符合条件,即可参加抽签,依此决定能否得到就业机会,因为提供的就业岗位远远少于申请者人数,为了保证就业机会公平,抽中者只能从事清洁工作11个月,11个月后,即须重新申请抽选。

男性在一定程度上仍然是家庭的经济支柱。

表 7-5　年龄、职业与性别统计表

性别		职业											合计
			无业	务农	散工或做工	学生	渔民	清洁员	军人	公教人员	服务业	医生	退休	
男	年龄	15—19	0	0	0	36	0	0	1	0	0	0	0	37
		20—24	1	0	2	13	0	0	5	0	2	0	0	23
		25—29	2	0	13	2	0	0	3	0	3	0	0	23
		30—34	0	0	7	0	1	0	0	5	3	1	0	17
		35—39	0	0	6	0	5	1	0	1	1	0	0	14
		40—44	0	0	14	0	0	0	0	3	0	0	0	17
		45—49	1	0	11	0	1	1	0	5	5	0	0	24
		50—54	0	1	9	0	0	1	0	1	8	0	1	21
		55—59	2	0	6	0	1	1	0	4	1	0	1	16
		60—64	2	2	5	0	1	0	0	0	2	0	2	14
		65—69	1	2	0	0	2	0	0	0	0	0	3	8
		70—74	4	2	2	0	2	0	0	0	0	0	4	14
		75—79	6	2	1	0	2	0	0	0	2	0	5	18
		80—84	5	2	0	0	0	0	0	0	0	0	0	7
		85—89	3	1	0	0	0	0	0	0	0	0	1	5
		90—	0	1	0	0	0	0	0	0	0	0	0	1
	合计		27	13	76	51	15	4	9	19	27	1	17	259

闽南陈坑人的社会与文化

性别		职业										合计
		无业	务农	散工或做工	学生	渔民	清洁员	军人	公教人员	服务业	医生	退休	
女	年龄												
	15—19	0	0	0	19	0	0	0	0	0	0	0	19
	20—24	4	0	4	9	0	0	0	3	2	0	0	22
	25—29	3	1	4	0	0	0	0	5	2	2	0	17
	30—34	5	0	2	0	0	1	0	4	1	0	0	13
	35—39	2	0	5	1	0	1	0	1	4	1	0	15
	40—44	4	0	1	0	1	1	0	1	6	0	0	14
	45—49	5	0	2	0	0	3	0	4	11	1	0	26
	50—54	6	0	1	0	0	3	0	1	2	0	0	13
	55—59	9	6	2	0	0	0	0	0	3	0	1	21
	60—64	8	1	0	0	0	3	0	0	0	0	1	13
	65—69	7	0	0	0	0	0	0	0	0	0	0	7
	70—74	8	3	0	0	0	0	0	0	1	0	4	16
	75—79	12	1	0	0	0	0	0	0	0	0	1	14
	80—84	11	1	0	0	0	0	0	0	0	0	0	12
	85—89	5	0	0	0	0	0	0	0	0	0	0	5
	90—	2	0	0	0	0	0	0	0	0	0	1	3
	合计	91	13	21	29	1	12	0	19	32	4	8	230

二、家庭结构

家庭结构是指家庭成员之间的代际关系,因此家庭结构不是一成不变的,会随着家庭成员代际构成的变化以及成员增减而变化。下文将对陈坑村的家庭类型、各种家庭类型比例以及不同类型的形成进行简单的分析。

由于金门地区的特殊性,家庭类型调查并非以政府部门登记的"户"为单位,而是以"灶"为单位,即以一个家庭成员间是否分灶,是否分开吃饭为原则。因为之前金门地区"以户配酒"的原因,导致很多家庭为了能分得高粱酒,不惜拆户,造成"妻离子散"的现象。所以为了保证调查能够真实地反映陈坑村的家庭结构,采用"分灶"原则。通过笔者及同学的努力,共完成136户家户调查,另有租房7户;租房是指陈坑人将房屋租给外来工作的人,因其流动性大,所以未对其进行调查。由于各种原因,还有7户家庭未能进行访问。以下是136户家庭的基本结构:

表7-6 陈坑村家庭结构表

序号	家长	家庭关系	人数	家庭类型
001	女	子+孙	3	不完整主干家庭
002	男	妻+子+媳+孙3+孙媳	8	主干家庭
003	男	妻+子	3	核心家庭
004	男	妻+女+兄+弟+姐+外甥	7	扩展家庭
005	男	妻+子2+媳2+孙4+孙女	11	扩展家庭
006	男	妻+子+媳+孙	5	主干家庭
007	男	妻+子+媳+孙+孙女3	8	主干家庭
008	男	子+媳+孙女2	5	不完整主干家庭

闽南陈坑人的社会与文化

序号	家长	家庭关系	人数	家庭类型
009	男	妻＋子2＋女2	6	核心家庭
010	男		1	单身家庭
011	女	子＋媳＋孙＋孙女	5	不完整主干家庭
012	女		1	单身家庭
013	女	子＋媳＋孙2＋孙女2	7	不完整主干家庭
014	男	妻＋子＋媳＋孙＋孙女	6	主干家庭
015	女	子＋媳＋孙3	6	不完整主干家庭
016	男	妻＋子＋女	4	核心家庭
017	男		1	单身家庭
018	男	妻＋子2	4	核心家庭
019	男	妻＋子＋女2	5	核心家庭
020	男	妻＋子＋媳＋孙女	5	主干家庭
021	男	妻	2	不完整核心家庭
022	男	子＋媳＋孙3	6	不完整主干家庭
023	女	子＋媳＋孙女	4	不完整主干家庭
024	男	妻＋子2	4	核心家庭
025	男	子＋媳＋孙＋孙女2	6	不完整主干家庭
026	男	妻＋子＋媳＋孙3	7	主干家庭
027	男	妻＋子	3	核心家庭
028	男	妻＋子＋媳＋孙女2	6	主干家庭
029	女	子＋媳	3	不完整主干家庭
030	女		1	单身家庭
031	男	妻＋女3	5	核心家庭

序号	家长	家庭关系	人数	家庭类型
032	女	子＋孙	3	不完整主干家庭
033	女	女	2	不完整主干家庭
034	男	妻＋子＋媳＋孙＋孙女	6	主干家庭
035	女	佣人*	1	单身家庭
036	男	妻＋子	3	核心家庭
037	男	妻＋子2＋女	5	核心家庭
038	男	妻＋女2＋子	5	核心家庭
039	男	妻＋子2	4	核心家庭
040	女	子＋媳＋孙2	5	不完整主干家庭
041	女	子2	3	不完整核心家庭
042	女		1	单身家庭
043	男	妻＋子3	5	核心家庭
044	女	子	2	不完整核心家庭
045	男		1	单身家庭
046	男	妻＋子＋女	4	核心家庭
047	男	妻＋女2＋子	5	核心家庭
048	男		1	单身家庭
049	男	妻＋子2	4	核心家庭
050	男	妻＋子＋媳＋孙2	6	主干家庭
051	女	子＋媳＋孙＋孙女	5	不完整主干家庭
052	女		1	单身家庭
053	女		1	单身家庭
054	男		1	单身家庭

闽南陈坑人的社会与文化

序号	家长	家庭关系	人数	家庭类型
055	男	妻	2	不完整核心家庭
056	男	妻＋女4	6	核心家庭
057	男	妻＋子＋媳＋孙＋孙女	6	主干家庭
058	女	子＋媳＋孙3＋孙女	7	不完整主干家庭
059	男		1	单身家庭
060	男	妻	2	不完整核心家庭
061	女	子＋媳＋孙3	6	不完整主干家庭
062	男	妻＋子＋媳＋孙＋孙女2	7	主干家庭
063	男	妻＋子	3	核心家庭
064	男	妻	2	不完整核心家庭
065	男	妻＋子＋媳＋孙＋孙女3	8	主干家庭
066	女	子＋媳＋孙女	4	不完整主干家庭
067	男	妻＋子＋女3	6	核心家庭
068	男	妻	2	不完整核心家庭
069	男	子＋媳＋孙＋孙女＋弟	6	不完整主干家庭
070	女	子	2	不完整核心家庭
071	男	妻	2	不完整核心家庭
072	女	子＋媳＋孙2＋孙女	6	不完整主干家庭
073	男	子＋媳＋孙女2	5	不完整主干家庭
074	男	妻＋子2	4	核心家庭
075	女	子＋媳＋孙＋孙女	5	不完整主干家庭
076	女	子＋媳＋孙女＋孙2	6	不完整主干家庭
077	男	妻＋子＋媳＋孙＋孙女	6	主干家庭

序号	家长	家庭关系	人数	家庭类型
078	男	妻＋女3	5	核心家庭
079	男	女2＋女婿2＋外孙＋外孙女	7	扩展家庭
080	男	妻＋子＋女	4	核心家庭
081	男	妻＋女	3	核心家庭
082	男	妻＋子2＋媳＋孙＋孙女	7	主干家庭
083	女	子＋媳＋孙＋孙女	5	不完整主干家庭
084	男	妻＋女	3	核心家庭
085	男	妻＋女	3	核心家庭
086	男	妻＋子3＋媳	6	主干家庭
087	男	妻＋子	3	核心家庭
088	女	子＋媳＋孙＋孙女	5	不完整主干家庭
089	男	妻＋女3＋子	6	核心家庭
090	男	妻＋女3	5	核心家庭
091	男	妻＋子2	4	核心家庭
092	男	子＋媳＋孙3	6	不完整主干家庭
093	女	子	2	不完整核心家庭
094	男	妻＋媳＋佣人	3	不完整主干家庭
095	男	妻＋子＋媳＋孙女2	6	主干家庭
096	女	子	2	不完整核心家庭
097	男	妻＋子＋媳＋孙女3＋孙	8	主干家庭
098	男	妻＋子4＋媳2＋孙＋女	10	扩展家庭
099	男	妻＋子2＋媳2＋孙3＋孙女3	12	扩展家庭
100	女		1	单身家庭

序号	家长	家庭关系	人数	家庭类型
101	男	妻	2	不完整核心家庭
102	男	妻	2	不完整核心家庭
103	男	妻＋子＋媳＋孙女2＋孙2	8	主干家庭
104	男		1	单身家庭
105	女	子＋孙2＋孙女	5	不完整主干家庭
106	女	子	2	不完整核心家庭
107	男	妻＋子＋媳＋孙女＋孙	6	主干家庭
108	男	妻＋子2＋媳2＋孙4＋孙女2	12	扩展家庭
109	男	妻＋子2＋女2	6	核心家庭
110	男	妻＋女	3	核心家庭
111	男	妻＋弟媳	3	扩展家庭
112	男		1	单身家庭
113	男	子＋媳＋孙女＋孙2	6	不完整主干家庭
114	男	妻＋子＋媳＋孙2＋孙女	7	主干家庭
115	男	妻＋子＋孙＋孙女3	7	不完整主干家庭
116	男		1	单身家庭
117	男	妻＋子＋媳＋孙＋孙女	6	主干家庭
118	男	妻＋子3	5	核心家庭
119	男	妻＋子2＋女2	6	核心家庭
120	男	妻＋子2＋女	5	核心家庭
121	男	妻＋子＋女	4	核心家庭
122	男	子2＋媳＋孙2	6	不完整主干家庭
123	女	子＋媳＋孙2＋孙女	6	不完整主干家庭

序号	家长	家庭关系	人数	家庭类型
124	男	妻＋子	3	核心家庭
125	女	子＋媳＋孙	4	不完整主干家庭
126	男	妻＋子2＋媳＋2孙＋孙女	8	扩展家庭
127	男	妻＋子2	4	核心家庭
128	男	妻＋子	3	核心家庭
129	男	妻＋子＋媳＋孙	5	主干家庭
130	女	子	2	不完整核心家庭
131	男	妻＋女2	4	核心家庭
132	女	孙女	2	隔代家庭
133	男	外孙	2	隔代家庭
134	男	子＋媳＋孙	4	不完整主干家庭
135	男	妻	2	不完整核心家庭
136	男	妻＋子2＋媳2＋女＋孙4＋孙女3	14	扩展家庭

* 在家户调查中，未将佣人计算在内，因为佣人具有流动性。陈坑村有两个家庭有佣人，除035外另一为094号家庭。

表7-7 陈坑村家庭类型表

家庭类型	核心家庭		主干家庭		扩展家庭	单身家庭	隔代家庭	合计
	完整	不完整	完整	不完整				
户数	39 (167人)	16 (33人)	22 (143人)	32 (162人)	9 (84人)	16 (16人)	2 (4人)	136
比例	28.7%	11.7%	16.2%	23.5%	6.6%	11.8%	1.5%	100%

从表7-7可以看出，陈坑村受访的136户家庭中，核心家庭有55

户,主干家庭有 54 户,扩展家庭有 9 户;单身家庭有 16 户。共有 200 人生活在核心家庭,305 人生活在主干家庭。由此可见,陈坑村的主要家庭类型是核心家庭和主干家庭,其次是扩展家庭。

(一)核心家庭

核心家庭通常是指一对夫妇与未婚子女一起生活的家庭,是陈坑村主要的家庭类型,共 55 户,占所有家庭类型的 40.4%。其中完整型核心家庭 39 户,不完整型核心家庭 16 户,分别占家户总数的 28.7%和 11.7%。完整型核心家庭一般是由父、母和子女三种角色组成,这三种角色形成的关系,是现代社会中出现越来越多的家庭类型。根据调查,造成陈坑村完整核心家庭户数最多的原因是多方面的,分家是其中很重要的一个原因,子女在各自成家立业后,分出去组成属于自己的小家庭。

不完整型核心家庭包括夫妇离异、配偶死亡,以及无子女或子女皆已分家独立等多种"变异"形式(庄英章 1994:78)。陈坑村的不完整核心家庭共 16 户,其中包括无子女或子女分家独立的 9 户(021 号、055 号、060 号、064 号、068 号、071 号、101 号、102 号和 135 号)、夫妇离异或者配偶死亡的 7 户(041 号、044 号、070 号、093 号、096 号和 106 号、130 号)。不完整型核心家庭由于其家庭内部缺少一种角色,故没有完整型核心家庭稳固和健全,对于因丧失配偶或夫妇离异而形成的不完整型核心家庭,多容易出现子女教育问题以及其他生活上的问题(孙丽燕 2004:13—16);对于因子女外出和分家而独留父母在家而形成的家庭,常被称为"空巢家庭",容易出现父母生活乏人照顾,精神上孤寂等问题(林筱文 1997:30—31)。

(二)主干家庭

主干家庭一般可以跨越 3~4 代人,但是每一代人中只有一对已婚夫妇。主干家庭的家庭成员可以由父、母、子、媳和孙子女组成,也可以由父、母、女、女婿和外孙子女组成。主干家庭同样也可以区分为完整型和不完整型,后者通常是由于已婚夫妻中某一方配偶缺失而造成的。表7-6的统计数字显示:陈坑村共有主干家庭54户,其中完整型22户,不完整型32户,分别占家户总数的16.2%和23.5%。不完整型主干家庭在陈坑村是仅次于完整型核心家庭的第二大家庭结构类型,但是生活在主干家庭的人数却是最多的,其中生活在完整型主干家庭的有143人,不完整型主干家庭的有162人,二者共有305人。造成不完整型主干家庭占据较大比重的原因主要是年龄或疾病等问题,这是指配偶中的一方由于年龄或疾病先去世,而造成主干家庭中成员的不完整,此种情况在陈坑村共有24户(001号、008号、011号、013号、015号、023号、025号、029号、032号、040号、051号、058号、066号、069号、072号、073号、075号、083号、088号、105号、122号、123号、125号、134号)。另外是由于分家的缘故,父母分随二子生活,使得家庭中缺少父或母的角色,如022号、061号、076号、092号。还有少部分是由于夫妻离异所致,如113号和115号。094号家庭之所以是不完整型主干家庭,是因为夫妻由于工作原因长期分居两地,丈夫长年在台湾工作。033号家庭是由丧偶的女儿和其寡居之母组成,亦可归为不完整主干家庭。

(三)单身家庭

单身家庭是由一个人所构成的家庭,陈坑村共有单身独居家庭16户。单身家庭的形成一般有两种原因,其一是由于未婚而形成的单身户,其二是配偶一方死亡而又无子女或子女分家独立而形成的单身家庭。由于金门特殊的军事背景,陈坑村还有两个单身家庭是退役老兵组成,一个是河南人,一个是湖北人,由于国共对立,使得他们离开部队后留在金门,因终身未娶而保持单身。035号家庭是由一位老妇人和佣人组成,其丈夫已过世,长子已婚,住在金城,次子身体残疾,住金门的福利机构—福田之家,三子已过世,女儿远嫁到台湾,所以老妇人和雇请的佣人同住,由佣人照顾其生活起居;因为佣人是外国籍又具有流动性,所以不计入人口统计,将其视为单身家庭。

（四）扩展家庭

扩展家庭一般是指由父母和多对已婚子女及孙子女组成的家庭。扩展家庭是核心家庭扩大形成的结果，一般是兄弟结婚以后出于共同继承财产的需要，或是兄弟感情较好，或是父母权威较大，不允许分家而形成的。有一个特殊的家庭（079号）是由父亲、女儿、女婿和外孙子女组成的。因诸子都在台湾成家立业，户主的妻子也在台湾陪儿子，所以户主和二女一起生活。004号家庭是由户长夫妇、女、兄（已婚，妻在台湾）、弟（离婚）、姐（丧偶）及甥组成。111号家庭是由夫妻和丈夫之弟媳（其夫已逝）组成，且弟媳本是童养媳，是比较特殊的家庭结构。128号家庭由父母、二子（一子离婚，已有一子）、儿媳和孙子女组成。

（五）隔代家庭

隔代家庭是指中间缺失一代，由祖辈和孙辈所组成的家庭。隔代家庭中缺少父母一代多是因为长年在外工作或去世，孙子女由祖父母照顾。陈坑村有2户隔代家庭（132号和133号），一个是由祖母和孙女组成，一个是由外祖父和外孙组成，都是因为父母常年在外工作造成的。

三、分　家

"树大分枝，水大分流"，分家在农村社会被认为是一种理性的选择，也是实际生活的需要。同样的分家在陈坑村也是大多数家庭必须经历的，尤其是子女数量较多的家庭。随着子女的成长和成家，在众兄弟之间进行分家和分产是不可避免的。分家的发生往往都有其一定的原因，其形式也是多样的，又因为各地风俗的差异，具体的分家仪式以及财产分配方式也都不太相同。

（一）分家的原因和形式

分家常是因兄弟各自成家后妯娌之间不和,陈坑人常说"兄弟要和,黑鬓子不和"。其次可能是婆媳之间不和,也有可能是兄弟之间的不和而引起分家,后一种情况所占比例很少;最后就是数年前"以户配酒"政策所引起的分家。

分家的形式不一而足,不可一概而论。有的是父母健在,就不会分家。有的父母健在,由父母主动提出进行分家。父母年纪大,唯恐诸子因分家而闹矛盾,造成子女间的不和,所以就在自己尚能主持大局、思维清晰时提出分家。后一种情况在陈坑村所占的比例较大。据报道人说,有的兄弟在没分家之前有矛盾,但是分家后自立门户,各自奋斗,矛盾反而解决了,兄弟之间相处得更好。

分家一般是在众子全部结婚成家后,进行一次分家。但是如果末子和其他兄弟之间年龄差距较大时,会进行多次分家。

（二）分家仪式

分家意味着兄弟从此开始独立生活,也意味着父母不再扮演家长的角色,转而进入被赡养的阶段。分家是很重大的事情,所以每个家庭都格外重视,期间需要遵循一定的原则,也要经历一系列仪式,如家庭内部协商、选日子、公证人主持分家等。

一般情况下,为了保证分家顺利进行,也为了避免兄弟之间的矛盾,以及分家后产生的不愉快,每个家庭在分家时都尽量将家中的所有财产平均分配,分家过程尽量做到公开、公平、公正。

分家时为表示对母舅的尊重,会请母舅来主持。但是有时母舅会有"娘家不管婆家事"的心理,并不会到场。若母舅不到,就会请村里德高望重的长者替代。参与分家的除当事人外,一般有代笔、见证人(有时也叫知见人)。代笔往往是村中有学问、文笔好的人。见证人主要是父母、母舅、族中长老等。

正式分家前会先选吉日,所有的兄弟在祖先面前上香拜拜,对祖

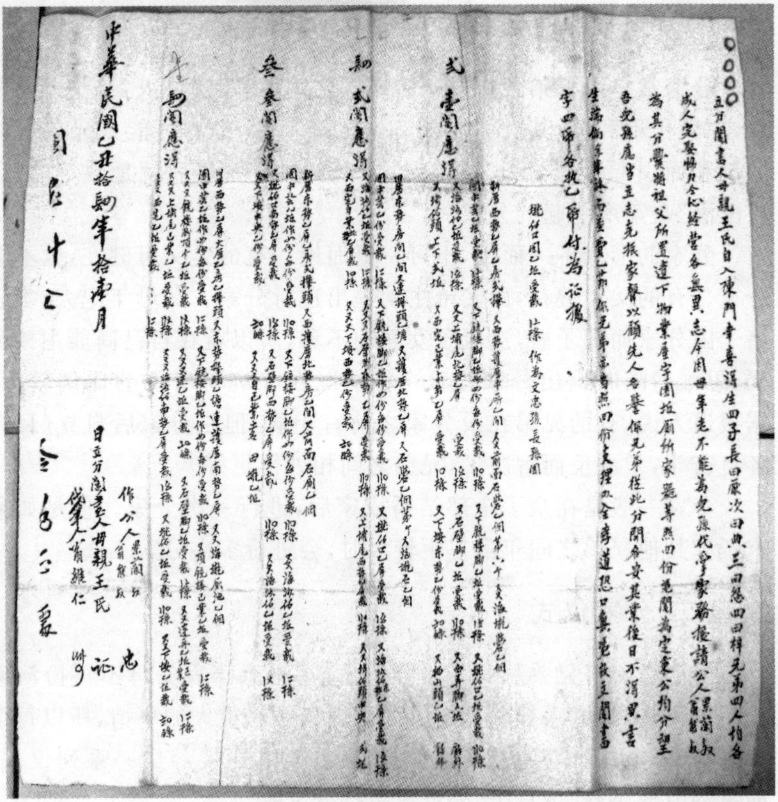

图 7-3　阄书

先报告兄弟都已成家立业,为免子孙以后在财产上的争议和矛盾,现在想要分家,各自奋斗。说明要分家的意思后,将所有家产(包括房屋、土地、农地等不动产)做相互比较和公平地搭配,在大家协调和沟通下,达成共识,再依兄弟人数平均分配为数份。然后由代笔根据分配好的家产书写阄书(见图 7-3)。为保证完全的公正、公平,兄弟之间通过抓阄的方式决定何人获得何份财产。通常是先将划分好的若干份财产编成对应的号码(如 1、2、3 等)写在纸上,然后由众兄弟各自抽取一张纸条,所抽取的纸条对应的财产内容即为所分得的财产,

第七章
陈坑的人口与家庭

在阄书上注明各人抓中的阄号。确认完整无误的阄书由众兄弟每人各持一份,以防日后发生矛盾时口说无凭。报道人称,分家就是兄弟分开自炊自食,所以分家结束后就要分灶、分碗筷,象征以后兄弟各拥有新的、独立的小家庭。

(三)财产的分配

分家在很大程度上其实就是财产的分配,不管是父母提议引起的分家,还是兄弟姐妯矛盾而导致的分家,其目标主要都是家中的财产。如果家中并无恒产,就只是自然地分开住,自谋生路,父母轮吃。

有财产的家庭,分配财产成为分家时的要务;可以一具体案例略窥陈坑人的分家析产情况。某报道人共有兄弟三人,其一已迁居台湾。在其母亲的主持下,留居陈坑的兄弟二人聚在一起略为讨论沟通,其弟先选一栋房屋,报道人即接受余留的另一栋。其家中所有的第三栋房屋是祖厝,并未分配予任何人,如果旅居台湾的弟弟回陈坑,即可在祖厝中暂住。其次是土地田产的分配;家中所有土地先由长孙选择一块长孙田,再将其他的土地计算总面积,经过商量协调后分为三分。

报道人表示关于财产的分配其实是看兄弟的度量,多一点少一点不锱铢必较,即能顺利完成分产。有些兄弟会为分财产引起争夺、吵架,如此即须劳动村中的长老出面主持公道,如果长老也无法获得信服,只好再搬请母舅或甚至去金湖镇调解委员会求助;若还是无法解决,最终只能诉诸法律途径,上法庭打官司。

(四)抛弃书

一般嫁出去的女儿不会计较娘家的财产,在兄弟分家时会写抛弃书,放弃继承父母财产的权利。如有兄弟不要财产,也要写抛弃书,表明自愿放弃财产的继承权。在国外和海外的兄弟要办理抛弃,可以通过大使馆、华侨组织、驻外使馆等机构办理抛弃证明。抛弃书上的印章要和印鉴证明上的一样,这是为了证明印章确实是本人所有,避免造假行为。印鉴证明要到户政所登记取得。

(五)现在的分家

现在的分家仪式很简化,一般不会写阄书,主要是在自己家中开会商量,进行沟通协调。以前是兄弟共用一栋房屋,要分得清楚,写阄书作为凭证,以免以后的矛盾和纠纷。现在一般是一人一栋房屋。自家人在父母或者其中一方的见证下,协调沟通,达成口头协议即可。

四、老人赡养

要了解一个地区的家庭情况,老人赡养自然不容忽视。在中国大陆,对老人的照顾一般都是由家庭自行解决,并不是政府的责任。但是金门地区由于其特殊的福利政策,与中国大陆有所不同,有其特殊性。老人除了享受子女的照顾外,政府也提供诸多福利。

(一)子女的赡养照顾

金门优厚的社会福利很大程度上减轻了子女赡养老年父母的负担。而在中国大陆的农村,养老主要是家庭养老,靠自己的子女来赡养照顾,加之现在越来越多的独生子女的出现,老龄化社会的到来,子女的负担越来越重。一旦有的子女不赡养老人,老人的晚年生活让人忧心。

金门老人的基本生活费用一般是不成问题的,能够得到保障,加之还有福利补助,很多老年人除生活费外,每月还有结余。在陈坑村可以看到65岁以上的老人生活过得比较悠闲,随处可见老人在村里的长青协会、凉亭、小巷子聊天、打四色牌、看电视等。

(二)政府的福利补助

金门地区的老人因不同的身份,可以获得不同的老人福利津贴,老人依其不同的身份主要有三种可能的补助。

第一是国民年金,每月共有 6000 元(新台币,下同),其中"中央政府"支付 3000 元,金门县政府支付 3000 元。国民年金是每个年满 65 岁的公民都可享受的福利,是金门 65 岁以上老人领取的最低福利补贴。

第二是农民和渔民津贴,农民和渔民每月能够领到 9000 元的政府福利津贴。其中"中央政府"支付 6000 元(老农津贴),金门县政府支付 3000 元。享受这类福利必须是先前已购买当地的农民或渔民健康保险;其次要年满 65 岁。

第三是荣民,荣民即退伍军人,每月可领取 16550 元,其中"中央政府"提供 13550 元,金门县政府负担 3000 元;有身心障碍者,还可领身心障碍补助金,金额依不同的身心障碍程度而有不同,但是每一荣民每月所领的津贴以最低基本工资 17880 元为限。享受荣民福利津贴的条件首先必须是终身服役,退伍后持有荣民证者;其次曾服过兵役并参加过"八二三炮战"者,亦可获得荣民证。但是家庭经济条件不错的荣民,也不能领取此一津贴,仅能在某些服务上获得优待,例如可以免费取得身心障碍辅具、送餐和特殊医疗照顾等等。已在老人机构、荣民之家等接受照顾者,也不能领到荣民福利津贴,而是直接将此一款项交与荣民就养机构。

老人福利主要是"中央政府"和金门县政府给予的福利津贴,这些津贴给很多老人提供了生活费用,使老人的日常生活有了基本保障,同时一定程度上也减轻了子女的负担。除了政府的福利津贴外,曾参加渔保的老人还可享受渔会提供的福利。另外所有金门人坐公交车都是免费的,老人生病住院也不需要医药费,只要自己支付膳食费。最重要的是还有金门酒厂的三节(春节、端午节、中秋节)配酒,村人可以从转卖中获利。

(三)社会福利馆

金门县社会福利馆已经开馆十余年,但是由于地理位置比较偏僻,利用率一直不高。社会福利馆设有老人日间照顾中心,老人可以向政府申请,批准后每月交1000元就可享受服务。每天上午8:00派人将老人接到馆中,下午5:30再将老人送回家。全天都会有两位专人负责照顾老人。社会福利馆环境清幽洁净,设施齐全,老人可得到细心周到的照顾。在日间照顾中心,老人可以看电视、聊天、看书、休息、健身等等。工作人员表示,到社福馆的老人每月所交费用是他们的午餐钱,馆内的经费主要是依赖政府补助。

社会福利馆还设有金门县身心障碍者辅具资源服务中心,器材齐全,各种残障辅助器具都有配备。金门县民众凭身心障碍证明可以借用辅具。借用时只需交押金,即可免费带回家使用。

通过对陈坑村老人奉养方式进行调查统计(见表7-8),可看出老人的奉养方式以完全的社会奉养为主,共37人,占了30.3%,其次是由一子奉养和由诸子奉养。完全的社会奉养是指老人不需要子女的帮助,完全依赖政府的福利为主要经济来源。由一子奉养是指老人主要靠一子提供经济帮助和生活照顾。由诸子奉养是指老人由两子或多子提供经济帮助。由所有子女奉养是指老人的生活费用由所有子女承担。

表7-8　陈坑村老人的奉养方式

奉养方式	人数	百分比
由一子奉养	34	27.9
由诸子奉养	33	27.0
由所有子女奉养	13	10.7
完全的社会奉养	37	30.3
其他	5	4.1
合计	122	100.0

说明:个别无工作、依靠社会或子女奉养的60—65岁老人也统计在内。

笔者还对陈坑村老人居住方式进行调查，统计结果见表7-9。从表中可看出，陈坑村老人的居住方式以与一子共居和单独居住为主，这两种居住方式占85.2%。轮住、与诸子共同居住等方式所占比例很低。与一子共居是指老人固定的和某一子居住在一起。单独居住是指老人不与子女同住。与诸子共同居住是指老人与至少两子在一起共同居住的方式。父母分别与不同的儿子居住是指有的兄弟间协商，或者老人自己提出要和自己的配偶分别与不同的儿子居住的方式。轮住是指父母或者其中一方在诸子间轮流居住，只是在某一段时间固定住在一子家中的居住方式。

表7-9 陈坑村老人的居住方式

居住方式	人数	百分比
单独居住	42	34.4
与一子共居	62	50.8
与诸子共同居住	6	4.9
轮住	1	.8
父母分别与不同的儿子居住	5	4.1
其他	6	4.9
合计	122	100.0

结　语

本章以陈坑村的人口与家庭为题，从人口数、性别、教育、职业、家庭结构以及分家原因、分家仪式和父母赡养、子女扶幼等诸多方面对其进行描述和分析，从中了解陈坑村的人口结构和家庭结构，总结出了陈坑村人口特征和男性与女性在教育、职业上的差异，知道陈坑村目前的家庭类型是以核心家庭和不完整主干家庭为主。同时也了解了陈坑村分家和赡养与抚幼的特点。最后,希望本章对读者了解陈坑村的人口和家庭结构略有帮助。

参考文献

庄英章
  1994 家族与婚姻——台湾北部两个闽客村落之研究,北京:"中央研究院"民族学研究所。

林筱文
  1997 福建家庭规模和结构类型转变对社会的影响,发展研究 6:30~31。

孙丽燕
  2004 20世纪末中国家庭结构及其社会功能的变迁,西北人口 5:13~16。

附录　陈坑村基本家庭调查表

编号_____　　　　　　　　　　　　　报道人：_____

调查日期：2011年____月____日；调查地点：成功____号房____；桃（支系）____；甲____　　　　调查人：_____

称谓							
姓名							
性别							
出生日期							
教育							
出生地							
户籍所在地							
职业及工作地点							
婚姻状况							
初婚年龄							
婚姻类型							

农 地 面 积（使用情况）						
是否参加过牵罟						
是否做过生意						
老人奉养方式						
老人居住方式						

1. 出生地：若出生地为金门，需询问至聚落名，即村庄名；

2. 婚姻状况及类型：婚姻类型包括嫁娶婚、招赘婚、童养媳等；婚姻状况分已婚、未婚、离婚、再婚、分居、丧偶和其他，属于"其他"需注明（如未婚生育）；

3. 农地使用情况包括：①自耕②出租③出借④抛荒（可多选）；

4. 是否参加过牵罟：此问题只针对50岁以上男性；若参加过，请记录该男性参加牵罟的时间段（如从民国几年至几年）；

5. 若做过生意，则需填写：生意类型包括①小吃店②杂货店③冰果室④撞球室⑤修改军衣⑥书店⑦照相馆⑧理发店⑨其他_____（可多选）；生意地点分为①成功②其他_____；

6. 老人奉养方式：①由一子奉养②由诸子奉养③由所有子女奉养④完全的社会奉养⑤其他_____；

7. 老人居住方式：①单独居住②与一子居住③与诸子共同居住④轮住⑤父母分别与不同的儿子居住⑥其他_____

第八章

陈坑的战地军民关系

◎ 吴亚芳

前 言

1949年10月古宁头战役后,金门成为海峡两岸对峙局面下的前线战地。1956年,台湾当局为统一前线军政指挥权,将金门、马祖两地列为战地政务区域。直到1992年11月7日,金马地区才解除长达37年之久的战地管制。由此,金门形成独特的战地文化,造就了浓厚的战地风情。

金门人的社会关系是一片绵密的网络,藉由血缘、姻亲、乡亲、同事、朋友而建立起来(徐雨村 1996:129);军事管制的特殊背景又赋予了金门人特殊的军民关系。军民在彼此频繁的互动下,逐渐消除对异地过客的排外心理,朝夕相处之下彼此不断增强认同。本章资料主要是在2011年暑假期间为期八周的金门田野工作中搜集而得,对金门县陈坑村60周岁以上的十多位耆老以及一位年近90岁的退役老兵进行深入访谈,围绕1949年军队入驻之后军民杂居相处的各种不适应,列举大量事例,试图对军管时期陈坑村的军民关系进行描述,呈现出不同阶段各个层面的军民互动情况。

本章共分为五个部分。第一部分叙述军队对诸如房屋、土地、食粮等村民财产的侵害。第二部分关注军民参与民防训练时的互动情况。第三部分讨论严格的管制对村民生计、生活的影响,既有限制农业、渔业和日常生活的负面影响,亦有长期相处之下的和谐景象。第四部分呈现军民的情感纠葛,从中可以了解性别比例失衡对传统婚姻观的冲击。第五部分主要介绍三位司令官的作为,其亲民政策直接推动着军民关系往好的方向发展,在一定程度上缓和了军民关系。

一、财产侵害

1949年从大陆撤退到金门的国民党军队,夹杂着少数的军眷百姓,幅员狭小、物资缺乏的金门,一夕之间涌进数十万人马。在金门兵荒马乱、攻守难测之际,战地指挥官一心一意注视敌情、整备战力,无暇分心,关照民间疾苦,造福地方。受自然环境影响,金门资源本就有限。外来人口瞬间以相较于当地人口数倍的比例进驻岛上,用水、燃料、粮食、居住空间立刻面临困难,军人分居民房,杂居相处长达十年之久,与此同时大肆构筑防御工事,一开始即出现地方资源更形短缺的问题,以及各种军民争夺资源事件,在战时紧张混乱的局面下,军民相处因之摩擦不断。

(一)强占房屋

入驻初期军队面临的首要问题是遮风避雨的居处,囿于当时极其艰苦的条件,仅能借用民宅,占据民家厅堂、空房屋舍或祖厝庙宇为军队临时营房。昔时金门人口不多,大部分家庭的住宅亦有限。经历数年日据统治,很多陈坑村民前往南洋谋求发展,因此闲置空屋不少。古宁头战役结束后,一部分士兵居住于有限的空屋,大部分则住于百姓家中,军民杂居相处。初到的军队频频移防,有时在一户人家停留三五天就要换防一次,如此频繁流动,军人进出百姓家中逐渐习以为常。陈坑村每家每户都曾有部队占住,如步兵班、炮兵班、补给室。百姓一般住两侧卧房,军人将从各处搜集的门板和石块在大厅打地铺。白天阿兵哥①在外出操、做工,晚上返回休息,用餐时间则去伙房打饭回住处,或聚集于空地用餐。对于军人住在家中一事,问及报道人的感受,普遍认为军民混居,又无门户区分内外,自然会带来一些不便。还好多数军人并无过分逾矩的行为,村人也只能无奈地接受。

1950年左右美援物资到来,钢筋水泥的齐备,军队开始在田野间、高地上动工,修建碉堡、营区、炮阵地。1958年"八二三炮战"前后,军队陆续从民宅中搬出。百姓家虽然不再受干扰,但有不少人反而因为耕地被占用更加埋怨,引发土地问题。

(二)军占民地

随着美援到来,防御所需,军队将陈坑农地部分征用。陈坑海滩旁的农田,曾被军队用铁丝网包围,并在其上埋设地雷,目前此地尚存一处较大的军事碉堡。访谈中几位报道人均述及自家土地被军队占用之事,其中更有人言及被占用近10亩之多。此外军队还征用大量土地修建公路;陈坑村的公路在1949年之前大多只是村道小径,遇雨泥泞,晴天则尘土飞扬,20世纪60年代为军事需要才开辟平坦宽阔的柏油路和混凝土道路。公路的路线由部队负责规划,基于前瞻的考量或实际的需要,规划路线通常是走直线,虽然兴修的公路便利村民对外的交通,但小小的金门,山多田小,可耕地原本有限,土地被用为道路,耕地更受排挤。陈坑村历来将农业作为主要生计方式,村人依靠农业维生,寸土必争,农地被占用后,百姓生活更感困顿(黄振良 2003:53—54)。

---

① 当地习称军人为"阿兵哥"。

闽南陈坑人的社会与文化

军队早已注意此事,所以从1954年开始办理土地登记,要求百姓提出土地权状的证明,即被占前土地的原有地契或者其他证明所有权的文件,作为补偿的依据。当时各种地籍资料还未建立,初期被占用的土地由军队卫哨看守,不许民众接近。某些世代祖传的田地由于被做成炮阵地或划为雷区,以致过后在土地登记时无法实测登记。有些村人早年远走海外,祖宗世代所留土地当时无法办理继承,后来军队废弃不用时,常年在外且联系不易,其原有土地所有权难以确认,原本的祖传地产变为公有地。诸多因素作用之下,长期被军队占用的土地,原主无法取回,造成许多民怨。军管时期,军队凌驾于百姓之上,百姓心中纵有再大的委屈或不满,无人敢公开反对,只有忍气吞声,私下则抱怨不已。

严格的军事管制亦令陈坑的八郎公祖坟被划为管制区范围,村人祭祖遂因此中断四十余年。八郎公墓位于太武山坑南的石莲山蚯蚓田,当时有两条路通往。军队进驻后,成为军事重地的太武山地区严禁村民进入,两条路亦在管制范围内,此后四十多年间都被禁止通行,扫墓因此遭到限制。戒严放松之后,陈氏子孙特向军队申请上山探访祖墓,才获准通行。苦寻三年,最终由陈金盛先生寻获杂草丛生的八郎公墓,自此才恢复墓祭。还有一些报道人的祖先坟墓,解严后已无法确定具体位置。年幼时与父辈同行的记忆已然模糊,而清楚位置的父辈大都年迈或过世,因此再也无人知晓墓地的确址。到现在为止还有一些管制区禁止进入,造成村人祖坟难寻的问题。

1992年战地政务解除之后,为了补救金门县民的损失,台湾当局通过"金门马祖祖东沙南沙地区安全及辅导条例",其中第十四条规定,提供金马民众一个补办土地登记的机会,其间确是解决不少土地所有权问题,但难免有不足之处,仍有许多遗留的土地问题延宕至今无法处理。

(三)其他资源

军队占用民宅、征用土地的同时,面对资源短缺的严峻形势,军民亦不得不"共享"其他的资源。一方面表现为手无寸铁的村民面对军队的拆屋取石；另一方面又表现为双方互相争夺食粮、水草资源。

1. 抢夺食粮

1949年初期进驻岛上的部队,生活条件甚至比当时的金门民众还要恶劣。由于军需运补不及,军纪亦有些失控；遍山见鸡抓鸡,见牛牵牛,让百姓产生不好的观感。军人刚登岸,饥饿难耐抑或军纪不佳,便在百姓家中翻箱倒柜搜刮食物,甚至窃取榨油或贩卖的花生,引起村民的厌恶。加之语言不通,难免造成误会,军民纠纷不断。

昔时金门大部分人都以地瓜为主食,初期军队的生活比百姓更苦,百姓吃地瓜,他们则以地瓜叶及野菜充饥。百姓种在屋旁空地上的冬瓜、南瓜采下后,军人则吃南瓜叶,当然免不了会有少数军与民争食的纠纷产生。直到1950年后,美援的到来才改善军人的伙食,争食情况方得以减少。

当然民众对军队亦不乏正面印象,他们觉得并非所有军人都是强抢民物的坏人,在共同面对激烈炮战的大环境中,反而能够彼此扶持,培养出患难之情。由于物资条件奇缺,军民时常互通有无,早先是百姓看到军人缺乏食物而给予支助,后来却是军人反过来照顾百姓的生活。尤其是对孩童不吝分享食物,"吃兵仔饭"对于那段时期的金门孩童来说,是很平常、几乎人人都有的经验。

2. 拆屋取石

军队驻守金门后,一切设施均付之阙如,"征用"许多民宅作为营房的同时,开始大肆构筑防御工事。上级只规定军队要在限期内完成必要的工事,并没有发放必要的建材,军队只有自行设法解决问题。由于金门本身缺乏石料,往往"就地取材",村中一切可以动用的石块,如山上的墓碑、海上的蚵石等,全被征集用做工事建材。同时还要求每户至少缴交五张门板。初期的防御工事一般都非常简陋,有的只是在土坑上架起木头或在土坑上铺上门板,再覆盖上石头和沙包就算完成。

就地取材最简便的方法就是拆屋。金门房屋的梁柱都是来自大

闽南陈坑人的社会与文化

陆的上好杉木,在缺乏钢筋、水泥等建筑材料时,这些杉木无疑是最好的建材。当时所拆的大部分是无人居住的空屋(董群廉、颜忠诚 2003:63—66)。这些空屋无论新旧全部拆除,就连村中的寺庙、辟邪物也难逃厄运。陈坑村曾有一座供奉土地公的水尾宫,位于村落东北角沟渠下游,1949年左右军队为取水尾宫后方石块构筑工事,不慎将其炸毁,如今已无迹可寻。此外村中原有三尊风狮爷,现今仅存其一屹立于陈景兰洋楼大门的左前方。其余两尊约于20世纪50年代初遗失,立于正义国小前三岔路口附近的风狮爷,因驻军拓宽道路改善营区交通而被掩埋,另一尊位于陈坑村北部山坡之上,军队修建汽车保养厂开建地基时,将其埋入地下。后来村民几经寻找,由于年代久远且掩埋的具体位置不详,最终遍寻不获。还有一块四面观音石像,以前放置于村落东面的道路口,以庇佑来来往往的村民,军队修筑修车厂地基时将其挪移而失踪,直到1980年前后陈坑村进行乡村整建时,才将其挖出。一些被误拆的"空屋",是因当时有些村民为避战祸逃离家园,留下暂时无人居住的房舍,等到战乱平息、返回家园时,房子已被视为"空屋"拆除。遇此情形,百姓也只有摇头叹息,自认倒霉。

当然在军情紧急的情况下,军事是第一考量。昔时军队的衣食补给都已成问题,更遑论其他,所以建筑防御工事自然只有就地取材。何况一些士兵是被抓壮丁入伍,心理原本就不平衡,更不会去体恤百姓的疾苦。对于军队初来时遭到"征用"的民宅和拆损的材料,当时由"福建省政府"发出"战事损失证明书",清楚标明"俟本府收复大陆后,酌予赔偿"。直到20世纪70年代,金门县政府才开始进行补偿。每幢房屋赔偿新台币七八万元,远远不及重建一座房屋的价格。不过民众普遍抱持"有赔总比不赔好"的心理,零星补偿权当是一种心理慰藉。

3. 军民争草、争水

20世纪50—60年代物资奇缺,不仅缺乏五谷米粮,炊煮的柴薪也极为匮乏。加之金门当地的自然条件十分恶劣,树木很少,因此一般百姓都以铲除杂草晒干作为燃料,或拣拾枯树叶,甚至挖掘杂草的根部,造成土壤的严重流失。即使是杂草、枯树枝,取得也十分不易。时常是"有灶上,没灶下",即锅里可能有食物待煮,灶内却无柴火可烧。军队大量拥入金门,初期并没有配给煤炭,更无煤油,煮饭的燃料全依赖芦苇和杂草,军民争草的情形非常严重。台湾运补煤炭以后,军队的燃料才得以解决。部队煮饭弃置的煤渣,百姓时常捡取用来烧水煮饭,也节省了部分燃料。

金门因属沙质地,储水不易,常年雨水不调,水资源也是相当紧张。陈坑村仅有四五口水井供村民饮用,一夕之间涌入大批部队,军民争水时有发生。1956年左右尤其严重,井水枯竭,导致打水煮饭、饮用都成问题,军民之间互相争抢稀缺井水的现象更是层出不穷。直到1960年左右建立自来水的供应设施,军民争水现象才逐渐平息。

二、民防组训

1949年之后,金门除有大量军队驻扎外,民防力量也正式纳入编组。以军事体制配合行政设置,使民防与军防密切配合、相辅相成;民防队维持地方治安的同时,并支援作战。在长达四十多年的民防、自卫组织下,金门民众过着"不必当兵、却是当了半辈子兵","执行半辈子军中任务、却没有享受过军人优惠"的日子。

按照规定,民防总队为战时动员支援军勤单位,以乡镇编成大队,村里设中队。凡年龄十八至四十五岁之男子均编成任务队;十八至三十五岁未婚女子编成妇女队。村民人人纳入编组,依年龄、性别、专长,区分为机动、守备、勤务、幼师、疏散五种任务队[①],按人数编成若干分队,由村里干事兼任区队长、退役士官或优秀队员任分队

---

① 四十多年来金门民防队的任务分工,名称屡易,编组不一,"八二三炮战"之前为民防队,炮战后1973年易名为自卫队。

长。每年在农渔淡季时,举行年度训练或演习,项目包括基本教练、战斗教练、防护训练、射击、消防、通讯、心战喊话、伤员救护等。在任务分工上,则有救护、运输、消防、抢修、防空及技工支援等平时勤务,与村落防护、自卫战斗、反空降作战、反暴动、收埋阵亡者、军勤支援及战俘看管等战斗任务(金湖镇公所 2008:78)。民防队早期偏重于军勤任务的训练,平时协助军队构筑工事、开山筑路,战时开展伤患救援任务。陈坑村民除日常生活中会与军队产生交集,在参与民防自卫训练时也不可避免地受到军队的管制,与军人不断互动。

(一)制服问题

政府规定民防队必须穿着统一制服,最早的制服为黑色,"白麻珠布"制成,后改为"人字布"制成的草绿服。在军服改为迷彩服之后,民防制服也改为迷彩装,沿用至战地政务解除。昔时制服只有一套,村民普遍经济状况不佳,制服是破了缝,缝了再补。唯恐制服破损,所以一般只有出操训练时才穿,尤其遇到上级前来检查。若平时穿着制服,被宪兵逮到会盘查身份,隶属哪一部队,而民防队员往往自称为"八〇五部队"。此一戏称源于公家派发的制服要收取费用,最初一套服装是八十元,后来价格上涨为八十元五角,八十元是工本费,五角是运费,在当时可是一笔不小的数目。在民防队员看来,军队是在执行"公务",所以免费发放制服,还领取薪资;民防队平时担任军勤任务,还有强行规定的做工、训练任务,战时站岗放哨、支援军务,如此妨碍农民的耕作,已让队员心生埋怨,却要自掏腰包向政府购买制服,徒然增加民防队员的负担,这一不公平的待遇,更使村民不满。

(二)"八二三炮战"前之训练

陈坑村民防队分为步枪队、护路队、运输队、守备队、担架队、俘虏队,其中每个分队3个班。年龄约是十八到二十五岁的男性编入步枪分队,五十岁以上或十六岁左右刚加入的新人则编入护路队,其

第八章
陈坑的战地军民关系

他依人数各自分配到其余分队。训练地点为附近的琼林村。遇紧急情况发生，政府会事先下达命令通知村公所，另行通知变更训练时间、地点。最初每年训练一次，一般是集中训练一个月左右，另外还要不定期配合部队演习。具体时间视农事闲忙而定，一般是在正月份，或春耕、收割高粱之后。

军训从上午8时开始到12时结束，基本训练项目是射击练习、枪支分解、单兵基本教练等基本动作。也会进行实战演练，即打野战，假设敌人来袭，如何掩护、逃命。训练教官由受过正规军事教育的士官担任，也有年轻军官及连长级别的长官。除了户外训练，同时也会在室内上课，进行思想教育、战情分析或教授一些实用技巧，譬如教百姓如何选取最适合架桥的材料；如何以目测桥梁长宽高，以此判断卡车能否顺利通过；如何估量炮弹的路径，推算炮弹落地的时间。训练之外的时间要去做工，修路、挖壕沟、挖电线沟等。午饭由自家事先准备，护路队负责挑送到训练地点。时任船舶分队队长的一位报道人描述当时做工的情形，"九三炮战"停歇之后，军队动员民力开挖电线沟，分配各村负责一段。某次带领船舶分队30余人沿陈坑到料罗挖掘电线沟，这一路段土质坚硬且工具简陋，仅凭十字镐、畚箕，施工不易。军队规定有限时间内必须完工，否则不准吃饭亦不得回家。工具自备，午餐自理，还要日夜赶工，如此费时又费力。经年累月的集合、训练、演习，姑且不论耽搁从事生产的时间、打扰日常作习，替别人做事还要自行解决伙食，村人至今谈起仍是难抑不平之气。

有陈坑村报道人述说参加训练时，如果迟到，遇到脾气不好的教官，常不分青红皂白地挥上拳头，还会被罚站、关禁闭。某次一位刚从新加坡回来的队员，因为国语不通，误解长官的口令，左右转时转错方向，竟遭到一顿打骂。当然大部分长官都是年轻人，跟村民长期相处已经彼此熟络，只要他们认真训练、积极配合，教官一般不会太过为难民防队员。

(三) 炮战期间之滩头抢运

20世纪50—60年代初期,金门民防在"战地政务"体制下,配合军事建设,支援军事作战。1958年"八二三炮战"期间,军勤与战斗并重,除了军勤任务仍持续进行,战斗训练也逐渐加重,更将民防组织投入滩头抢运任务。"八二三炮战"爆发之后,金门民生物资的补给受到牵制。当时台湾对金门的运补船由美军第七舰队护送至海峡中线,运补舰驶到外海,再从运补舰卸下登陆艇,登陆艇一靠岸,民防队就开始抢滩。对于当时的情形,几位报道人记忆仍颇深刻。满载各种民生物资的登陆艇从台湾过来,陈坑村的船舶分队被安排去新头渔港、料罗湾码头负责滩头抢运工作。趁着涨潮的有限时间,冒着枪林弹雨,民防队员组成运输队,协助军队卸货、运输,如搬运米粮、面粉、洋灰、木炭、罐头等,任务相当繁重。此外还有使用飞机空投的运补方式,每遇飞机飞抵金门上空准备着陆时,对岸火炮立即密集射击,空运日益艰难改由空投运补;民防队则要在炮火下捡拾空投包裹,然后协助军队搬上军用大卡车运走(杨绿茵 1994:224)。战时民防队和部队执行任务都是一样的要求,不能推托延误,否则军法处置。村民对此愤愤不平,认为这本来是军队分内之事,结果要求老百姓去执行,这种牺牲百姓的做法是不对的。

(四) "八二三炮战"后之训练

"八二三炮战"之后,两岸开始"单打双不打",民防队的训练方式不复昔时的严格与繁重,变更为全年96小时的年度训练,分上下年度各集训一周。1979年后,两岸长期对峙的紧张态势逐渐缓解,炮战全面停止。训练时间缩短为每年一周,训练亦发生质的转变,军事色彩逐渐淡化,作战演练被赋予一种表演性质。1973年改"民防队"为"民众自卫总队",为展示金门前线民众的精良训练,首度派出自卫队员四百一十人,赴台湾参加"九三军人节"庆祝大会。其中包括民防女队员三百名进行操枪表演,台湾各界稍微见识了金门子弟常年参与军事训练的成果。自该年起至1986年止,凡"双十"阅兵必有"金马民众自卫队"参与盛会,让国内外人士留下深刻的印象,被选中赴台阅兵者必须接受长时间的训练,其他人的训练则较为宽松。陈坑村也曾派出表现优异的队员参加,一位女性报道人回忆当时,至今仍觉无比自豪。陈坑村人一如既往服从指示接受训练,但普遍认为两岸关系较为缓和时,训练逐渐流于形式,长达三十多年的年训不仅没有任何报酬也耽误工作,令人不胜其扰。随着1992年战地政务解除,也结束长达四十多年的金门民防编组,陈坑村人开始恢复正常的生活。

三、对生计、生活的影响

历经"九三炮战"、"八二三炮战"等大大小小的炮战洗礼,整个金门陷入军事戒严的紧张状态,实行了严密的军事管制,从而影响了陈坑人的生计与生活。当然军民之间的互动关系也不全然是隔阂疏离,军队也会参与到百姓的日常生活之中,拉近与民众之间的距离。

(一)农业

陈坑村历来将农业视为基本生计之一,村人世代从事农耕、养殖等生计活动,各项管制不可避免地对农业产生一定的影响,村人对诸如禁止养殖山羊、构置反空降桩普遍存有抵触情绪;而助民收割、换米于民则对增进军民情感大有裨益。

养羊在当时被三令五申严格禁止。山羊是一种最不挑食食物的动物,杂草、树叶、树皮、草根一概可食。家有农田的村人往往会养羊作为佐餐之用。在胡琏鼓励军民大量植树期间,为防羊群啃食树苗,破坏造林成果,有一段时间下令岛上军民一律禁止养羊,违者没收其羊且罚款。这一临时措施曾一度招致农民不满,心血白费暂且不说,亦使村人减少摄取蛋白质的一个来源。

1950年之前金门原有少数人家饲养鸽子,以备冬令进补时宰杀。军队认为鸽子可为传递信息的工具,唯恐有心人士利用飞鸽和敌方联络,于是下达养鸽的禁令,这项禁令一直持续到20世纪80年代末期。在陈坑村的调查发现,早期几乎很少有人养鸽,所以此项禁令对其影响不大。

自20世纪60年代开始,县政府推行农地改革,除了土地重分配还有农地重划。分散各处的农田重整规划成平整的面貌,农户集中其所有耕地,便于平时耕作。增加的平旷土地,反倒在防卫上有了伞兵空降之虞。自1983年起宋心濂担任战地司令官,在全岛大肆埋设"反空降桩",构筑"反空降堡",即使一小块平坦的农地,也不能幸免,一时之间平坦之处遍布水泥桩。这两种新式的防御工事,成为另一项具有金门战地特色的标志。反空降桩是以钢筋为骨,以水泥浆灌铸成高约五米、宽和长各约15厘米的方柱,深入地下近一米。现在陈坑村的农地中仍然能看到遗留下来为数不多的水泥桩,这些反空降桩无疑造成无数农民的困扰,尤其是对于用牛耕地的农民而言,着实造成许多不便。据传为使敌方伞兵降落被刺而受伤,设置反空降桩时其顶部加上高约十厘米的三角铁叉,村人普遍称其为"三脚钉"。这些施工不良的三脚钉常掉落田中,如同早期所布地雷,未曾伤害一个敌人,反而在农民赤脚耕地时,常为这些尖锐锋利的三脚钉所伤,更有因之罹患破伤风而住院者(黄振良 2003:137—139)。几位报道人提及此事均愤愤不平,司令官未曾知会百姓便"大兴土木",伤及无辜百姓,更有中饱设桩款项之传闻。

金门盛产地瓜,早期金门人常以地瓜为主食。1950—1960年间,胡琏为了改善县民的单一饮食,大力提倡种植高粱,并推行地瓜换米、高粱换米的措施,满足金门人吃米的需求,自给自足的同时亦为酒厂提供制酒的原料。但是1960年左右军队往往拿储备三年以上的"战备米"①与百姓交换,这些糙米常年囤积风味及口感都欠佳,

---

① 鉴于1958年"八二三炮战"期间屯粮不足,实施米粮管制,由物资供应处依照每户人数统一分配战备米,实则是强迫推销。

且易滋生黄曲霉素,长期食用有损身体健康,陈坑村有不少人罹患胃癌不治身亡,村人怀疑与经年使用陈米有关。

虽然军民之间时有摩擦,然村人对于军队助民收割一事记忆尤为深刻。每年农作物收成之时,如人手不够,村人可提前知会村长,村长与军队沟通之后,安排驻军帮忙收割高粱、玉米、花生等。此点也可说是在军管年代,虽有所失却也有所得之处。

(二)渔业

自从军队驻防后,金门全部海岸线都变成管制区,许多地段围起铁丝网、设置轨条砦,部分区域还埋设地雷,渔民的作业环境发生极大的改变。在不损害地区安全的前提下,为保障金门渔民下海捕鱼、养蚵的生计活动。县政府是制订了金门渔民及蚵民管理办法,凡从事捕鱼维生的渔民、蚵民,须持县政府核发的渔民证、蚵民证,在规定时间内下海捕鱼、取蚵,即早上4时才允许出海,晚上6时前务必返回。渔民获准下海的资格有诸多限制,如为营建一个干净整洁的村落,陈坑村民在平时被要求负责居家周围区域的整洁卫生,再由副村长严格检查,检查不过关者即不得下海。有训练或有其他任务时亦不能下海,遇紧急情况如"祥和演习"(上级巡视防务)、海上防护射击、雷霆演习(全岛搜索逃兵)、威远演习(三天两夜的全岛军民联合大演习)等军事操演也不准出海。出海之前进行点名,须有专人提前一天晚上从海防处(后改从渔管员处)领取旗号,作为海上作业时与岸上防卫士兵的联络暗号。同时设专门陪同渔民下海的渔民指导员,各村落附近通往海边的路上均设管制哨,渔民须通过卫哨检查才可出海作业。如有违规事实,依照规定给予应有的处罚。军队也常以军事上的理由封锁海岸,有可能今天去布网,明天海岸却被封锁,无法取回渔获。作为心战的一种策略,后期渔船出海之时,渔民还被要求派发慰问品给相遇的大陆渔船。凡此种种干扰,接受访谈的几位陈坑渔民均深有体会。

渔会成立之前,陈坑渔民出海所获鱼货要由指导员(后改为副村长)以平价征购一定比例,以分配给驻军食用,其余再由渔民自行处理,或自卖,或自食,所有损失渔民只能自行承担。有时捕鱼上岸,还要被哨管趁机"打劫",迫于威严以及获得下次出海许可,渔民不得不忍气吞声。1953年8月渔会创立之后,鱼货统一供应给渔会,经由渔会在市场拍卖,军队的采购员再前来购买,如此渔民的损失大为减少,从而维系了渔民的基本生活。

1970年间,军队烧毁陈坑海滩牵罟的渔具,引发一起纠纷。金门县渔会于1970年间在陈坑渔港建有网寮及收鱼站、晒鱼场等设施,供渔民使用。陈坑渔港渔民出入频繁,该设施于是交由渔民保管使用,直至新湖渔港竣工启用,陈坑人才将渔船移泊于新湖渔港。由于网寮使用机率减少,军队在未知会村民的情况下将其划入管制阵地内,渔民出入均受限制。1992年6月16日,时任正义里里长的陈国强先生前往检视渔具,竟发现网寮内的渔具全部消失。随即向金湖警察局报案,要求驻军说明情况。当时驻军之金西师陈坑营陈坑连连长,辩称其连长室为网寮,他接任时室内已空无一物,陈坑渔民心有不甘,多处寻觅,最终在陈坑象德宫左侧的尚卿楼内,发现网具烧毁遗留的陶坠,随即拍照作为证据。1992年6月25日由陈国强先生召开各渔民船主协调会,各渔民损失数量经查总计损失二百多万元。7月4日由村办公处呈报金湖镇公所转呈相关单位办理。11月23日金防部政战部副主任、金西师主任等请金门区渔会理事长陈水义、总干事许乃荣集中在区渔会交谊厅与受害渔民代表协调,军队因经费问题仅愿意提供8万元,并在往后协助地方基层建设作为补偿,但不为渔民所接受,协调破裂。渔民各项提议均无回应,11月7日战地政务解除,军队更是不予理会,网寮至今仍强占使用中,陈坑渔民也一直未得到应有的补偿。

(三)日常生活

军管时期,种种管制亦给村人的生活带来极大不便,除了承受无情炮火的创伤,炮战之后为加强内部控制,防止敌人渗透,军队在全

第八章
陈坑的战地军民关系

岛范围内实施的诸如宵禁、灯火管制、户口检查等措施也妨碍了其正常生活。在严格管制的大环境下,民间祭典及各种娱乐活动并未受到干扰,时有军民一家、共享娱乐的景象。

为恐夜间灯光外泄,成为吸引炮火攻击的目标,规定军民所有房舍中的每一盏灯四周都须以外黑内红的灯罩圈住。这项规定由宪警单位会同村公所,挨家挨户进行检查,未按规定设置或虽设而不合格者,先给予纠正,如果未按规定改善,则予强制断电处罚。适逢宵禁,到处漆黑一片,行动多有不便,一位报道人反映眼睛不适应长时间的黑暗,导致视力受损。

炮战后未久即开始实行严格的户口检查,经常在夜间不定时的突击检查。检查前先通知邻长前往村公所集合,由邻长及该邻的两名民防队员陪同,配合宪兵挨家挨户严核对住居在每户中的人口是否与登记相符。当时有五户联保的规定,对于流动人口管制非常严格,短暂居留的亲友都必须按规定登记,不符规定者一经查获即被拘捕关押;而且五户形成一个整体相互保证,五户之中任一户若允许不明底细的陌生人留宿,其他四户若未立即检举,一经查出五户都要负同样的责任,连带受罚。因此若想去别村走亲访友,要经过严格繁琐的审批手续,首先要上报村公所,注明将往何处、何人同行、何时到达、欲停留时间等等;获准成行后,到达目的地还须到当地的村公所报到。现在落户陈坑、原籍湖北的一位老兵,1963年退伍时,若无数位村民联合担保,即无法在陈坑定居生活。

民间拜拜在这一时期并未受到明显影响,但须提前报备。祭祖仪式亦未受限,反而被认为与复兴中国传统文化有关,并从政策上进行宣导与提倡,尊祖敬宗应发扬光大。1965年陈坑北方宗祠奠安,以及1975年南方宗祠奠安时,军队均对宗祠举行的仪式给予支持,到场的一位中将还赠送一方匾额以示祝贺。奠安时曾邀请古宁头戏班子来村表演,虽然实行宵禁,但是因为民间祭典,军队稍微放宽时限。

军队还在民间开展"敬军模范"评选活动,由各乡镇分别推举模

闽南陈坑人的社会与文化

范妇女一名,再经妇女会报请政府表扬。评选条件有17岁至35岁的年龄限制,标准包括爱国敬军有具体事实者,公教人员工作成绩特优者,相夫教子善持家务者,或协助建设地方成绩优异者。如借屋军眷不收租金,拨借空地让驻军训练,或送子从军,协助政府推行政令,改善社会风气等模范事迹。[①]一位报道人因善良宽厚、勤俭持家、济人危难的美德,且参加缝纫劳军工作。20世纪60年代步兵班、补给室士官长住在她家时,家人与驻军彼此相处融洽,逢年过节一起度过,拜拜时一道品尝丰盛供品。家中经营洗衣店多年,兼洗衣、改衣、补衣等细活,为当地驻军提供很多方便,故被评为"敬军模范"。这从一个侧面反映了军民一家的和谐景象。

1960年前后,陈坑村娱乐匮乏,鲜有收音机、电视,最大的娱乐即是经常举办的各界劳军表演活动。康乐活动有助于军人身心的放松,亦是百姓茶余饭后的娱乐项目之一,尤以新春和中秋节最多。表演时军民都可前往观赏。一般不需门票,为避免产生纠纷,表演场地会划分军人、民众的区域。在康乐队成立之前,动态的娱乐活动由劳军团提供,除影视歌星外,多半由官方动员学生、民防队成员组成口琴队、舞蹈队等,进行唱歌、跳舞表演,军车载送至四处慰问军团。后来防卫部组织以军人为主的康乐队,不久改称为艺工队,在各驻军村落表演,如男扮女装唱歌、相声表演。台上节目精彩连连,台下军人和孩童嬉戏玩闹,真正是军民同乐。擎天戏院白天也会开放,百姓可免费前去观看。

此外乡镇之间时有文康节目比赛,军队亦参与表演助兴。逢年过节还有各种民俗表演,大街小巷到处充满欢乐的景象。由于军人来自不同省份,各具地方特色的节目亦五花八门,如广东部队的舞龙舞狮、山西部队的踩高跷等。报道人回忆昔时的热闹气氛,舞龙、舞狮表演最令人印象深刻;来自广东部队的舞狮非常出名,从堆叠的八

---

① 《金沙镇各村里选出模范妇女》,载于《正气中华报》1965年3月4日第4版。

仙桌底跳跃至最高处,为陈坑村民带来刺激有趣的感官体验。对比近年冷清的节日气氛,追昔抚今更显这份美好记忆的弥足珍贵。

四、军民的情感纠葛

20世纪50年代初期,一向民风淳朴的金门,由于大量军队的进驻,造成地方性别严重失衡,军民间平添一些男女间的情感纠纷。直到"八二三炮战"前后,部队已大部分迁出村民家中,移至村郊野外的营区。尽管军纪森严,军民纠纷的问题逐渐减少,但感情问题却有增无减。原因固然很多,但有几项因素值得格外注意:一是岛上男多女少,十几万年轻力壮的军人生理需求无法满足;二是军旅生活太过单调,许多人因为缺乏家庭的温馨,致使个性变得有些暴戾;三是许多人从小离家在外漂泊,长期跟着部队东奔西跑,心理发展上有所偏颇,不知与人相处之道,尤其不懂得如何与异性相处,当时许多情感纠葛造成的不幸,其主要原因大都在此(黄振良 2003:51—53)。

(一)军管时期村人的婚姻观

陈坑妇女的思想、行为明显受到村中舆论的影响,她们的观念仍然维持在"男大当婚,女大当嫁"、"男主外、女主内"的传统思维中,遵守妇女贞洁、贤淑、庄重的美德,以免他人非议。在她们看来,结婚的意义无非就是繁衍后代,完成人生必然责任。在笔者所访谈的陈坑老一辈妇女中,有人认为结婚就是要寻找经济支柱,找一张稳固的长期饭票,不用为下辈子的生计烦恼。她们之中大部分人的理由是,未受过教育或教育程度不高,没有谋生能力,只好寻求嫁人这一出路,保障往后生活能有着落。

军队驻岛初期,不仅分居民家,还与村人分食有限的粮食,这些"分享"使村人产生不满情绪,无形中强化村中妇女对军人的印象。因此将金门岛上的男性人口分为两类,一是金门务实的本地百姓,一是身着军服、强迫百姓分享的外地人,军民之间有明显界限,令妇女

闽南陈坑人的社会与文化

对军人保持戒慎恐惧的心态。为组织民众力量共同防卫地方，政府一再建构军民一家的意象，虽然历经炮战建立患难情谊，民众也能逐渐体会军队辛劳与付出，但其特异的口音与身份始终无法融入当地。岛上所有人口被纳入防御组织内，由军官带领操练，军队对民众的"领导权"和"控制权"更是强化军民之别（周妙真 2008：76），所以军队驻金的初期，军人并不被金门妇女列为可婚嫁的对象。

旧式婚姻皆是由父母之命，媒妁之言，男女私下的互动被社会所禁止，因此无论男女，个人对婚姻配偶没有选择权。生长于军管时期的陈坑妇女，思想相对保守，很少有机会能够认识异性，更不用说进一步与其交往，发展姻缘。她们遵守男女有别的社会规范。由于父母心存忧虑，担心女儿嫁不出去，家人会沦为村人谈论的话柄，于是往往擅自为女儿做主，安排婚嫁对象。战地管制亦令金门岛内流动人口有限，加之资讯并不发达，父母或亲朋能打听到未婚、可接受的男性，自然以金门人为主。因此大部分村中妇女都是听从父母的意愿，嫁给金门的男子。

据这些军管前期结婚的女性所言，她们的父母大都不同意将女儿嫁给驻扎在当地的军人。家中住有部队时，往往对女儿严加看管，不许抛头露面，并再三告诫不准和军人说话，以免节外生枝。陈坑老一辈人都有一种根深蒂固的观念，即"好铁不打钉，好男不当兵"；他们认为，自愿入伍当兵者一定具有某些问题，好男儿不会选择当兵这条路。即使抛开这个偏见，更主要的原因还在于军队的调动频繁，军人有朝一日总会调离金门；家中长辈唯恐女儿随之远去，颠沛流离，无法预测将来的生活状况，如果不幸被骗或被卖掉，后果不堪设想，故严禁女性与军人来往。由于当时金台两方交通与通讯不便，为免女儿远嫁无法照顾，令一般家庭对军人提出了留住金门的要求，即要娶本地妇女，须留守金门十年才可以离开，[①]这对于离家数载的军人

---

① 访谈中报道人透露，留住金门十年纯粹是父母不愿女儿外嫁的一种说辞，并没有硬性规定。

而言,无疑是极为苛刻的条件。因此一些爱慕者望而却步,打消了在当地娶妻的念头。

传统社会向来教导女性应有男女的分际,男女间的私下往来有限,也不被鼓励。但军管时期军队强硬要求金门妇女加入军事训练与勤务,将妇女从传统的家庭私领域带到军事的公共领域中。同时在家庭经济的现实需求下,许多金门妇女亦不得不由家务中走出,投入以军人为服务对象的消费市场,与军人产生频繁的接触;在商业经济开展的同时,金门妇女有较多与来自外地的军人接触的机会(周妙真 2008:77)。相较于大多数从事传统产业,收入不高的当地百姓,军人每月可定期领取薪俸,虽然金额不多,却是稳定的收入。当时在金门民间常传诵"阿兵哥钱多多,买鱼买肉 jiaqito[①]"。嫁给军人不仅保证衣食无忧,还有其他政策上的照顾,例如军人子女上学免交学费、军眷家户水电费半价、军人眷属每个月还定时发放米、油等眷粮。因此军人逐渐被金门女子视为婚嫁的对象。

为争取笼络当地人,有些军人可利用职务之便,将军中的剩余物资相赠,其中以伙夫最具优势,因为每日必定有大量剩余食物可分赠村人。因此当时金门流传一种说法:"宁嫁火头军,不愿嫁连长";这是源于早期金门人对军中阶级制度缺乏认识产生的一个笑话。有一金门女子与一官拜连长的军官交往,其父见连长并不如伙夫班长掌握许多与日常生活息息相关的资源,因此询问该连长何时可升任伙夫班长,殊不知连长的位阶远高于伙夫,虽然不能得到实际的食物,但是却有更多的福利待遇。

1949—1980 年,陈坑村中的陈景兰洋楼被军队征收,作为陆军联勤第五十三医院(又称五三野战医院)。军医院中医护人员自然经常与村人接触交往,20 世纪 60 年代以后派遣来金门的军人中,有许多是受过高等教育的年轻男子,在男情女愿的情形下,陈坑村约有数

[①] 意为阿兵哥买鱼买肉吃着玩,用来形容阿兵哥相较于普通百姓生活的富足。

十名女子先后嫁给供职医院的看护、医官、医院理发师及医院的军官。一位报道人称,其姐妹就嫁给医院的医官,父母本来持反对意见,后来见这位医官人品不错,又有一定的经济基础,最终在默许之下促成其婚事。五三野战医院在1980年花岗石医院落成后功成身退,该报道人姐妹亦随夫迁往台湾。

(二)性别比例失衡下的冲击

两性失衡的问题同时威胁着妇女安全,军人伤害当地女性事件时有所闻。军队初到金门,军民同住一个屋檐下,难免衍生出男女情感。即使没有感情纠葛,共住一屋,同样令女性安全备受威胁。军队对军人成婚之事有许多限制,生活苦闷加上纯男性的环境中,战地生活没有其他慰藉,军民频繁互动的结果,致使军民感情纠纷层出不穷,更甚者有军人强暴或枪杀女性民众等事件产生。有些甚至在经过数十年之后,村人依然不愿提及,成为不可触碰的伤痛。

陈坑村曾发生一起悲剧:一位驻军追求当地一位少女时,无奈遭到女方家人的反对,一时冲动之下持枪杀害了女子的母亲,酿成惨剧。这一事件发生后,人心惶惶,听者无不叹息痛心。了解到伤害事件的冲击性之后,军队立即介入调停,掩盖事实以免危及社会安定,因此特殊时代下的悲剧——被政府权力所遮蔽隐瞒,对于受害者和其家庭而言,实为不公。然而缺乏权力的当地居民根本无法表达不满与抗争。

五、司令官的作为

金门自1949年12月开始设置金门防卫司令部,由司令官统率三军指挥作战。1956年金门开始实施战地政务,司令官兼战地政务委员会主任委员,以一元领导战地党政军民,平时从事地方建设,战时发挥统合战力,以遂行联合作战。司令官的政策及作为直接影响军民关系的发展,在四十多年的戒严管制期间,金门历经十八任司令官,其中不乏留给民众深刻的印象者。

(一)胡琏

胡琏于1949—1953、1957—1958年间两度出任金门防卫部司令官,任职期间整顿军纪,推行一系列亲民政策,至今仍令金门百姓感念不已。凡是军民发生纠纷,他会约束军队,也能够考虑到百姓的困难,真心为百姓着想,解决百姓急需的问题,所以受到百姓的尊重。民众念其功绩,莫不以"现代恩主公"称之。老百姓对军队的不良印象在他任期内才逐渐改变,"军民一家"也成为历任军政首长的执行政策。据报道人讲述以及胡琏本人著作的《金门忆旧》,胡琏为人称道的政绩主要体现如下:

1. 地瓜换米、高粱换米

早期金门人很少能吃得起白米,除极少数村庄产米外,绝大部分地区都只能生产地瓜、大麦和小麦等杂粮。金门百姓的主食就是地瓜和麦类等杂粮煮成的麦糊,地瓜常晒成地瓜簸以利储藏,但储藏太久生蛀虫,很多家庭就以虫蛀食的地瓜簸做燃料烧火煮饭。胡琏认为军民是一体的,军队应与百姓吃同样的食物。于是规定金门的军队每一星期至少一天轮吃甘薯。百姓可以拿地瓜与军人换米,军队用换来的地瓜煮饭,或用地瓜簸做菜,军队与百姓互通有无。鼓励百姓种植高粱作为粮食,不过百姓普遍吃不习惯,胡琏最后决定将高粱酿成高粱酒,以一斤高粱换一斤糙米,如此一来不但解决粮食的问题,高粱秆又可作为燃料,也解决了百姓部分燃料的问题。陈坑村人亦从中受惠颇多,九十一岁的老兵回忆称,百姓生活穷苦之时,正是胡琏司令官下令要求军队用白米换取百姓的地瓜。一些村民以怨报德,偷偷掺杂坏掉的地瓜,结果反让他们挨饿。村人甚少食用高粱,但高粱换米依然满足温饱需求,改善了生活,村人也乐见其成。

2. 植树造林

早期金门植被覆盖率极低,民众都砍杂草晒干充炊煮的燃料,甚至草根也被刨除,地表光秃秃一片,以致长年风沙弥漫,尘土飞扬。

农作物也因风沙之害，不易生长存活，产量很低，整个自然环境极差。局势稍微稳定之后，胡琏即全力推动造林，每年以竞赛方式动员军队大规模种树。春雨时分，亦动员民防队员参与造林，每人少者五六十株，多者百余株。军队以各部队的管辖区域为主要造林区域，各乡、镇、村、里则由民防自卫队员负责周边荒地的造林工作。同时规定每一村计划种植树木的数量，上级会定期检查验收成果。无论军或民，都被要求保证树木的最大存活率，存活率不及格者要受处分。初期的造林成效并不理想，他费尽许多心思，一再的实验改良种植的方法，才获得初步的成果。经过多年的辛勤劳作，金门岛已种植各种树木近一亿株。陈坑村的四周不再是荒野一片，荒山造林不但有利于垦殖良田菜圃，也克服了狂风沙尘和缺水的现象，起到防风定沙、水土保持作用，村人也因此不必再忍受寒冬强劲的冷风。

3. 鼓励养猪

为了改善民众生计，解决军队肉食的供给问题，特别推广百姓养猪。那时百姓贫困，无钱买猪仔，为奖励百姓养猪，还提供无息贷款，待猪只养大变卖再归还本金；如猪仔中途不幸夭折，只要砍下猪脚缴回，亦可免还借款。五三野战医院服务地区军民时期，伤兵饭量较少，剩饭剩菜往往倒进水沟，造成大量的浪费。陈坑百姓便同军队协商，利用厨余馊水喂猪，然后军队就近购买猪肉，军民之间物物交换，不仅改善生活，也促进了彼此之间的交情。

4. 免费搭乘军车

早年金门的交通并不方便，岛上车辆几乎只有各种大小军车。基于战地"军民一家"的情谊，民众走在路上，如要搭军车几乎是招手即停，顺道载送一程，非常方便。以前金门人抬轿迎娶新娘，后来改用骡马，但在战时骡马死伤无数。胡琏任金门防卫司令部司令官期间，便下令但凡有人结婚，只需到村公所登记申请。由村公所上报区公所，区公所再逐级申报后，由"金防部"派车供其迎娶新娘。当时民间结婚都是慎选良时吉日，遇到吉日，可能会有很多对新人结婚。如果军用小吉普车不足以应付所需，连胡琏将军也将其坐车派出，供民众迎娶之用。迎娶时乐队的坐车,也由军队提供中型吉普车支援。那时整个金门只有胡琏一部轿车,能够坐到该部黑色轿车的新人便觉无上的光荣。访谈过程中几位报道人在结婚时都曾坐过胡司令官的轿车,让人深刻感受到,战地生活虽有许多管制与不便,但也仍有其充满人情味之处。

(二)尹俊

1965—1969年尹俊任司令官期间也有很多惠民措施,尤对民生建设更为重视,四年间大兴水利、建太湖及兰林水库、重划农地、扩充电力供应。陈坑人津津乐道的是尹俊替村人解决了吃水问题。据说尹俊司令官到民间视察时,路遇陈坑村人挑水桶去海滩旁田地里的水井取水,肩挑一大桶水回来时,爬坡很费力,目睹陈坑村民用水如此不方便,于是在1965年起着手建立自来水厂,以解决灌溉及军民用水问题。在家户未接管之前,先于陈坑设一处固定供水站,后来再安装遍达各街区巷道的地下塑胶质输水管,将自来水连通至各家各户。

村中一位报道人曾参加公职人员的民防训练,切身感受尹俊司令官对百姓的体恤之情。开训当天寒风刺骨,司令官发表讲话时询问大家是否觉得寒冷,民众热情高涨高呼"不冷",然而冻得哆嗦的身体却透露了事实的真相。司令官当即命人去专管库存的经理处调来两百件夹克,衣服不够再从其他师部调运,派发给参加训练的队员御寒。

(三)叶竞荣

叶竞荣为第十八任司令官。报道人称,老百姓有比较合理的要求,司令官会予以考虑,尽快处理。陈坑村十字路口处有很多大的空降堡,影响交通,村人建议若其用处不大,可改小或拆除,叶竞荣司令官立即命人解决此一问题。太武山是金门的核心地区,军事管制更为森严,只有星期六、星期日才对外开放。金门有"不上太武山,不算到金门"的说法,很多慕名前来的台湾游客由于行程仓促无法在限定时间内上山,心中留下遗憾。太武山上的一名老法师便向司令官反映情况,自此太武山不再有时限,获准每天开放。

结 语

　　金门长期军管下孕育的战地文化古今中外少有,随着时间的流逝、老辈的相继离世,相关记忆也必然随之模糊,终将淡出世人的记忆。关于军管时期的金门研究颇多,然具体涉及军民关系的并不多见,特别是大金门环境下的某一村落的军民关系。因此本章的探讨显得尤为必要,希望能尽绵薄之力为陈坑村人保存这段特殊的历史。

　　通过此次暑期田野调查的观察与访谈所得,笔者对陈坑军管时期的军民互动相关资料加以整理成文,力求还原历史、真实记录当年军民之间的互动点滴。囿于调查时间的短暂与个人的经验不足,资料略显单薄,目前无法于文中较深入的分析这些论述及其隐含的意义,仅能匆促地呈现陈坑村军管时期的部分形貌。金门地区长期实施军管,居民生活时刻笼罩于战地阴影之中。随着物资的日益充足、两岸局势的稳定以及驻军与百姓的渐渐熟络,军队逐渐放下其高姿态,慢慢向民间靠拢,军民由最初的争夺资源转而"共享",浓厚的战地氛围中也不乏军民和谐相处的场面。直至战地政务终止,各种管制解除,军队逐渐还权于民,对战事损失的赔偿为民众提供了心理安慰,军民关系呈现良性发展的态势。在停留陈坑期间,依然不时可见"阿兵哥"活动于村落的身影,或肩扛扫帚清扫街道,或骑车前来为退役老兵送餐。战火纷飞的年代虽已远去,军民往来也不复昔日频繁,共同经历那段艰苦岁月的记忆使得军民之间依然延续着长久的互动。

　　在调查期间,陈坑乡亲以极大的热情配合我们开展调查,提供了丰富殷实的资料,才使本章得以顺利完工,在此要向所有陈坑乡亲表示由衷的感谢!

参考文献

徐雨村
    1996   国家力量、人口流动与乡民经济变迁,台北:台湾大学人类学研究所硕士论文。

黄振良
    2003   金门战地史迹,金门:金门县政府。

颜忠诚、董群廉
    2003   金门戒严时期的民防组训与动员访谈录二,台北:台北县国史馆。

金湖镇镇公所
    2008   金湖镇志,金门:金湖镇镇公所。

杨绿茵
    1994   社区组织与动员之探讨——以官澳村为例,载余光弘、魏捷兹编《金门暑期人类学田野工作教室论文集》,台北:"中央研究院"民族学研究所,第213~232页。

周妙真
    2008   官方影像中的金门战地妇女形象,金门:金门技术学院闽南文化研究所硕士论文。

闽南陈坑人的社会与文化

第九章

陈坑的宗族[①]

◎ 商艾思

前　言

明代中叶以后,为了适应由社会经济变迁而形成的特殊社会环境,福建民间宗族制度得到全面的发展和完善,逐渐产生组织化和制度化的宗族。在此影响下,金门宗族社会与宗法体制也大抵形成。金门150平方千米的土地上有151座宗祠,每年清明墓祭与冬至祭祖均为岛上盛事,可谓宗族社会之典范("国家公园"学会2009:1)。

按人口计算,陈姓为现代中国第五大姓,金门县第一大姓。陈坑(今名成功)即是一个以陈姓为主,少数其他姓氏杂居的村落。目前

---

① 本章得以完成要归功陈坑的诸位报道人,尤其是陈金盛、陈国强的大力支持。在为期54天的调查中,他们忍受我的再三叨扰,不厌其烦地向我讲述宗族历史、祭祀礼仪、系谱关系等重要内容,在此谨致谢意。

206

第九章 陈坑的宗族

村庄共有居民150余户,其中,陈姓130户,占据绝对主体地位,其宗族特征也较为明显。本章系根据2011年6月20日至8月12日在金门陈坑村的田野调查,对陈坑的陈氏宗族进行民族志描述。文中资料主要来自于访谈记录和族谱资料,部分取自其他学者的研究成果。除前言与结语外,本章共分四节,分别从宗族的形成与发展、宗族的标志、宗族的祭祀活动以及宗族关系来记述陈坑陈氏宗族。

一、宗族的形成与发展

一般认为,陈姓出自妫姓,为舜帝之后,《通志·氏族略》:"陈氏,初封虞城,后封于陈,今陈州治,宛丘县是也。本太昊伏羲氏之墟,周武王克商,力求舜后,以备三恪,得胡公满,封之陈以奉舜祀,子孙以国为氏"(张学衔2000:45)。陈坑陈氏宗族为开漳圣王陈元光之后裔,属颍川陈氏一脉。

(一)宗族的来源

入闽陈姓分为三派,即以陈政、陈元光父子为始祖的"将军派";以陈忠、陈邕父子为始祖的"太傅派";以陈霸先、陈谈先兄弟为始祖的"南朝派"。迁居金门的陈姓以"将军派"和"太傅派"后裔为主。陈坑陈氏源自晋江围头,属将军派,即"开漳圣王"陈元光之后裔。陈坑陈氏以"颍川郡"[①]为郡望,"颍川衍派"为堂号,"太子太傅"为灯号。战国时,陈轸任楚国相,封颍川侯,此后陈氏在中原发展为名门巨族,颍川也因此被视为陈姓的发源地之一。另有陈轸之十世孙陈寔,东汉时任太丘长,德高望重,名重天下,死后亦被追封为颍川侯,南朝派始祖陈霸先、将军派始祖陈元光以及太傅派始祖陈邕均为其后裔,故

---

① 颍川郡初置于秦王政十七年,以颍水得名,治所在阳翟(今河南禹县)。随朝代更迭所辖亦不断变动。及至唐代改颍川县为长社县,改颍川郡为许州,从此颍川不再作为地名存在。

陈姓又多尊奉陈寔为"颍川始祖"（许在全、林中和 2006:125）。至于属将军派的陈坑陈氏为何要以"太子太傅"为灯号，则可能与其曾被误归为太傅派有关。早年金门的陈氏被认为均属太傅派，位于后浦的金门陈氏总祠一度也只供奉太傅派始祖陈邕之神位。又因一姓氏各支常以该支中官职最高者之官名为灯号，而陈坑陈氏昔时鲜有获取科举功名或出任高官者，故以太傅派始祖陈邕之职为灯号也就不足为奇了。

陈坑陈氏的开基始祖为陈八郎。据《竹北东势金门陈坑八郎公宗派族谱》（陈进兴 1986:260）记载，宋时陈元光之二十一世孙陈六郎、陈八郎与陈九郎三兄弟自瓷头（今晋江围头）之陈卿村迁居金门，定居于太武山南一处靠海之坑地。三人因难忘故乡，特将此新居之地也以"陈卿"命名，又因闽南话"陈卿"与"陈坑"谐音，故此地亦被称为陈坑。随着子孙的不断繁衍，陈九郎之后裔迁居岛美（大嶝岛）。陈六郎之子孙居于坑北地势较低之处，称下坑（今夏兴）。而陈八郎之七世孙从龙则迁居坑南较高处，与下坑对应，称顶坑或上坑，即今之陈坑。如今陈坑陈氏子孙中辈分最长者为第二十五世，最幼者则已至第三十世，可谓枝繁叶茂。

图 9-1　民房上的"颍川衍派"

图 9-2　"太子太傅"灯号

（二）宗支裂变

陈八郎之七世孙从龙生有五子：长子与明，次子与才，三子与锡，四子与地，五子与秀，自此即分出五大房支（见附录1一至八世系谱图）。目前仍居于陈坑的只有长房、三房及四房的子孙。二房与才迁往南京，至明末（约第十二世之前）尚有往来，其子孙每年仍返回金门故乡祭祖，之后便失去音讯。五房至第十世顺宗迁居夏兴张厝，如今其子孙后裔每年冬至仍回陈坑祭祖。

现居陈坑的三个房支中，以长房人数最多，其次为四房，三房仅有五户人家。比房更小的分支单位称祧（支派）。长房分为十二祧，第十二世实仪开前山房支派，烈仪开后新厝支派，衷仪开新兴支派（原名五家），聚仪开城边房支派（见附录1图A）。随人丁增长，至第十六世，在城边房支派下又由关夫开耀宗支派，明夫开进兴支派，乾夫开北方厝、四柱、富强、发展支派，尊夫开蜘蛛支派，硕夫开昌盛支派（见附录1图A3）。三房有一祧，称上塘支派。四房有两祧，分别为东山支派和下塘支派。各祧的名称中，前山房、城边房、后新厝、上塘、下塘、东山均因居住地而得名；北方厝因有一面向北方的祖厝而得名；蜘蛛之名出自蜘蛛穴，该祧祖坟正位于此风水穴；四柱、五家（后改名新兴）之名则是由于此两祧主要是由四个人和五个人的后裔组成；至于新兴、耀宗、昌盛、进兴、富强、发展等支派则由宗亲会选取表达宗族人丁兴旺，前程似锦的词语作为祧名。

人口方面，现居于陈坑的只有十三祧，富强、发展支派已移居他乡；后新厝、昌盛、耀宗以及三房上塘支派由于外迁者多，留在本村的户数亦较少；四柱为目前最大的一祧。昔时同房与同祧的家户在居住空间上也比较集中。然而随着人口增加带来的不断分化，如今除四房的子孙仍居住得较为集中外，已很难通过村民的住屋分布来确定其关系。一般而言，年纪较大的村民对自己所属的房祧都有清楚的认识，而年轻一代则知之甚少。

(三)宗族的组织

宗族最重要的组织为宗亲会,全称为"财团法人金门县陈坑陈氏宗亲基金会"。凡陈坑陈氏男丁自二十岁起即自动具备会员资格。早期的宗亲会作为宗族的主要领导机构,对于宗族成员具有很大的权威与约束力。除处理宗族各项事务、调解成员纠纷等工作外,处罚亦是宗亲会的一项重要职能。对于触犯族规的宗族成员,宗亲会要开祖厝门,动用家法加以惩治,甚至将罪行严重者逐出宗族。如今宗亲会以促进宗亲团结、崇扬祖德、推展公益与慈善事业为宗旨,更类似于一个社区慈善组织。其主要工作为:办理奖助学金、办理救助贫病孤苦或遭受疾难等公益慈善事业、办理陈坑陈氏宗祠祭祖及一般庆典事项。办理各项事业的经费主要来自于基金孳息、事业盈余以及捐助收入。基金与收入均存放于金融机构,并须将每年的预算送至县政府报备。

宗亲会设理事长一人,理事九人,候补理事三人,监察人三人,常务监察人一人(由监察人中产生),总干事一人,工作人员若干。各项职务均为无给职,任期一般为四年,同一人可重复担任不同职务。各桃设有桃长及桃代表,与宗亲会领导共商宗族要事,并负责向本桃宗亲传达决议。宗亲会领导人均通过选举产生,选举强调热心公益与宗族事业,与候选人的年龄及在宗族中的辈分并无必然关系。桃长和桃代表由各桃自行选举产生,同样强调热心宗族公共事业,与年龄及辈分无必然关系。理事会一般每六个月左右召开一次,其中每年三月、十月为固定常会。若有重大事项须讨论,则召开临时会议。调查期间,因为临近南方宗祠奠安大典,宗亲会即在一月内多次召开会议讨论相关筹备事宜。

二、宗族的标志

组织化和制度化宗族,以祠堂、族产、族谱为三大标志(郭志超、

第九章
陈坑的宗族

林瑶棋 2008:3)。其中祠堂是宗族的观念、组织、制度的空间形态表现(上引书:59)。由祠堂激发的敬宗收族观念,则带动了清世系、明血缘的谱牒编修(上引书:13)。而族产作为维持宗族制度得以运行的经济支柱,与祠堂、族谱相互配合,将族人有效地联结在一起,形成宗族组织的基本构架(陈支平 2011:39)。

(一)宗祠

宗祠是宗族的中心,既是共设祖先神主牌位、举行祭祖活动的场所,又是家族宣传、执行族规家法,议事宴饮的地点(上引书:2011:26)。陈坑本有一座宗祠,惜毁于癸卯变乱①。现有的两座宗祠——南方宗祠与北方宗祠,均建于清代,同为大宗宗祠。南方宗祠是一座一进式建筑,始建于康熙二十八年(1689),位于陈坑 55 之 1 号,坐北朝南。陈氏族谱记载:

> 皇清康熙二十八年。岁次己巳年十二月二十日辰时。破土。立向坐艮向坤。丑未相兼三分。越庚午十月八日兴工。十一月廿一日告成。是日也。适逢冬至。于吾祖八郎公而入焉(陈金盛 2008:22)。

宗祠于门额处题为"陈氏宗祠"。由于南方宗祠自 2009 年重修,至调查期间尚未举行奠安仪式,宗祠内部空置。据金湖镇志(金湖镇镇公所 2008:767)记载,南方宗祠中间拜殿祖龛供奉八郎公及以下历代祖先牌位。遵循金门地区祖先牌位放置左昭右穆之规则,始祖八郎公之牌位置于正中,左边放置第三、五、七、九等奇数世代祖先之牌位,右边则放置二、四、六、八等偶数世代祖先之牌位。两侧殿左奉文昌帝君像,又奉福德正神像。后四点金柱联:"开堂局坐艮坤灵爽式凭千式祀;背太武朝东海山川聚秀万年昌"。前四点金柱联:"簪笏

---

① 康熙二年(1663 年)癸卯冬十月,清军出泉州攻金厦两岛,与郑经战于金门乌沙头。郑军溃败,退守铜山(今东山)。清兵入金门,拆城垣,焚房屋,连日不绝,造成大量居民外迁,史称"癸卯变乱"。金门各姓氏之族谱多有记载。

闽南陈坑人的社会与文化

历朝祖德流芳垂百代;诗书济世孙支继美耀千秋"。青柱联:"世泽长绵俎豆蒸尝隆旧典;家声丕振凤毛麟趾仰先行"。文昌帝君联:"道气远超天地外,文光回射斗牛边"。横楣:"永祀千秋"。福德正神联:"三春齐集粉榆社;万古当留俎豆新"。横楣:"福泽群生"。另挂有"源远流长"、"垂裕后昆"、"文魁"、"武魁"、"博士导师"、"昆仲博士"、"饮水思源"等七块匾额。

据可查记录,南方宗祠重修两次。初为1974年开始重修,1975年奠安。及至2009年再次重修,2011年12月2日(农历十一月初八日)举行奠安仪式。宗族每位男性成员交纳新台币[①]10000元作为翻修经费,剩余部分继续用于北方宗祠翻修。

昔时宗族私塾多设于祠堂,陈坑陈氏宗族虽未闻有兴办私塾之事,但其宗祠却仍与教育息息相关。1924年私立尚卿小学建校,即以南方宗祠为校舍。1949年学校又通过借用民房扩大规模,并改名县立陈坑国小,1959年更名为正义国校。为方便学校日常作息,宗亲会特将守望相助队

图9-3 新近修缮的南方宗祠

办公室借予校方用于教师办公。直至1962年本地陈氏宗亲向政府捐赠土地,正义国校才正式由南方宗祠迁至正义国小今址。至于为何选择南方宗祠而非北方宗祠作为校舍,主要是考虑到南方宗祠坐北朝南,在寒风凛冽的冬季较北方宗祠暖和,更符合校舍的条件。此外当时南方宗祠周围有较多的空置民房可以借用,有利于校舍规模的扩大。除作为校舍外,在军事管制时期,两座宗祠都曾作为民防自

[①] 截至2011年8月12日调查结束,新台币兑人民币汇率为1∶4.528。文中涉及的货币均指新台币。

第九章
陈坑的宗族

卫队及妇女队进行日常培训和接受思想政治教育的场所。学生也常在祠堂内排练劳军的节目。

北方宗祠始建于乾隆二十年(1755),乾隆二十六年(1761)落成。位于陈坑64之1号,坐南朝北,初为一进式建筑格局,后于1964年改建为二进式建筑。北方宗祠的修建主要与风水有关。当时有地理师来陈坑堪地,称村中有吉穴宝地,并言若在此建宗祠则退后可卜万人丁,近前子孙可中三进士。于是族人便积极筹备于此宝地兴建宗祠。然琼林蔡氏大族听闻后,却称该地为蔡家祖先之风水地,不容妄动。陈家遂剥清地表,却未见任何坟冢之痕迹,于是便先建起退后可卜万人丁之宗祠,子孙果然繁盛。后又将宗祠扩建向前,据说乾隆二十六年,果然有三子孙乡试中举(黄振良、王建成2006:41—43)。

然而当问及为何要修建两座大宗宗祠时,族人却有各不相同的解释。第一种解释认为因宗族人丁日益兴旺,而原有南方宗祠已无法容纳如此庞大的子孙群体祭祀使用,故再建北方宗祠。该解释得到族谱的支持。陈氏族谱记载:"我陈自明季后,播迁归乡者,寥寥无几"(陈金盛2008:22)。此处指顺治十八年(1661)清政府颁布的迁海令①所带来的影响。至康熙二十二年(1683)因朝廷认为措施已收成效,加之不愿继续影响沿海地区的民生,终于允许复界,之前散居各地的宗族成员才得以迁回。故康熙二十八年修建南方宗祠时,宗族人员尚少,无需太大面积。又南方宗祠建在一"杂土覆盖甚高,一时难清之处"(上引书),更进一步限制其规模。"嗣是八十余年,子孙日繁。每逢祭祀,备办祭棹,据以祠宇狭窄为嫌"(上引书)。此解释的问题在于若真是由于南方宗祠面积狭窄,难以满足祭祀之用而新

---

① 迁海令又名迁界令,是清政府为彻底消灭明朝遗臣在台湾建立的郑氏王朝而颁布的法令。为断绝大陆沿海居民对台湾的接济,清廷于顺治十八年(1661)颁布迁海令,强制要求江南(江苏)、浙江、福建、广东等地的沿海居民内迁30~50里。凡迁界之地,房屋、土地全部焚毁,重新划界围栏,且禁止任何商船民船入海。该法令延续23年,于康熙二十二年(1683)终止。

修北方宗祠,则原有的南方宗祠就应当废弃,而非与北方宗祠一并作为大宗宗祠加以使用。第二种解释则认为所以修建两座宗祠,是由于八郎公有原配和继配,原配之子孙建一座宗祠,继配之子孙又另建一宗祠。由族谱可知,陈八郎确有原配颜氏及继配肖氏,但考虑到两座宗祠建造时间相隔六十余年,且从族谱也难以看出子孙中究竟哪些出自颜氏,哪些又出自肖氏,此说法似又难以成立。另有族人认为,建造两座宗祠是由于陈坑分有上房和下房,北方宗祠是上房的祠堂,而南方宗祠则是下房的祠堂。如前所述,陈坑陈氏自第八世起分出五大房,族人所指的上房与下房又从何而言?笔者在调查两座祠堂在祭祀活动中的功能差异时发现,冬至祭祖时,一般先祭北方宗祠,后祭南方宗祠;且通常是长房与三房在北方宗祠吃头,四房与五房在南方宗祠吃头。宗族精英对此的解释是祭祖先北后南为祖先传下的习惯,并无特别用意。而吃头地点的差异则是由于自决定在宗祠吃头以来,因村内长房子孙最多,而北方宗祠面积较大,故宗亲会安排长房与三房在北方宗祠吃头,四房与五房在南方宗祠吃头,这一安排并非强制规定,仅求便利而已。宗族精英强调,两座祠堂均为大宗宗祠,对宗族同等重要,并无地位等级之差。笔者认为冬至祭祖乃宗族一年一度之盛事,或许正是由于祭祖时先后顺序之差异,以及吃头时地点之差异,使得两座祠堂在不同房支的族人心中产生了地位上的差异。无论是原配继配说,还是上下房说,不甚了解宗族历史源流的族人,根据参与祭祖活动的实际经验,将宗族分为两大部分,一部分与北方祠堂相连,另一部分则与南方祠堂相连。

同南方宗祠,北方宗祠亦在门额处挂匾"陈氏宗祠"。拜殿供奉陈八郎及以下陈氏历代祖先牌位,按左昭右穆放置。左侧殿供奉文昌帝君神位,右侧殿供奉福德正神及温府王爷神位。在宗祠中供奉村落守护神温府王爷的做法,在金门也属独一无二的例子(金湖镇镇公所 2008:764)。宗祠左对门联:"祖德流芳浯岛上;芝兰挺玉秀阶前"。横楣:"燕翼贻谋"。右对门联:"下榻延宾师握发;垂绅正笏作干城"。横楣:"光前裕后"。后四点金柱联:"长江作带前有朝后有盖;太武为屏左旋水右旋龙"。前四点金柱联:"祖德相传忠义孝;子孙世袭礼诗文"。青柱联:"燕翼贻谋称祖德;鸿基丕振耀宗功"。文昌帝君联:"克绍箕裘承父业;恢宏先绪振家声"。横楣:"祖德流千载"。福德正神联:"甲第辉煌光祖德;文星耀彩照明堂"。横楣:"宗功耀古今"。宗祠内挂有"敬典承庥","博士导师"两个匾额。

北方宗祠有一次重修记录,始于1963年。时值宗族资金匮乏之际,为重修祠堂,族人决议暂停冬至祭祖时做头与吃头活动,改为代金,由每位轮值者摊付三千元作为重修宗祠的费用,就此免除做头的义务。同时宗族中十六岁至五十岁男丁轮流为宗祠修缮义务做工,每人轮值七日。在族人同甘共苦,齐心协力之下,北方宗祠终于1965年奠安。此外待2011年12月南方宗祠完成奠安后,北方宗祠亦将于年末再次重修。

图9-4　北方宗祠

陈坑的两座祠堂均主祀始祖陈八郎及祖妣颜氏、肖氏,且仅一至八世祖才视为宗族共同的祖先,奉于祠堂中。八世后的族人则被视为各房支或各家的私祖,要通过纳金才能将其牌位奉于祠堂中,称为进主,每次重修宗祠即有进主机会。如1965年北方宗祠进主需三千元;如今向新近修缮完毕的南方宗祠进主则需三万元。进主所交之费用为奠安委员会

图9-5　北方宗祠正厅

的主要经费来源。新牌位入龛前,宗亲会负责将旧有个别牌位上的祖先姓名写至一个总牌位上(若夫妇有一方依然在世则必须保留该个别牌位),此总牌位与新进牌位一同举行点主仪式后共同入龛,旧牌位另行择日掩埋或焚化。重修前的南方宗祠中共有240个牌位,北方宗祠有260个。

祠堂既是宗族权威和血缘关系的象征,为维护祠堂的神圣和庄严,宗族对于祠堂有一系列的管理规则。陈坑陈氏宗亲会并未成立专门的宗祠管理委员会。采取的管理办法为以桃为单位,每月初一、十五日由宗族长老轮值向祠堂内的祖先及神明上香。日常管理则强调宗亲的共同维护,相互监督。平日宗祠正门不予开放,任何人都必须由偏门进入宗祠。宗祠正门仅在每年冬至祭祖及宗族成员结婚谒祖等重大日子才打开。

(二)族谱

如果说祠堂是以血缘关系将族人牢固地联结在家族组织上的活动中心,则族谱的修撰便为家族组织的活动建立完备的档案资料(陈支平2011:30)。透过族谱的查询,可追本溯源,联络宗谊,族谱的修订与保存历来是各宗族重视的大事。

陈坑陈氏祖先曾留下三大本手抄的族谱,但直至1986年,宗族才开始正式修谱。随着金门戒严的逐渐宽松,台湾新竹竹北东势的陈氏宗亲回金认亲,经多方努力,最终追本溯源至陈坑陈氏。经考证竹北东势的陈氏出自陈坑陈氏蜘蛛支派,迁居竹北的是陈八郎之二十一世孙世栋,现已于当地发展出一百多户族裔。在此机缘下,陈坑陈氏宗亲会遂与竹北东势陈氏宗亲会合作,于1986年重修族谱,新谱名为《竹北东势金门陈坑八郎公宗派族谱》。族谱主要由竹北东势宗亲负责修撰,陈坑宗亲会出资并派遣顾问加以协助。

修谱过程中耀宗、上塘、蜘蛛、下塘、东山、新兴、前山房等桃保有私谱,且均自八郎公开始记录,在新谱的修撰过程中发挥了很大的作用。而对于无私谱的桃,则采用参考祠堂及祖厝内祖先牌位的方法加以完善。该族谱编辑凡例有云:"本谱系根据金门县八郎公祖祠及新竹县竹北乡陈氏族谱手抄本"(陈进兴 1986:7)。遗憾的是四房自第十三世至第十六世间存在严重的资料缺失情况,族谱中对此无法记录,只能略去;且第十六世之所有子孙均无具体姓名记载,只有"为公"这一称呼,故此四代间具体如何传衍亦无从知晓。族谱修撰完毕后,由竹北东势宗亲出资赞助,赠予陈坑陈氏子孙每户一本新族谱,故今之陈坑家家户户均藏有族谱。总谱及原有手抄本族谱则由宗亲会推派专人保管,现任保管人为陈木漳老师。新修撰的族谱除源流、世系、人物、族规、排行、文献、族产契据、祠墓等传统构成要素外,尚于族谱中谱系说明处载有生卒年、血型、学经历、婚龄、专长、迁徙等族人的个人信息。此外女性信息记录也日渐详细,女与婿也渐渐开始被纳入族谱。新族谱的竹北东势部分即将女、婿之名均记入其中。而陈坑陈氏进兴支派于 2008 年所修的新谱中亦录有女及婿名。目前陈坑宗亲会正致力于让族内的年轻人学习了解与族谱相关的知识,希望更多的年轻成员及女性成员能够积极参与到族谱的编撰修订工作中。

虽然族谱的修撰工作已经完成,但是宗族成员不断增加,故续谱便成为宗族每年都要完成的一项重要工作。每年冬至举行祭祖仪式时,宗亲会均要安排专人于南方宗祠内阅谱,并办理入谱登记手续。陈氏家族订有四项入谱规定:一、结婚当日入祠谒祖,并须在当年冬至日交新婚酒[①]入谱;二、添丁时必于当年冬至日交丁酒入谱;三、结婚时依序轮值当年冬祭,每轮值者须备筵酒席三桌宴请族亲。四、族中守寡者不得与族人通婚,否则所传后代不得入谱(陈进兴 1986:187)。然而随着时代的变迁,原有的规定也出现新变化。如今宗族成员结婚或添丁已不再交酒,只象征性交纳 100 元即可。

---

① 年度新婚者须于冬至当日向掌管族谱的宗亲交酒方可入谱。下文交丁酒亦同,指年度添丁者交酒入谱。陈坑的习俗为冬至日中午十二点以后交酒,新婚者交酒三瓶,添丁者交酒两瓶。

闽南陈坑人的社会与文化

（三）族产

家族同财共居，共有财产是民间宗族组织运作的重要基础。然而除宗祠外，却无法找到陈坑陈氏宗族有关族产的早期记录。直至1953年以后，因政府实行土地开放登记政策，居民只要提供有效证明，便可获得土地所有权（金门县文化局 1991：710），宗亲会才将无人认领的土地以陈氏宗族的名义加以登记，作为族产。其范围包括三角公园（大墩顶榕树下）、南北宗祠及其前方空地、里公所、老人会、守望相助队、成功 64 号（金再兴商店），以及位于成功街道的成功 133 之 1 号至成功 133 之 5 号、成功 133 号至成功 137 号、成功 139 号至成功 143 号。（见附录二）获得族产后，宗亲会分别于 1973 年、1980 年及 1982 年以宗族成员为对象进行三次招标，有意租用族产的宗亲以大米竞标，

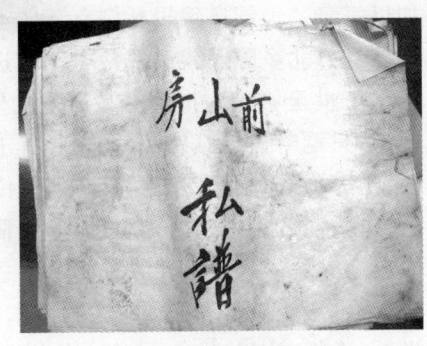

图 9-6 《前山房私谱》

图 9-7 《竹北东势金门陈坑八郎公宗派陈氏族谱》

并根据米价支付租金。计算方法为每年参照冬至前三天报纸上的大宗谷物交易价格，将三天中每斤米的价格相加再除以三计算平均单价，再乘以决标的斤数即为所要交纳的租金。租金于冬至当日由宗

亲会派人收取。此族产管理办法一直沿用至今,土地租金收入也成为宗亲会日常运作的主要经费来源。根据宗亲会2011年业务暨收入预算计划,预计2011年可收取土地租金124,218元,其中每公斤米预计9元,共计3450.5公斤。租金一般用于清明扫墓、冬至祭祖、救助慰问、发放奖学金、行政管理及杂支,以及董事、监察人会议等宗族公共事业,除零用金外,均存放于金融机构生息。

族内各桃也鲜有公产,调查中仅听闻北方厝支派曾有过公田,由桃内各家户轮值耕种,作物出售所得用于桃内祭祀活动。后来此公田被政府买下,成为道路建设用地。四柱支派亦曾有公地被政府征用,目前该桃宗亲正在积极办理相关手续,以重获土地所有权。

三、宗族的祭祖活动

祭祀祖先是尊祖敬宗的具体表现,也是促进宗族成员整合凝聚的重要手段。作为宗族最重要的仪式,祭祖实际进行的是以祖先为核心的宗族成员的信息交流(郭志超、林瑶棋2008:166)。陈支平将福建民间家族祭祖方式分为四类:一是家祭,二是墓祭,三是祠祭,四是杂祭(2011:123)。此种划分以祭祀方式为依据,体现了家族内部严密交错的祭祖网络。然而就陈坑陈氏宗族的祭祖实践而言,根据祭祀的场所将祭祖活动分为:家祭、祖厝祭祀、祠祭以及墓祭四类更为合适,杂祭通常是透过家祭与祖厝祭祀来实现的。

(一)家祭

家祭是以家庭为单位,在家户内进行的祭祖活动。金门的家户一般在房屋正厅中央设置长案桌,供奉神明与祖先,祖先神主在左,神明在右。祖龛内放置的祖先牌位,一般可分为两种,即总牌位与个人牌位。陈坑家庭中的个人牌位一般保留四代以内祖先,四代以上祖先则写至总牌位,合为历代祖先供奉。

家祭的次数很多,可简单分为定期祭祀与不定期祭祀两类。陈坑的定期祭祀时间为清明、中元、冬至、除夕四大节庆及二月十五、八月十五两日,称春秋二祭,其中以冬至祭祀最为重要。冬至当日,各家户一般在上午祭拜祖先,至少准备八碗饭菜,出嫁的孙女、女儿也要回家拜祖。在四代以内近祖忌日举行的祭祀活动也归为定期祭祀,称做忌。调查期间适逢陈火贵老先生的夫人许清之忌日,其十三个子女大多散居在台湾各地,但每年母亲忌日时,大家都尽可能返家祭拜。而有些家庭在近祖生日时也要祭拜。不定期祭祀指家中有嫁娶、添丁、得功名、久居在外之子孙返乡、建屋落成等喜庆之事举行的祭祀活动。家祭的供品一般由妇女准备,祭拜仪式也多由妇女完成。供品相对简单,一般为六至十碗饭菜,但必须是双数。先点三支香祝祷,然后斟酒,接着烧化金纸,仪式即结束。此外每日早晚家中的妇女还要为祖先上香。

(二)祖厝祭祀

祖厝又称公厅或祖厅,一般指由共同血缘的族人构成的祭祀单位,祭祀对象主要包括该支派下的开基祖、同一支派下血缘关系较近的家户之共祖。现居于陈坑的十三祧中,一般是户数较少的祧共同祭祀祧祖,如隶属上塘、耀宗支派的家户。然此两祧已没有祖厝,故祧祖之牌位无法放置其中,上塘之祧祖牌位置于陈坑 109 号陈文亮先生家,而耀宗支派的祧祖牌位则置于陈朝水先生家(其父陈友财生前为耀宗支派祧长)。至于人数较多的祧,如四柱、蜘蛛、前山房、新兴以及四房的东山、下塘等支派则不祭祧祖,而是由同一支派内血缘关系较近的几个家户,在共有祖厝中祭拜其共同的祖先,祭祀对象一般为四代以上之先人。比较特殊的是北方厝支派,虽然为一人数众多的大祧,但因共有祖厝(即祧名所指的面向北方的祖厝)得以保留,故祧内宗亲既要在共有祖厝内共祭祧祖,血缘关系较近的家户也要在各自的祖厝内祭祀共祖。过继给祧内远亲甚至过继到其他祧的子孙,对原生家庭的祖先与过继家庭的祖先均要祭拜。不过若将祖厝内祭祀祖先的香灰取一撮带回家,并在家内另立祖先牌位,则在房支祭时，可不必前往祖厝，在自家祭拜即可。许多迁出陈坑的宗亲便以此变通方式达到对祖先尽孝的目的，也将祖厝祭祀转变成家祭。陈坑村祖厝祭祀的时间与家祭大致相同，亦可分为定期祭祀与不定期祭祀，区别仅在于祖厝祭祀的一般是远祖，故不在生、忌日祭拜。房支祖先的供品亦由妇人准备，祭祀时妇女与男性家长均参与其中。

图 9-8　祖厝之一

村内而今仍留存数量众多的祖厝，这些房屋虽在正厅中央设有长案桌供奉祖先牌位，但从外观上看大多已破旧倾颓，年久失修，杂草丛生，疑似废宅。这些祖厝平日虽无人居住，但每逢祭祀时间必有人前来祭拜。考虑到金门人

图 9-9　祖厝内的牌位

对祖先之敬仰，祖厝颓败的现状显得难以理解。问及报道人为何不整修祖厝时，才知祖厝为数代前祖先留下之公产，其所有权分属后世子孙。欲整修祖厝，并决定如何整修，即需要拥有所有权的众子孙均无异议才可动工，否则就可能引发争端，造成不快。然而祖厝所有权又分散在很多子孙手中，不少子孙常年在外，甚至迁居异国，联络不易。故留在陈坑的子孙后裔虽有心整修祖厝，往往为复杂的产权问题所阻，而不得不放弃。村人一般只能对祖厝的屋顶和墙壁稍加巩固。许多报道人表示，只要祖先的牌位不至在日光之下暴晒或遭风吹雨淋，祖厝即可不翻修。

（三）祠祭

祠祭是在宗祠内举行的祭祖活动，在各类祭祖活动中最为正式。金门各姓氏之祠祭，普遍在冬至日举办。每年冬至在宗祠内举行的祭祖仪式为陈坑陈氏宗族之一大盛事。

陈坑的冬至祭祖仪式一般安排在下午一点半至两点举行，四点左右结束。究其原因有二，一是昔时陈坑居民多以捕鱼维生，早上刚从海上归来，必须先将鱼货处理好，再稍事休息。二是冬至之日各家必先在上午祭拜自家祖先及房支祖先。为便于族人参与，宗亲会遂将祠祭时间定于下午。祭祖时先祭北方祠堂，再祭南方祠堂，每座祠堂祭拜时间约为三十分钟。

祠祭由子孙轮值负责，称为做头，轮到做头者称"头家"。金门地区主要有四种做头方式：一为口灶头，即按家户以抽签的方式轮值负责祭祖活动；二为新婚头，族中成丁新婚后即轮值负责祭祖活动；三为老大头又称长老头，族人晋升长老后轮值负责祭祖活动；四为新丁头，族中男子成年后要轮值负责祭祖事宜（王建成2004：77）。金门各姓氏宗族采用的做头方式不尽相同，有的宗族甚至多种方式并用。陈坑陈氏宗族采用的是新婚头，凡陈八郎裔孙结婚时，须依序轮值冬至祭。族人约定：先报新婚者先做头，同一年报新婚者则以辈分定先后；新婚头人数不足时，则由长老代替，改做长老头。轮值时长房与三房合为一组，四房、五房各自独立轮值。长房一直以来人丁兴旺，许多族亲直至子女都已上高中也还未轮到做头。而五房却出现长期没有新婚头，改做长老头的情况。冬至当日祭祖结束后，前任头家以一对红色大面龟（称"过头龟"），连同一份金、香、烛亲自送往下任头家家中，接任者则用这些物品在自家祖龛前敬拜祖先，以告知祖先即将承担祭祀祖先之重任的喜讯。

无论是南方宗祠还是北方宗祠，祭祀时都要摆放三列供桌，称"东桌"、"中尊"及"西桌"。北方宗祠由长房的头家负责"中尊"及"东桌"供品之摆放事宜，四房、五房的头家共同负责"西桌"。南方宗祠

第九章
陈坑的宗族

亦由长房的头家负责"中尊"及"东桌"供品,四房负责"西桌",五房不参与。至于三房则与长房合为一组。过去众头家时常针对准备的供品相互竞争,如今大家都将供品包给餐馆统一制作,竞争也就不复存在了。头家的任务通过抽签分配,包括置办金、香、烛、炮等祭祖用品;邀请乐队;准备供桌等。抽到负责准备中桌供品的头家还负责邀请祭祖长老,至于具体邀请何人,则由头家自行决定,宗亲会不予干预。陈坑村中只要有子娶媳即可晋升为宗族长老。祭祖一般邀请辈分高、好命的长老;所谓好命主要指夫妻双全,儿孙满堂,生活少有坎坷磨难者。祭祖长老共三位,居中者为主祭,两边为陪祭。

冬至前要择良辰吉日,由当年的轮值头家及其亲属用七里香、五节芒等植物捆扎而成的扫帚打扫宗祠,称"除尘"。冬至当日早晨先于宗祠门口贴上新门联,然后向祖先奉上红白两色汤圆,每位头家三碗。午后祠祭在庄严肃穆的气氛中开始。礼生着藏青色礼服,各司其职;负责祭祀的长老则身着长袍马褂。往昔均由有功名者担任礼生,如今除由长老挑选培养有天赋的年轻人之外,更强调自愿与兴趣。宗族中有志于学习祭祀礼仪的年轻人均可向经验丰富的长辈讨教,由前辈礼生对其加以训练指导。祭祖时年轻礼生往往被要求积极参与其中,而前辈则只在一旁观察指导,强调在实践中汲取经验,提升能力。

祭祀依照传统的"三献礼"进行。由礼生司仪,主祭与陪祭者依初献礼、亚献礼、终献礼之程序循序祭拜神明与祖先,每次程序都先祭天公,再祭祖先神位,并有宣读祝文及演奏古乐配合程序进行。祭祖仪式开始后,全村男女老幼均可前来观礼。在金门地区,通常在举行三献礼祭拜天公和祖先之前,要先祭文昌帝君与福德正神。若在祭拜过程中另有请神仪式并供祭全猪、全羊者,则称"大三献礼";若只打开祖先神龛门,且供品中无全猪、全羊,则为"小三献礼"(廖庆六 2008:180)。近年来,陈坑陈氏宗族冬至祭祖仪式均采用小三献礼。

祭祖结束后,族人便在一起聚餐,俗称"吃头"。一般要将祭拜过的供品加以烹调,供族人共享。昔时吃头乃男性宗族成员之专利,随着时代发展,如今有些宗族也开始允许女性参与吃头。然陈坑陈氏宗族至今依然只有已婚男丁才有吃头的资格。除负责祭祀祖先外,置办宴席是头家的另一项重大责任。除了由夏兴来参加冬至祭祖的五房头家固定只需准备两桌酒席外,其余三房的头家每人必须准备三桌酒席宴请族亲。如若吃头者增加,则增加头家不增加桌数。早期长房、三房共五个头家,四房一个头家,五房一个头家。后长房与三房增至七个头家,四房增至两个头家,五房仍为一个头家。如今陈坑共十一个头家,其中长房与三房八个,四房两个,五房一个,共计三十二桌。

  以前吃头并不在宗祠内举行,而是在各个头家家中。头家要事先调查本祧内吃头的人数,然后按照与头家同祧者优先的原则来安排各桌人员,将吃头者平均分配给各个头家,每桌人数没有固定要求。确定人数后,头家携一大龟粿亲自登门赠予每一位具有吃头资格的族亲,邀请他们冬至时到自己家里吃头。此以粿做请帖的做法直至上世纪60年代初才取消。现在的通知方式已换成里公所的广播,每年冬至祭祖仪式开始之前,宗亲会即通过广播告知族人到祠堂观礼、吃头。头家不能遗漏任何一个吃头者,如不慎违反此规定,则须于次日前往宗祠向祖先上香认错。原则上吃头的人也不能缺席,若本人因故实在无法到场,则应找人代替。由此也出现许多实际无法自食的婴儿代其长辈出席吃头的有趣现象。婴儿的家长往往用筷子略夹鸡、鱼,在婴孩嘴边沾一下,表示已吃过。为增强族人的凝聚力,宗亲会决议于1993年起改在宗祠内吃头,其中长房与三房在北方宗祠,四房与五房在南方宗祠。合族宗亲同堂共聚,场面十分壮观。

  嘉腊鱼和家养的土鸡是吃头必不可少的菜肴,且必须要四盘鱼,两盘鸡;鸡、鱼都必须去骨并用手撕成块状,以便坐在八仙桌各个位置的族人均能大快朵颐。因无法保证冬至前夕一定有鱼货,昔日的众头家常在两个月前即开始订鱼准备。此外糖糕也是必备的食品。为翻修两座宗祠,做头与吃头的活动曾一度暂停(见前文)。但祭祖仍照常进行,只是供品从简,聊表心意而已。直至1979年或1980年才恢复做头与吃头。此时鱼缩减为两盘,且种类不限,鸡缩减至一盘,糖糕则取消了。此外宗亲会通过土地出租得到租金后,即参照冬至前三天报纸上登载的大盘谷物交易价格计算出每斤米的平均单价,据此补贴给每位头家价值50公斤米的经费,以减轻其负担。当时做一次头的开销约为两万元。为避免浪费,在2008年宗亲会决议将原来的大盘鸡鱼改为鸡鱼拼盘,并于当年吃头结束时向族人公开征询意见,得到所有宗亲的一致赞同,补贴费也就此取消。

昔时百姓生活拮据,做头成为许多人生命中的一项重大负担。金门的很多村庄均流传有卖子女以履行做头义务之悲惨故事。然此类悲剧在陈坑倒是鲜有耳闻。大约是由于陈坑之陈氏族人一辈子只需做一次头,且长久以来宗亲会一直致力于帮助头家减轻负担,故对于族人而言,做头所带来的荣耀应是大于负担的。

长达四十余年的军事管制并未给陈坑的冬至祭祖活动带来明显影响。当时由于政府提出复兴中华文化的口号,祭祖活动便成为保护和提倡的对象,军队对此不予干预,只是为便于管理,须提前申请报备。

(四)墓祭

冬祭在祠,春祭在墓。清明墓祭成为继冬至祭祖之后宗族的又一重大活动。陈支平将墓祭对象大致分为近祖和远祖两个方面,近祖墓祭即对高、曾、祖、祢四代祖先的坟冢进行的祭祀,与家祭对象有重合之处(陈支平 2011:124),可以称为家庭墓祭,而对远祖的墓祭则又可分为合族祭与房族祭两种(郭志超、林瑶棋 2008:174)。

陈坑陈氏宗族合族祭的对象即开基祖陈八郎。八郎公之坟位于太武山坑南的石莲山蚯蚓田,俗称"猛虎跳墙穴"。传说八郎公出殡时,途经太武山之石莲山蚯蚓田,突遇狂风暴雨,不得已只能停柩躲避,待雨过天晴后,竟不见棺木!经地理师勘察,谓此乃天葬于猛虎跳墙穴,不宜妄动,于是刻字其上,此即为八郎公之坟冢(陈金盛 2008:18)。军事管制时期,作为军事重地的太武山地区严禁村民进入,墓祭活动遂因此中断四十余年,八郎公祖坟也渐渐淹没于杂草之中。待戒

闽南陈坑人的社会与文化

严放松后,陈氏子孙特向军队申请上山探访祖墓,奈何祖墓已不见踪迹。后由现任宗亲会总干事陈金盛先生苦寻三年方得寻获,自此才恢复墓祭。军管时期祭扫祖墓时,为避免引发火灾,军队通常会安排专人陪同扫墓。金门地区一般于清明前后十日内祭扫祖坟,为鼓励族人积极参与,且方便各家及各房桃祭扫私祖坟墓之需,宗亲会特将合族墓祭的时间定于清明前一周末下午一点半至三点半,并提前向族内各个家户发放通知。墓祭由宗亲会负责操办,无轮值头家,各家自带供品和扫墓工具即可,族中男女老幼均依自愿参与。

扫墓前由宗亲会雇佣专业清洁人员去除沿路杂草,以便各位宗亲前往。由于祖墓所在之处山高路远,故墓祭的供品也相对简单,仪式亦从简。主要包括置祭品、挂墓纸、长老带领祭拜、读祭文等几个主要环节。祭扫始祖八郎公的祖墓一方面具有饮水思源,慎终追远之意,另一方面也给族人提供一个相约踏青出行的机会。祭祀活动结束后,由宗亲会安排各种余兴节目。早期为族人聚在祖坟前摸彩、烤肉,后因担心引发森林火灾,遂将这些活动移至村中举行。近年来活动形式又增加美食展一项。最近一次余兴活动则采取发放餐点券的方式。为鼓励更多的族人前去祭扫祖墓,宗亲会特购买 400 份餐券,凡抵达祖坟现场参与扫墓祭祖者,均发给有效期 1 年、价值 80 元餐券一张。

军事管制时期,由于祖墓多位于军事管制区内,子孙后裔根本无法按时加以祭扫。长此以往,许多祖墓便没于杂草之中再难寻获,故陈坑村同房桃成员共同扫墓的现象相对较少,而主要以家庭墓祭为主。规模较大的房族祭主要有祭扫八桃祖之墓以及四柱支派的集体扫墓。八桃祖名阳聪,为八郎公之十三世孙,长房蜘蛛、进兴、耀宗、北方厝、四柱、昌盛、富强、发展八个支派之共祖。除富强与发展迁出之外,其余六桃占据现今村庄一半以上的人口。阳聪公之墓位于村内今陈景兰洋楼附近,墓碑早已不复存在;所谓墓祭,实际上祭扫的只是墓址。祭拜时间一般在清明当日,采取桃内轮值的方式,每年由各桃各出一家户参与祭祖,轮值范围包括全金门阳聪公派下之子孙。

祭扫时六祧之职责亦略有不同,先由耀宗支派负责祭拜土地公后,其他五祧再对阳聪公进行祭拜。其中作为八祧长房的蜘蛛支派须准备八大八小的供品,进兴、北方厝、四柱三祧则只要六干六湿的供品。而昌盛支派是在最近查阅族谱时才发现其亦属于阳聪公派下,作为新进加入的一祧,只需烧金纸即可。过去祭扫八祧祖时,如有孩童在场则必须分发饼干,在物资匮乏的年代,数片饼干对孩童而言甚是珍贵,许多报道人在谈及此事时均将其视为一美好的回忆。村中现在人数最多的四柱支派亦全祧集体祭扫祧祖之墓。每户须交100元用于筹办扫墓用品,即使是迁至台湾的四柱子孙也要出资。

其他支派则多由亲属关系较近的家户联合祭扫可寻到的祖墓,如进兴支派目前可找到的最远祖之墓仅为第二十四世宗敢之墓,其派下子孙便于清明当日联合祭扫。而属四房东山支派的几个家户共同祭拜的一位远祖,甚至在族谱中都没有具体的姓名记录。家户轮值负责提前清理杂草、约定时间,准备就绪后各家自带供品前往祖坟祭拜,并准备饮料、饼干分发给在场的孩童。另有一些家户过去曾联合祭扫共祖,之后也渐渐改为分别祭扫自家祖先了。

家庭墓祭的范围同家祭,主要是四代以内的近祖,时间一般为清明当日,具体时间则由各家自行决定。族人在对近祖的墓祭过程中往往怀有比较真挚的悼念之情,而远祖墓祭则更多强调通过倡导饮水思源、慎终追远,以提升宗族的凝聚力(陈支平 2011:125)。同时合族祭亦是向外显示宗族力量,树立宗族声望的重要途径。

四、宗族关系

宗族关系可分为族内关系与族际关系。其中族内关系又可分为陈坑陈氏宗族成员的内部关系以及陈坑陈氏与金门其他陈氏间的关系。同样,族际关系亦可分为陈坑陈氏与陈坑其他姓氏间的关系以及陈坑陈氏与外村他姓宗族的关系。

闽南陈坑人的社会与文化

（一）族内关系

1. 族内成员间的关系

虽偶有纷争，但陈坑陈氏宗族成员间基本以和为主，即使个别家户间存在矛盾，至多也就不相往来，不致引起重大的纠纷冲突。宗族成员间认同感较强，有很强的凝聚力，特别是在祭拜祖先、婚姻及丧葬仪式等方面尤能体现出族人的宗族观念。每逢村内有婚嫁之事，新人的家长都要挨家挨户赠送喜饼，与诸位族亲分享喜气。如遇丧事则由宗亲会按轮值表指派宗族成员前往丧家义务帮忙。先前有公职的族人即可免除此项义务，如今为公平起见，公职人员亦要参与轮值，如本人不能出席，则须找人代替。轮值表共分为五个组，分别为：长老组，负责放金银、打锣、托灯；礼生组，负责葬礼的司仪工作；挖墓穴组，此项工作村内他姓者亦可担当；抬棺木组，未婚者不能抬棺木，但可挖墓穴；抬返主轿组，必须由年轻且父母双全者担任。

2. 与金门陈氏宗族之间的关系

作为第一大姓，陈姓在金门俗称"十三陈"。实际上"十三陈"远不只十三支，而是由多个分别来自于不同地区的陈氏支派所整合而成的虚拟性宗族组织，主要分支可见表9-1（陈为学2003：43—44）。

至于十三陈的由来，则是为方便在后浦筹建陈氏总宗祠，遂按各宗之亲近疏远、人口多寡分为"十三股"以利于工事进展，宗祠建成后每年由一股负责冬春两祭事宜，及各股所应摊派经费之筹措（上引书：44）。

金门全县陈氏特别定于每年农历正月十八日与十月十八日于金门陈氏大宗祠——后浦陈氏祠堂（颍川堂）举行两次祭祖活动，选此时间主要是为方便各分支冬至及清明祭祖。正月十八之春祭由"十三股"依序轮值，并由该股长老主祭。祭毕聚餐时，每股至少一桌，每桌十二人，除每股至少三个代表外，参加者还包括金门县陈氏宗亲会理事会成员以及金门的陈姓精英，一般至少二十二桌。其中理事会负责六成费用，做头股负责四成。做头股亦可自行增加桌数，但费用自理。十月十八的冬祭则由金门县陈氏宗亲会理事会全权负责,由理事长主祭。

表 9-1 "十三陈"

金门陈氏	陈氏分支
湖前陈	塔后陈为其分支
下坑陈	分支山外、小径、高坑、东州、何厝
阳翟陈	有浯阳、七郎公两系
陈坑陈	
斗门陈	有官路和学考两派
高坑陈	分居营山、新前墩、何厝
浦后陈	分支洋山
后山陈	
古区陈	分支新头、高坑、陈坑
金门城陈	
湖下陈	分居后井、中墩、上库
后浦陈	
浯阳陈	派下分居庵前及阳翟

陈氏大宗祠于光绪三十年(1904)开始修建,至宣统二年(1910)完工。宗祠建造过程中,一榨油厂占据了修建宗祠之风水宝地却不肯搬迁,几经劝说仍无效果,严重影响宗祠的修建进程。僵持不下之际,陈坑陈氏族人赶至后浦,包围榨油厂,以长竹竿探入厂中威胁将厂内油罐全部打碎。受此惊吓后,榨油厂主人随即搬迁,宗祠最终得以顺利建成。

表 9-2 "十三股"

东州 5/12	顶浦下 4/12	湖尾 1/12	后垵 1/12	水头 1/12	一股
后浦					一股
古城 4/12		庵前 4/12		古圻 4/12	一股
夏兴(下坑)					一股
陈坑(陈坑)					一股
新头					一股
山外					一股
湖前 8/12			塔后 4/12		一股
碧山(后山)					一股
阳翟(阳宅)					一股
营山 5/12		高坑 5/12		何厝 2/12	一股
斗门					一股
烈屿湖下 8/12			浦后 4/12		一股

说明：表中所列之分数，分母12表示扣除轮值做头股后尚须宴请的其余12股，分子数字表示该股中各村庄所要负责的桌数或所应摊付之金额比例。

如今在金门县陈氏宗亲会理事会成员中有两位陈坑陈氏宗亲，一位为陈国强理事，另一位为陈向荣监事。陈坑宗亲陈再权亦曾担任宗亲会理事长多年。

(二) 族际关系

1. 与村内其他姓氏的关系

报道人指出，陈氏并非陈坑最早的居民，在其迁居至此之前，本地已有他姓居民居住。目前可证实有戴、黄、许姓，然其后裔如今均不再居于陈坑，原因为何已无从查证。如今村内尚有规模巨大的何姓祖坟，据说陈坑昔时有戴姓女子许配给何家，但还未过门即去世，何家便将其作为祖婆葬于羊角石下，子孙后代也墓葬于此，此地因而被村民称之为"何界"。

除陈姓以外，陈坑村现有李、庄、黄、翁、林、何、卢、洪、欧、田、傅、杨等姓氏。其来源主要分为入赘陈氏和举家搬迁至陈坑两种，其中以入赘者居多。如庄、黄、翁、卢、何姓均为现任家长之祖父辈或祖父以上祖先入赘陈家，三代后子孙虽改回原姓，但仍入陈氏族谱，并参与陈氏祭祖活动。即使是对于未入陈氏族谱的赘婿子孙，宗族亦视同陈氏宗亲对待。例如有卢姓少年虽未入陈家族谱，但因其天资聪颖，自国小起，宗族长老就教其读祭文，后更将其培养为一名优秀的宗族礼生，遗憾这位年轻人却不幸早逝。直至今日，长老们在谈到这位有为青年时仍难掩惋惜之情。搬迁至此的外姓村民亦与陈氏族人相处融洽，各姓氏村民不仅共同参与村庄的公共活动，而且在日常生活中也互相帮助，家庭间相邀聚餐、出游等更是常有的事。

2. 与外村其他宗族间的关系

如前文所述，陈坑陈氏宗族因修建北方宗祠而与邻村琼林蔡氏宗族发生冲突。据说两姓族人还曾在陈仔山对阵，彼此互有伤亡。族谱中虽未有明确规定，但陈、蔡两家之子女确实互不嫁娶往来。后来琼林蔡氏因受其他村庄欺凌，欲前往金门东半岛避祸，途经陈坑时，蔡氏虽心存顾忌，却又不得不借道，而陈氏村民也不计前嫌，让其通过。自此两家也算冰释前嫌，再无争斗①。不过直至今日，琼林与陈坑仍然不通婚嫁，族人间的往来也仅有聘请蔡姓教师到陈坑任教的记录。

结　语

宗族普遍存在于金门地区，是一种典型的社会组织结构，本章即试图以陈坑聚落为例对金门地区的宗族组织进行民族志式的描述，

---

① 此事件由陈坑的报道人提供。

以期向读者展示其面貌。在一个开基祖之下,随着人口的不断增长,宗族得以产生并不断分化出新的支系。家庭、桃和房构成了陈坑陈氏宗族的大致结构层次。作为宗族标志的祠堂、族谱和族产则分别从空间、世系和经济上将宗族成员有效地联系起来,这种联系经由不同层次的祭祖活动得以加强。而祭祖的实践活动又直接影响了宗族成员对宗族标志的认同,族人在解释修建两座宗祠的原因时存在的差异即是证明。宗族同时以整体的身份,在不同的情境中与其他团体发生互动。而作为宗族领导机构的宗亲会则通过调整自身的组织结构及宗族事务管理方式以适应不断变化的环境,使宗族呈现出如今这般充满活力的面貌。

参考文献

陈进兴(编)
  1986 竹北东势:金门陈坑八郎公宗派族谱,台北:国民文化。
陈金盛(编)
  2008 金门陈坑八郎公支系进兴支派陈氏家谱。
陈为学(编)
  2003 金门陈氏志略,金门:颍川堂金门县陈氏宗亲会。
陈支平
  2011 近五百年来福建的家族社会与文化,北京:中国人民大学出版社。
郭志超、林瑶棋(合编)
  2008 闽南宗族社会,福州:福建人民出版社。
黄振良、王建成
  2006 邂逅陈坑渔村,金门:金门区渔会。
金门县文化局
  1991 金门县志,金门:金门县政府。
金湖镇镇公所
  2008 金湖镇志,金门:金湖镇镇公所。
廖庆六
  2008 浯洲问礼——金门家庙文化景观,金门:金门县文化局。
王建成

  2004 金门祠庙的祭祖活动与仪式,金门宗族文化创刊号:77—89,金门:金门县宗族文化研究协会。

许在全、林中和(合编)

  2006 泉州姓氏堂号,福州:福建人民出版社。

张学衔

  2000 华夏百家姓探源,南京:南京大学出版社。

"国家公园"学会

  2009 金门宗族组织与祭祖仪式,金门:金门"国家公园"管理处。

闽南陈坑人的社会与文化

附录一　陈坑陈氏系谱图

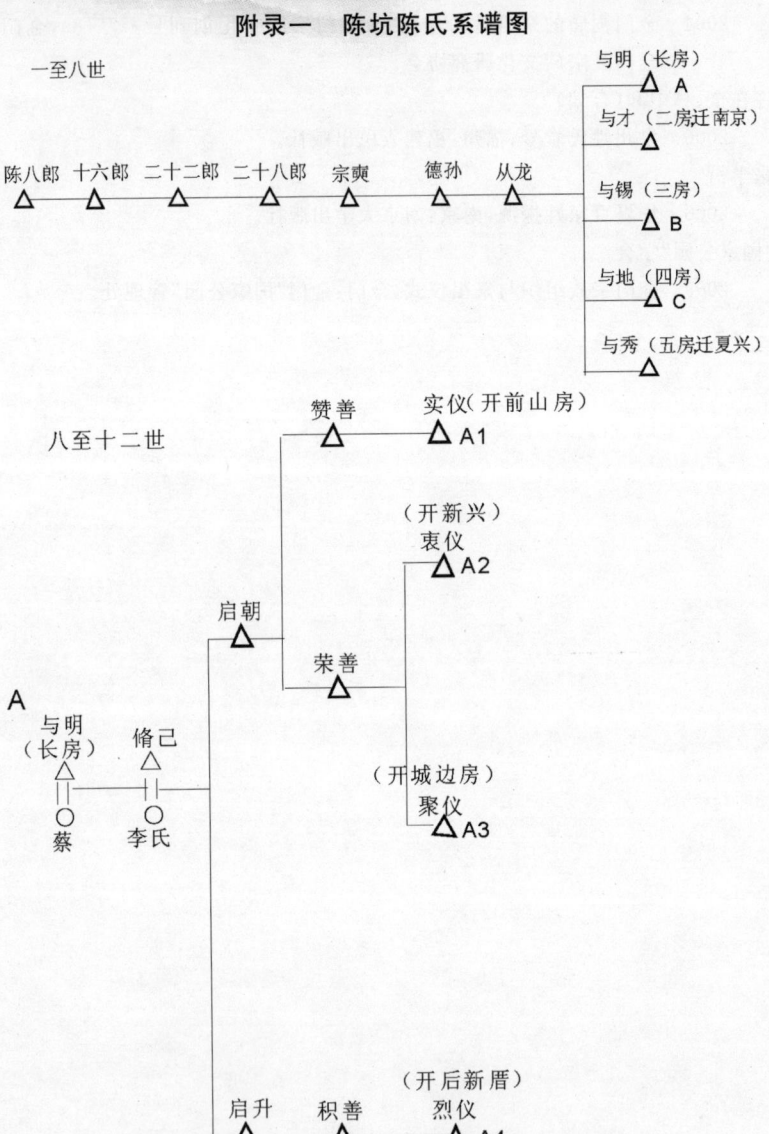

第九章
陈坑的宗族

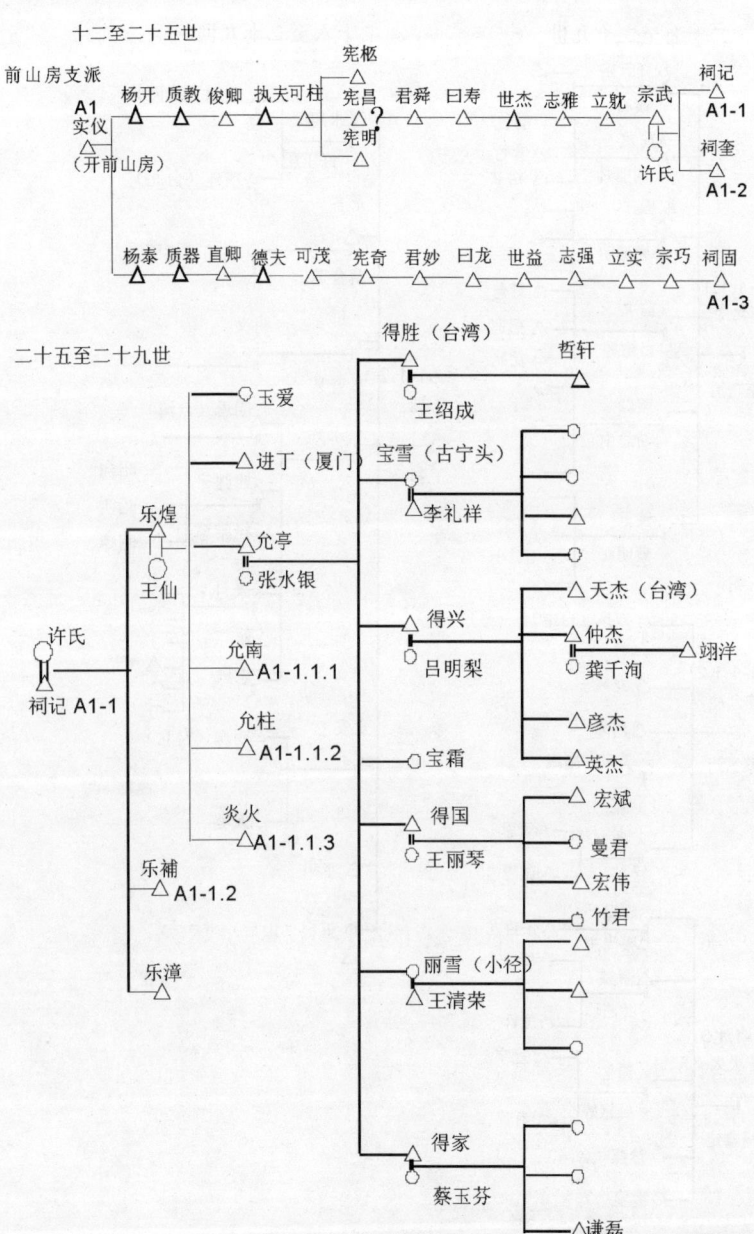

闽南陈坑人的社会与文化

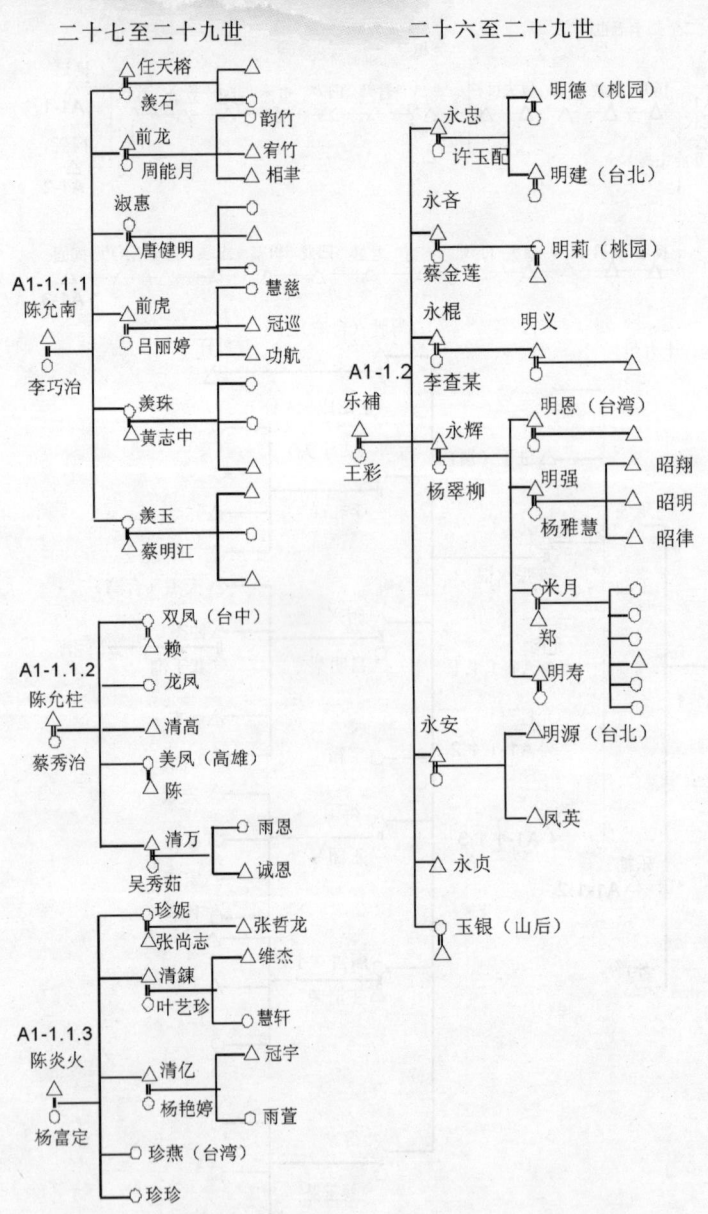

第九章
陈坑的宗族

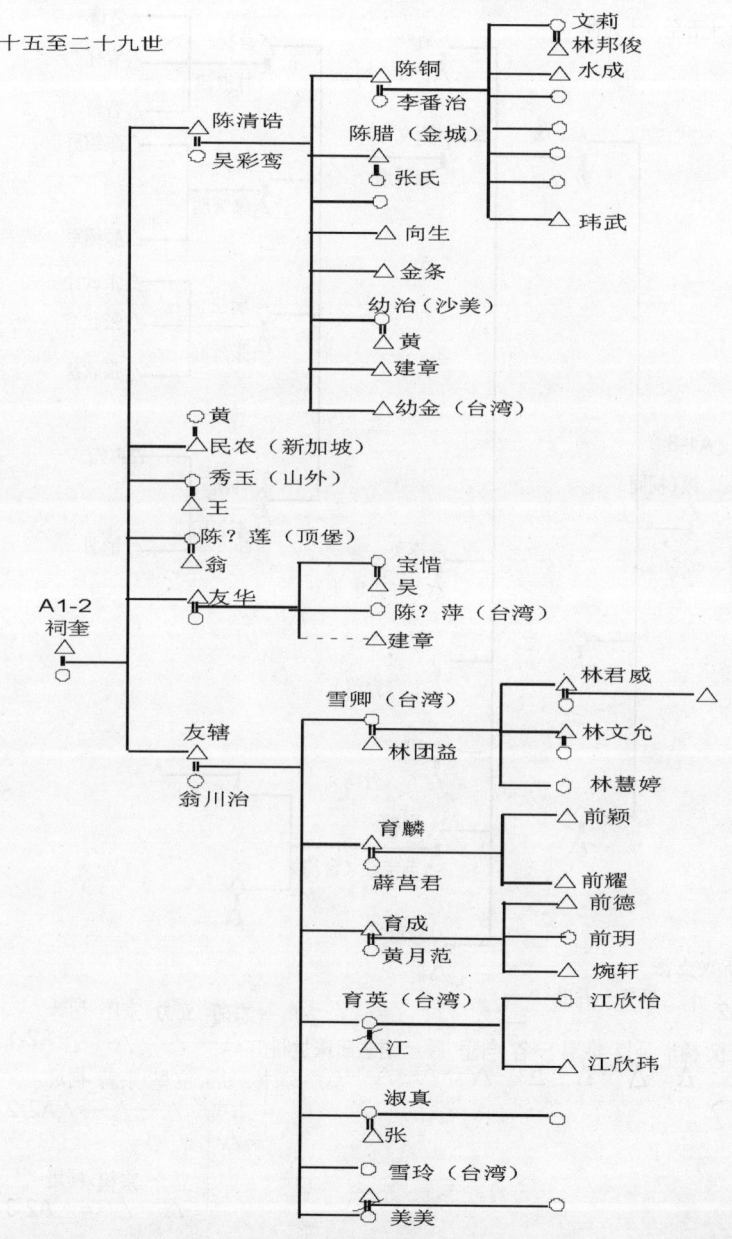

闽南陈坑人的社会与文化

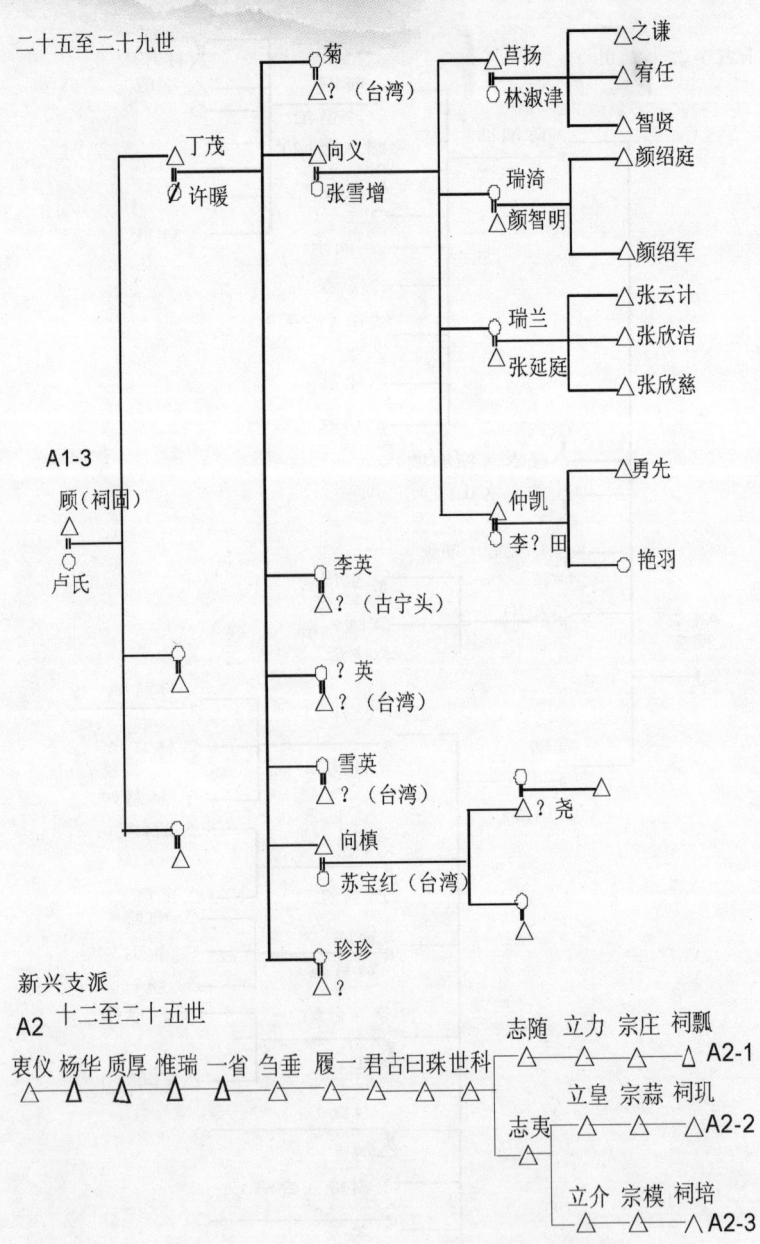

第九章
陈坑的宗族

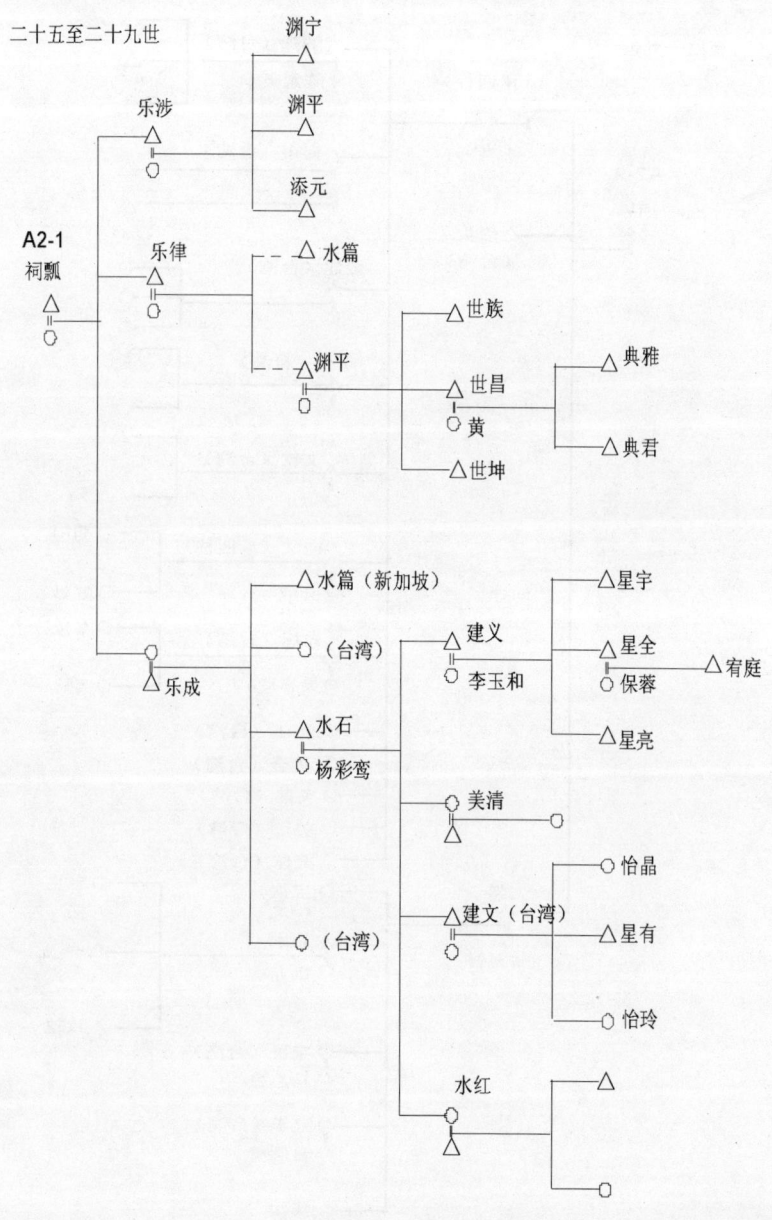

闽南陈坑人的社会与文化

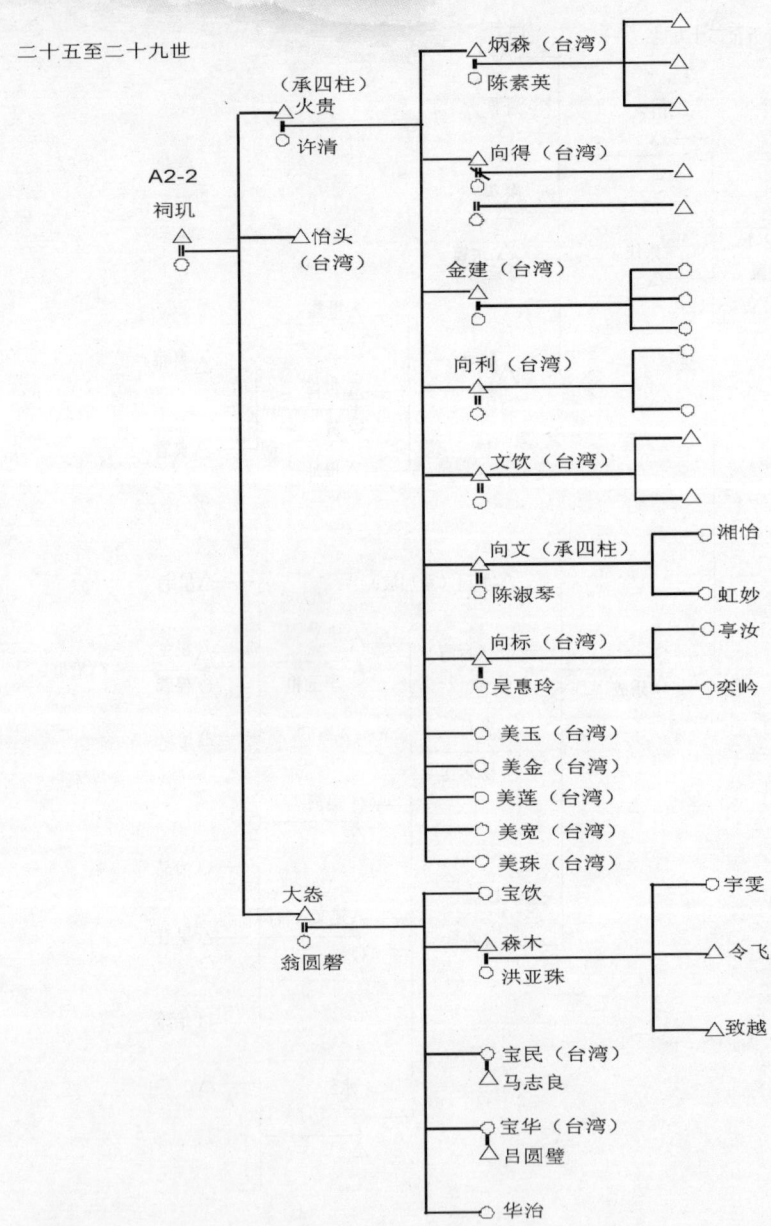

第九章 陈坑的宗族

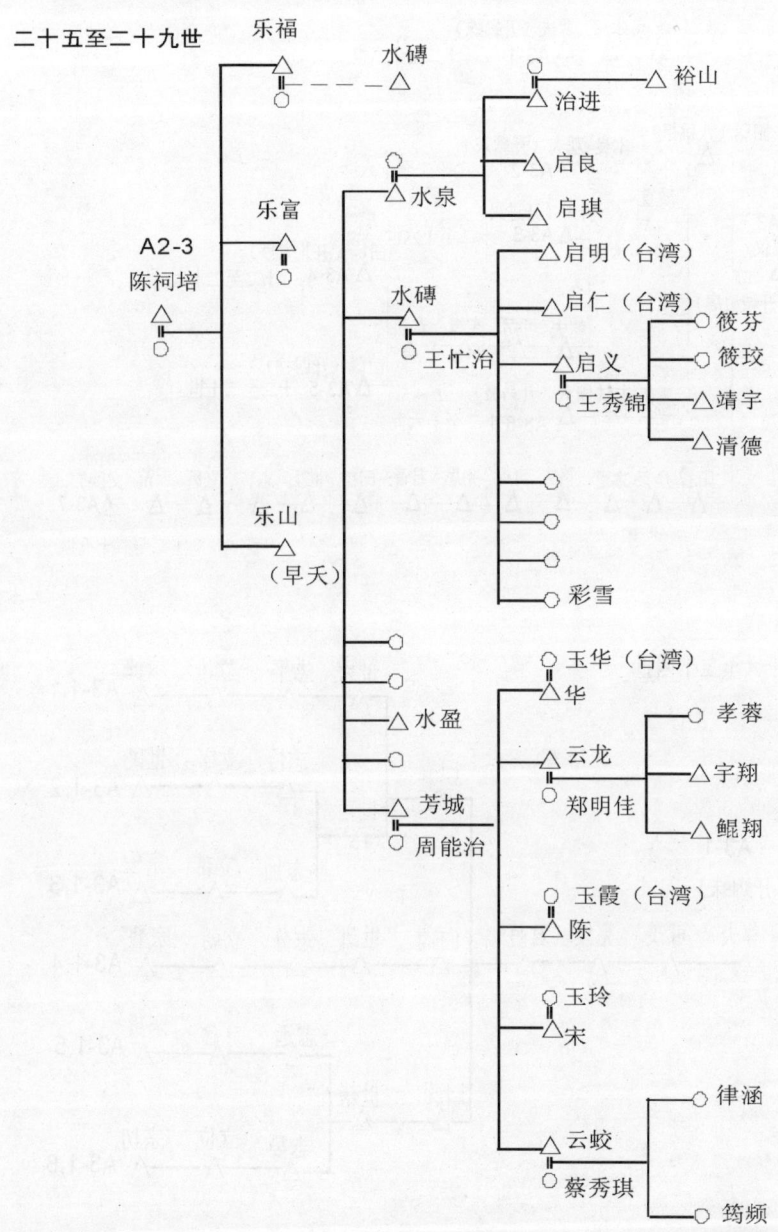

闽南陈坑人的社会与文化

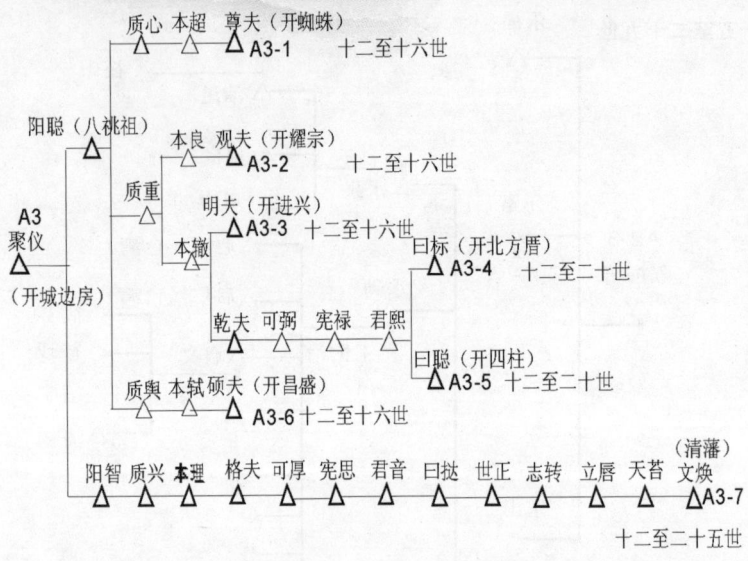

十六至二十四世

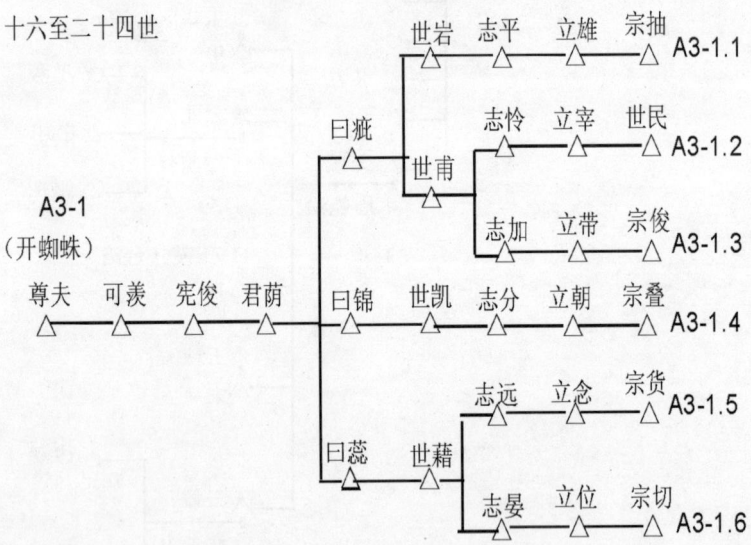

第九章
陈坑的宗族

蜘蛛支派
二十四至二十六世

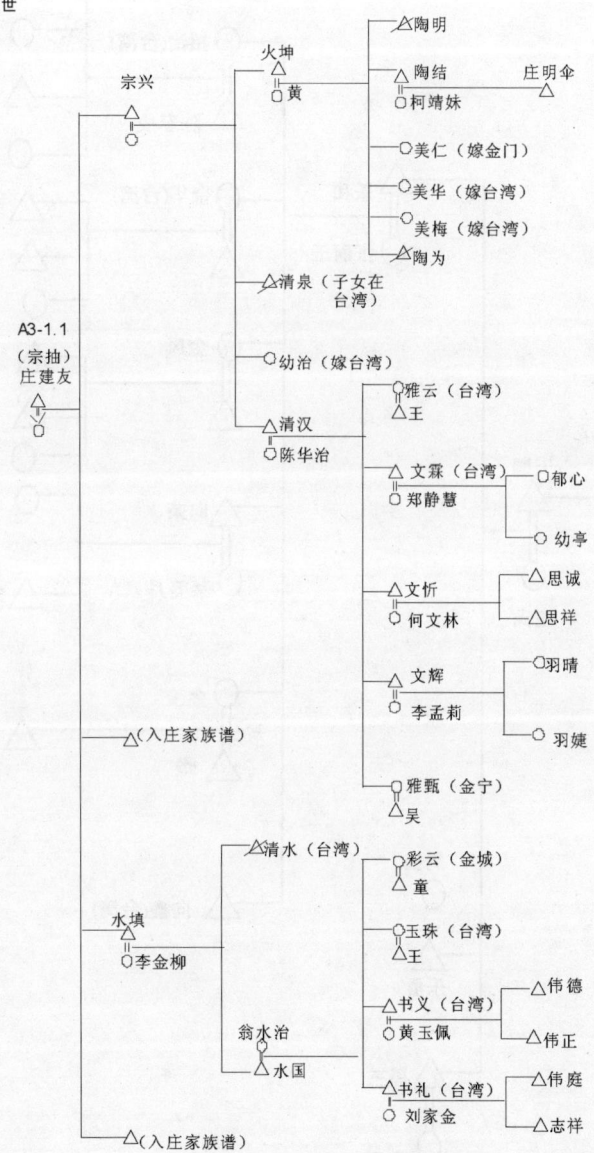

闽南陈坑人的社会与文化

二十四至二十八世

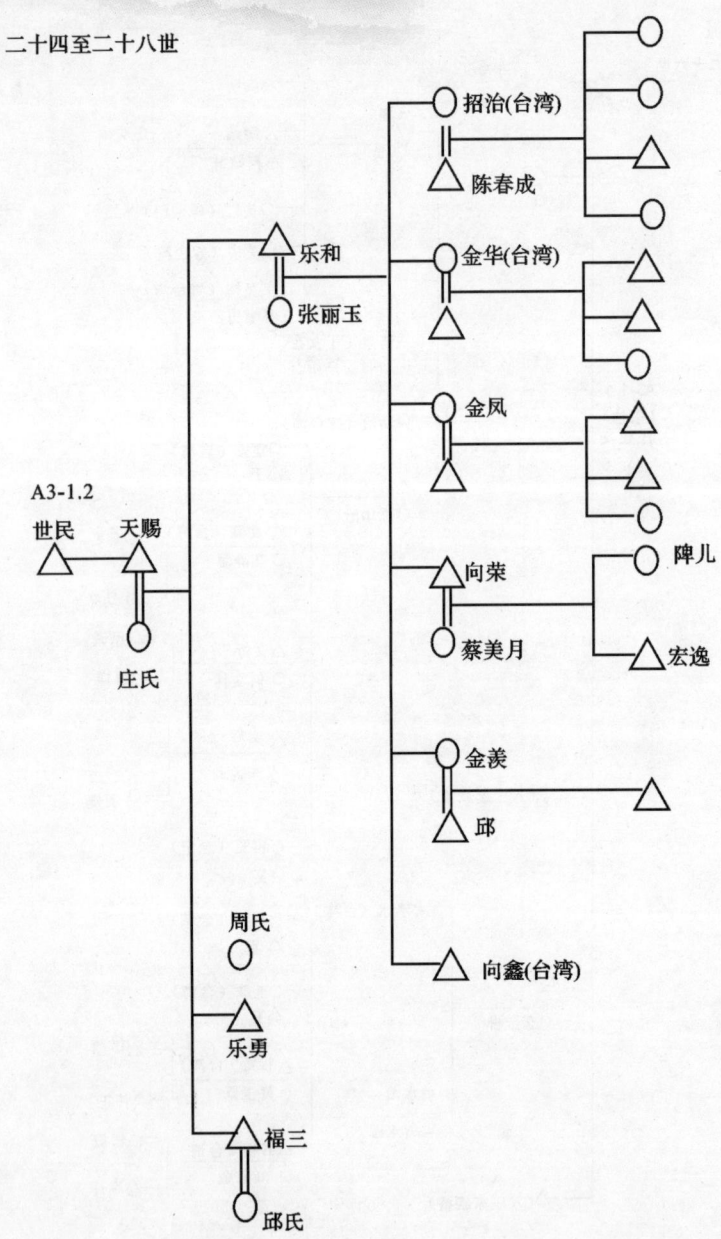

第九章
陈坑的宗族

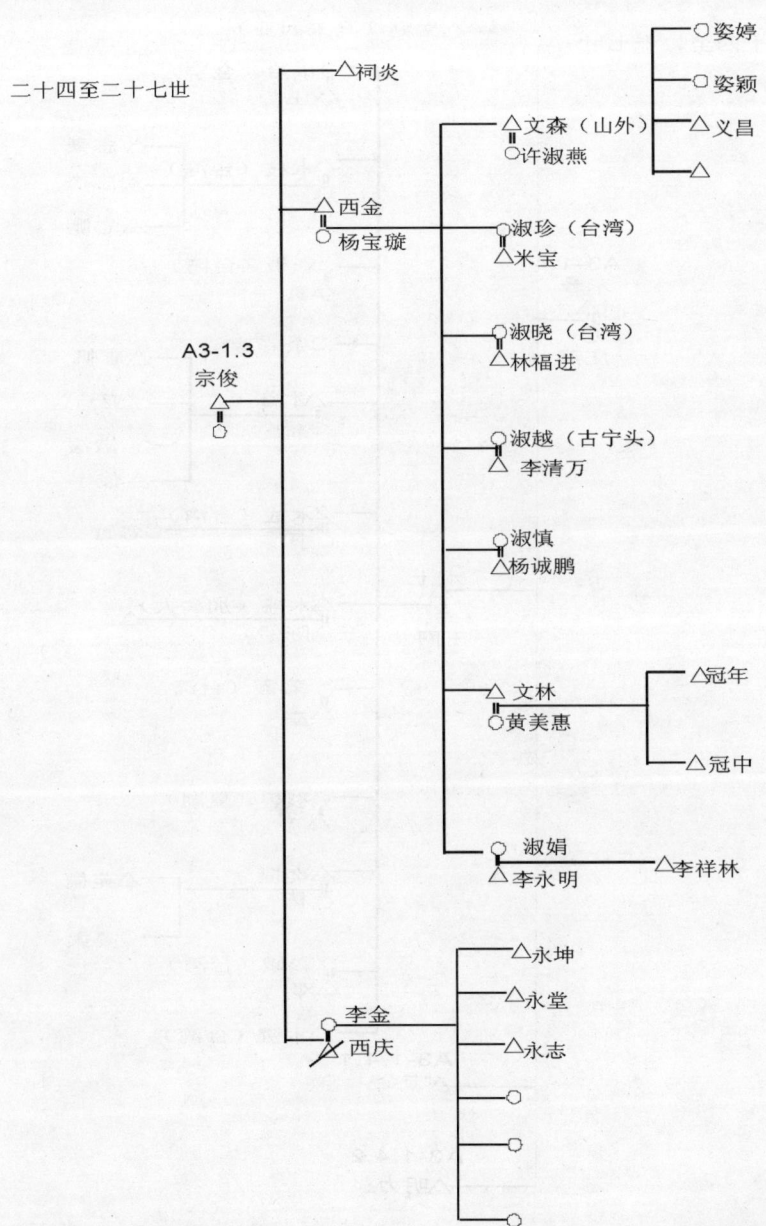

二十四至二十七世

闽南陈坑人的社会与文化

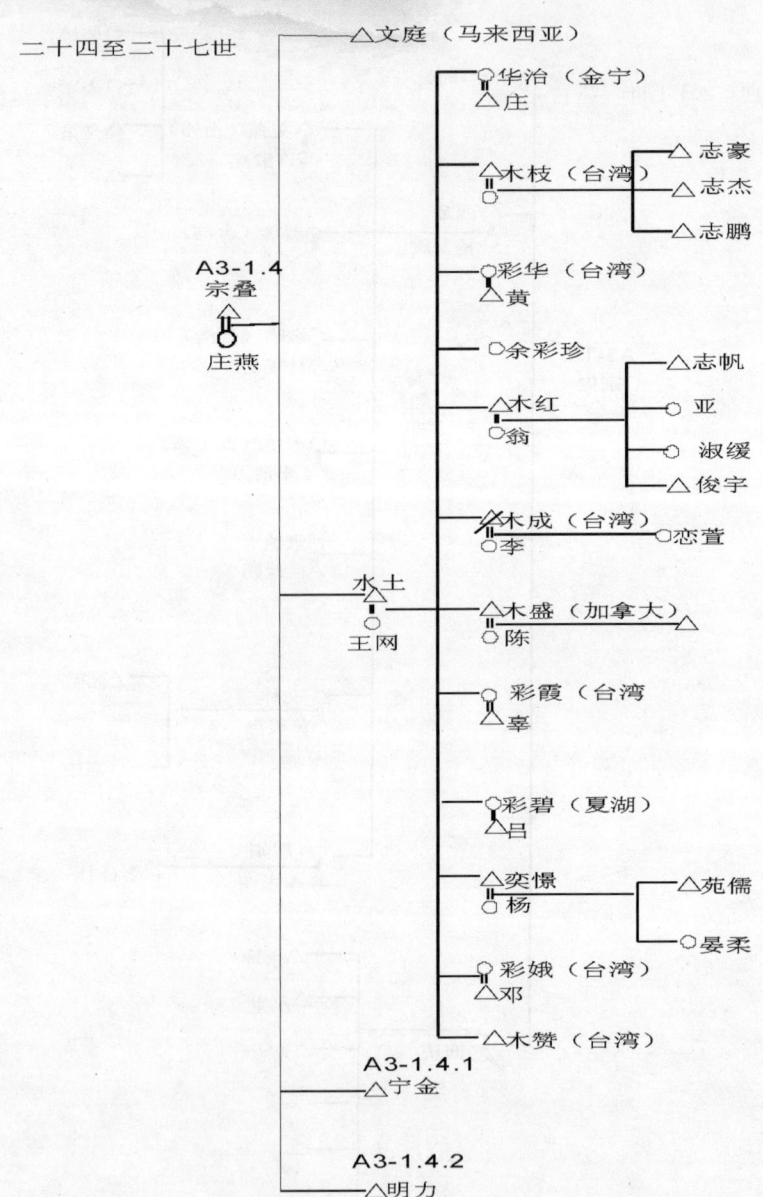

二十五至二十七世

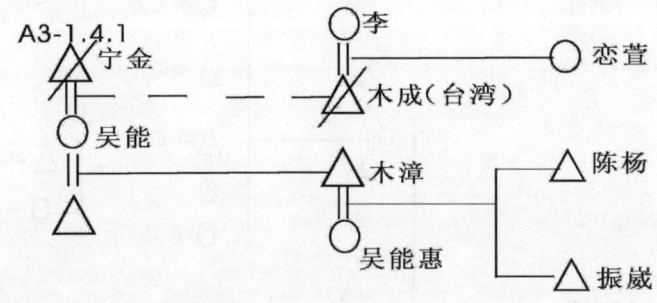

二十五至二十七世

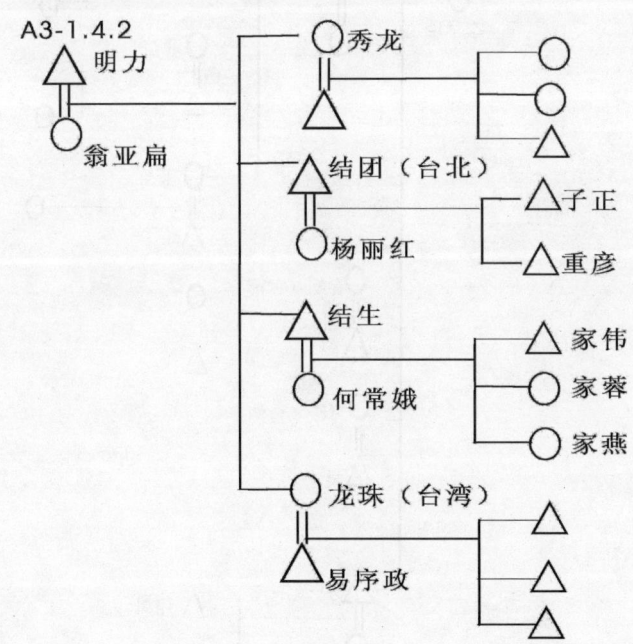

闽南陈坑人的社会与文化

二十四至二十九世

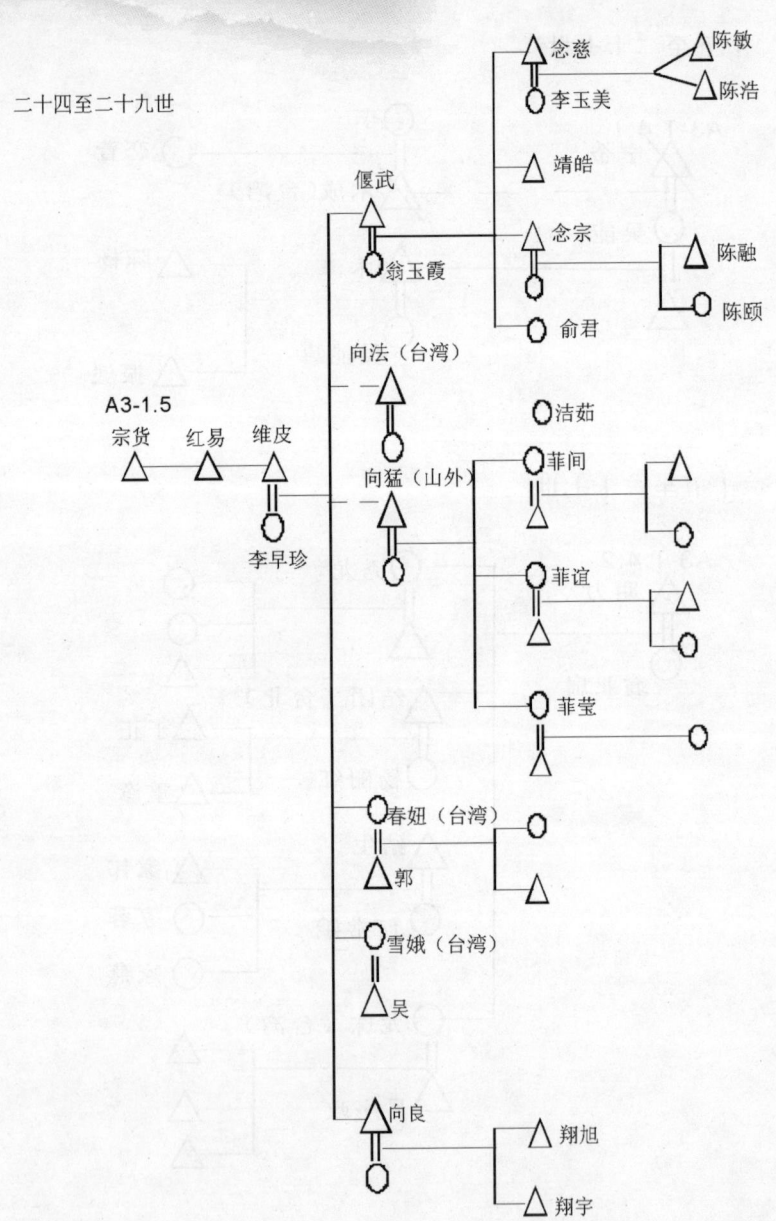

第九章
陈坑的宗族

二十四至二十七世

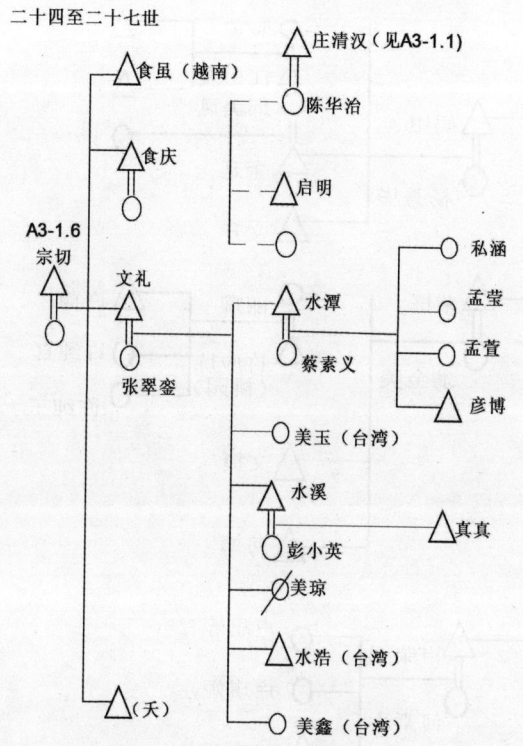

耀宗支派

十六至二十四世

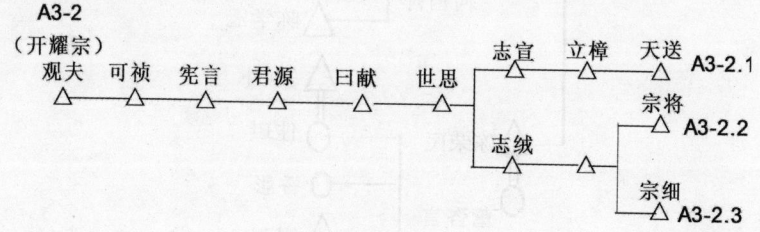

闽南陈坑人的社会与文化

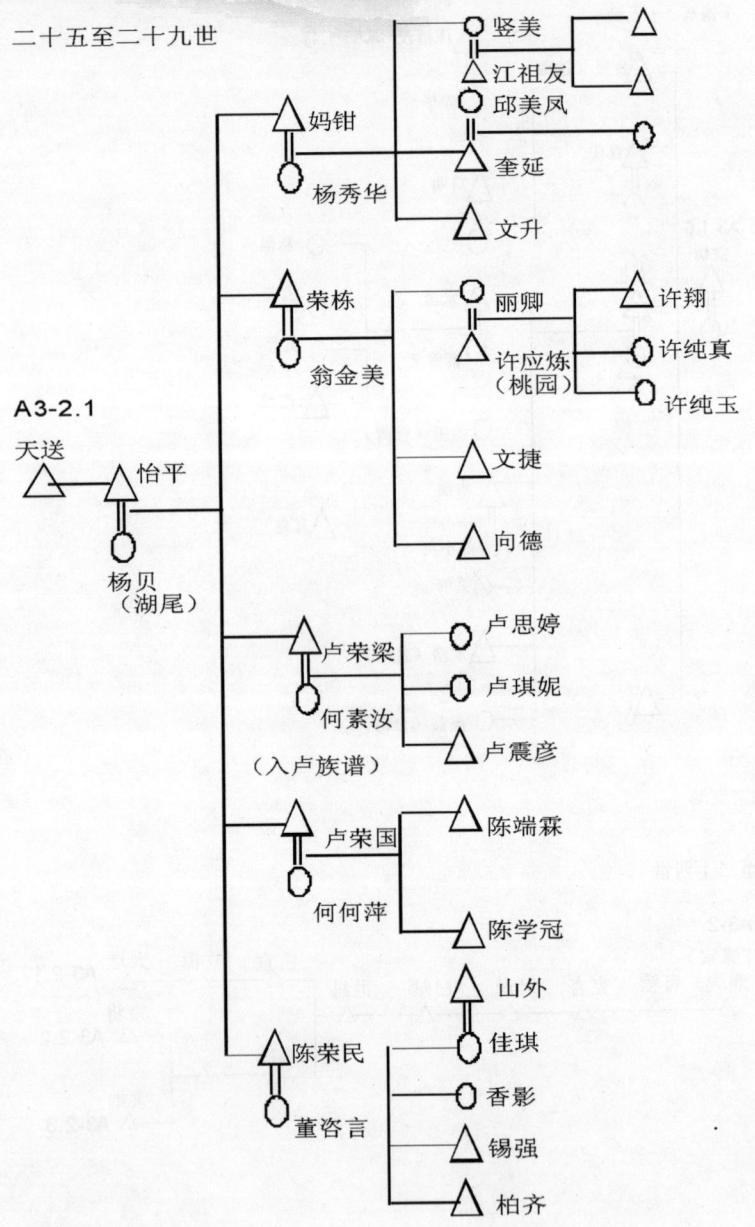

第九章
陈坑的宗族

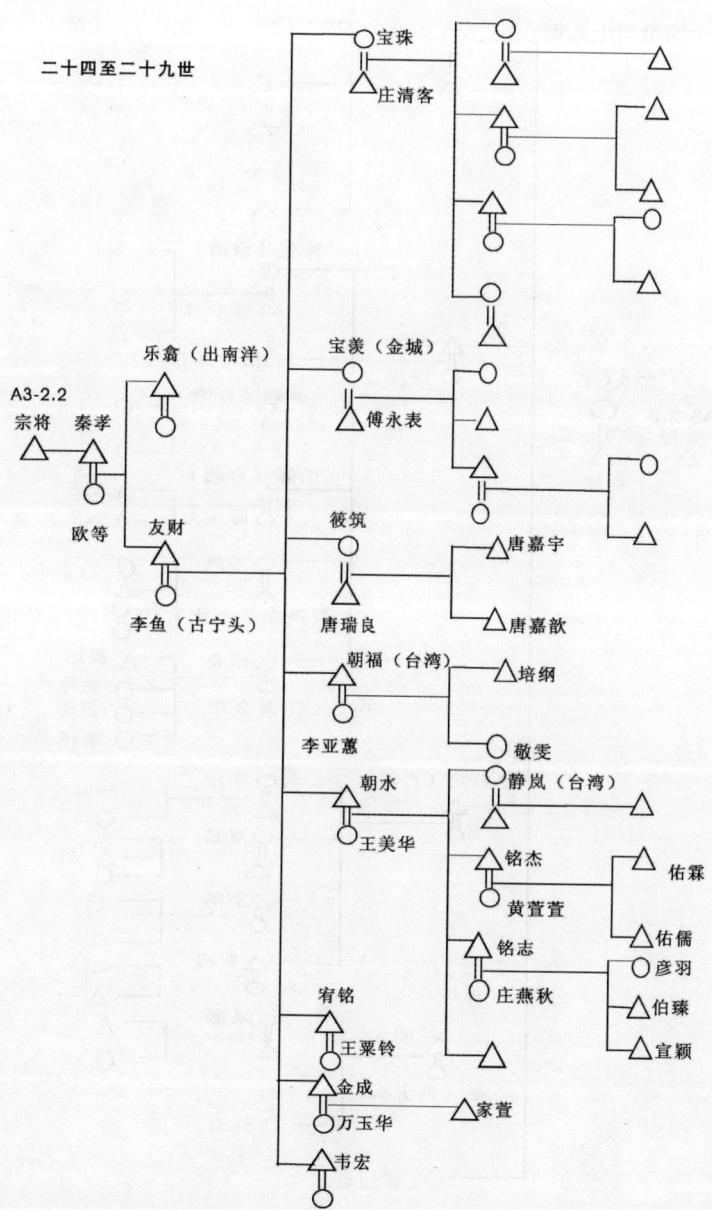

闽南陈坑人的社会与文化

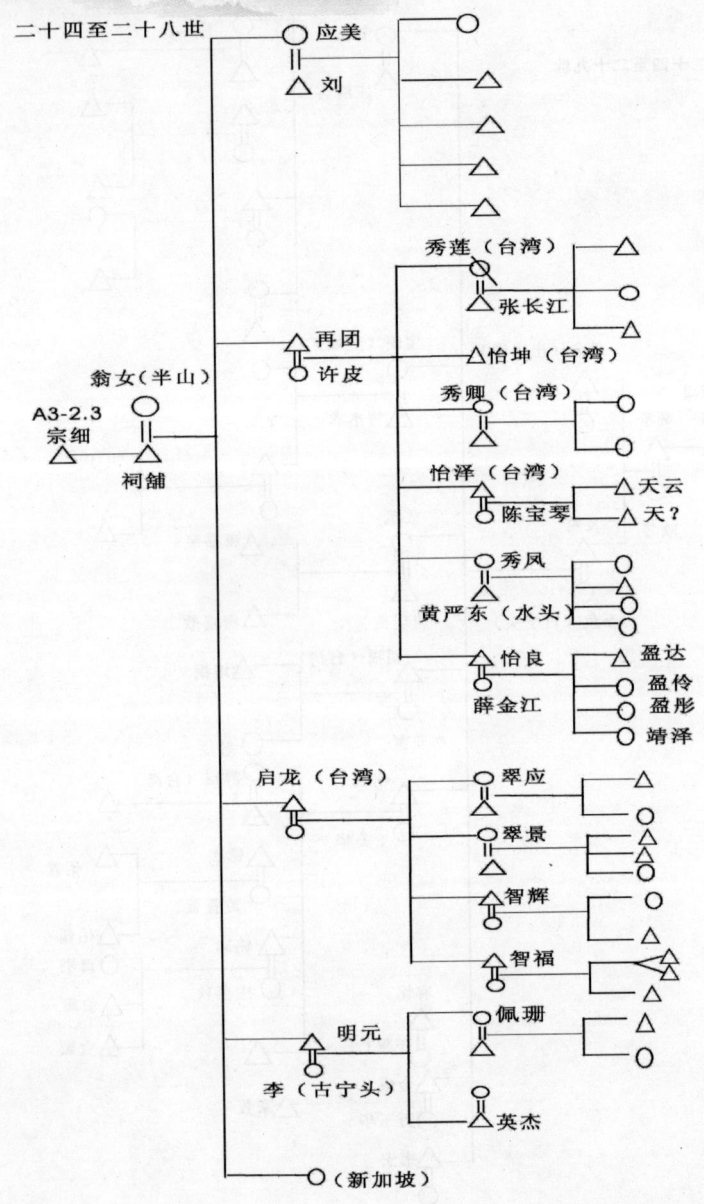

进兴支派
十六至二十六世

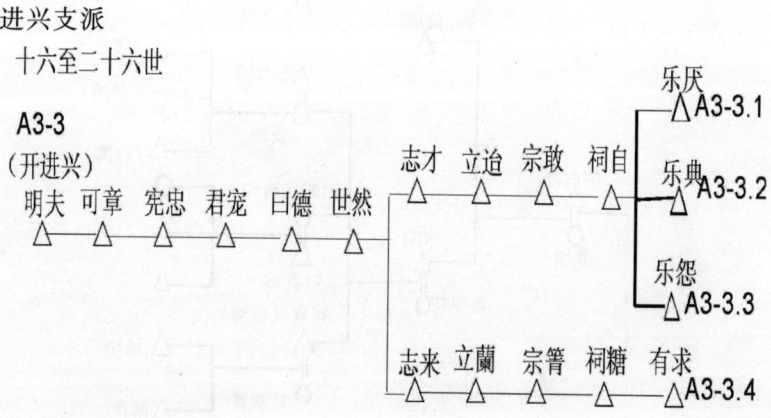

二十六至二十九世

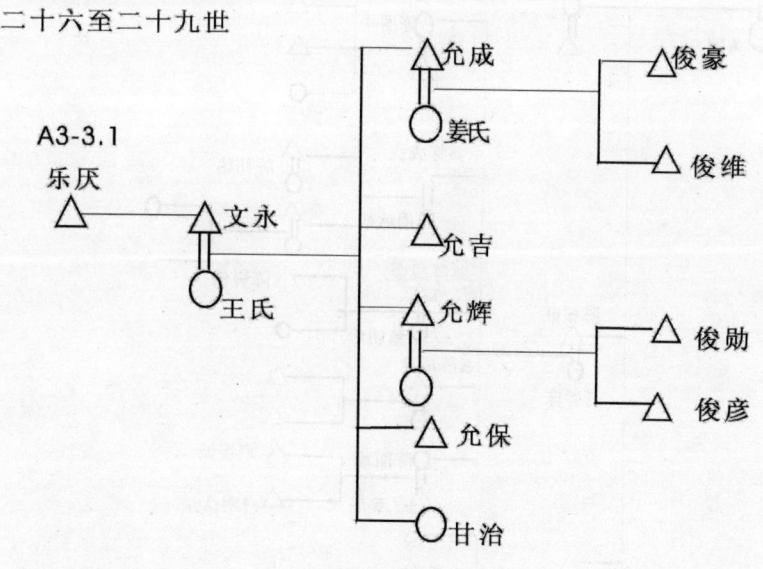

闽南陈坑人的社会与文化

二十六至三十世

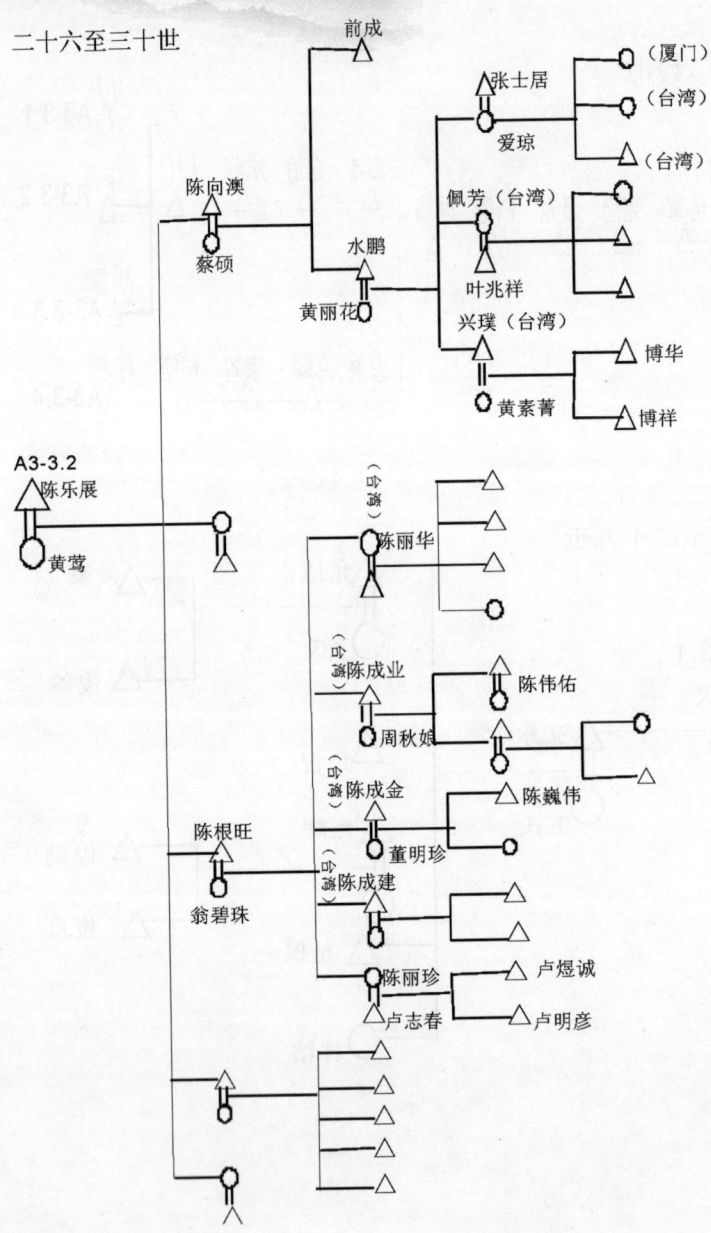

254

第九章
陈坑的宗族

二十六至二十九世

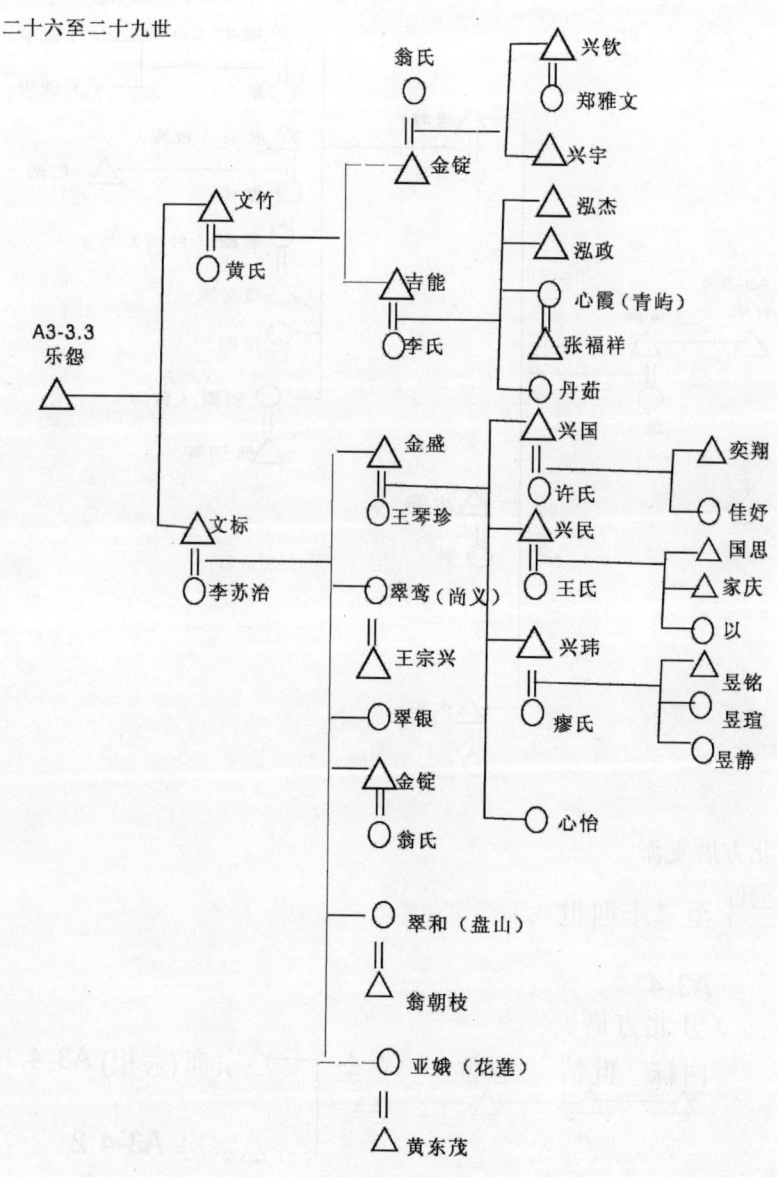

255

闽南陈坑人的社会与文化

二十六至三十世

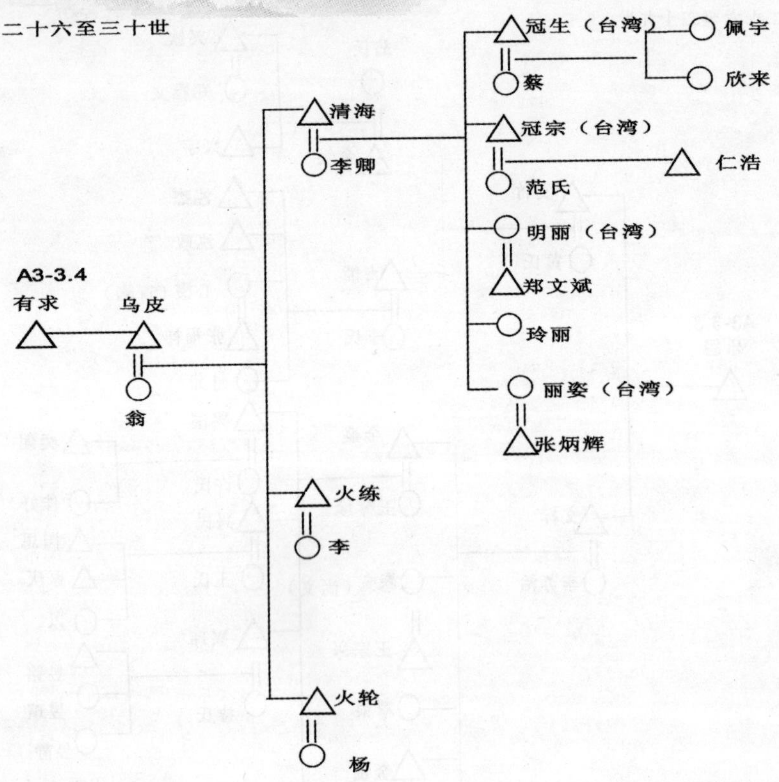

A3-3.4

北方厝支派

二十至二十四世

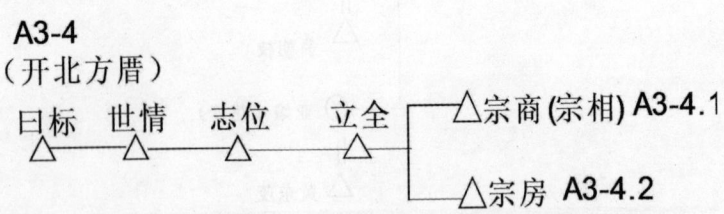

第九章

陈坑的宗族

二十四至二十九世

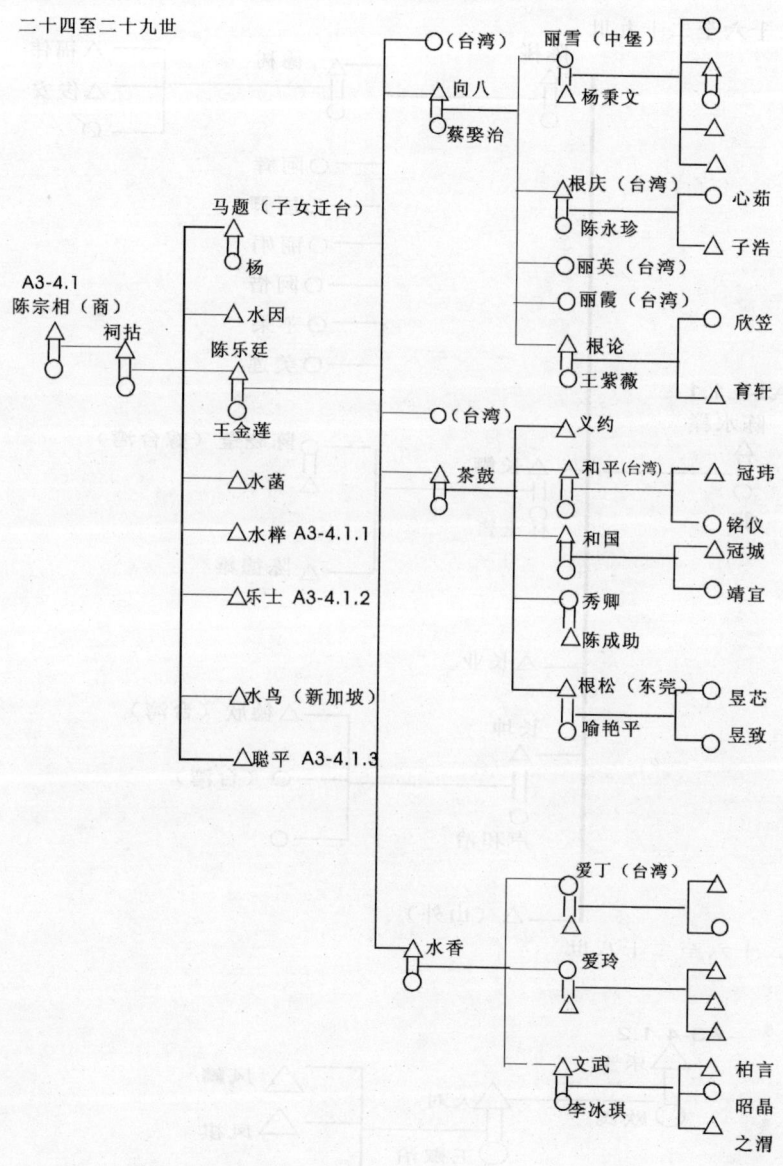

闽南陈坑人的社会与文化

二十六至二十九世

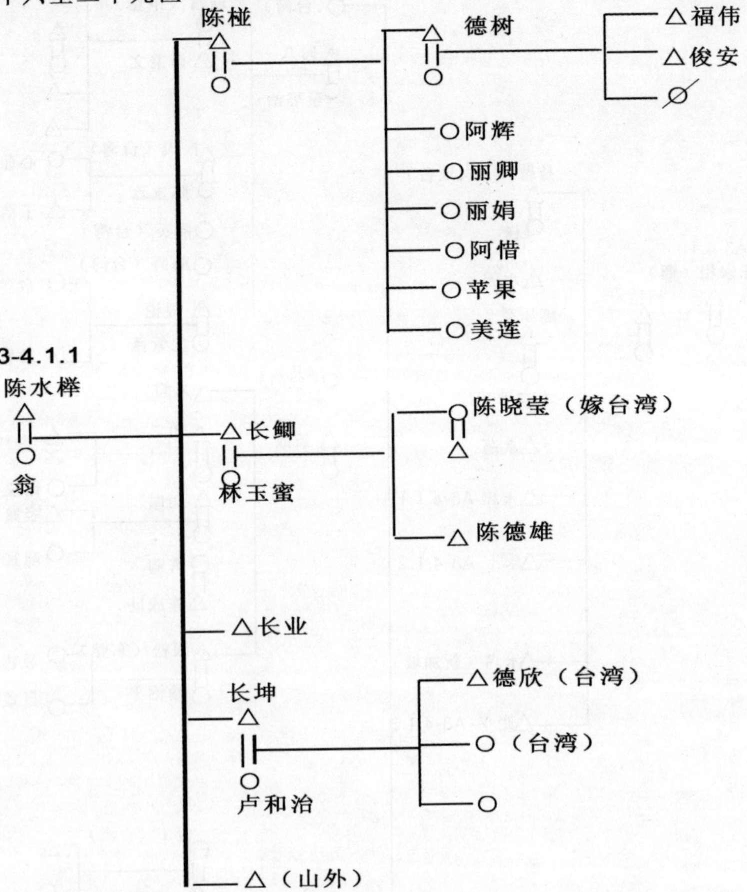

```
陈槌 ─┬─ 德树 ─┬─ △福伟
      │         ├─ △俊安
      │         └─ ∅
      ├─ ○阿辉
      ├─ ○丽卿
      ├─ ○丽娟
      ├─ ○阿惜
      ├─ ○苹果
      └─ ○美莲
```

A3-4.1.1
陈水桦
翁

长鲫 ── 林玉蜜 ─┬─ 陈晓莹（嫁台湾）
                 └─ 陈德雄

△长业

长坤 ── 卢和治 ─┬─ △德欣（台湾）
                 ├─ ○（台湾）
                 └─ ○

△（山外）

二十六至二十八世

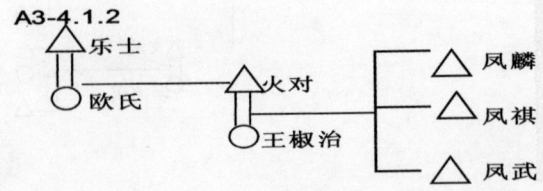

A3-4.1.2
乐士 ── 欧氏 ── 火对 ── 王椒治 ─┬─ △凤麟
                                    ├─ △凤祺
                                    └─ △凤武

258

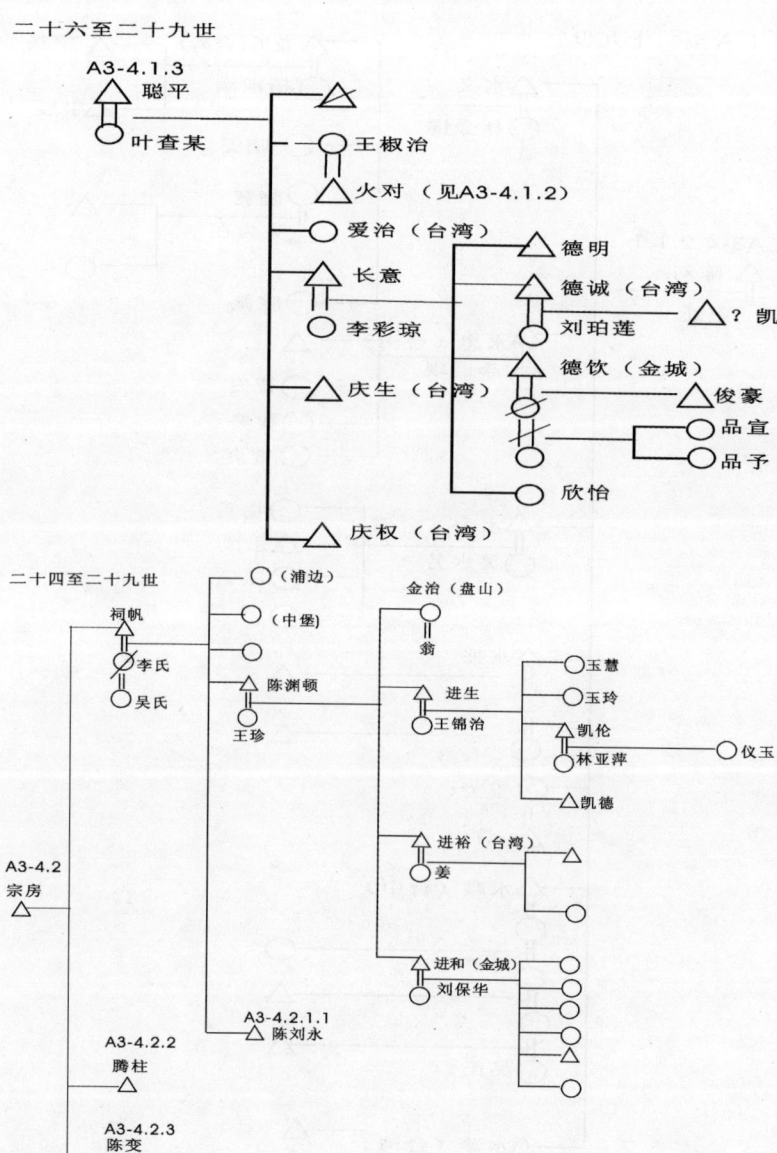

闽南陈坑人的社会与文化

二十六至二十九世

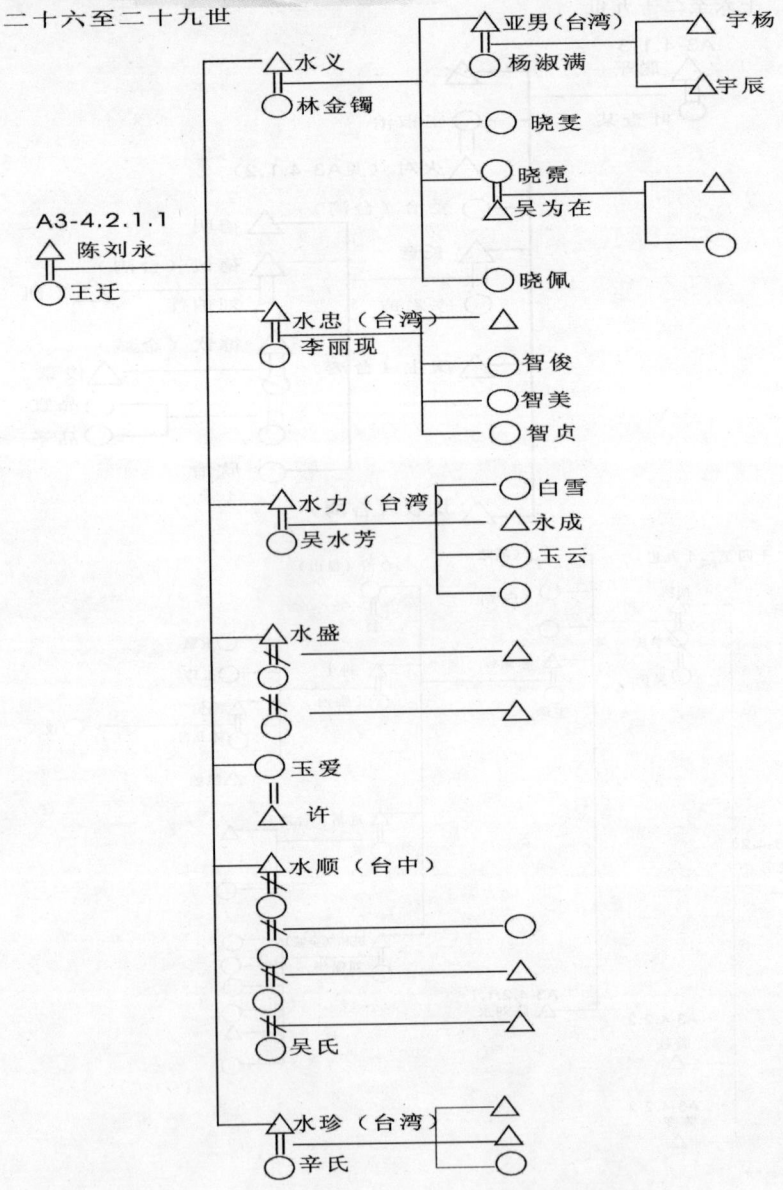

第九章
陈坑的宗族

二十五至二十九世

A3-4.2.2
腾柱

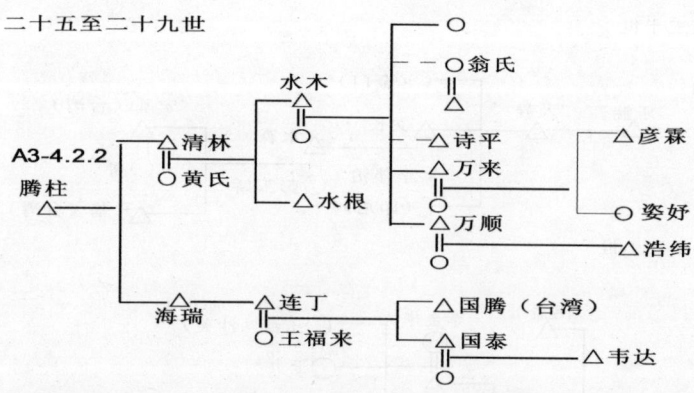

二十五至二十八世

A3-4.2.3
陈变

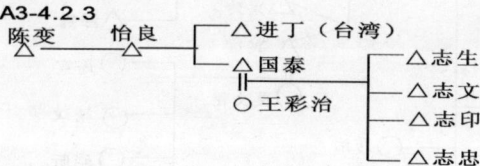

四柱支派
二十至二十五世

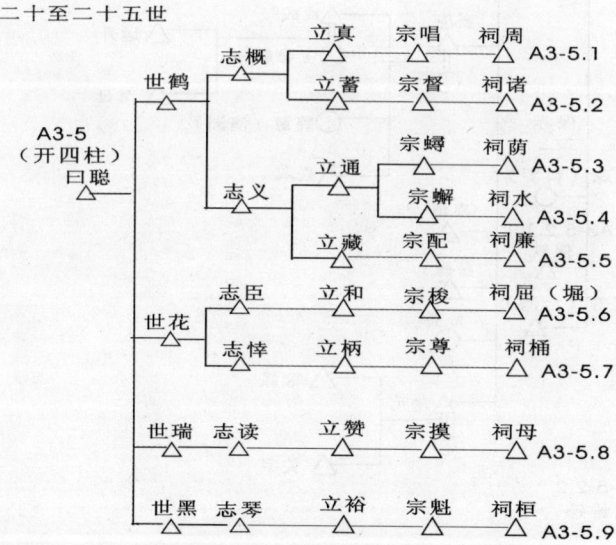

闽南陈坑人的社会与文化

二十五至三十世

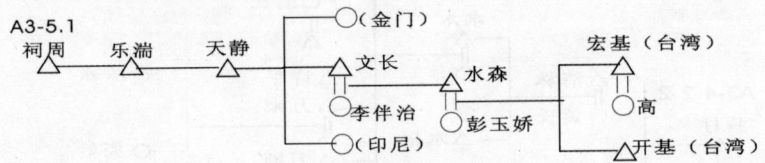

二十五至三十世

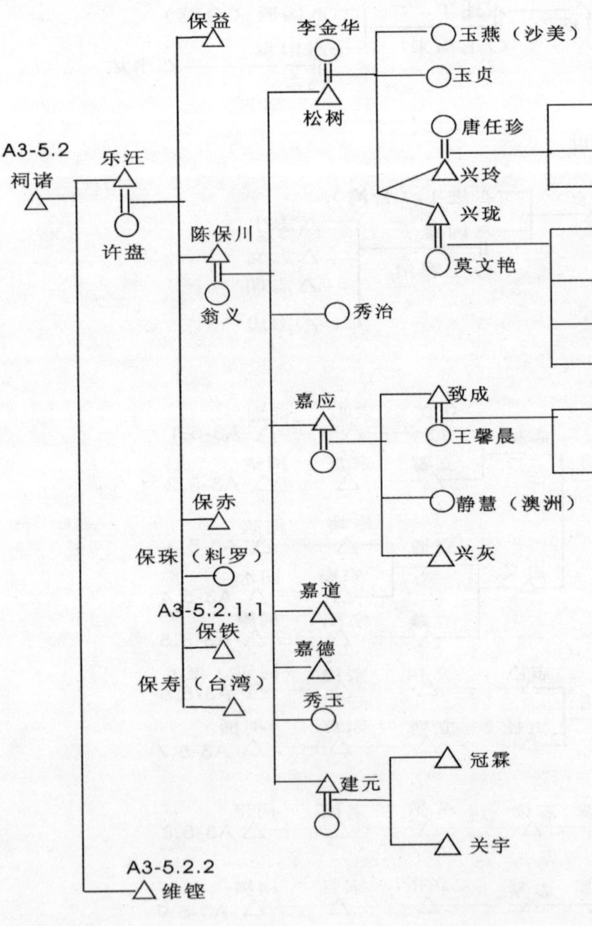

第九章
陈坑的宗族

二十七至二十九世

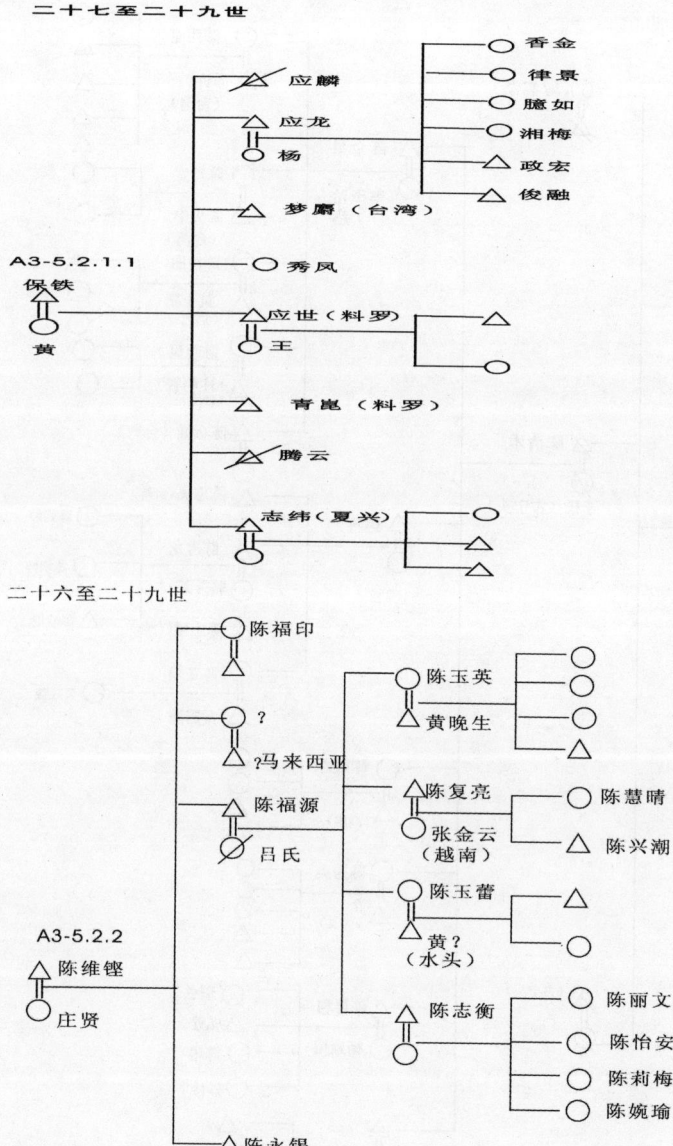

二十六至二十九世

闽南陈坑人的社会与文化

二十五至二十九世

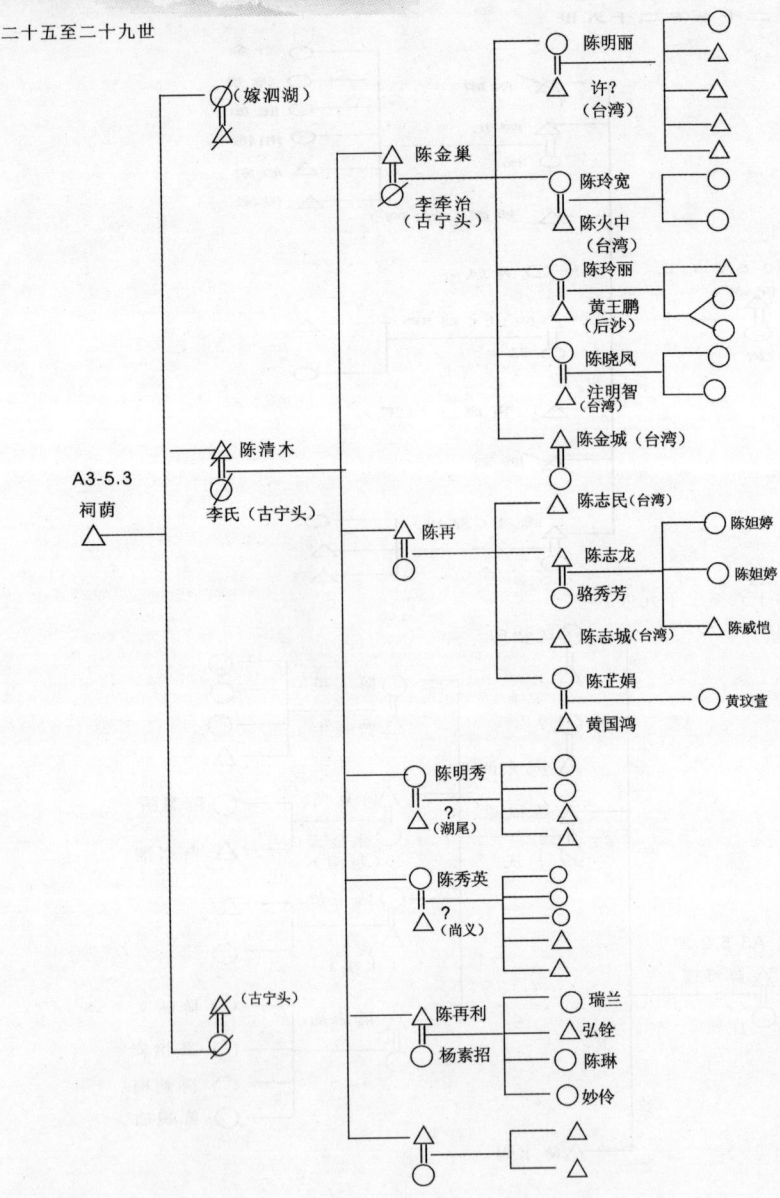

二十五至三十世

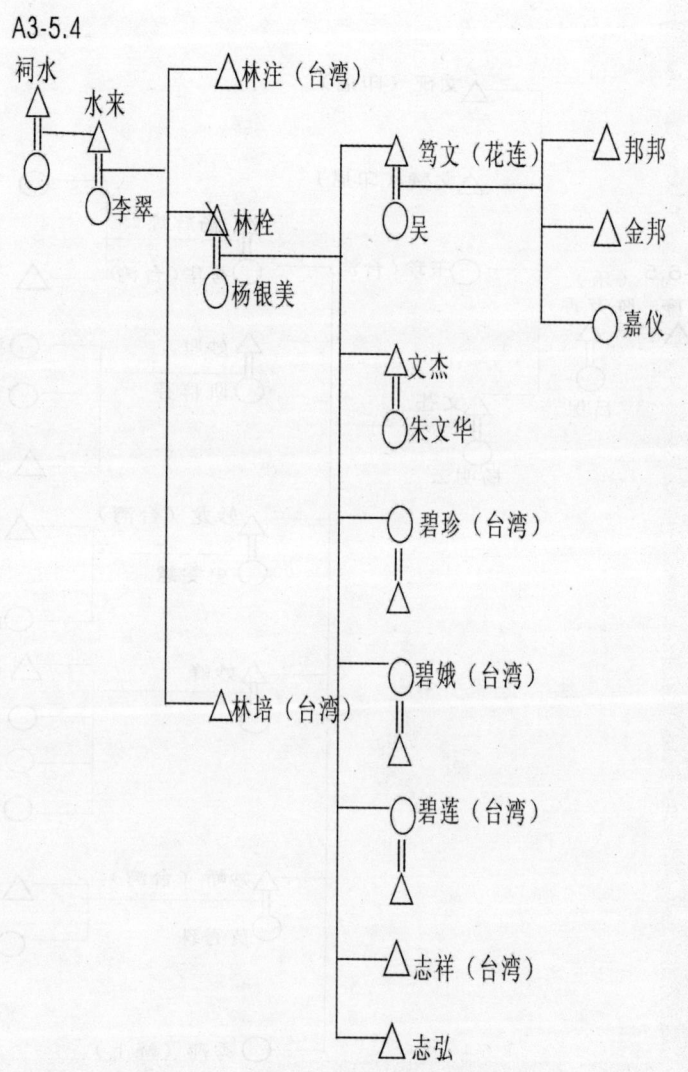

闽南陈坑人的社会与文化

二十五至二十九世

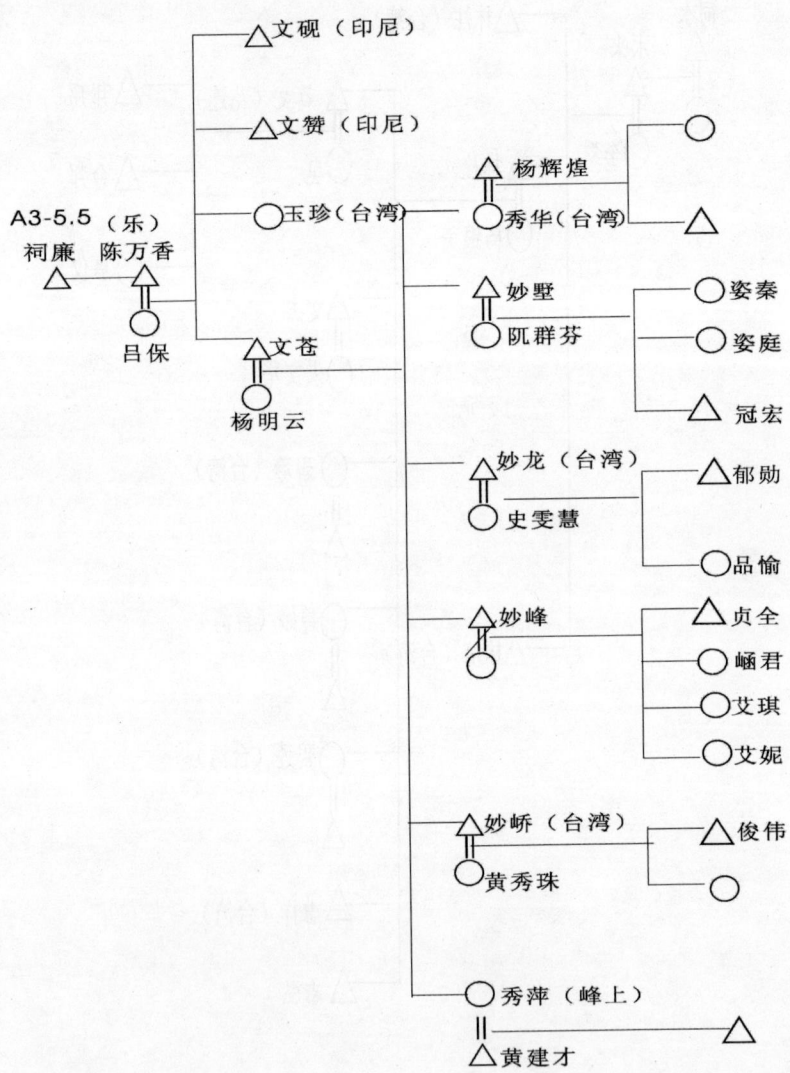

第九章
陈坑的宗族

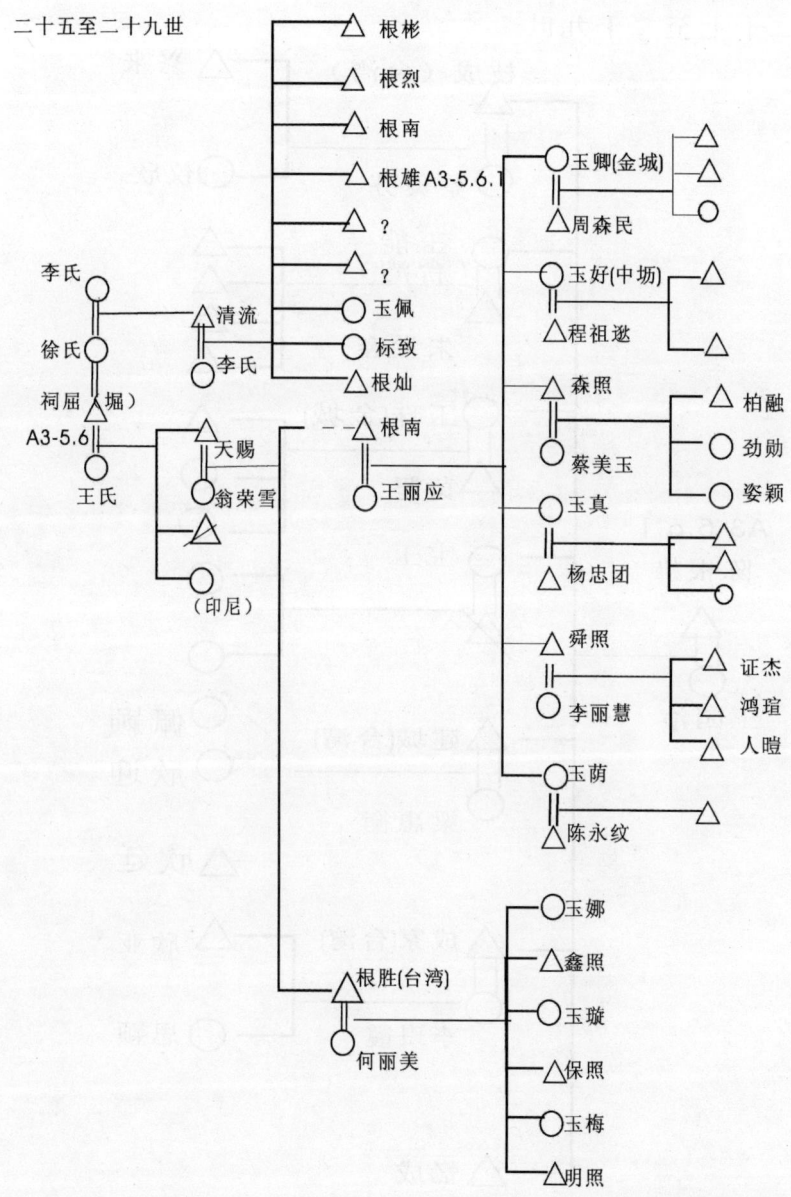

闽南陈坑人的社会与文化

二十七至二十九世

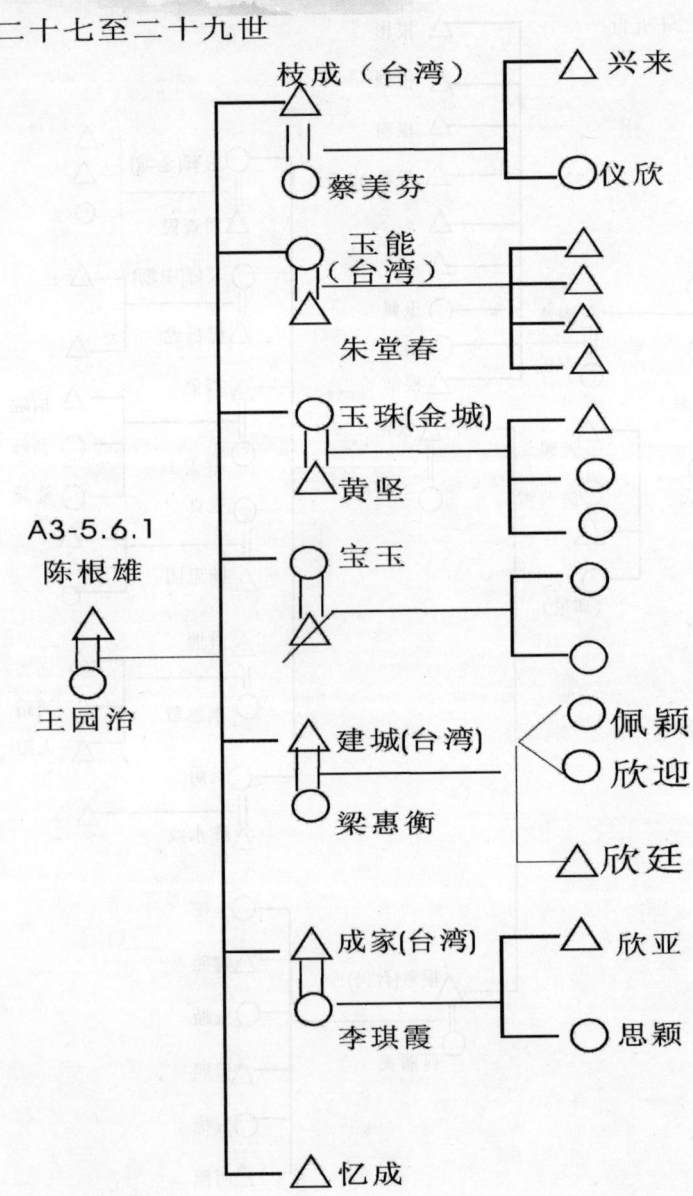

第九章
陈坑的宗族

二十五至二十九世

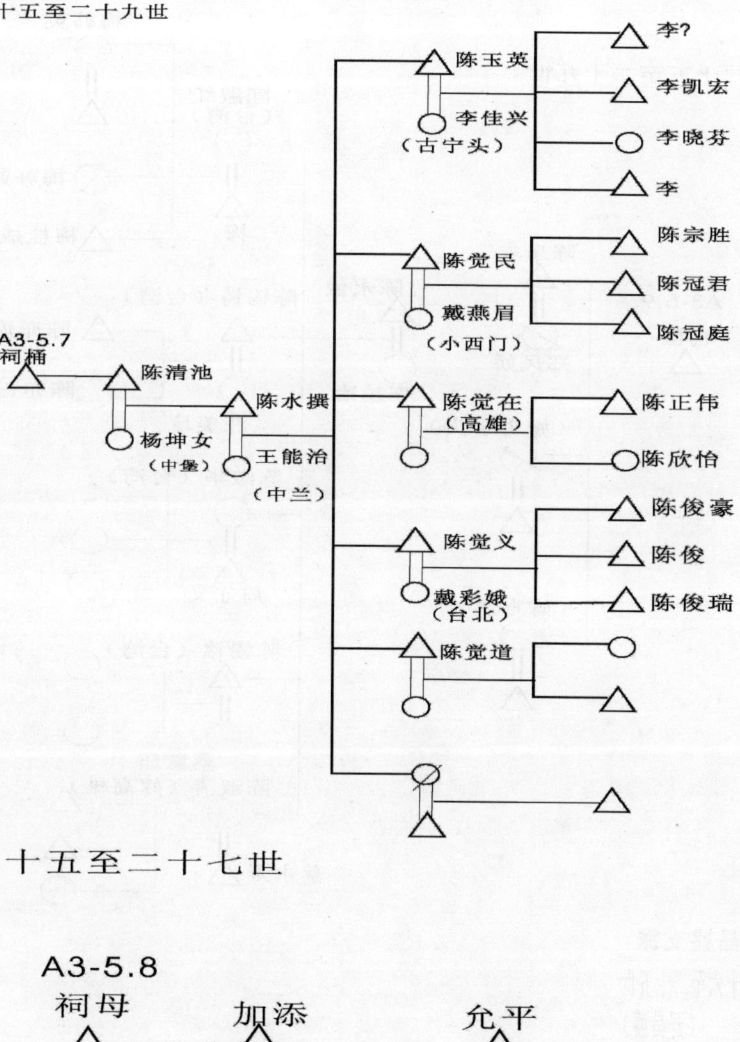

```
                              ┌─△ 李?
                    △ 陈玉英 ──┼─△ 李凯宏
                    ○ 李佳兴   ├─○ 李晓芬
                     （古宁头） └─△ 李

                              ┌─△ 陈宗胜
                    △ 陈觉民 ──┼─△ 陈冠君
                    ○ 戴燕眉   └─△ 陈冠庭
                     （小西门）

   A3-5.7                     ┌─△ 陈正伟
   祠桶    △ 陈清池  △ 陈水撰──△ 陈觉在
   △──────○ 杨坤女   ○ 王能治  （高雄）  └─○ 陈欣怡
            （中堡）   （中兰）
                              ┌─△ 陈俊豪
                    △ 陈觉义 ──┼─△ 陈俊
                    ○ 戴彩娥   └─△ 陈俊瑞
                     （台北）

                              ┌─○
                    △ 陈觉道 ──┤
                              └─△

                    ⊘
                    △────────△
```

二十五至二十七世

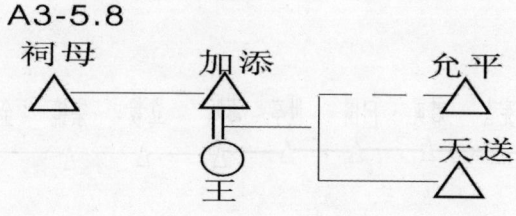

```
   A3-5.8
   祠母            ┌── △ 允平
   △ ──── △ 加添 ──┤
                ○ 王     └── △ 天送
```

二十五至二十九世

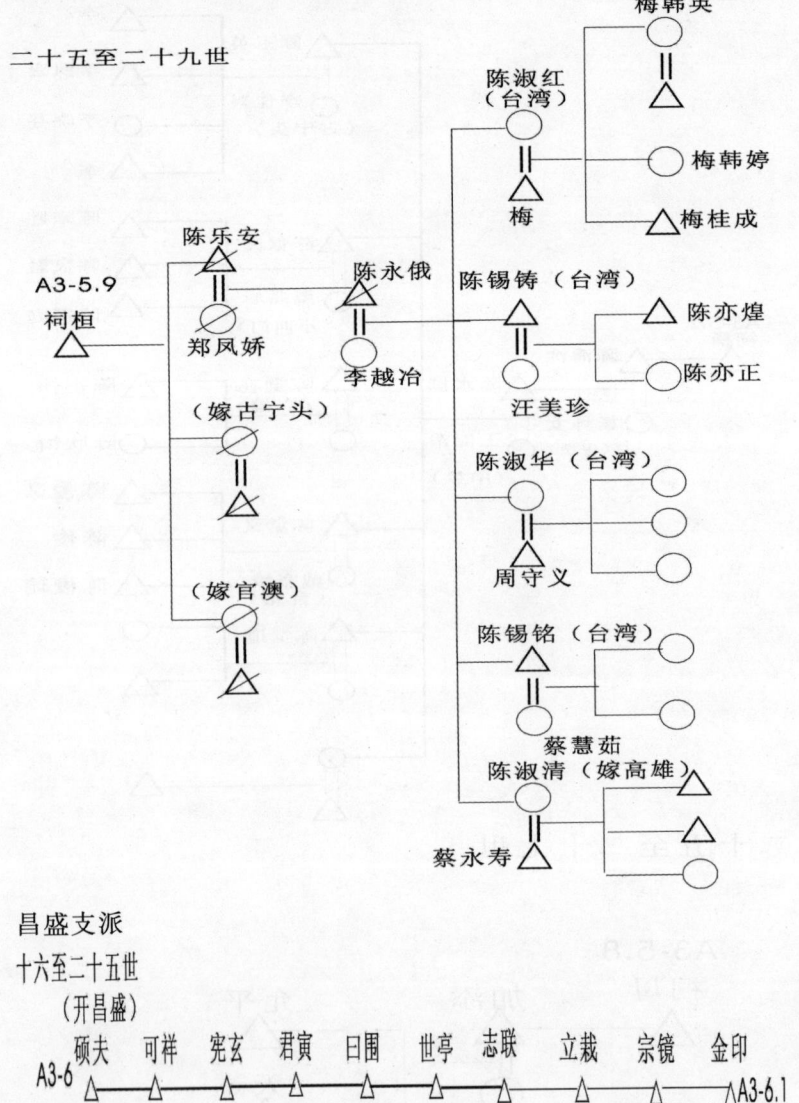

昌盛支派
十六至二十五世
（开昌盛）

第九章
陈坑的宗族

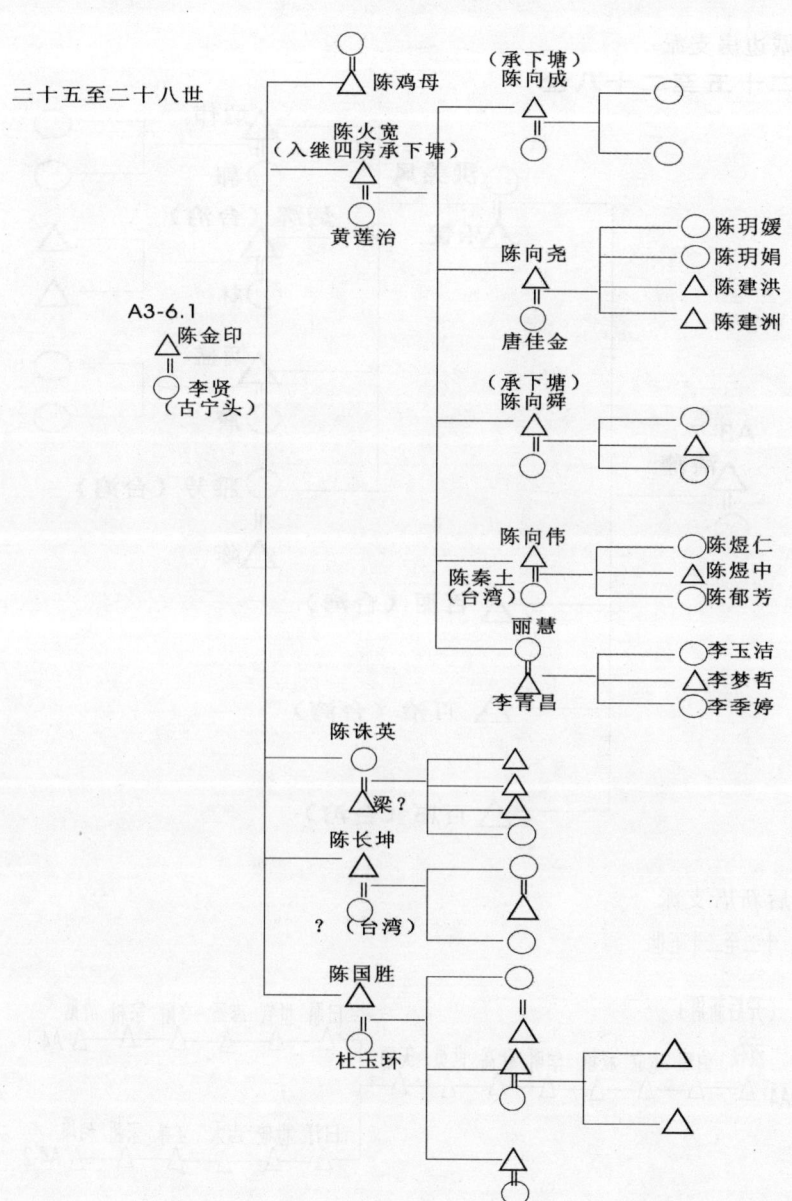

闽南陈坑人的社会与文化

城边房支派
二十五至二十八世

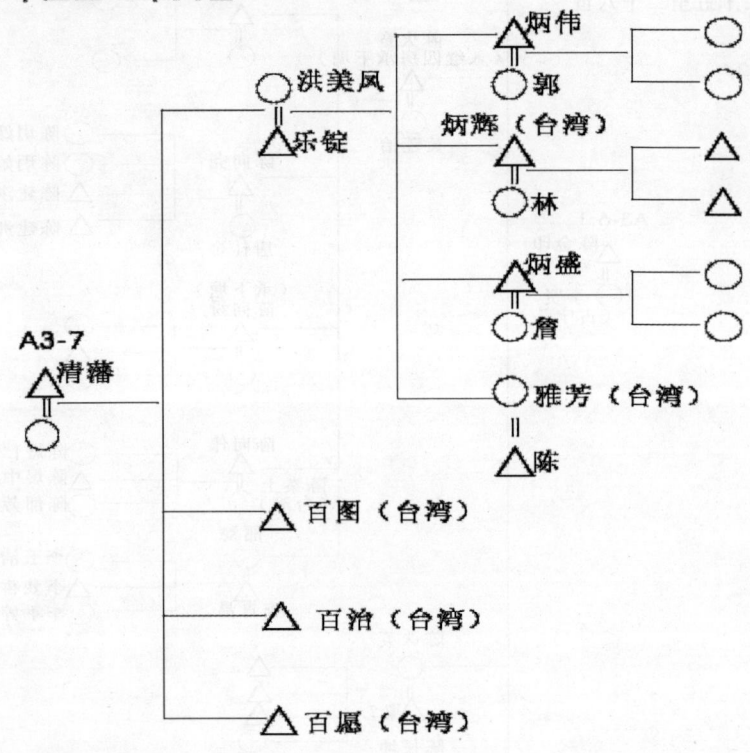

后新厝支派
十二至二十五世

(开后新厝)

烈仪 伯璋 宽立 叔镇 学明 仕高 世员 天福

日愿 世宜 志三 立附 宗相 清见 A4-1

日汀 世皎 志天 立尊 宗超 祠顶 A4-2

A4

第九章
陈坑的宗族

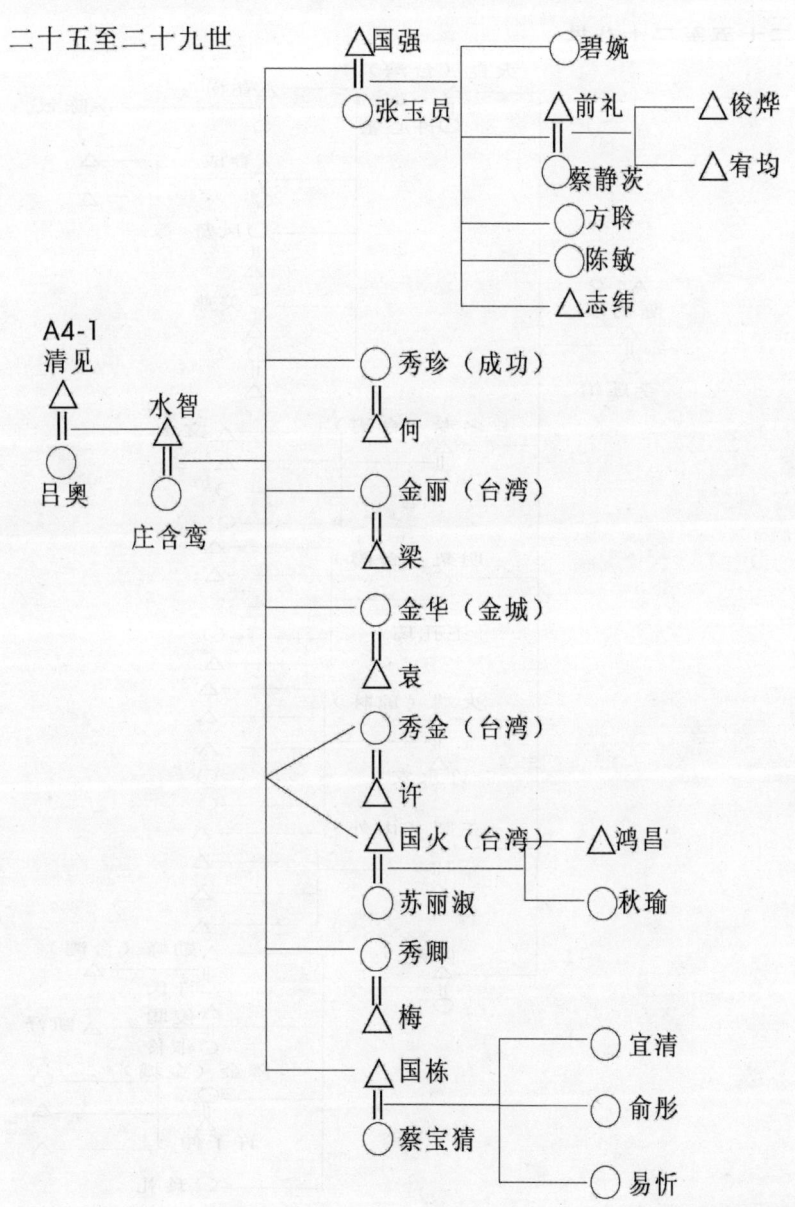

闽南陈坑人的社会与文化

二十五至二十八世

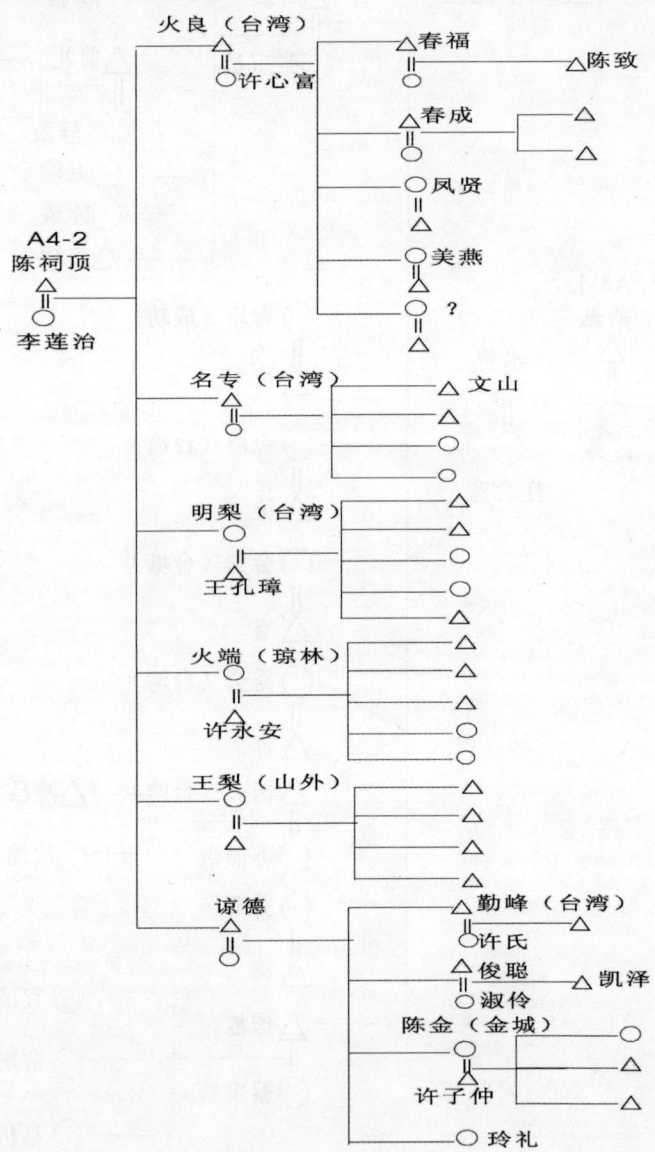

第九章
陈坑的宗族

三房上塘

八至十八世

十八至二十二十五世

二十五至二十八世

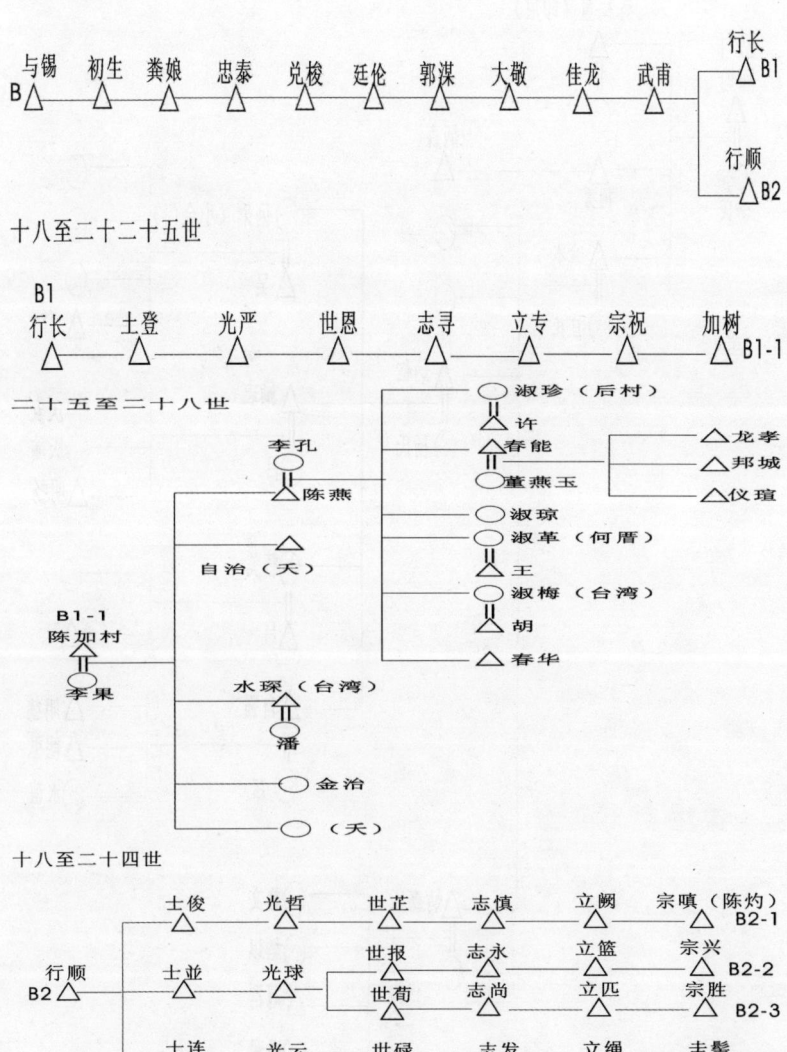

十八至二十四世

闽南陈坑人的社会与文化

二十四至二十八世

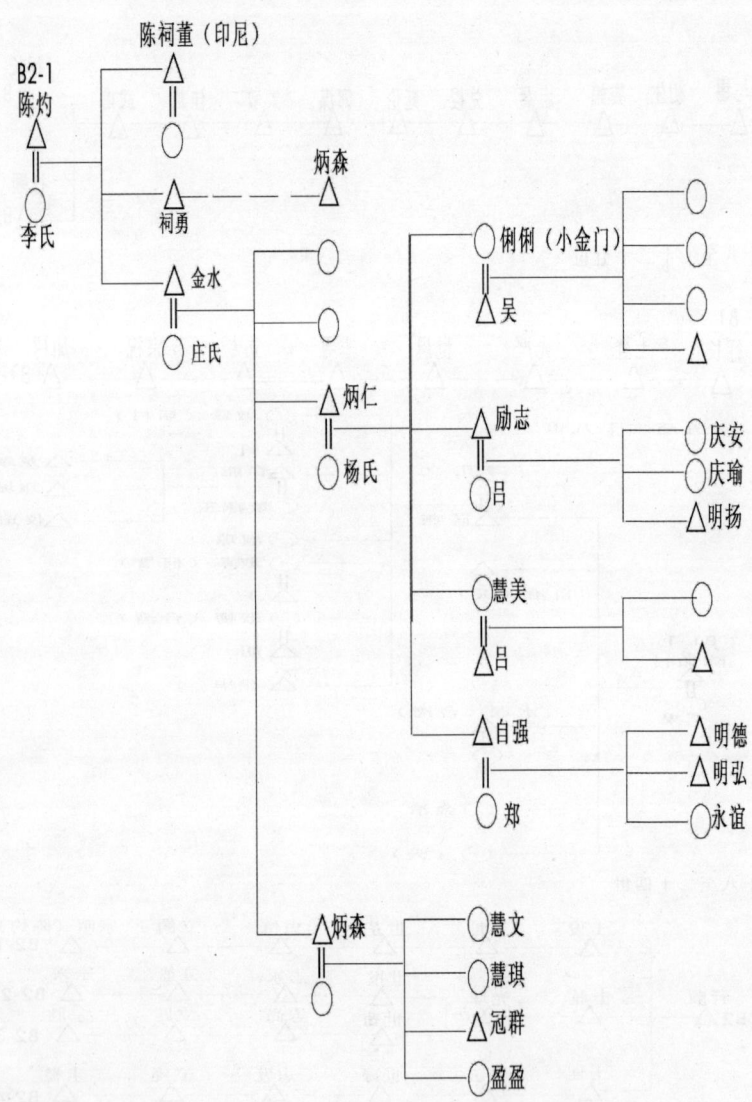

第九章
陈坑的宗族

二十四至二十九世

二十四至二十八世

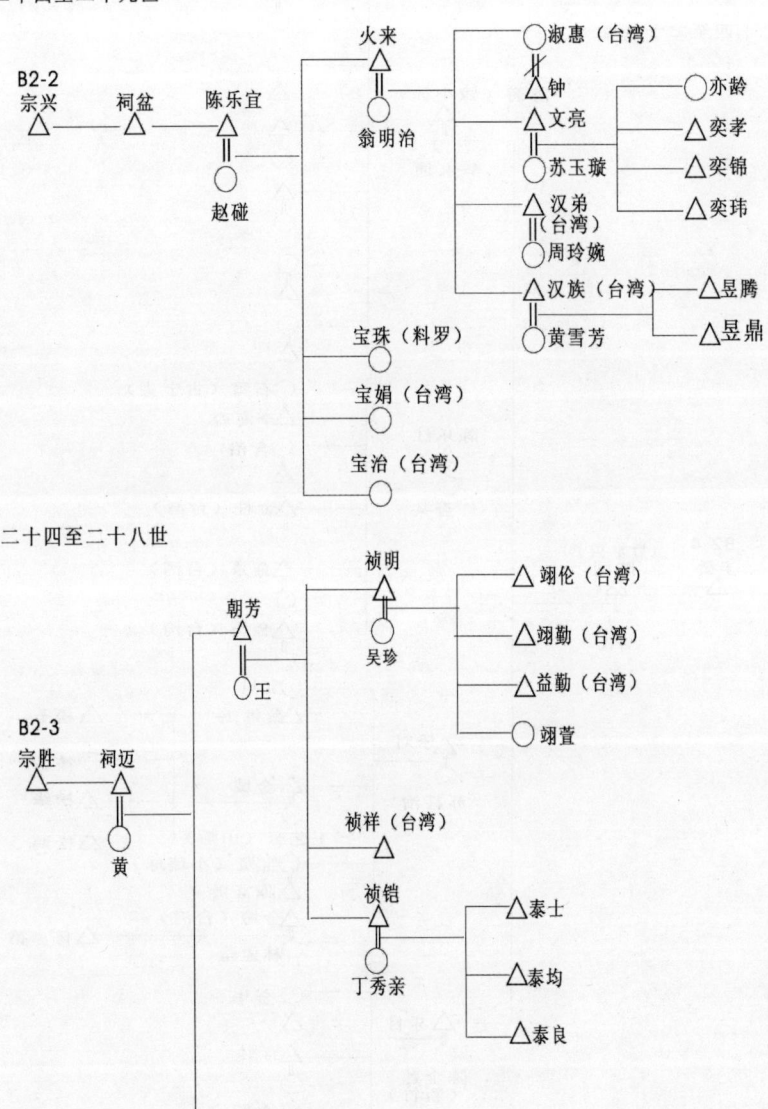

闽南陈坑人的社会与文化

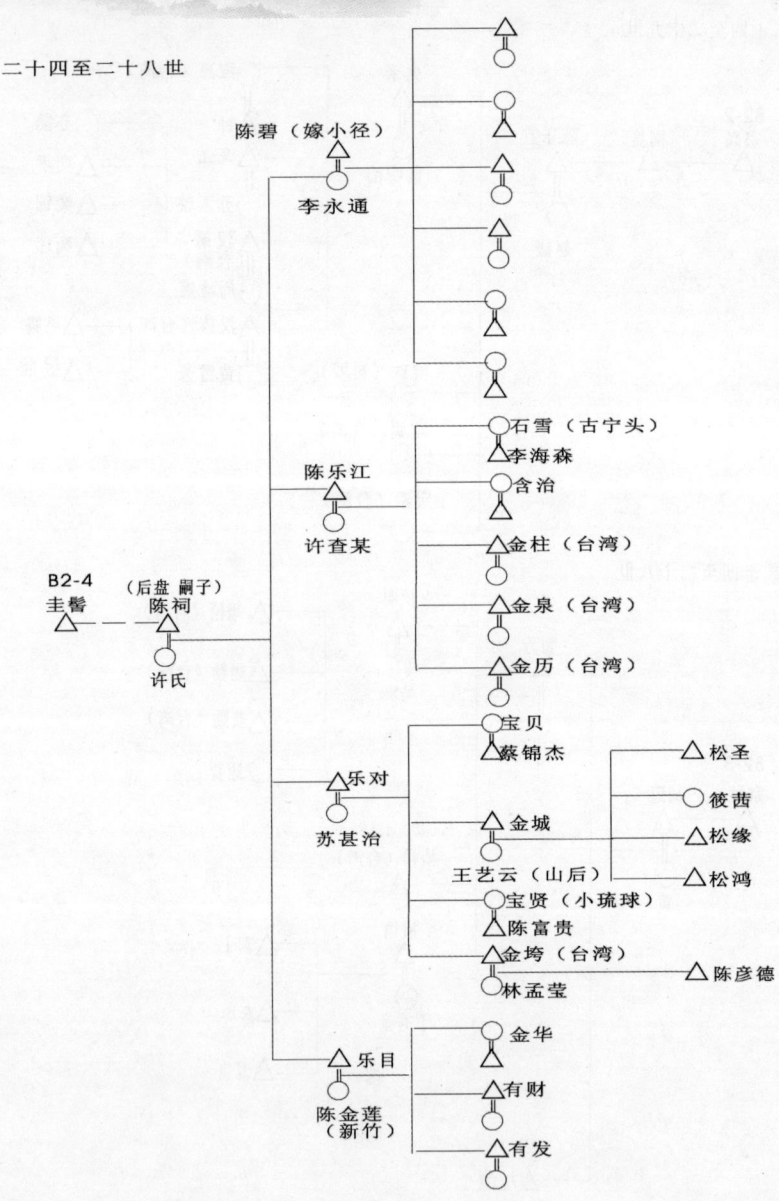

第九章
陈坑的宗族

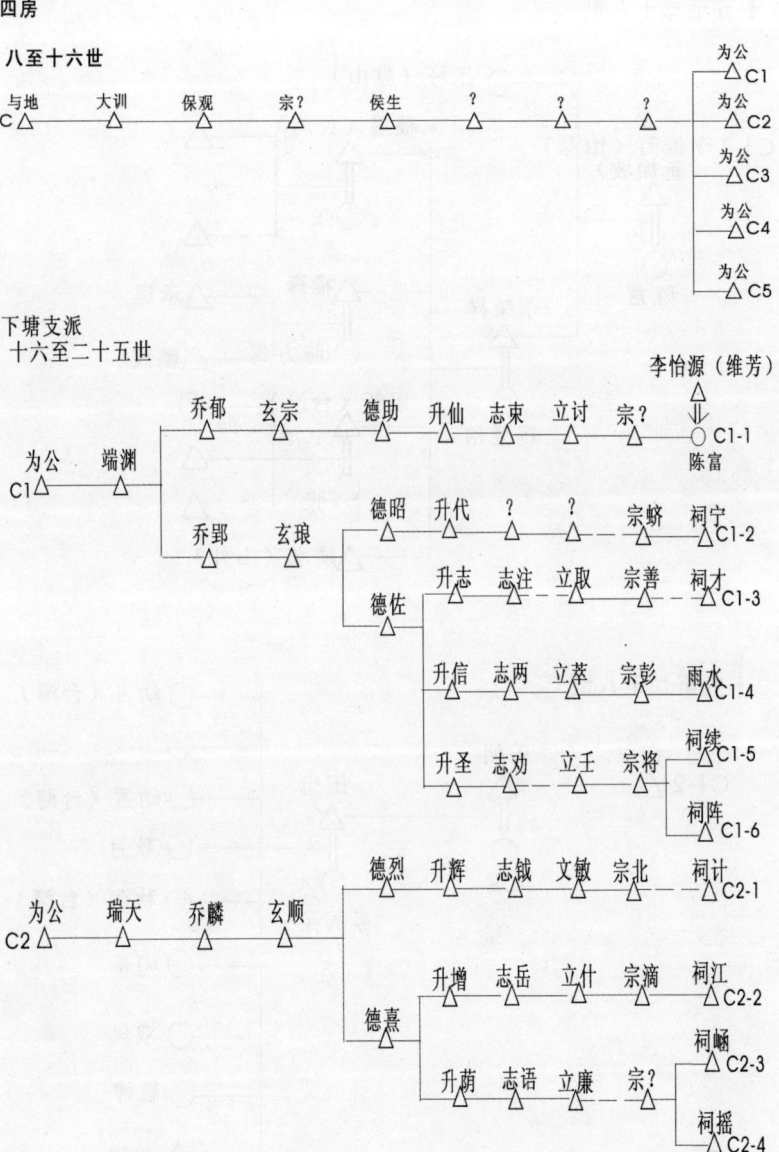

闽南陈坑人的社会与文化

二十五至二十八世

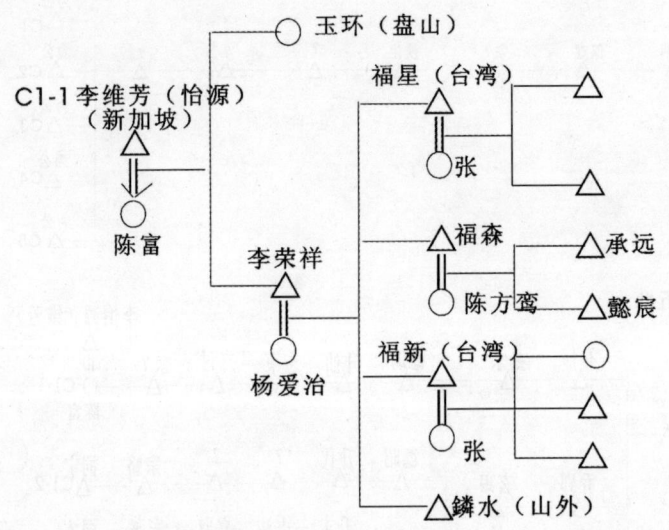

二十五至二十八世

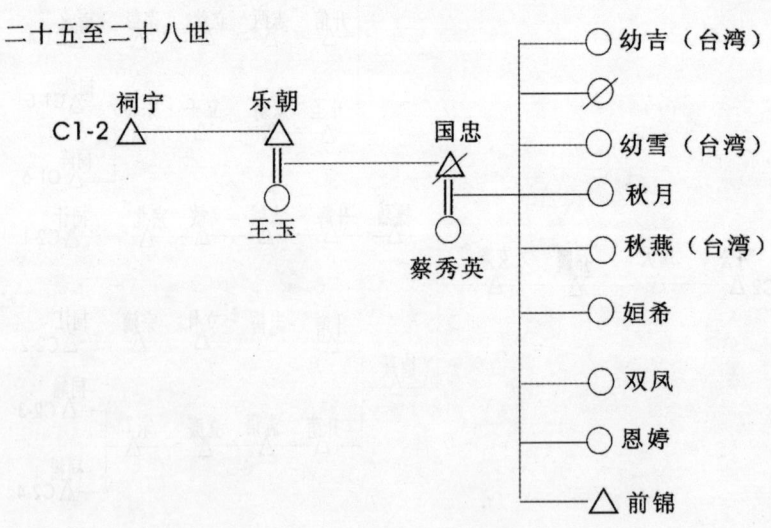

二十五至二十八世

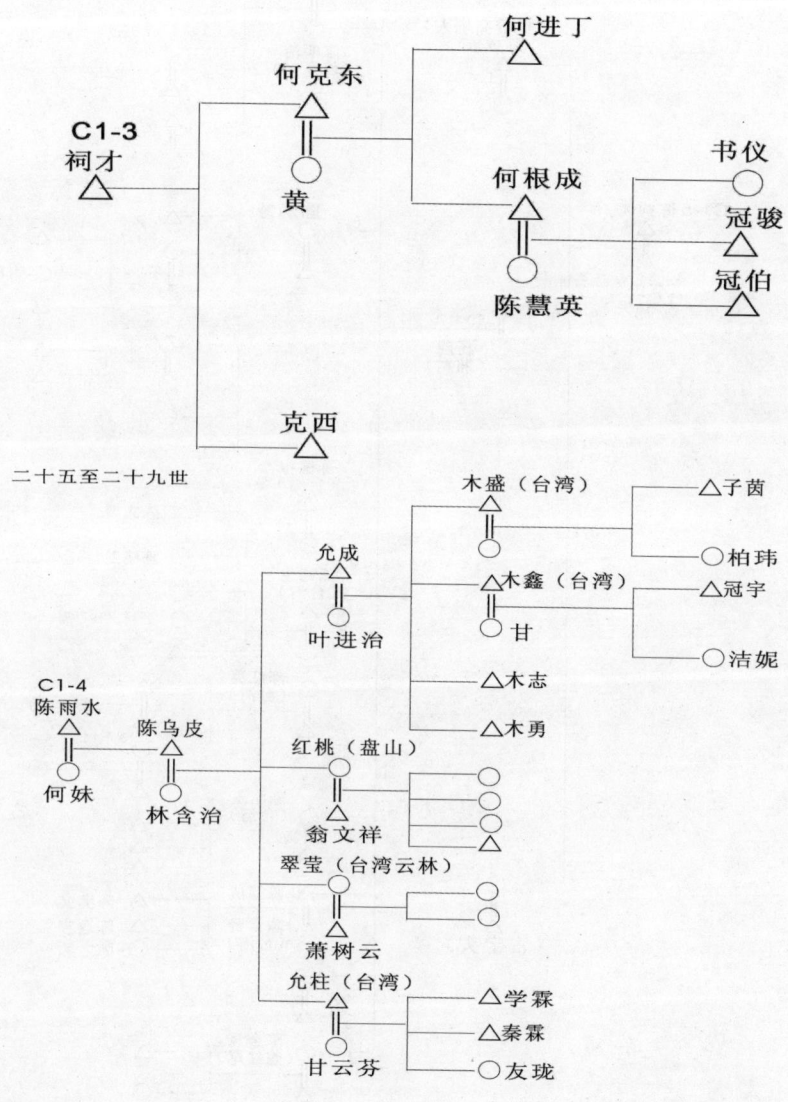

二十五至二十九世

闽南陈坑人的社会与文化

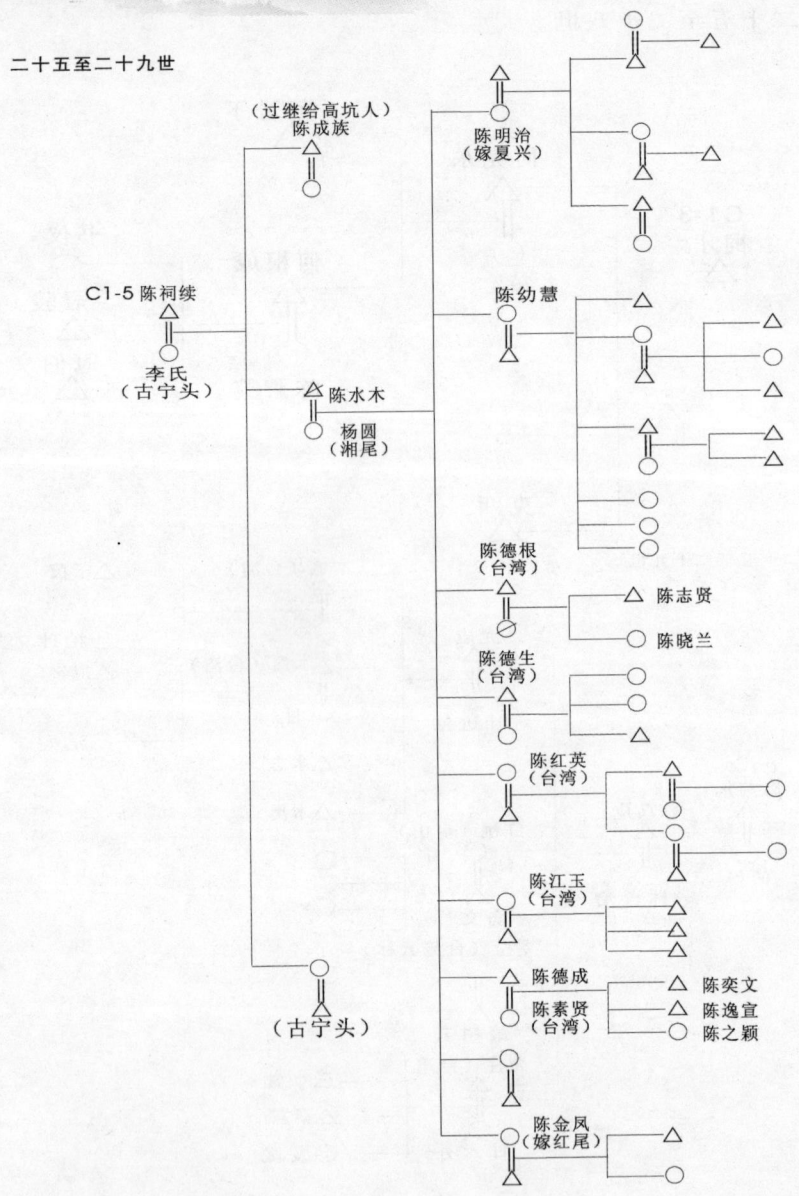

第九章
陈坑的宗族

二十五至二十八世

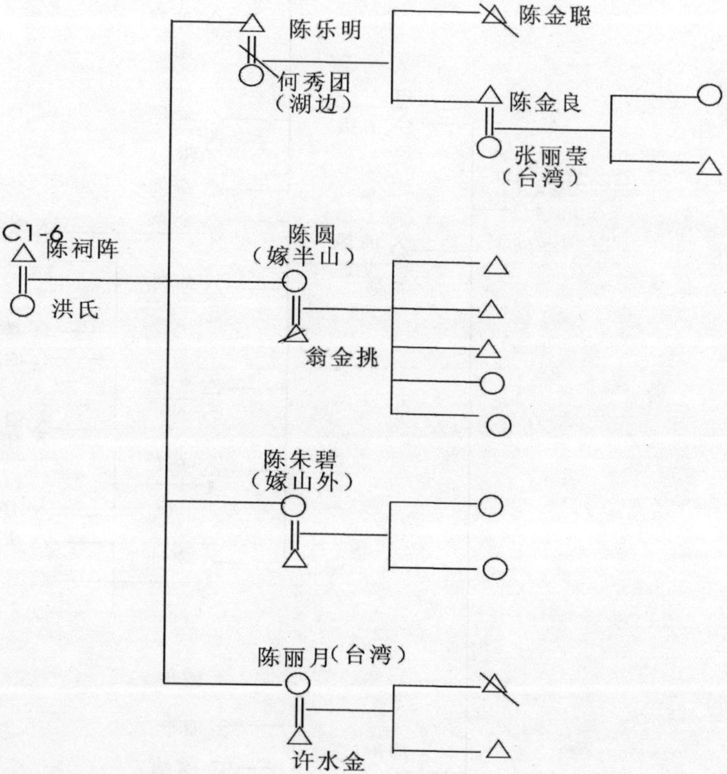

二十五至二十八世

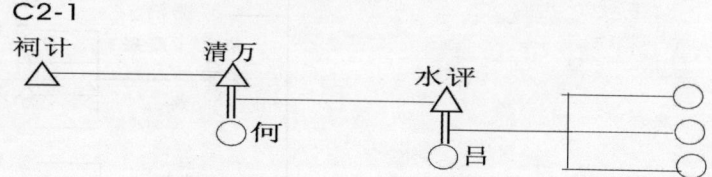

闽南陈坑人的社会与文化

二十五至二十八世

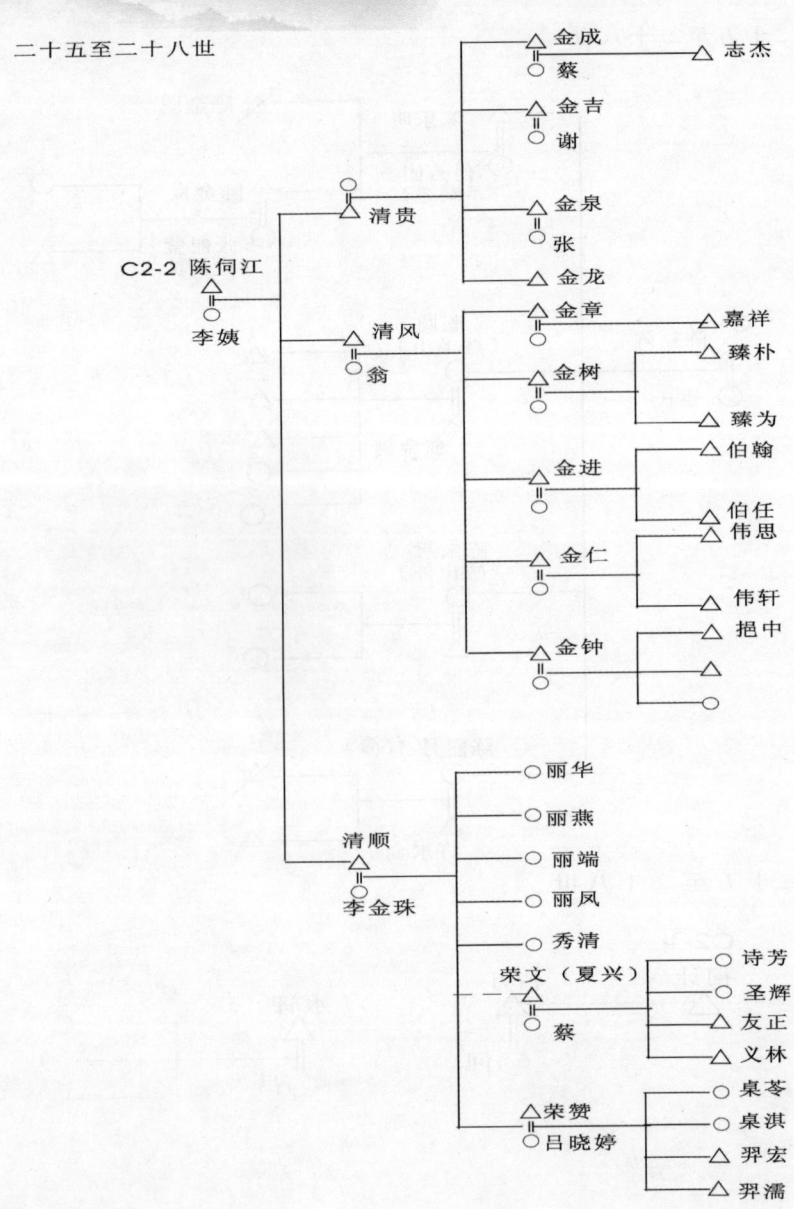

284

第九章
陈坑的宗族

二十五至二十八世

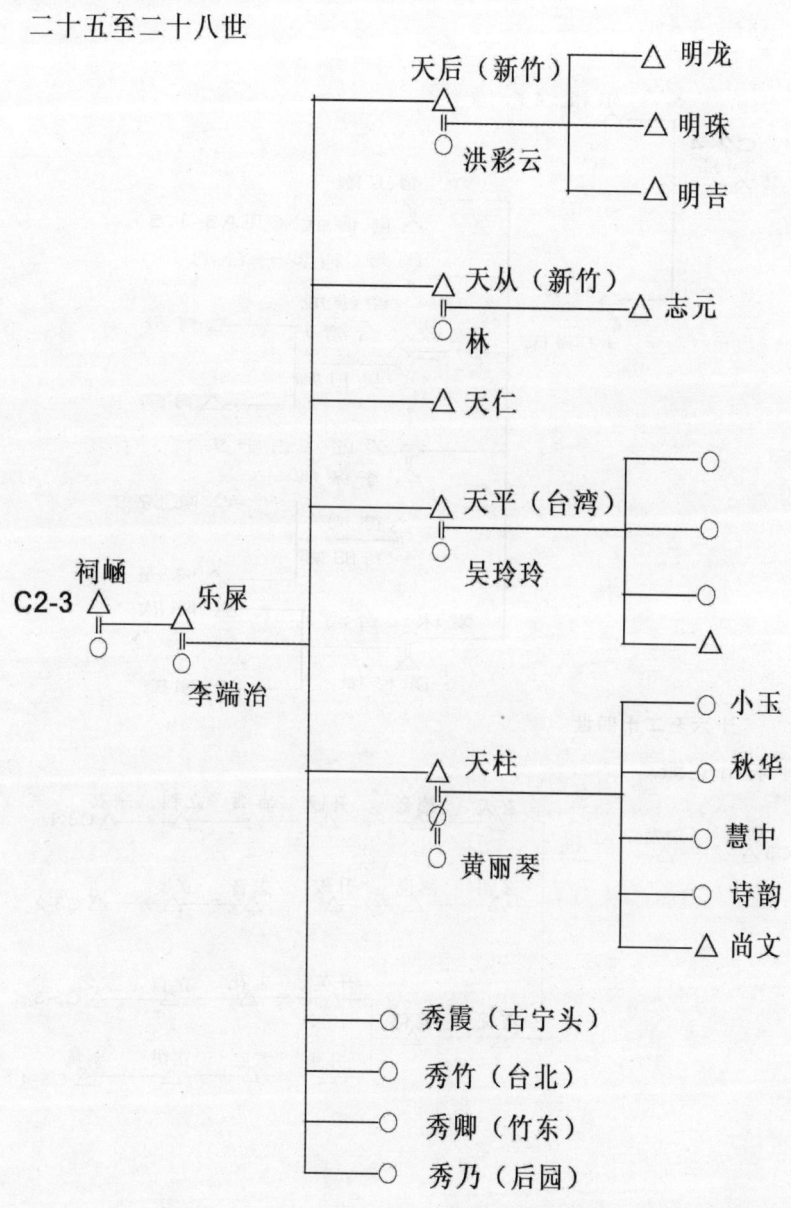

闽南陈坑人的社会与文化

二十五至二十八世

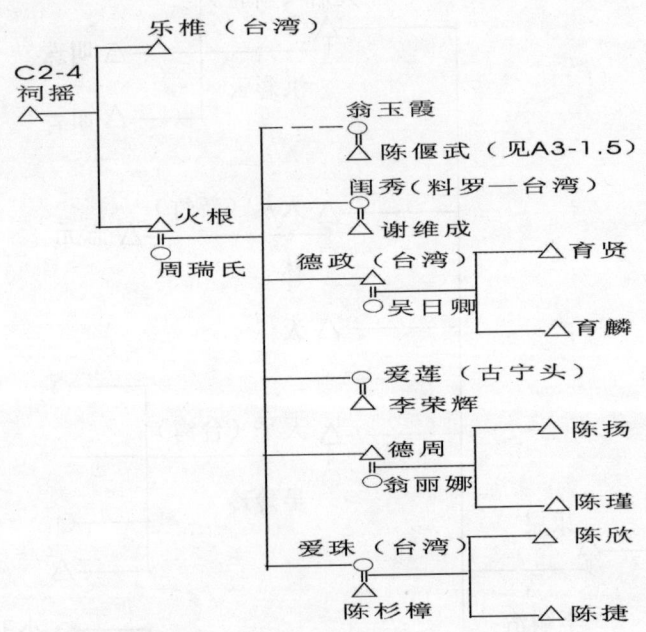

十六至二十四世

东山支派

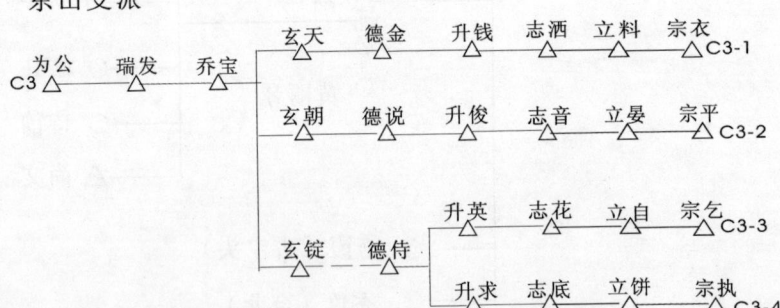

第九章 陈坑的宗族

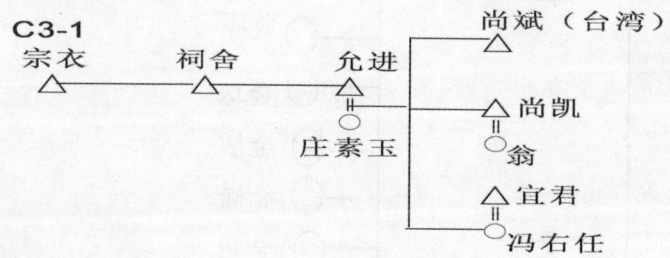

二十四至二十七世

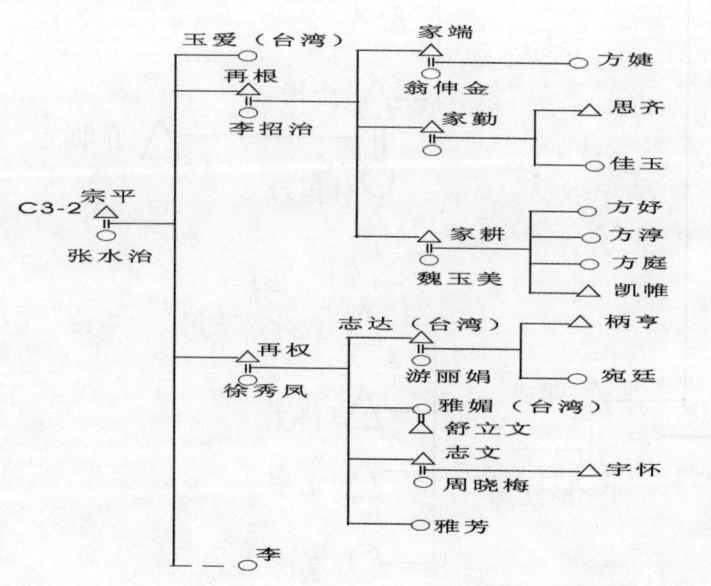

二十四至二十七世

闽南陈坑人的社会与文化

二十四至二十七世

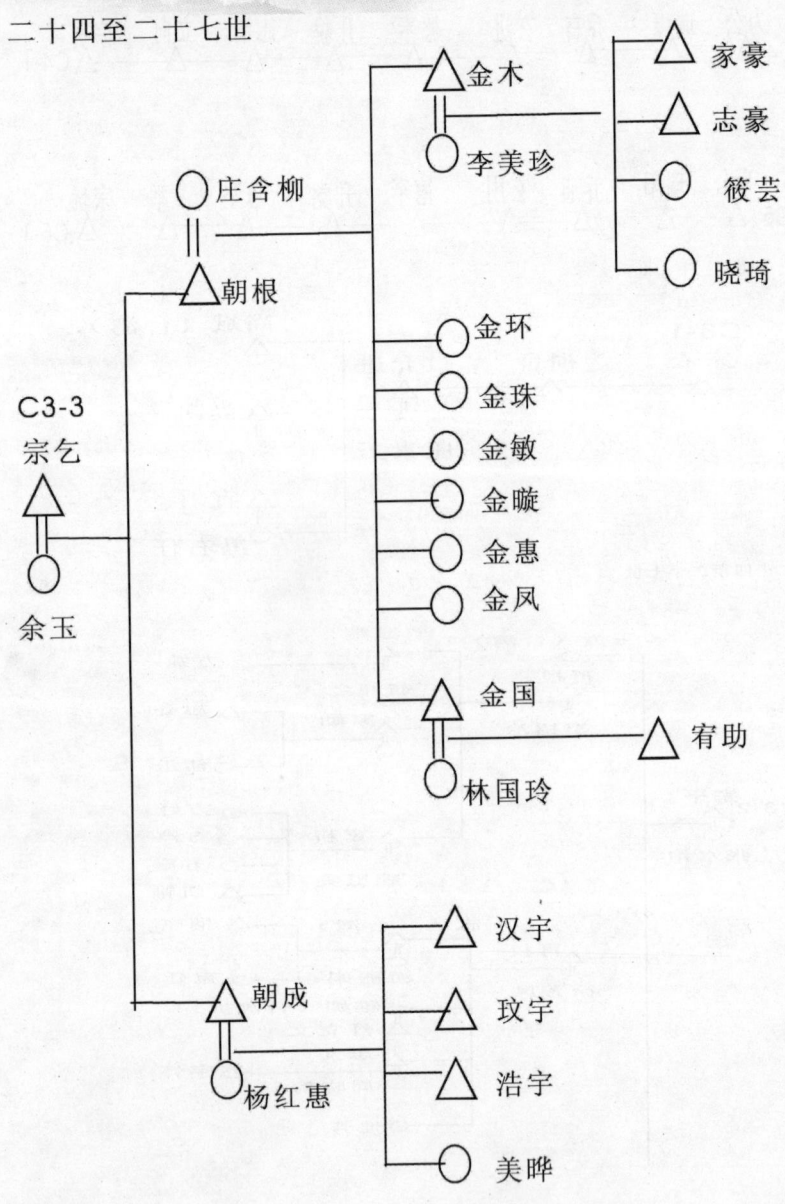

第九章
陈坑的宗族

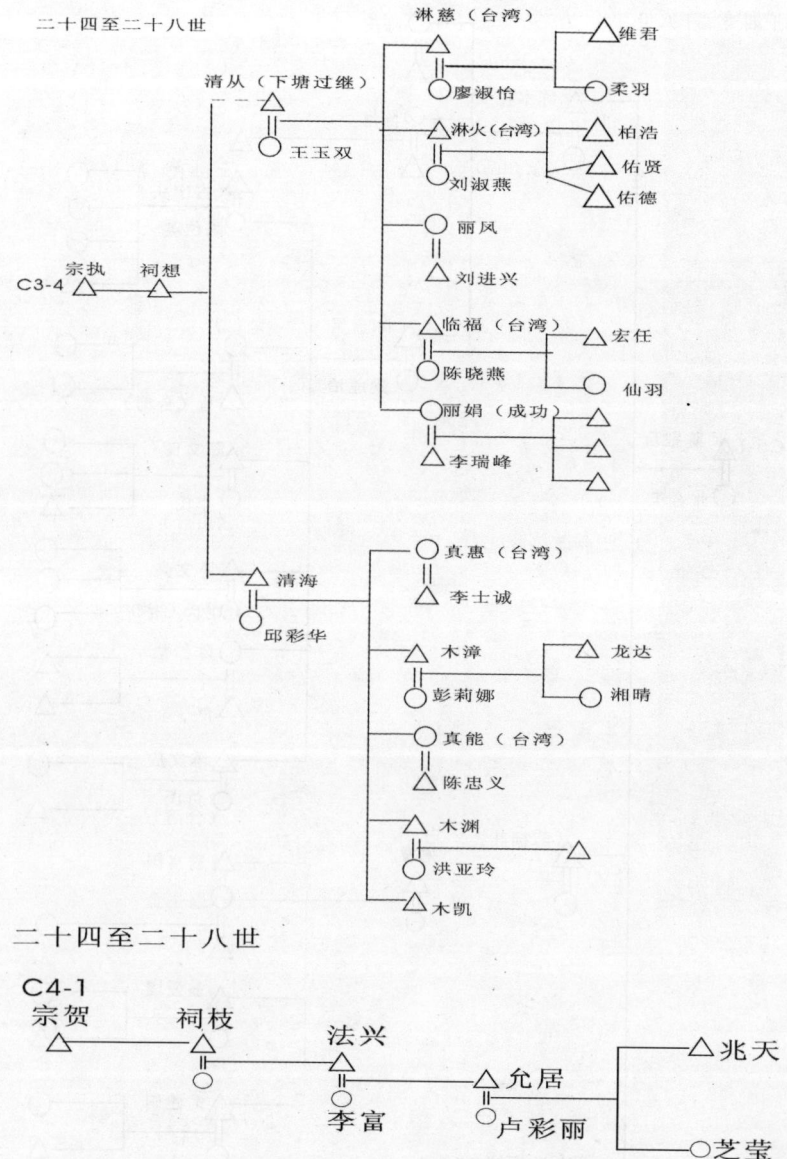

二十四至二十八世

闽南陈坑人的社会与文化

二十四至二十八世

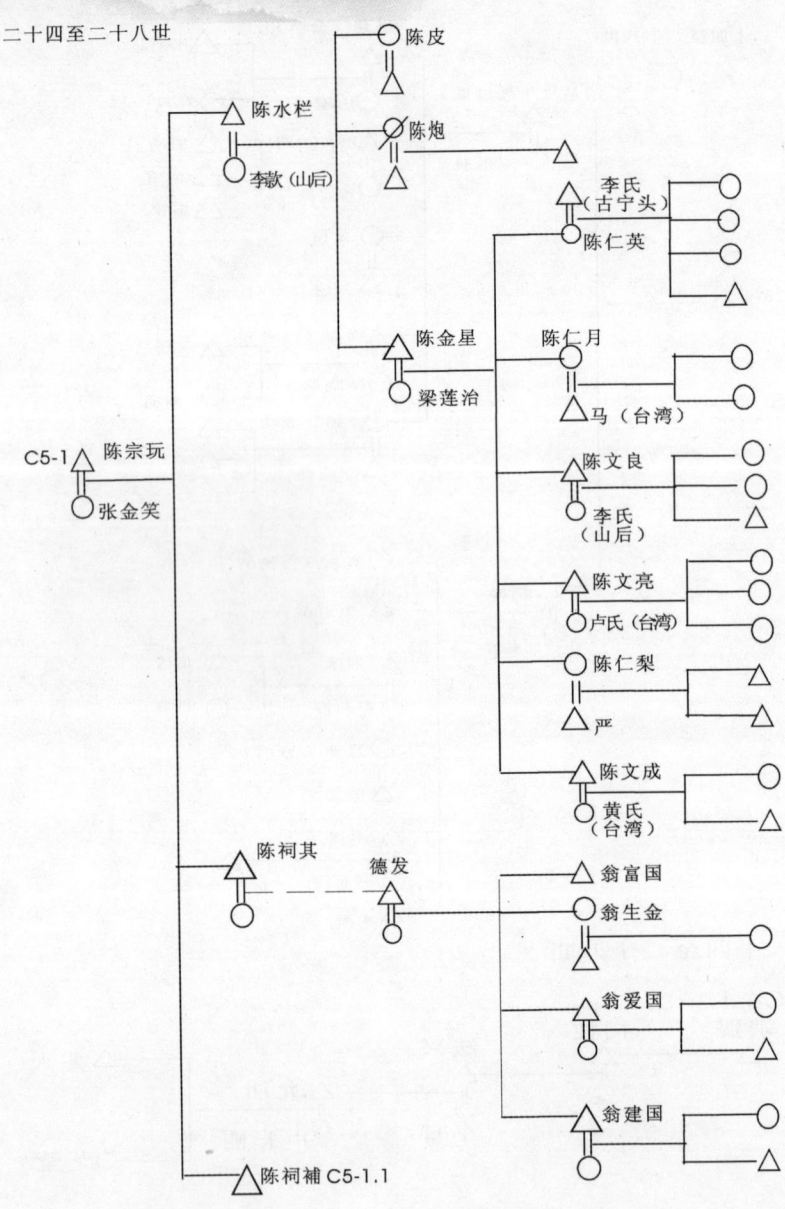

第九章
陈坑的宗族

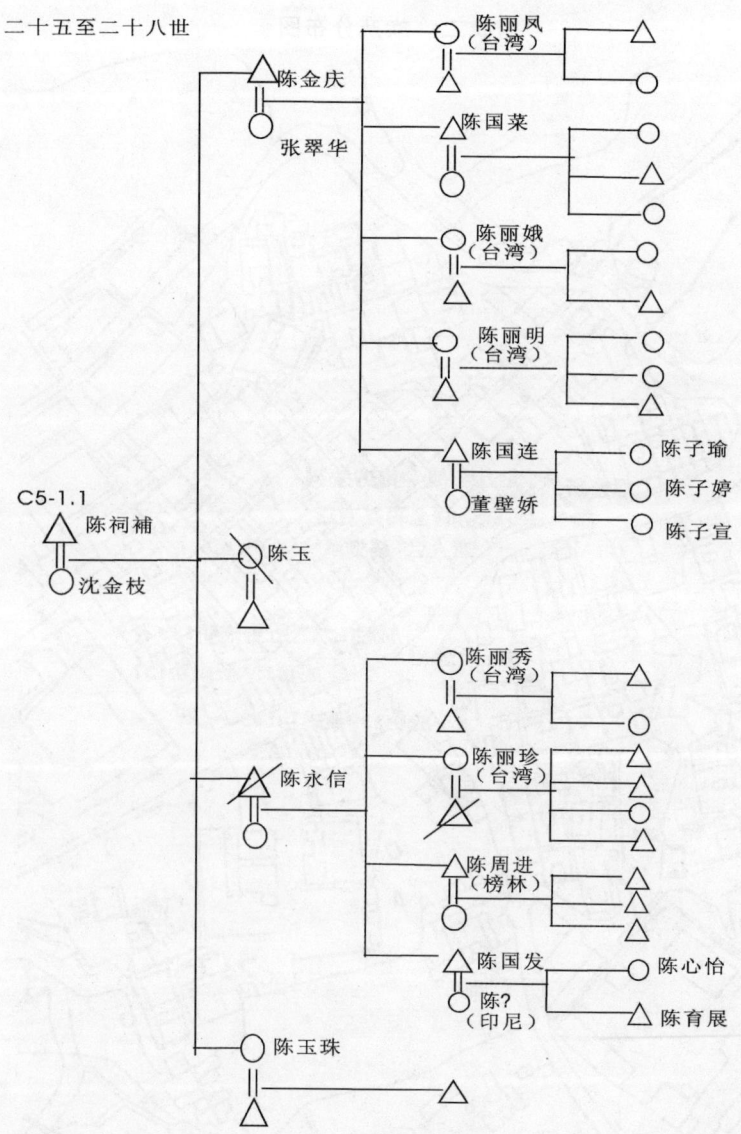

注：○ 表示女性，△ 表示男性，‖ 表示婚姻关系，⇓ 表示招赘婚，—— 表示收养，< 表示双胞胎。

闽南陈坑人的社会与文化

附录二　族产分布图

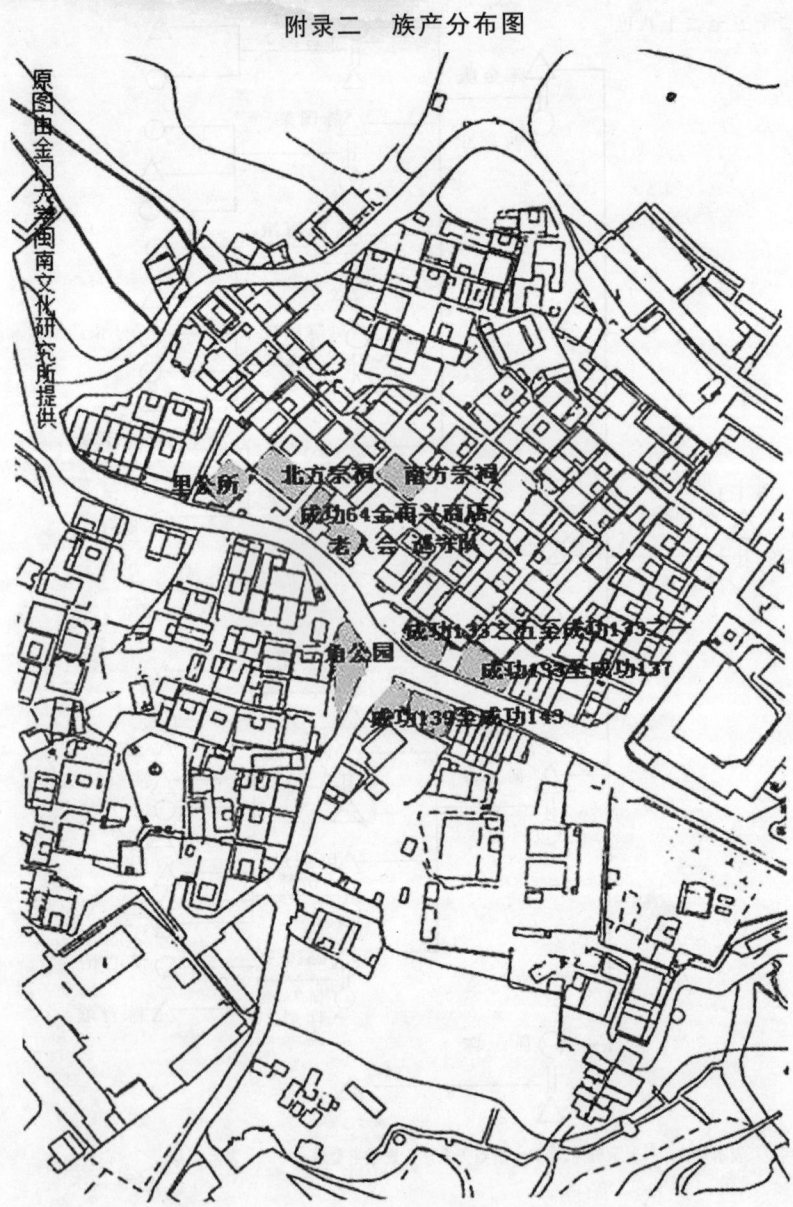

第十章

陈坑的家庭宗教

◎ 陈婷婷

前　言

　　金门是一个传统文化保持相对完整、民间信仰氛围浓厚的岛屿。在陈坑村为期 54 天的田野工作中发现村中虽不乏一贯道等新兴宗教的信众,但民间信仰依然是陈坑宗教的主流。民间信仰体系庞大,本章仅截取其中一个片段,从家庭宗教入手,以参与观察和深入访谈为主要研究方法,结合文献法,初步探讨陈坑人宗教系统的若干层面。本章主要聚焦于两大部分——家宅建筑仪式和祭祀。

　　家宅是人安身立命之场所,在保护居住其间的家庭成员免受自然灾害影响的同时,也承担防护超自然伤害的功能,此一保护家庭成员的堡垒,其防御体系的构建绝非一蹴可成,从家宅的选址开始,到修建、入厝、奠安整个过程,皆须通过一系列的仪式辟邪挡煞,构筑保障家宅平安的坚固防线,并赋予家宅厝主及其家庭成员多财多福等诸多吉利。在调查陈坑的家宅建筑仪式时，因对建筑方面的知识不甚了解，所以参考王建成(2005)、张宇彤和徐明福(张宇彤 2001；张宇彤和徐明福 1999)的研究，根据三位学者论著的主题、条目撰写调查大纲，进行细节访谈。其后有幸访问到陈坑村仅有的一位木工师傅，得其协助，建筑仪式的研究方入佳境。[①] 木师亲笔写下家宅修建的重要步骤，与王建成、张宇彤和徐明福所提步骤大致吻合，其中略有差异，如三位学者都提到收归合脊、做灶、下门皆须举行仪式，木师并未提及。鉴于对报道人的尊重，下文采取木师的纲要。

祭祀部分则描绘神明厅、厨房、卧室和门口四大祭祀空间，同时以祭祀对象为参照点进行分类，将祭祀活动分为祭神、祭祖、祭鬼、祭祀中介之灵四类仪式，并详细叙述各类祭仪的具体流程。[②]

一、家 宅

家宅是家庭成员居住的私密空间，传统风水观念认为家宅的风水会影响家庭成员的命运，因此家宅本身就是一个防御体系，不仅用以遮风避雨，还要保护家庭的每一个成员免受超自然力的侵害。这个防御体系的构建，从筹备兴建新宅即已开始，并贯穿整个修建、移居、修缮过程。

(一) 选址

陈坑人相信家宅的选址、朝向和兴建时间关系到家庭的兴旺与

[①] 田野调查期间，不仅木师一人，全村人也都热心支持，面对繁琐的问题陈坑人都不厌其烦地回答，且主动提供观察仪式的机会。篇幅所限，无法一一列出所有报道人的名字，谨向他们致以真诚的谢意。

[②] 田野调查期间无缘亲见任何家屋建筑的仪式；家庭祭祀仪式的知识，皆口耳相传，并无一套严格遵行的标准，同一仪式不同的人行事，或许细节处即有所差异，且因调查时间短暂，许多仪式亦不曾亲眼目睹，仅凭文献和访谈获取资料，疏漏之处难免，尚祈方家指正。

否,因此对于家宅地址的选择十分慎重。由于家宅的地基涉及土地所有权问题,兼之陈坑村的聚落建筑分布密集,住宅区内可用空间有限,因此家宅的地基选择并不能随心所欲。就家宅的朝向而言,村人普遍相信陈坑占据地利,位于"蜂巢穴",每一个朝向都可称吉利。因此,屋主只需聘请地理师主持堪舆,在可以使用的地基上,勘测、挑定风水最佳者,依据风水流年、屋主的生辰八字年来决定最适合兴建房屋的年份及确定最有益于屋主家庭的房屋朝向。

地理师选定家宅位置后,还要依据地理条件,配合屋主对家宅的设计期望,牵舆确定地基的基本架构,拟定家宅的中轴线。俗云"皇帝不离宫,架档不离中",定出房屋的中轴线是房屋设计中非常重要的一个步骤。地理师到现场牵舆,依地势、地形、地物、风水来确定坪线及方位,依照住宅的方位牵经定向,借此定出中轴线,木师依方位纳卦①,定天父地母尺寸②,构建水平方向的基本架构,家宅地基的位置、范围就基本成型。

(二)修建过程

房屋的构建过程中,"不洁"之人如孕妇、戴孝者都不能到工地。动土、安三胎石、下砗石、上梁等重要环节皆伴随一系列的仪式,其中上梁的仪式最为隆重,木师、打石师和土水师皆须参与。

1. **动土及放土地公石**

动土日期要请择日馆的先生选择一个吉日,通常屋主会再将择日馆择定的日期送到宫庙中复查。陈坑村人多在象德宫或仙鹤寺请神明确认。在地理师牵舆择址时已经确定动土的方向及具体地点,动土时依地理师之言行动即可。动土仪式由土水师主持,其寓意此

---

① 此为金门木匠用语,因个人缺乏建筑学的知识,木师也强调其中操作、计算过程十分复杂,故无法解释具体含义,只能照录报道人原词。
② 张宇彤曾提及"天父压地母"意指"大厅之高度须大于阔度"(2001:49),天父应即指大厅的高度,地母即指大厅的阔度。

"地"已动,并祈请神明佑护,诸煞皆避。动土当天,特别重视此礼的人家会从村庙中请神明起驾坐镇,将神明置于地基中央。张宇彤曾提到在金门举行动土仪式时,厝主执香拜地基主,主持仪式的师傅用锄头掘土埋纸钱(2001:71),但陈坑却并非如此。仪式开始,厝主手持锄头或十字镐,在房屋地基的四角各挖一下,放进金纸,稍微用土掩埋。屋主礼毕,土水师即从地基中央开始祭拜。地基中央供奉迎请坐镇的神明,以五牲敬拜;左边供奉鲁班公,供桌上放置代表鲁班公的工具——曲尺、水平车、瓦刀;右边供奉土地公,二神各以三牲敬拜;最后在大门位置朝内敬拜地基主。有人称因土地公和地基主俱有妻室,因而供桌上俱须各放筷子两双。从动土之日起,每月的初二、十六日都要祭拜此地的地基主。动土仪式完毕即可安放土地公石,房屋前后各置一块,俗称"前是张先固,后是李定度",埋在距地基深120厘米处。动土、安放土地公石后随时都可施工建房。取出土地公石须待到房屋完全建成后。陈坑安放、取出土地公石俱无特别仪式。

2. 安三胎石

三胎石顾名思义是三块石头,陈坑人强调作为三胎石的石材必须为花岗石。择利年的吉日吉时安置在家宅的后壁正中央,也有人认为应埋于神明厅神龛处的地下;若无利年,则要留下三个孔穴,留待利年再安置三胎石,当地人称此种情况为"寄利"。三胎石的颜色通常为红色,其规格为长50厘米,厚15厘米,宽30厘米,埋入地基下距地36厘米处,并在三胎石上贴上符咒[①]。安装三胎石时,土水师口念吉祥语:"良时吉日下三胎,添丁进财,五谷丰登。"土水师每喊一句,周围的人齐声大喊"发呀"。同时屋主要准备三牲、金纸、三个红圆作为供品,进行礼拜。王建成(2005)[②]认为下三胎石时要置铜

[①] 并非所有的陈坑人都认为三胎石上须贴符咒。

[②] 王建成的著述系调查期间借自金门大学,因时间有限,只能拍摄书页以备后用,然拍摄失误,页码皆不存,故无法详录页码。

钱、犁头鉎、火炭、琼麻线、白麴、灯芯、铁钉、五谷、韭菜、芋头、柿果、桔仔饼，称为十二项，而陈坑人却表示当地下三胎石并未有此习俗。

3. 下砛石

砛石为从天井进入神明厅前的台阶，是一块长条石，一般宽6寸或8寸，以神明厅为界，石砛连接内外，家庭成员每天都会经过，关乎家庭气脉，是十分重要的地点①，因此其安置也必须慎重。下砛石时在其正中央放置棉花、生碳、桂圆、五谷等物②，屋主备三牲、米、酒、发粿、红圆、金纸作为供品进行祭拜。

4. 上梁

上梁是指上中梁。中梁的梁头和梁尾大小相同，梁中略宽，称为"橄榄肚"。中梁是家宅之重心，其神圣性不仅体现在上梁的一系列仪式中，在制作过程中也一览无遗。制作中梁时有一个"开梁"的仪式，称为"作梁开斧"，须择吉日行此仪式。由于仪式中煞气太重，故木师行事时，包括屋主在内的其他人都要暂避。木师以三牲祭拜中梁，依梁头、梁中、梁尾的次序开斧削伐木材，同时诵念：

第一斧开梁头，添丁发财！第二斧开梁中，子孙进皇宫！
第三斧开梁尾，富贵十全！③

在上梁前，中梁的制造已经完工，并在梁上画八卦图，若是两落的屋宅，则需要两根中梁，前落中梁的八卦图为太极八卦，后落中梁的则为两仪八卦。若上梁的当年并非利年，则用红布包裹梁中，覆盖于八卦图之上。同时，中梁须放在支架上，绝不能接触地面，以避免邪煞入侵，也有陈坑人认为此举是为防止梁神入地。择吉日上梁的

---

① 有一则民间故事，讲述一户人家家宅砛石被砍断后，家中不幸之事接踵而来，厄运接连，因为砍断砛石就意味着斩落家庭气脉，好运被断绝。

② 放于石砛下的极可能就是前文提及的王建成所云十二项，在访谈中仅询问到此四项，但有报道人强调石砛下所放置之物不只四项，但却无法记忆所放置的所有物件。

③ 此吉词根据陈坑村之木师所记。

当天,在梁中未被红布覆盖的位置处钉上金花、梁伞(图10-1)。张宇彤和徐明福(1999：14)提及一名金门工匠认为梁神为女性,因其爱美,故而须插金花。中梁的梁头、梁尾分别挂上梁灯、吊钱、五谷袋,其中五谷袋内装五谷和铜钱。灯之闽南话音同"丁",吊钱代表"财",五谷袋表示丰收之

图10-1　金花、梁伞

义,此三物即象征丁财两旺,丰收吉庆。两个梁灯上分别写"安梁大吉""添丁进财"。升梁时,以青布、黑布分别缚在梁头和梁尾,将中梁缓缓升上屋脊。青布代表青龙、黑布代表黑龙,整个升梁的过程意味着青龙、黑龙飞天,地龙上升。升梁后以花帔包米和钱,分别放在梁头和梁尾。陈坑人认为花帔上的方格花纹象征四方,其颜色黑白相间,代表虎皮,有辟邪作用。

升梁完毕后,再礼拜诸神明。[1] 供桌设于中梁下,四柱师傅的主要工具俱要进行祭拜。木师的墨斗、曲尺,打石师的铁锤、曲尺,土水师的瓦刀、墨斗,地理师的罗盘放在供桌上,同时放上四神衣、六宿图。四神衣上绘木师的祖师鲁班仙师、打石师的祖师九天玄女以及张李仙师、土水师的祖师俯协天师、地理师的祖师杨公祖师[2]。六宿图上绘六宿,也称"六兽",即房屋五方的神明,东方青龙、西方白虎、

---

[1] 亦有报道人称先拜神明,再升梁。因未能亲逢此盛事,故不能断言。

[2] 张宇彤、徐明福和王建成都认为打石师的祖师惟九天玄女,土水师的祖师为荷叶先师(张宇彤、徐明福1999;王建成2005)。但陈坑的报道人却认为打石师的祖师除九天玄女外,还有张先固和李定度二位先师,房屋前后两块土地公石称"前是张先固,后是李定度"即由二位祖师之名而来。而土水师的祖师为俯协天师,并非荷叶先师。本章采用陈坑报道人之观点。

第十章
陈坑的家庭宗教

南方朱雀、北方玄武、中央勾陈、螣蛇。屋主备五牲、三牲、裂头粿、发粿、红圆、菜肴以及金纸等作为供品,其中五牲二副放在中央,分别敬拜天公、梁神;三牲四副分别敬拜鲁班仙师、俯协天师、九天玄女及张李仙师、杨公祖师。当天四柱师傅主事时要在腰上系红布两圈,再将青布挂在红布上,即"腰系青龙帔"。在上梁时,在场诸人一定不能污言秽语,甚至秽言的谐音也在禁忌之列。拜毕神明,工头要撒 108 个铜钱,108 代表 36 天罡及 72 地煞,同时,屋主要给所有帮工者派发红包,慰其辛劳,共享吉庆。如上梁时恰逢利年,则上梁和掀梁可同时举行,但有报道人认为此种情况少之又少,绝大多数情况下,掀梁须待利年,与奠安仪式一同举行,成为奠安仪式的重要组成部分。

在家宅的营建过程中,王建成(2005)和张宇彤、徐明福(1999)都提及收归合脊、做灶、下门、取土地公石亦须简单祭拜仪式,然陈坑皆略而不行。

(三)入厝

新宅落成后,由于奠安要选利年择吉日,此皆为可遇不可求之事,甚至有些新屋完工后,须待数年方等到举行奠安仪式的利年,因此厝主往往先行择吉日入厝,再等待利年奠安。张宇彤认为入厝层次有二:一为神佛的"进驻",二为祖先及家庭成员的"进住"(2001:96),然而在陈坑祖先牌位与神佛往往一同入厝,因此将其分为神祖的入厝与人的入厝更为恰当。

家庭供奉的神明入厝,又称"安座"。天公炉、天公灯在整修新宅的过程中已经择吉安置妥当。对于观音、土地公、灶君神像的安置时间,陈坑人说法不一,有人认为在入宅之前,亦有人说是在入宅当天。新制神像完成后,由雕神像的师傅开光,随后以红布包裹神像以避煞,屋主择吉日将神像装在篮中带回。祖先牌位则用花帔包裹,盛放祖先牌位的器具,有说是篮子,有说是盛米的斗。若是神像从旧居迁入新居,则要先送去雕像师傅处"安金",或称"剃面",重新清洁整理一番,再于新宅安位。安座当天在旧宅以三四样水果作为简单供品,合家先行祭拜,禀告祖先、神明,即将要搬入新宅,搬动时先取祖先牌位。但一般很少人会搬动祖厝旧居的神像和祖先牌位,因其属于祖产,所有权分属不同的家庭,一个分支家庭很难独占,因此陈坑人在迁出旧居时往往重新定做新的神像。

屋主及家人入厝前须在大门上挂一条红布,称"红彩"或"彩帔",神明厅厅门、大门、后门等处都贴上门联。入厝当日,天将破晓时,男主人持两盏灯,女主人持一面镜子,其余家人亦须持家用什物同入新宅。进屋后每人皆要在房间内洒铜板,所洒铜板总计120或360枚,这些铜板在12天内都不能收拾,有的人家甚至会将铜板放在地板上保持一整年。亦有陈坑人宣称神像、祖先牌位和人一起入宅,户主用斗盛祖先牌位最先入新屋。

入宅后一般人家闭门12天,从事商业活动的人家为避免影响工作,闭门只维持3天。闭门期间,尽量不许外人进来,家人亦尽量不要外出,若要外出从侧门出入为佳。但亦有报道人称入厝后,不用闭门,新宅人气越多越好,因此前往餐厅宴客反而不好,因为在家大宴宾客,阳气、人气较重,于新宅、屋主都有益。

(四)奠安

家宅兴建工程完毕,按俗须等待利年举行奠安仪式。家宅的奠安仪式也称"安宅"或"寄后土",按照其仪式隆重程度可分为大安、中安、小安。由于大安非但需要屋主投入雄厚的财力,可举行大安的利年亦难求,且有报道人认为一般的家宅最好不要举行大安,除非地基的土地是祖业,否则举行大安反对家庭未来的发展有碍。因此,陈坑人为新宅奠安,通常举行中安或小安。亦有人家囿于财力,根本不行仪式,除非家庭遭遇非常事件,请教神明,神明提示当事人应该举行奠安仪式以驱邪辟煞时才会举行奠安。奠安的仪式分为三个阶段:掀梁及点梁、安符、净油。

1. 掀梁、点梁

奠安中掀梁、点梁的仪式最为繁复,木师、土水师和打石师皆要参与:木师主持请神、伏羲、点梁开眼、把酒、封梁的仪式,土水师主持押煞的仪式,打石师主持撒五谷的仪式。

最先登场的是木师,其在掀梁、点梁仪式中角色最为重要。

仪式开始,木师登楼梯而上,将包裹梁中八卦图的红布掀开,以新毛巾浸甘草水洗去梁上的灰尘,并将中梁上的梁灯、吊钱和五谷袋取下,重新挂上新的梁灯、吊钱和五谷袋。

(1) 请神

张宇彤和徐明福指出请神分为两个层次:一为实质层次,拜请村庙神祇前来坐镇;一为精神层次,即口念诸神名号,邀请众神前来助阵以达到驱邪避煞、佑护居住其间者的功能(1999:16)。陈坑人则认为村庙神祇可请亦可不请,而念词邀请神明助阵的责任则由木师承担,其祷词如下:

> 焚香拜请福建泉州府金门县翔凤里梧州口某都某乡某人弟子主事。起盖高堂,再拜请州府、临川县鲁班仙师、一郎、二郎、姜氏夫人、黄氏小娘神君,再拜请本境列位王爷,本家灶君、土地、观音佛祖,门神户位[厨]井神君,择本月本日本时□□□,添丁进财,老幼康宁,世世科第,诗礼传家,天长地久,弟子备办五牲、三牲、果品、金白、香烛,供奉神明佛祖钱纸,领纳六畜兴旺,四时无灾,八节有庆,天地阴阳龙门开一条,真龙高山来,鲁班先生亲自去馔取来奉作起中梁君,是我作,听我言。①

请神完毕,敬酒三次,分别称为"敬酒初献"、"敬酒再献"、"敬酒满献"。

(2) 伏羲

请神完毕后,木师进入下一轮仪式"伏羲"中,至于"伏羲"的名称由来,木师只知是代代相传,并不知其缘由。木师左手执剑,右手持一雄鸡,念:

> 天地开,九天玄女降下来,良时吉日地生财,鲁班先生使我

---

① 此祷词及下文伏羲、点梁开眼、把酒、封梁的祷词皆抄录自木师手册。

来，左手执宝剑，右手拿金鸡，此剑非是人间剑，正是玄女殿前宝剑，此鸡非是凡间鸡，正是玄女殿前报晓鸡。灵鸡杀血，万年大吉。

当念到"灵鸡杀血"时，木师即以剑刺雄鸡冠。

(3) 点梁开眼

木师以剑刺破雄鸡鸡冠后，放下剑，将从鸡冠取下的血滴在铜镜上，因为鸡冠流下的血数量极少，故要以红银朱砂和血调制，以便木师能有足够的材料点梁。点梁时，木师一手持盛鸡血和红银朱的铜镜，一手拿朱笔，拾梯而上，达到能以手触及中梁位置时停下，念道：

金日朱血点梁龙眼开，良时吉日进丁财。一点哇血左眼开，二点哇血右眼开。

左眼看龙穴，右眼看家财。左眼看山水，右眼看家堂。三点哇血点梁中，子子孙孙入皇宫。

木师口念祷词，同时手持毛笔点在中梁的八卦图上。当木师念到"金日朱血点梁龙眼开"时，以朱笔蘸红，点在梁中太极图的中间。念到"一点哇血左眼开"，朱笔点在太极图的左边；念到"二点哇血右眼开"，朱笔点在太极图的右边；念到"三点哇血点梁中"，朱笔再次点在太极图中央点上。

陈坑人称点梁功同"画龙点睛"，通过点梁赋予中梁神性，惟在点梁之后，梁神才开始存在。

(4) 把酒

用毛笔蘸调以红银朱砂的鸡血点梁后，木师走下楼梯，站在中梁下，手持一盛酒的杯子或碗，念：

一杯米酒把梁头，百子千孙；二杯米酒把梁尾，富贵十全；三杯米酒把梁中，登科三及第。

在念完"一杯米酒……"时，木师饮酒含在口中，"噗"的一声将其喷向梁头。同样，念完"二杯米酒……"后，喷洒于梁尾，念完"三杯米酒"后，喷洒于梁中。

(5) 封梁

封梁即木师口念祷词将梁神封印在家宅的中梁上。陈坑人认为点梁后梁神就已存在,若不设法将其封印在中梁上,梁神可能会离开,故而需要"封梁",从此梁神就栖息于中梁之上,庇护屋主家庭。封梁时,木师站在中梁下,念:

封梁挂起上高堂,儿孙做官两班排。梁挂起红线,子子孙孙万年兴。梁挂起五谷袋,子子孙孙大□福。梁挂起百寿灯,子子孙孙万年兴。

至此,掀梁、点梁程序完毕,轮到土水师出场,他的职责是押煞。

2. 押煞

木师点梁开眼完毕后,土水师手握方才木师使用的宝剑,持一只鸭,开始押煞。因鸭音同"押",故选择鸭作为押煞仪式的道具。土水师左手持剑,右手持鸭,念:

天地开,九天玄女降下来,良时吉日地生财,鲁班先生使我来,左手执宝剑,右手拿金鸭,此剑非是人间剑,正是玄女殿前宝剑,此鸡非是凡间鸭,正是玄女殿前鸭。押山山青,押地地灵,押人人兴隆,押水水朝堂。此鸭押入来,添丁押进财。此鸭呀押出去,凶神恶煞尽皆回避。①

然后土水师将鸭子押出去,放在大门口的墙边,左右方皆可。奠安仪式未完,此鸭绝不能移入屋内,否则会被视为引导出家宅的邪煞又回到家宅内,等到仪式完毕,金纸化尽,土水师或屋主方可随意处置它。

3. 献五谷

土水师的工作完毕后,打石师登场献五谷。打石师手持盛放五谷、铜板、生铁、木炭、春桔花、钉子的盘子,将盘中之物洒在地上,念道:

伏羲天地开,九天玄女赐我来,良辰吉日地生财,手盘五谷,

---

① 此祷词非土水师所记,因陈坑村中唯一曾主持此仪式的土水师已不从此业数十年,且年事已高,不能记忆,故此祷词亦来自木师。

代代子孙大发福,发呀!
　　送五谷,五谷送入东方甲乙木,代代子孙吃皇禄,发呀!
　　五谷送入东方甲乙木,代代子孙出万丁!
　　五谷送入西方庚辛金,代代子孙富满金!
　　五谷送入南方丙丁火,代代子孙赚钱作家伙!
　　五谷送入北方壬癸水,代代子孙大富贵!
　　五谷送入中央戊乙土,代代子孙岁寿同彭祖!
　　五谷送入来,添丁大发财。五谷送出去,千灾万祸尽消除!发呀!①

二、安符

掀梁、点梁仪式完毕,法师出场安符,最先安放的是大符及剪刀符。大符为黑色长方形布料上画八卦图及其他符号,符上尚有对联,如一户人家大符的对联为"八卦能通天地理,六爻变动鬼神钦"。家宅中的剪刀符上一支尺、一支剪刀、一个镜台,寓意"一家平安"。大符一张贴在神龛上方的衔楹上,剪刀符一张贴在神明厅门楣正中央。大符和剪刀符张贴妥当后,再将各种小符贴在门窗上。由于家宅奠安需符甚多,所以法师往往预先将符咒书写妥当,奠安当天只需将符咒贴上即可。

三、净油

净油时将鼎(铁锅)放在神明厅中,在鼎表面及底层贴上金纸,并将三张符放在鼎中,再倒入麻油、花生油,以炭火将油烧得滚烫。乩童请来王爷"上身"后,饮高粱酒喷入鼎中,激起一阵火花,伴随着火

---

① 陈坑村中并无打石师,故此祷词是询问外地的一名打石师所得,其既为打石师又为法师。

花,周围的人齐声大喊"发呀"。喷洒之后,乩童将手插入鼎中,以手蘸油,从屋内到屋外用油涂抹家宅的各个角落。净油须遵循一定次序,从神明厅开始,最初净中梁,乩童抬梯而上,在梁中、梁头、梁尾分别净油后,走下楼梯,在神明厅的东西南北中各方位抹油,然后是神明厅两侧卧房房门中间,依次净油后,乩童走出来,于神明厅的大门、窗户及石砛的砛中、砛头和砛尾分别净油。乩童逐步走出屋外,途经的门窗皆净油,出屋外后围绕家宅绕一圈,在家宅的四个角落及后壁中央净油后,重新回到大门,在大门上再次净油三次方可入宅,回到神明厅。张宇彤和徐明福提到厅内四个角落、厝外四个角落和后壁中央的净油秩序并非定制,一般由法师和乩童定夺(1999:26)。然曾参与陈坑家宅奠安仪式的一位法师却强调神明厅、厝外四个角落的净油顺序或可不同,但厝外最后净油的位置则非后壁中央不可。有陈坑人认为乩童从屋内到屋外净油的过程中,屋主及其他参加此仪式的人皆要随同乩童行走,入神明厅后须跨油鼎而过,可驱邪避煞。净油结束后,鼎里的符及包裹鼎表层的符皆要放入灶内或金炉中化掉。

净油完毕,奠安也就结束,然后与入厝一样须遵循闭门之禁忌。陈坑人认为屋主须闭门三天,依据通书判断,若第三日非吉日,则第四天方可开门,称"足三天",在闭门期间不准外人进出,大门插榕树枝为标志,或是准备盐米,若不得已让外人进入,就撒盐米以驱邪。若不得不外出,避开正门,从旁门出入为佳。

(五)修缮仪式

家宅居住日久,总会有破损,修缮家宅亦须举行动土仪式,但与新建房屋的动土有所差异,且仪式相对简单;若更换中梁,还须行"中梁交水府"祭仪送走旧梁。

1. **动土**

家中有妇人怀孕,陈坑人通常会暂时搁置修缮工作。若房屋损毁严重,必须及时修缮,可向法师或择日馆寻求一道安胎符后再行修缮之事。动土须吉日,家人前往择日馆确定动土日期。动土当天,备三牲、酒作为供品。敬拜后,在墙角四周、墙壁中间和损毁之处放入符咒。

2. 中梁交水府

中梁为梁神栖居之地,拥有神圣性,不可将之视为凡俗之物。中梁毁损不可再用,重制中梁后,旧梁不能随意丢弃,而要将其搬运到海边,用饼干、水果等简单供品供奉,敬香礼拜、焚化金纸后将中梁送入大海中,随波漂流,谓之"交水府"。

(六)建筑格局的变化对祭仪的影响

20世纪80年代后,陈坑兴建了大量新式房屋。现今陈坑村保存完整的闽南建筑并不多,绝大多数人家的家宅都是新式楼房。房屋格局发生的变化影响具体的祭拜仪式过程。

1. 神龛位置

传统的闽南建筑仅一层,神龛自然放在一楼的大厅中。但陈坑新式的房屋多是两层甚至更高的楼房,一楼有客厅,然神龛却必须置于顶楼,陈坑人称是为避免神明被人"压"住之故。放置神龛的"神明厅"神圣不可亵渎,不仅其上不能有房间,其下也不能有厕所,以免破坏其神圣性。神龛在顶楼为家人的祭祀活动带来诸多不便,尤其是独居楼房的老人,祭祀时必须将供品拿到顶楼佛桌供奉,祭祀完毕后,再将供品带下楼食用,对体力衰退的老人是个难题。因此陈坑村有一位老人"拜拜"时,因为奉献供品十分不便,于是她将供桌设在一楼,将房间所有的门打开,到顶楼神明前祷告,告诉神明因身体不便,不能将供品送到顶楼神明厅里,恭请佛祖到楼下飨食。

2. 拜七娘妈的位置

在传统的闽南建筑中,七夕拜七娘妈于天井设供桌,但新式楼房没有天井。由于拜七娘妈必须要在自己的家中,因此有些人家将七娘妈的供桌安放在顶楼,或将七娘妈的祭祀场所转移移到一楼的一间房屋内,客厅、偏房皆可。亦有一些人家没有严格恪守传统的习俗,将供桌设于家门外的空地上。

3. 新式楼房的灌浆仪式

新式楼房用水泥板夯顶,不像闽南建筑还须用中梁支撑,因此传统闽南建筑上梁、掀梁等仪式都无法进行。新式楼房以灌浆仪式取代上梁,保证家宅建造的神圣意义,以发挥其超自然防护之功。新式楼房的每一楼层在修建楼板时都要择吉日灌浆,屋主可以自行查看农民历,也可以去择日馆请法师选定灌浆的吉日、吉时。灌浆当天,屋主在屋子正中央置供桌,准备三牲或五牲,并以汤圆、酒、金纸、香烛等作为供品,且一定要放筷子,至于筷子数目则说法不一,有说放七双,有说放两双。点烛拈香礼拜后,将香插在供桌中间的牲礼上,然后化金纸、放鞭炮。当天屋主亦须给做工的师傅和工人派发红包,数额不定,并宴请他们。修建顶楼时,举行的灌浆仪式尤为盛大,因在顶楼举行,故又称灌顶。也有陈坑人说并非每层楼灌浆时都要举行仪式,仅在修建顶楼时才举行灌顶的仪式。

四、祭　祀

陈坑人习惯将所有的祭祀活动称为"拜拜"。下文拟从祭祀空间、祭器、祭祀仪式三方面对陈坑的祭祀活动进行描绘。

(一)祭祀空间

家庭的祭祀活动总是在一定的空间范围中举行,家宅的某些空间因例常性地进行祭祀而染上神秘、神圣的色彩。

神明厅是最重要的祭祀场所,大部分的家庭祭祀活动都是在厅中进行,神明厅大门上贴"加冠"、"进禄"两幅画像,但陈坑人不认为这是门神。进门数步,即为梁灯,梁灯中间挂着天公炉。天公炉两侧分别悬挂新郎灯、天公灯。中梁上挂金花、梁伞,梁头和梁尾分别挂着梁灯、吊钱和五谷袋。中梁前面,靠近正对神明厅大门那面墙壁的横梁上悬挂一张大符,大符两侧是精致富丽的新娘灯。紧靠正面墙壁中央有一张长案桌,上面设祖龛、神龛及其他一应祭器,长案桌前有一张八仙桌,陈坑人又称佛桌,专门用以放置供品,其高度低于长案桌。

厨房是"前世父母"的安置处所之一,灶上张贴"司命灶君",因此在陈坑厨房是祭拜"前世父母"和灶君的神圣之地。

卧房是极其私密的空间,但却是安放、祭拜房主人"前世父母"的场所之一。往昔祭拜床母也是在孩童卧房的床上进行的。

门口是一个特殊的位置,以门为界,分为家里、家外。家外的事物是危险的,家内在重重防御体系的保护下则是安全的。因此拜"好兄弟"在大门外,以丰厚的供品礼拜"好兄弟",不能让其进入家内享用供品,以免危害家人。

(二)祭器

在进行祭祀仪式时,有一些祭器往往固定放置于特定祭祀场所中特定的位置,甚至不同人家同类祭器的基本形制亦相差无几。

1. 长案桌

红色的长案桌放在神明厅厅门对面墙壁的中央位置,桌沿下有精致的镂空花纹,有些富裕人家将凹处花纹以金黄色涂饰,桌脚上亦有精美图案。案桌正中位置安放祖龛和神龛,依据金门"左祖右神"[①]的习俗,祖龛在左边,神龛在右边。供奉地基业祖或地基祖牌位的人家通常将牌位放在祖龛左侧。有些家庭的祖龛和神龛紧靠一起,有些人家的祖龛和神龛留有一定间隙,中间安放前世配偶的塑像、从宫庙求回的神明官印、符咒。亦有人家专门制作一木龛放置前世配偶的塑像,将此木龛置于祖龛、神龛之间,或是神龛右侧。香炉、烛台、循盒阁、灯、筊杯、敬杯等祭祀物品都放在长案上。长案桌上往往还放着一对瓷制大花瓶作为装饰,有些人家还会在花瓶里插塑料花。亦有人家在长案桌上放其他精致的大型瓷制工艺品。

---

① 文中的"左""右"若无特殊说明,则通常是以面朝神明厅大门方向为基准。

2. 佛桌

佛桌即是八仙桌,因其长年放置供品,故陈坑人称其为"佛桌"。佛桌放在长案桌正前方,其高度较长案桌略矮,桌面的一部分没入长案桌下。佛桌桌沿一般都系一块红色桌裙,正对厅门,桌裙上面绣花草、人物等各色图像,最上方以金色丝线绣"金玉满堂"四个大字。佛桌上日常供奉饼干、饮料等简单供品,逢节日、祖先忌日等正式祭祀时,则要将佛桌移出,与长案桌保持一定空隙,并在桌上放置各种供品。

3. 祖龛

祖龛用以放置祖先牌位。木制的祖龛为红色,精雕细琢,表面有许多细碎的圆孔形图案,有些家庭将这些圆孔图状漆以金色,更有富裕人家饰以金箔,上方有"孝思堂""垂裕后昆"之类的刻字。祖龛上有一道小木门,祖先牌位即供于龛内,牌位座下垫一叠金纸,小木门平时关闭,在祭拜时才打开,以便祖先能飨食。

4. 神龛

放置神像的木龛称神龛,陈坑村普遍供奉土地公、观音佛祖、灶君。三位神明的塑像置于神龛内,塑像下亦各垫一叠金纸。在某些家庭神龛中往往还供奉着其他神灵,如圣王公、前世配偶,此外从宫庙中请回的符咒也可以放在神龛内。龛上有玻璃门,中间有一小圆孔,陈坑人认为小圆孔为佛祖飨受香烟之用。神龛的外形、颜色、纹饰与祖龛相似,但龛上的刻字或为"神之格思",或为"传贤辅德"。

图 10-2 祖龛前的双耳炉

5. 香炉

每一个木龛前都会放置一个香炉。祖龛前的香炉(图10-2)通常是铜制或铁制,呈金色、青铜色等颜色,带双耳,有的香炉上面还雕刻"福寿"二字。陈坑人称香炉的双耳代表子孙绵延、多子多福。神龛前通常是青瓷制作的无耳香炉,炉身有古朴的花纹。有些人家为防止香炉里的香灰撒入长案桌上,还会在香炉下垫一个纸盒或一个扁平木块。

6. 灯

灯放在神龛左右两侧前。现在陈坑人多用现代工艺品,有灯座、灯身,颜色不一,但灯泡一定是红色,点亮后散发出黄色或红色光芒。亦有一种莲花灯,形如莲花,通电后莲花灯芯亮黄光。陈坑人视灯为敬奉神明之物,虽然也有人家在神龛前方安放烛台,但却从未见在祖龛前放灯之例。

7. 烛台

成对的烛台通常供奉在祖龛前,偶尔亦见其摆设在神龛前。现在陈坑最多见的烛台分为两种,最常见的是现代塑料制作的烛台,金色的台座,暗红的烛身,与蜡烛肖似,烛身顶上通电点亮后呈鲜红的火焰状;另一种烛台则为寿字形,下有底座,烛台主体是一个寿字,寿字上一碗状,碗中放一支塑胶质假蜡烛。

8. 敬杯

敬杯通常为金属材料的杯子,杯面刻有精美花纹,其容量大小不一,通常是三个一套,用以盛清茶或放干茶叶以供奉神明。

9. 杯筊

杯筊成对,下平上凸,形如半月,各宫庙家庭皆备此物以做问神、占卜之用。惟宫庙所用形制较大,皆为竹制。家庭所用者较小,祖辈所遗的旧制杯筊亦为竹制;新近购买者多为塑胶制,有红、白两色。在陈坑仅少许人家随意将杯筊放于长案桌上,多将其放于神龛前的香炉两侧,或放于香炉内。占卜时,投杯筊于地上,称为掷筊,若两瓣杯筊一平一凸,称为圣杯,代表神明允诺、满意之意;若两瓣筊杯皆为平面向上,称为笑杯,代表不置可否之意,可一笑了之;若两瓣筊杯皆为凸面向上,称为阴杯,代表发怒与否定。清明、中元、冬至、年节等大节祭祀或祖先忌日等祭祀仪式中,往往掷筊询问神明、祖先对供品是否满意,是否已饱餐,掷出圣杯获得肯定答案后,即开始焚金纸。

有些人家若无杯筊,亦可用硬币代替筊杯使用。

10. 天公炉

天公炉(图 10-3)于神明厅的灯梁中间,碗状座,中间圆肚,炉顶边缘有四环用以系挂天公炉,有的天公炉上刻有"天官赐福"四字。天公炉为敬拜天公插香时所用,向天公呈献供品时,须将供桌置于天公炉正下方。

图 10-3 天公炉

11. 天公灯

六角的天公灯为祭祀天公所用,悬挂于灯梁上,天公炉左右各一个,为玻璃所制,其中四个面上分别书写"敕令""天灯""祈求吉庆""合家平安"字样。剖面棱线、灯底和灯顶皆漆以红色。

12. 荐盒

陈坑人称荐盒(图 10-4)为"循盒阁",也名"顺盒阁"①,置于神龛前,主要有两种材质,一种是旧式的,形状恰如一长方体,木料所制,漆以红色;一种是新式的,有黑漆金花样和通体铜色样,盒身上精雕细琢,刻有精美的花纹。荐盒通常用以放冬瓜糖、冰糖或者干茶叶、清茶。

图 10-4 新式的铜色荐盒

---

① "循盒阁"和"顺盒阁"同音,访谈时不同报道人有不同的写法。

(三) 祭祀仪式

闽南汉人民间信仰的超自然神灵大致可分为三类：神、鬼和祖先，三者界定清晰，但它们之间却有许多难以归类之灵，这些中介之灵的属性模棱两可，或介于祖先与神明之间，或介于鬼与神之间，或介于鬼与祖先之间。因此，神、鬼、祖先之间的关系应呈圆形，三者在圆形中各据一点，介于三点之间弧度的则为中介之灵（余光弘 2000：97—107）。以下依祭祀对象，将陈坑村的祭祀仪式分为四类——祭神、祭鬼、祭祖和祭祀中介之灵。

1. 祭神

陈坑人家庭中祭祀的神明有天公、灶君、观音佛祖、七娘妈、床母、月亮妈。此外，陈坑村尚有拜车习俗，村人相信车中亦有神明通灵，虔诚供奉即可保佑驾驶车辆者出入平安，故也归入祭神之列。

（1）拜天公

在陈坑，至高无上的神是天公，即玉皇大帝。天公有专用的天公炉和天公灯，但却没有金身，陈坑村人每月初一、十五日和每年正月初九日在神明厅祭拜天公。

每月初一、十五日的早上，陈坑人面朝大门，站在天公炉下，向天作揖三次，在天公炉内插三支香，祭拜天公。在初一、十五日的例行性祭拜中，对于祭拜神龛神明和天公的顺序，有人称先拜神龛神明，再拜天公，但亦有人认为天公最尊贵，故应先拜天公，再拜祭神龛神明。

正月初九日礼拜天公较之每月初一、十五日更为隆重。祭拜时打开神明厅大门，将佛桌搬至临近大门中央处，另置一香炉于佛桌上，点香的位置须恰好在天公炉垂直的下方。更有人家在地板上铺软席或红毯。必备牲礼为供品，一般祭拜天公应该用五牲，但也有家庭仅用三牲，牲礼以一个大红盘子装盛。近年来村人开始以三果、五果取代三牲、五牲，称祭祀所用水果为"素果"。但释迦、葡萄、莲雾、番石榴不能拜天公，有陈坑人归纳出果籽多或者空心的水果都不能做天公的供品。红龟粿是供奉天公不可缺少的供品,家中若有16岁以下的孩童,尚须在红龟粿红色的面皮上面印各种图案,有些家庭还为此特意购买印这些图案的木模子。木模子正反两面印有牛、羊、双棘、钱、寿桃、乌龟、状元、八角等不同的花样。多数陈坑人并不确定红龟粿上印图案的具体寓意,只知是为佑护、祝福家中孩童。除红龟粿外,还须奉献年糕、发糕、糖果作为供品。有些人家搭配供品非常慎重,认为糖果数量应视牲礼而定,通常三牲加六碗糖果,五牲加十二碗糖果。此外,另需三杯清茶,也可仅用干茶叶,茶杯后置冬瓜糖或冰糖。拜天公所用香、烛形状皆粗大。有陈坑人认为拜天公通常由家中男主人领头,其后家中老少,按辈分长幼依次礼拜。近年来金门年轻人多往台湾发展,年假无法延至初九,故许多家庭往往借小辈回家探亲之机,初二、初三日即敬拜天公。

在金门流传一种说法,"八二三炮战"的惨痛记忆令居民心有余悸,日夜难安,为祈求神明佑护,金门人遂在距阳历8月23日最近的节日——农历八月十五日,祭拜天公,祈求太平安宁,陈坑虽亦有此俗,现今却并非家家户户皆循此风。中秋拜天公者仪式同正月初九日,皆以三牲或五牲祭拜天公,或者将三牲、五牲改为三果、五果。

(2)拜灶君

除夕之前,灶君本已经上天述职,但陈坑人依然会在厨房祭拜灶君,奉献一份供品,即使在瓦斯炉已经相当普及的今天也不例外。

腊月三十,陈坑人将一张有"司命灶君"或"灶王爷"、"灶君公"字样的红纸贴在厨房墙壁上,此红纸可在市场购买,亦可自行以毛笔书写。现今陈坑人普遍使用瓦斯炉,灶几乎只存在于无人居住的祖厝中。除夕,陈坑人遂在瓦斯炉处呈上一份供品,糖果一盘、金纸一份即可。点香、念祝语后,将香插于糖果盘中,然后焚化金纸。

(3)拜观音佛祖

陈坑人常简称观音菩萨为"佛祖",在农历二月十九、六月十九、九月十九日三天礼拜观音佛祖,有陈坑人称拜观音佛祖一定要用素食。通常家庭以水果、糕饼、油面、tengguo①作为供品,认为 tengguo 和油面为供奉观音佛祖的必备之物。但亦有家庭供品精简,仅用饼干、水果,认为诚心即可。主事者通常为家庭主妇,祭拜时,拈三炷香,作揖,喃喃念"佛祖保佑我全家平安"之类的祝语后,将香插入香炉,金纸化掉。

(4)拜七娘妈、床母

在陈坑七娘妈和床母被视为孩童的守护神。农历七月初七日下午,礼拜七娘妈和床母,祈求孩子平安,家庭主妇主其事。下午约莫三点半左右开始礼拜。在供桌上放一个图画或纸扎的七娘妈亭(图10-5),虽细节有差异,但都有七位夫人的图像,甚为精美。七娘亭旁放一叠金纸、一个胭脂衣,胭脂衣上画凤冠霞帔、梳妆台、粉扑、梳子、胭脂、绣鞋,陈坑人称这是给七娘妈梳妆之用。还有 8 朵胭脂花在金纸旁边,其中七朵供奉七娘妈、一朵供奉床母。

图 10-5 纸扎的七娘妈亭

七娘亭前放两盏灯,一个香炉,菜肴、水果等皆可作为供品,其中面线、裂头粿、油饭为必备供品。亦有报道人称油饭、红蛋、细面、芋头方为必须。桌沿放七双筷子,盖因陈坑人认为七娘妈是指七位夫人。一些人家还将崭新的化妆品作为供品。

七娘妈的供品旁另有一小碗油饭,一双筷子,一叠金纸,为祭祀

---

① Tengguo 状同红圆,惟表层多一指印,村人无法用汉字写下其名,只能记其音。

床母之用。拜七娘妈毕,女主人即拜床母,同样拈三炷香作揖后,将香插在油饭上。陈坑老人说以往祭拜床母不仅在七夕,每月的初二、十六日皆要例行性祭拜,在床的边缘放两块豆干、一碟小菜和一叠小金金纸,拜毕将香插在柜子或抽屉的缝隙里,再焚化金纸。但今人仅在七夕方对床母进行祭拜,甚至若无16岁以下孩童的家庭七夕也可不祭拜床母。

当日亦有人家会将一枚圆形方孔的铜钱用绳子系上,放在面线内一起供奉,祀七娘妈和床母毕,将此铜钱给孩童戴在脖子上,若不戴,则放入循盒阁,意即寄放于佛祖处。

礼拜七娘妈、床母完毕,稍后即将供奉七娘妈和床母的金纸分别焚化,最后尚须将七娘妈亭放入金炉中焚烧。

(5)拜月娘妈

八月十五日晚上礼拜月娘妈。月亮出来时,即备好香烛、香炉、月饼、柚子、饼干等物作为供品,多者五六样,少者三样,可以不用烹调过的熟食。供桌必须放在家门外能看见月亮的地方。陈坑的老人认为月亮妈是指天上的月亮,但不能解释为何太阳却无相应的神明称谓。

(6)拜车

陈坑每月初二、十六日拜车,家有轿车、摩托车者皆拜。有出租车司机为方便拜车时插香,特意在车牌上安插一细小的铁管专门用以插香。拜车一般是由男主人主事,若男主人不在家,亦可由女主人代劳。供品甚为简单,些许饼干、水果即可,不必用烹调过的熟食。可以一张凳子或椅子安放供品,主事者拈三炷香,喃喃祷告后,鞠躬作揖,将香插在车牌的缝隙处或专门用以插香的铁管上。若家中有一辆以上的车,则须为每辆车准备一份供品,若当天要出车,则先拜车,拜完的香头随金纸一起化掉。

2. 祭鬼

鬼常被视为是危险的,会带来灾难和不幸的。在汉人民间宗教中,鬼仿若人间的强盗和乞丐,如果不加以祭拜,给予一些供品,鬼常会作弄人,令人发生灾病(Wolf1974:169—170)。

农历七月祭鬼,陈坑村并没有全村性的普渡,仅以家庭为单位进行祭祀活动。村人认为农历七月鬼门关打开,在此一个月间鬼可在人间行走。村人忌讳直接称呼"鬼",而呼其为"好兄弟"或"老大公"。七月初一日下午三点到五点半之间,陈坑人将供桌放在家门口外祭拜"老大公",供品十分丰盛,至少要有一半供品须是烹调过的熟食,也有生食,如生米、冬瓜、西瓜等,生米或饭二选一即可。还加上瓶装饮料,另奉茶三杯、酒三杯放在供桌上,以备"老大公"饮用。另备盛满清水的脸盆及毛巾,为"老大公"盥洗之用。供奉"老大公"的每件供品皆要插一支香,桌上要放筷子。家家户户还要在墙壁上挂一盏路灯,有的灯上还特意安装插香的细小铁管,否则即将香插在悬挂于门口墙壁上的小葫芦或小圆筒里。村人每天傍晚持三支香,作数揖,插香后开灯为"好兄弟"照明,翌日清晨关灯。农历七月的最后一天,有"谢灯脚"的仪式。当天,准备一份简单供品,饼干、水果、红圆即可,有些人家还会供献美酒,至多三杯,备"老大公"饮用。奉献供品、点香、烧金纸、念祝词,作揖拜拜后,将灯取下。陈坑有人以三罐红茶、水果和红圆作为供品,还特意强调水果可为红柿子,似乎刻意选择红色的供品,却不知其故。礼毕,供品要整晚置于供桌上,翌日早晨方可将供品收起,将灯取下。

祭拜"老大公"为农历七月最主要的祭祀活动,但如初一、十五日拜佛祖和初二、十六日拜车、门口和地基主的例行性祭祀仍旧照常进行。

3. 祭祖

陈坑人重视慎终追远,亲人去世后,即为其立神主牌位。通常神主牌位是夫妻二人合用,丈夫去世,则立夫妻双方共同的神主牌位,因妻子尚健在,须在神主牌位上披一块红布;若妻子先去世,丈夫尚在,则不立神主牌位,直到丈夫去世时,方共立牌位。亲人去世一年

第十章

陈坑的家庭宗教

内,家中神明厅的长案桌上供其遗像和神主牌位[①],每日早上供奉清茶。一年以后,将遗像悬挂于神明厅墙壁上,祖先牌位则移入祖龛内享受供奉。

(1)忌日和岁时节日祭祖

在祖先的忌日以及各岁时节日中皆要祭拜祖先,尤其是父母忌日,即便儿女远在外地亦须回乡参加。陈坑村不少年轻人都在台湾工作,然而若逢父母的忌日,都会尽量挪出时间回祖厝祭拜亡亲。祭祖所需供品极多。有人认为唯有祖先忌日时可以从餐厅直接购买菜肴作为供品,节日的祭祖菜肴都必须是家庭烹调。家庭的祭祖仪式通常在上午十点至十一点半之间举行,可能是便于将祭祖后的食物作为午餐。父母忌日当天已嫁的女儿须返娘家祭亲,若不能回家也会请人代赠礼物予娘家。已嫁的女儿可奉献供品祭祀亡亲,但只能是饼干、糖果等"干"的供品。而媳妇准备的供品可以包含"干"的供品,但必须有家庭烹饪煮熟的菜肴。有些人家在至亲忌日前即开始用金纸亲手折莲花、元宝,忌日当天与金纸、饭菜等供品一起供奉给先人。祭祀时后辈依次上香。平辈之人可上香,亦可不上香。

陈坑人称春节、清明、中元、冬至为"四大节",祭祖仪式都十分隆重。春节祭祖是在腊月三十日,油饭、菠菜、豆腐、年糕为必备供品,当天拜佛祖所用的供品皆可用来祭祖。清明节下午扫墓,但上午亦须在家祭拜祖先,润饼为清明祭祖必备供品,亦有人说鱼为必备。冬至及清明祭祖,已嫁的女儿、孙女皆要携带水果回娘家祭拜。

祖先忌日和四大节祭拜流程相似。祭拜时,先将佛桌从长案桌移出,与长案桌保持一点距离,各类供品一一放于佛桌上,靠近长案桌的上方位置放七双筷子,并在长案桌与佛桌之间的空隙放一条长凳。有些人家还会在佛桌上放一瓶酒,每双筷子旁边放一个酒杯,杯中盛酒。供品放在供桌上,稍待一段时间,至近中午时,掷筊探询祖先是否已经吃饱喝足,得圣杯后拈香礼拜、同时喃喃念祝词,插香于

---

① 若妻子去世,丈夫尚健在,则只能供奉遗像。

祖龛前香炉中,拿起金纸作数揖,走出神明厅外,将其化掉。至亲忌日和清明、冬至,子女皆至,依长幼辈分上香,将香插于香炉后,即可到门外焚化金纸于金炉中。待所有人祭拜完后,方可将佛桌上供奉的金纸焚化。其他时候祭祖则可多人齐拜,亦可一人作为代表礼拜。

(2)做春秋

当祖龛供奉的祖先神主牌位太多时,便新制一总牌位,上书"某氏历代祖先总牌位",牌位背后一个薄薄的小木板上写满其所代表的历代祖先的姓名及生卒时间。此换牌位仪式须择一吉日,并请法师来主持。仪式时间通常在早上,法师喃喃祝祷,更换牌位的家庭成员拈香祭拜祖先后,法师依次念总牌位的众祖先姓名,陈坑人认为如此祖先之魂灵方能附于总牌位上,否则总牌位只是一个普通的木牌而已。仪式完毕,烧掉旧的神主牌位,将总牌位供入祖龛。此后便在每年的二月十五日和八月十五日祭拜总牌位上的祖先,有些祖先虽有单独的神主牌位,但因年代久远,后人已不知其忌日,也在二月十五和八月十五这两天祭拜,此即春祭秋尝,当地人称为"做春秋"。有些人家即使家中每个祖先牌位俱有忌日祭拜,亦要"做春秋"。

4. 祭祀中介之灵

陈坑人家庭祭祀的中介之灵中包括军将、地基主、地基祖、地基业祖及前世。此类超自然存在无明确归属,间于神与鬼、祖先与鬼或神与祖先之间的连续线上。

(1)军将

每月初二、十六日"拜门口"亦称为犒军,陈坑人称此仪式的祭拜对象为"军将"。关于军将究竟为何,陈坑人说法不一。有人认为军将是象德宫的护境将军,在初二、十六日巡逻辖境,也有人认为军将成分复杂,其中既有暗神,又有天神,他们共同巡视人间。当家中有人突发非同寻常的病时,问神请示,若被告知是冲撞军将,便要祭拜他们,初二、十六是对军将的例行性祭拜。陈坑犒军通常在早上,设供桌于门内,供品可以为烹调过的熟食,但绝不能用饭、汤;也可以是饼干类的简单食物。拜军将的香插在供品上,香头必须朝门外。

军将原身为鬼,但托庇于社区宫庙的保护神,巡视辖区,佑护辖区内居民。其供桌未如"老大公"般设于大门外,而是设于门内。邀请军将入门飨用,表明军将和人之间的亲密关系,不必担心军将入内会无辜祸及家人,显见军将已经不同于鬼。军将托庇于神,拥有类似神的属性,他的供品也同神明一样可以为饼干、糖果之类。但军将却不是完全的神,如果冲撞它或是要求得不到满足仍会作弄、危害人。因此,军将是介于神、鬼之间的中介之灵。

(2)拜地基主、地基祖和地基业祖

陈坑人每月的初二、十六日犒军后,还要拜地基主。俗谚"田园五百主",每一块土地都曾历经无数主人。有人说地基主是宅地最初的主人,也有人说地基主是死于斯的历代宅地主人的统称,也有人说人只是暂用此地基,地基主才是它真正的主人,众说纷纭,但"地基主是住宅基地的主人"①这一点是确定无疑的。拜地基主必须在屋内,犒军的供品可直接用于拜地基主,但要加上一份米饭,另取一份金纸供奉在供桌上,并在桌上放两双筷子,桌旁放两张椅子或一条长凳。有人认为地基主尚有妻室,故筷子、椅子皆成对。礼拜时,拈三炷香,作数揖,将香插在中间一盘菜中,香头一定要朝向屋内,决不能朝向屋外。稍后将金纸拿起,拜三拜,拿到门外的金炉中将金纸化掉。此外清明、中元、冬至、年节皆要礼拜地基主。一日之内多种祭仪并行,准备多份供品,未免劳累,陈坑人通常会提前数日祭祀地基主。但若是此四节当天拜地基主,则须拜毕地基主后,再进行节日的礼拜。

在陈坑有些人家供奉书写"地基祖"或"地基业祖"的牌位。牌位置于长案桌左边,于祖龛同侧,但较之祖先牌位其形制甚为简单,有时仅是一块扁平的木板,但比祖先牌位稍宽。有一户村人家中的地

---

① 在陈坑人的叙述中"主人"的属性是模糊的,令人无法分辨是人还是超自然存在。但村人对这一词汇的强调、对地基主的祭拜,都隐隐约约指出古人土地所有权的概念不同于当今,土地作为财产,其所有权是不可转让的,可转让的仅是使用权而已。

基业祖牌位上写明其祭祀日期,每到祭祀日期,女主人必定礼拜,供品多为烹调过的熟食,饭和汤为必备供品,可见其在供品上的待遇与祖先相类。但陈坑人包括供奉此牌位的人家都无法说明此种牌位的来历,只知是祖辈供奉,亦无法详细说明地基主、地基祖和地基业祖之间的区别,仅含糊地说可能"地基祖"和"地基业祖"与地基主相同,都是家宅地基真正的主人。

就地基主的属性而言,张云盛认为地基主即古代五祀中的中霤神(2006:250)。但在陈坑,无论地基主指代宅地最初的主人,还是死于斯的历代宅地主人,他们都已做鬼。即便地基主是宅地真正的主人,供奉地基主的纸钱用的也是供奉神明的金纸,但并无其他迹象显示地基主如张云盛所说是真正的、完全的神。故将地基主归入介于鬼、神之间的超自然存在似乎较为恰当。地基祖、地基业祖虽与地基主略有不同,他们拥有牌位,可以和神明、祖先共同享受香火,某些地基业祖还拥有单独的祭日。但是地基祖和地基业祖与地基主一样,都是与家宅地基密切相关的超自然存在,此为不争的事实,故地基祖和地基业祖属性也应同于地基主,为介于鬼、神之间的中介之灵。

(3)前世

陈坑人供奉的"前世"有两种,一为前世父母,一为前世配偶,后者常常为陈坑人简称为"前世"。遇到生病、发生意外灾难等情况时,陈坑人往往前去请教神明,神明透过神媒告诉问神者,是当事人的前世父母或前世配偶来寻找当事人,因前世父母或前世配偶未能投胎转世,现在处境不好,希望能享受供奉,得讯后当事人即在家中设灵位供奉。

前世父母(图10-6)是在一张红纸或红布上书写"前世父母"四字,有些人家的"前世父母"红纸/布上还书写由灵媒告知的忌日。红纸/布上面插两束金花。钟幼兰(1994:136)在官澳发现"前世父母"有红布和牌位两种形制,但在陈坑却未发现牌位形制的"前世父母"。"前世父母"可贴在厨房的墙壁上、神明厅厅门旁的壁橱中,也可以贴在卧房的墙上。

前世配偶则有金身。当神媒告知问神者有前世配偶作怪时,当事人或其家人就要去请雕神像的师傅塑造金身,有时灵媒会告知问神者前世配偶的外形特征,雕神像的师傅得知后就会按要求雕出金身并开光。亦有人称前世配偶都有固定的尺寸,雕神像的师傅店中有很多塑像,可挑选后雕像师傅再为其开光。无论是特制还是批量生产,开光后的前世配偶雕像都须用红布覆盖。当事人或其家人取回家供奉于长案桌上,有些人家甚至会特意为其订制木龛。女子的前世配偶武将装束,称"将军",男子的前世配偶凤冠霞帔,称"娘娘"。有村人认为被前世配偶纠缠者都是从小身体不好、成长过程中多灾多难的孩子。

图 10-6　前世父母

陈坑人在忌日和春节、清明、中元、冬至四大节祭拜前世父母,因四大节祭祀事务繁忙,可提前数日祭拜前世父母。祭拜前世父母在早上,未必是当事人亲自祭拜,家人可代为祭拜。祭拜时,在书写"前世父母"的红纸前放一张桌子作为供桌,以饭、菜、金纸等为供品放在桌上,供桌靠近"前世父母"的那一方位放上两碗饭、两双筷子,桌边置两椅或一条长凳,因前世父母乃一对夫妻,故餐具皆须成双。主祭者拈香作三揖,喃喃祷念,将香插在红纸的金花处。然后出门化金纸。

前世配偶和神明、祖先一起被供奉在神明厅的长案桌上,享受供奉。至于前世配偶是否有忌日则说法不一。有人认为前世配偶并无忌日,因其供奉于长案桌上,可在日常祭拜时与神明、祖先共享香火,不须单独祭拜。某一村民在祖先忌日的祭拜中,在祭完祖龛后,另取三炷香插在前世配偶前的香炉中。但亦有少数人认为前世配偶有忌日,除日常敬拜外,在其忌日也须另行祭拜。

但前世父母和前世配偶之间又有差别。前世父母并无金身,只有牌位。但某些前世父母和祖先一样有忌日,忌日和春节、清明、中元、冬至四大节祭拜前世父母的供品与祖先相类,有饭、汤和烹饪过的熟食,必备椅、筷。故前世父母乃介于鬼与祖先之间的中介之灵。其置于诸

图10-7 前世配偶和神明共享神龛

如厨房、卧室之类私密的场所,即使是放于神明厅内,也只能藏身于门旁的橱壁中,而不能置于最神圣的家庭祭祀之地——长案桌上。因此在鬼与祖先之间的连续线上,前世父母的位置显然更偏向于鬼的一方。前世配偶则同神明一样拥有金身,放置于祭祀专用的长案桌上,有的前世配偶还拥有独立的木龛。在陈坑有些人家甚至将前世配偶和灶君、观音、土地公一起放于神龛中(见图10-7)。可见前世配偶已拥有某些神明的属性,介于鬼与神明之间。

结 语

家庭祭祀是陈坑人宗教活动的一部分,上文所列也并非陈坑人家庭祭祀的所有内容,但仍可从中一窥陈坑家庭宗教奉行的现状。一方面,习俗的力量非常强大,陈坑人非常重视"拜拜",从外地远嫁而来的媳妇到了陈坑后,都要学习"拜拜",祭祀的熟稔程度成为评价媳妇的一个重要标准。民间信仰以外的其他宗教信徒也仍旧从事民间信仰的祭祀活动,虽然不排除部分信徒是迫于家庭压力,但也有一些信徒根本不认为二者有冲突,家中设有两个祭祀场所,同时祭拜。另一方面,传统的影响力正在削减。陈坑村的许多老人都感叹年轻人对传统"拜拜"的轻忽。以家宅为例,现在闽南建筑在陈坑并不盛

行,新修家宅多为楼房,修建过程中祭仪亦大大简化。陈坑的一位木师便长叹年轻人多不肯学此类技艺,日久恐失传。而家庭的祭祀活动多由主妇操持,一些年轻主妇对具体的祭祀流程并不熟悉,需要老人在一旁指点,或只是单纯地随老人学习具体祭拜流程,知其然而不知其所以然。

参考文献

王建成
    2005   金门的闽南式传统建筑与聚落举隅,金门:金门县文化局。

Wolf, Arthur P.
    1974   God, Ghosts, and Ancestors. In Arthur P. Wolf (ed.), *Religion and Ritual in Chinese Society*, pp. 131~182. Stanford: Stanford University Press.

余光弘
    2000   台闽地区汉人民间信仰中"上身"的现象初探,台湾大学考古人类学集刊 54:97—113。

张宇彤
    2001   金门与澎湖传统民宅形塑之比较研究——以营建中的禁忌、仪式与装饰论述之,台南:成功大学建筑系博士论文。

张宇彤、徐明福
    1999   金门传统民宅之营建仪式,《民族学研究所资料汇编》(14):1—48。

张云盛
    2006   金门居民宗教风水观,金门:金门文化局。

钟幼兰
    1994   官澳查某佛的初步研究,余光弘、魏捷兹(合编),《金门暑期人类学田野工作教室论文集》,台北:"中央研究院"民族学研究所,第129~162页。

闽南陈坑人的社会与文化

附录一

木师师傅所列掀梁典礼的备办物品

物品	数量
毕头粿	12个
发粿	6个
红圆	22粒
五牲	二副
三牲	四副
菜碗	12个
青布	三块
红布	三块
红布	一块
四色布或毛巾	当天工人为准，一人一个
新面盆毛巾	当天工人为准，一人一个
甘草	一包
红砂粉	一包
朱笔	一支
铜镜（明镜亦可）	一面
利剑	一把
鸡	一只
鸭	一只
上梁金纸	一单（全，上中下玉皇含六兽四神宅主）

附录二

一户人家寄后土的备办物品

三牲八副,红公鸡一只,公鸭一只,铜镜,五谷之盘(生铁钉),铜钱120个,辰砂,毛笔一只,甘草,毛巾一块,青布三块,红布三块,剑一只,酒,脸盆,金纸,掀梁2单,四神4单,六宿,王爷,四神衣,六宿图,梁灯、梁钱个2副,五谷袋,厝角钱8对,香、烛、炮,五牲2筵,三牲4,菜碗3筵,淡盒2副,三秀2副,红圆60个,红钱24个,发粿(中2,小8),麻油,火油,火碳,喷灯,高粱酒,铜币120个,铁鼎1个,糊,春桔花,园21碗。

闽南陈坑人的社会与文化

第十一章

陈坑的聚落宗教

◎ 钟鹭艺

前 言

2011年6月20日至2011年8月12日因参加余光弘及杨晋涛两位教授主持的厦门大学人类学系暑期金门田野调查实习,个人得以至陈坑聚落进行田野工作,在浅层次的"生活的参与"前提下(余光弘1996),利用半结构访谈法收集与研究主题——聚落宗教——相关的资料。2011年9月2日至2011年9月10日我又自行前往陈坑聚落进行"事件的参与",观察、记录陈坑聚落农历八月初八日醮仪,并进一步补充前次调查不足之材料,本论文即基于两次调查所得资料而撰写。

本章旨在呈现陈坑的聚落性宗教生活概观。与金门各地一致,陈坑人以村庙主神为其信仰中心,在村人看来,主神统领守卫聚落五方之军将,以防邪秽入侵聚落,使之"合境平安";逢主神千秋圣诞日,村人便延法师做醮,行"镇五方"仪式,加强五方军将之防卫力,使村人得以安居乐业;个人或聚落发生不顺遂之事时,便要求村庙开坛,透过乩童求神明指点迷津。同时陈坑聚落自有一套村庙管理方法,以保聚落性宗教活动年复一年举行。

本章共分五节,除前言、结语外,第二节介绍陈坑村范围内的各种聚落性宗教设施,包括八座大小宫庙、五方等;第三节介绍陈坑村庙管理,包括组织管理和经费运作方式,以便了解村庙动员、组织村人参与聚落性宗教活动的方式;第四节介绍陈坑村的两大聚落性宗教活动,即日常的问坛活动与一年一度的醮仪。

一、宫庙与五方

陈坑聚落内现有大小宫庙 8 座。其中由公司负责管理[①],且村人常去祭拜者为象德宫、仙鹤寺与李将军庙;其余 5 座仅在逢年过节才有村人祭拜[②],分别为天海寺、圣公宫、万圣公宫、姑娘宫仔和下坑前宫仔等,其中天海寺规模较大,其他均为小祠,村人习称"宫仔",皆位于人迹罕至的聚落边缘。陈坑聚落五方均设置在聚落外沿,出入聚落之路口处,在村人看来,插置于五方的五方旗中驻扎着村庙主祀神辖下军将,是主神指挥以防备邪秽入侵聚落的神兵。

(一)宫庙基本资料

1. 象德宫

象德宫位于陈坑通往邻村尚义公路之下坡段左侧,属陈坑聚落边界地带。庙舍面海背山,因背靠山陵,似大象雄立海滨,加之宫旁海滩形似象头与象鼻,惟妙惟肖,故村人称象德宫宫址为"象穴"。与夏兴村孚济庙、新头村伍德宫以及料罗顺济宫所在地并称金门"象、

[①] 在闽南地区,由村人自发组成的团体俗称公司。
[②] 一年有三年节,分别为农历春节、端午节与七月十五日。

狮、豹、虎"四大名穴。

象德宫主祀温王爷,农历五月十六日圣诞,陈坑人称之为"祖佛",系陈坑开基主由福建晋江围头陈卿村迎请而来。村人世代相传,当初开基主乘船渡海时只携带一木牌以代温王爷。至今陈坑人仍将温王爷神位奉于北方宗祠福德正神神龛旁。与金门王爷信仰的来源相似,陈坑人的温王爷信仰也为"地缘性的祖籍神"(林丽宽:2004)。

传说温王爷是唐朝的进士温鸿,因奉圣旨巡行天下时,不幸遭逢海难而亡,被皇帝追封"代天巡狩",并颁旨全国建庙奉祀。成神之后的温王爷,常常出巡闽、浙沿海一带,护佑往来船只,福建漳州、泉州一带讨海维生之民便奉之为守护神(黄振良、王建成 2006:43)。昔日陈坑人世代捕鱼维生,赖温王爷圣德广被,屡感灵应,时至今日,村民口耳相传王爷显圣之奇迹不胜枚举,譬如温王爷化身为白衣书生,自购建庙木材,借海流浮运至陈坑海面之传说。此外陈坑人也常提及"八二三炮战"时期,象德宫曾有驻军,竟不曾有一发炮弹落于象德宫内。在陈坑人看来,温王爷是庇佑陈坑聚落"合境平安"的守护神,虽无专属乩童,但只要陈坑一有不吉,王爷即会透过其他神明乩身警示,以保村人逢凶化吉。

象德宫正殿神桌左侧上另祀奉王府千岁、蔡府按君大人和付府旗牌将军金身,村人称之为"客神"。据耆老言,农历甲申年(1944)五月廿四日陈坑海域发生海难,因天气突变,海面瞬间波涛汹涌,致使在海上进行牵网作业的一艘渔船不及回港躲避,船毁人亡,船上共六人,仅一人得以脱险。村人不明为何会有此种大难临头,时任保长与众乡老商议之后,便至金门古宁头聚落请其村庙主神苏府王爷解惑。王爷乩示:有水府三神明到访陈坑,三神明分别王府大人、蔡府按君大人与付府旗牌将军。陈坑人应恭迎奉祀,但无须为之塑金身、建庙宇,只要在近海面处立长杆黑旗一面。此外还应于每年农历八月初八日替水府三神明庆生。

疑惑既解,陈坑人遂谨遵神嘱,立一面长杆黑旗于临海空旷处。

第十一章
陈坑的聚落宗教

此后因部队驻防,村人祭拜不便。在请示神明后,改将黑旗立于村内某处。直至20世纪70年代初,属水府三神明的付府旗牌将军在陈坑"採乩"成功,得一女乩童为其灵媒,及一女听字向村人传达、解释神明借女乩童之口表达的神意。从此陈坑人每逢遭遇不遂之事时,便会求助于付府旗牌将军。至今村中老者回忆往昔,皆会提及付府旗牌将军灵验异常、有求必应。

陈坑人念及水府三神明之灵验,1973年为之塑金身,并建一小祠奉祀,黑旗遂"化掉"。1987年天海寺奠安,其负责人恐奉祀神明位阶不够,便与陈坑村庙管理者商量,试图将水府三神明迎请至天海寺奉祀。因奉祀水府三神明的小祠建于陈坑南方宗祠前一块大花岗岩旁,为宗祠龙脉所在,陈坑人早已有意将其移至他处奉祀,遂向三神明请示,得其应允后,迎请至天海寺奉祀。因此机缘,天海寺一度香火鼎盛。之后村人日渐觉得将有求必应的水府三神

图 11-1　暗神

明奉祀于一私人庙宇中,不太妥当。便于2000年象德宫重修奠安后,将其迎请至村庙奉祀,且另立黑旗一面于象德宫宫门右侧尚卿碉楼下,以代水府军将,上书"敕封王府千岁、蔡府按君大人、付府旗牌将军安镇"。黑旗前另置有三支竹符、三块石符,村人谓之"暗神"。农历每月初八日,村人皆会携带两份祭品前来象德宫,一份置于象德宫供桌上,供奉温府王爷及水府三神明;另一份则置于宫门右侧庙埕"暗神"前方地面上,敬水府兵将。

闽南陈坑人的社会与文化

同一张神案上另奉有一尊中坛元帅、一尊南府王爷、两尊文武判官及下坛虎爷一尊。其中中府千岁曾来陈坑"採乩",其金身颇具特色:坐姿、黑面长须,王爷左手抓一小鱼,右手持一网兜;另有两童子立于前,一做划桨状,一正钓龙虾,此金身为南府千岁所採乩童依神嘱请人塑成①。虎爷平日只供奉糖果、饼干;但凡建醮行放兵科仪时,便与中坛元帅同置于宫外香案上,供以生三牲(三层肉、豆腐、皮蛋)。象德宫正殿左右侧与一般金门宫庙相同,奉祀福德正神与注生娘娘。此外象德宫还奉有温王爷四大将于宫庙两侧门旁,每侧各二,分立于侧门两边,四大将红面立姿,高约1米,村人皆不知其源由,仅知自有温王爷就有此四大将。

2. 仙鹤寺

仙鹤寺与象德宫同为陈坑的守护庙,主祀玉女娘娘,圣诞日为农历二月初二日,陈坑人称之为"恩佛"。村人世代相传:昔日陈坑陈氏与琼林蔡家械斗,玉女娘娘或在双方作战时化身白衣女子于阵前搏斗;或事先告知陈坑人,蔡家准备趁陈坑男子出海捕鱼时攻打陈坑,使得陈坑人可预先设伏偷袭,是故谓之为恩佛。除主祀七尊玉女娘娘,仙鹤寺还奉有苏、邱、梁、秦、蔡五王爷及朱、邢、李三王爷,玉太星君,哪吒三太子,虎爷,福德正神,注生娘娘等神明。

仙鹤寺不似象德宫地处聚落边缘,而是位于陈坑聚落近中央地带一坡地上,故往昔陈坑均于仙鹤寺开坛,以便利村人问事。其址形似仙鹤,以此得名,据寺内碑记《仙鹤寺重修志》载,此寺创建于清同治甲戌年(即同治十三年,1874年),寺中现存一书有"仙鹤寺"之匾额,上题有落款时间,也为清同治甲戌年。

传说仙鹤寺肇建时,玉女娘娘降乩自选庙址,谕:"宫庙定要坐 sai^1 向 sai^1",村人莫名所以,纷纷议论着庙址如何能即坐 sai^1,又向 sai^1?直至动土吉时,仍无人领悟神意,娘娘遂再次降乩谕曰:"前个 sai^1 字指西方,而后 sai^1 则意为夏兴孚济庙的狮穴(闽南话,西、狮同

---

① 南府千岁乩童为女性,但在受训为乩童不久后便病逝,不曾济世。

音)"。村人方才大悟,皆叹玉女娘娘灵验非凡。陈坑人世代相传此故事,在村人看来,在这般灵验神明庇佑下定能安居乐业、兴旺发达。

3. 李府将军庙

李府将军庙位于金门日报社正门右前方山坡处,村人习称东宫,盖因其庙址位于陈坑聚落东部。此地近陈景兰洋楼,旧时为军医院,"八二三炮战"时或有军人受伤被送此地,医治无效不幸殉职便草草掩埋于此;1978年左右村人择此地建庙。起初东宫仅奉有村内一"查某佛"头家"清府元帅"神印①,后陈坑村王爷乩示:忧其道行不深,无法管束"好兄弟",应奉请李光前将军神印前来镇庙②。村人谨遵神嘱,且改称之为李府将军庙。李将军庙规模虽小,但香火鼎盛,村人农历每月廿八日皆会携祭品前来拜拜;七月廿八日尤其盛大,各家户须另备柴米,其中柴一捆约12根,各约10厘米长;米则装在约10厘米长,8厘米宽之红袋中。村人农历八月初八日庆水府千秋建醮时,均会请李府将军庙所奉神明前去观礼。

4. 天海寺

天海寺建于1987年,为私人庙宇,供奉陈府将军夫妇及三子女。系村人陈民农出资所建,陈府将军夫妇与三子女即其子、媳及三位孙女,此五人皆因新加坡飞往马来西亚的航班失事而遇难。天海寺建成奠安后,村人曾将王府大人、蔡府按君大人及付府旗牌将军金身移至此寺祀奉,使之一度香火鼎盛。后象德宫重修,三神明均移驾前往,村人便不似往昔般频至天海寺拜拜。

5. 圣公宫

圣公又称有应公、万应公,此宫位于象德宫庙埕前方滨海之花岗

---

① 金门各聚落普遍存在供信徒问事的公坛和私坛,前者通常在村庙举行,神媒为村庙奉祀神明所属;后者则普遍存在于民家中,神媒通常为女性,俗称"查某佛"。"查某",在闽南话中意为女性。两类神媒都惯称济世神明为"头家"。

② 李光前为军队团长,在1949年古宁头战役中阵亡;死后金门人为其建庙奉祀。

岩石上,为一小祠。宫内供奉渔人出海捞获之无名尸骨,故信众多为讨海人,渔家多于年节前持祭品来此求圣公庇佑。与此圣公宫相距不到10米处,还有一小宫仔,村人以万圣宫称之,内奉当年土地重划所掘无名尸骨。

陈坑聚落内另有两小祠,村人习称宫仔,皆为阴庙,一名姑娘宫仔,位于正义国小后山。据村人相告,此小祠也称"猫宫仔"。曾有一村人害死一只频繁溜进自家灶头偷食的野猫,之后身体屡有不适。此人便求助于某"查某佛",得知身体不适乃因恶灵作祟,即是先前下手杀害的野猫。野猫恶灵附身"查某佛",借其口相告:自己当时已怀胎,不料却惨遭毒手,连累还未出生的猫儿,不甘就此作罢,故频频作祟。村人若想不再遭受侵扰便须为其建小祠奉祀,此人遵行,遂得以如愿。陈坑人为表敬畏之意,惯称"猫宫仔"为姑娘宫仔。另外一小祠为下坑前宫仔,坐落于琼经路陈坑村入口处左侧一大沟尽头,往昔此大沟较深,在台风季节常常蓄满水,曾有一妇人在此处洗衣时,不慎跌入沟中溺水身亡。死后亡灵常作祟于往来路人,为安抚亡灵,村人便建此小祠以祭祀。

(二)五方

闽南民间社会相信透过特殊的宗教仪式,将村庙神明辖下军将部署于聚落四周,便可将俗称"歹物仔"的孤魂野鬼阻拦于聚落外,使聚落内"合家平安"。陈坑人称此仪式为"镇五方",即在聚落之东、西、南、北、中五方布置法物,代表神兵之营寨。陈坑的"五方"皆设置在聚落外沿,出入聚落之路口处,且五方之东西中三方设置点均曾变更。其中东方因原址所在小路废弃,杂草丛生,遂稍内移;中央因村人在原址外围建房,遂外扩;西方白旗位于军营内,军队以"军营里竖白旗,不吉"要求村人外移,其余二方不曾变动。此外中央位于陈坑聚落与外界交通最频繁道路之路口,一上书有"陈坑"二红字之大石块旁,陈坑人似有中方统领五方军将的观念,使之镇守最紧要处。以五方为点连线可将陈坑聚落围成一封闭空间,陈坑人鲜少居于此空

第十一章
陈坑的聚落宗教

间外,以免置身于神明庇佑范围外。

五方旗、竹符与石符等便是神兵部署的法物[1],村人须在做醮前备好,以便法师在其上书写符令。五方旗以一段长约1.5米的竹子为旗杆,旗面则由色布与白布缝合而成。色布长宽约2尺2(约75厘米)[2],依东西南北中五方分为蓝白红黑黄五色。每块色布搭配一块长条状白布,此白布卷成合乎竹竿粗细程度的圆筒状后与色布缝合。套进竹竿后,以红丝线缠绕于两者顶端。做醮时法师会在色布上书"令"字,白布则写"奉旨敕封某神明镇"。陈坑若二月初二日/五月十六日做醮,中方黄旗上神明便书"玉女娘娘"/"温府王爷";若八月初八日建醮,则书"温府王爷玉女娘娘"。在陈坑人看来,"祖佛"和"恩佛"辖下军将镇守中方,统领五方众军将。南方红旗邻海域,每次做醮其白布上所书神明皆同,均为属水府一路的付府旗牌将军,其余三方令旗上所书神明并不固定,凡在陈坑採过乩身的神明,均可书其名号。竹符则每方各设三支,取竹竿截段,长约40厘米,对剖后一头削尖。竹符三支一排放置于各方之旗前,尖端钉入土中约10厘米,顶部须扎金帛,位于中间的竹符扎五色,两边则用金钱[3],寓中间竹符为镇守该方众军将之首。竹符上用黑墨画符,符头不似五方旗用敕令,而画雷令;符体则为"雷令某神明安镇",三竹符只中央一支上所书神明名号与法师观念中镇守五方的神明名号一致,东、西、南、北四方分别为张、萧、刘、连圣者,而中营则为"中坛李元帅";两侧竹符符体所书神明名号较随意,任意姓氏将军均可,据负责书符令法师所言:因镇守五方之军将如凡间部队,百家姓氏皆有。各处五方竹符前

---

[1] 昔日在坏年冬时神明会透过乩童加派"草人"于五方,以增加设施方式加强神力以防邪秽。另金门岛各聚落五营营头布置的宗教设施大多如此;而在澎湖岛,五营营头虽已发展出"碑、祠、像等形式",但与金门岛相似"每年法师镇符时都须更换新的竹符"(余光弘、黄有兴 2005:3)。

[2] 据报道人称,二尺二在鲁班尺上为吉祥之数。

[3] 金钱、五色均为金帛名称。

还搭配巴掌大石符三块,上亦有黑墨书写之符咒。

五方旗、竹符、石符皆在做醮绕境时,透过"镇五方"仪式逐一安置。镇五方前法师须先置香案桌于庙埕,供奉中坛哪吒三太子与下坛虎爷,并行"放兵"科仪。此科仪包含召兵、点兵、排兵等步骤,前三步骤依序各进行三或五次,每次对着不同方位,在法师观念中如此则代表放三营或五营兵马。"放兵"后,法师割舌并以舌血敕点五方旗、竹符、石符。在法师看来,守卫聚落之责由村庙主神辖下军将承担,这支神兵可分为守卫村庙及驻防五方两部,类似于军队编制中的"营部连"与"普通连队";但凡做醮行"镇五方"仪式,定要放出平日守卫村庙之兵马,使之得以行走于聚落内,在此期间村人则在自家门口置草料水以犒赏神兵①。除非神明透过乩童指示此兵马某部须留守五方,犒军后,定要将行"放兵"科仪时所放兵马全部收回,以免平日聚落内兵马过多,居民犒赏不及。而在村人眼中,他们每月初二、十六日于家门口置香案桌,以饭菜犒军之对象与建醮时以草料水犒军之对象并无不同,皆为五方令旗上所书,村庙所奉神明辖下军将。此外陈坑六神辇顶部四角与正面中央处均书有小字"黄、红、蓝、黑、白",提醒村人如何插置神辇五方旗,神辇五方旗与五方之五方旗相似,书有聚落村庙所奉神明名号。对于陈坑人来说,村庙主神与前来聚落"採乩"神明皆掌有一支神兵,分别驻守五方,共同承担聚落守卫之责。在村人看来,五方各部神兵的统帅即为五方令旗上所书,奉祀于村庙中的神明,而不是法师观念中的张、萧、刘、连圣者与中坛李元帅。

二、村庙管理

象德宫与仙鹤寺皆为陈坑聚落村庙,两庙主祀神明分别为温府王爷和玉女娘娘,陈坑人称前者为"祖佛",后者"恩佛"。其村庙意义

---

① 陈坑人所用草料水,一般为一桶水、一把芒草或空心菜茎叶。

主要体现于两方面,其一,如上文所言,在陈坑人看来,温府王爷玉女娘娘庇佑整个聚落,使之"合境平安",两神明统帅五方军将,防备邪秽入侵;其二,两庙宗教活动费用筹措方式与仪式过程所涉及的人员涵括了聚落中所有的乡众、乡老、头家,以及隶属于宫庙的乩童、听字等;借助村庙举行的宗教活动,陈坑人得以凝聚对聚落的认同感。

村庙管理运作目的即为确保建醮等聚落性宗教活动得以周而复始的举行,为此陈坑自有一套约定俗成的村庙管理来筹措资源,以举行聚落性宗教活动,并在村人中分摊祭祀工作。陈坑村的村庙管理为传统的头家、乡老制度。头家以甲为单位划分,由各甲中各家户长周而复始轮值;各家户长一有子新婚,便自然成为乡老,无须再轮值头家,承担头家之责。此外村庙设有常任主事长老、财务管理员各一名,由他们负责管理村庙日常事务,并统筹聚落性宗教活动[①]。

(一) 甲与头家

陈坑为一陈姓血缘聚落,依房祧之别分为六甲,各甲并无具体名称,只简称为第几甲[②]。每年各甲皆出头家四位,因此每年有二十四位头家当值,头家由各家户户长轮值,但各甲具体轮值情况并不一

---

① 相较于同为离岛的澎湖列岛各聚落,陈坑聚落村庙在社会、经济层面影响力并不大。澎湖各聚落村庙"经理所有寺庙内外事务……控制着渔场的分配与紫菜的采收等属于全村性的资源"(余光弘、黄有兴 2005:2—5),而就金门陈坑这单姓聚落而言,此种功能主要由宗族组织负责。

② 在金门,村庙制度中的"甲"或与澳甲制度中"甲"相关,但如今已无从得知。在田野调查中,报道人只言:自古有之。且陈坑人对于自己属哪一房祧确认无疑,但问及属哪一甲,往往热心参与建醮事宜的村人才清楚。查文献得知,乾隆时期便设有陈坑澳,设澳甲一名"渔船赴县领照,船户须取具族邻澳甲保结,并十船连环互保;渔船逾期不还,地方官即沿海行查;渔船回口,如携带货物,令于置货地方给单照验……"(章开沅 1997:516)。在澎湖岛,行政区划的澳甲制度与村庙管理组织相互渗透,关系更为紧密,以至村庙在社会、经济等层面发挥甚大影响力(余光弘、黄有兴 2005:5)。

致。如第五甲虽由蜘蛛与新兴两祧组成,但每年两祧并不各出两头家,而是人多的蜘蛛出头家三位,新兴则只派一名头家;再如第四甲,由六个祧组成,人丁少的祧仅须两祧合出头家一位。现今各甲(第四甲除外)大都循例以同一祧的数家户为单位出头家一名,此轮值法因各轮值家户单位人口外流情况各异,造成有的家户每隔一年便须承担头家之责一次,有的则长达七年才轮值一次。笔者曾试问:何不以邻为单位出头家以保公平[①]?村人皆以"同邻不同祧"为由,视为不切实际之事。与金门其他聚落不同,陈坑同甲、甚至同祧之人并不聚居一处,有此现象,盖因"陈坑村的地势位在象山的山脊之上,没有辽阔而平整的腹地可以作为血缘发展或族亲居住区域的条件"(黄振良、王建成 2006:24)。

表 11-1 甲、房祧与神辇

甲别	房祧	神辇
第一甲	四柱	温府王爷
第二甲	进兴、北方厝	玉太星君
第三甲	下塘	邢王爷
第四甲	前山房、后新厝、耀宗、昌盛、上塘、城边	玉女妈
第五甲	蜘蛛、新兴	邱王爷
第六甲	东山	苏王爷

温府王爷玉女娘娘两神明,侨居新加坡的陈坑人皆分香供奉,现今若金门陈坑人二月初二日设醮,新加坡陈坑人则定五月十六日做醮;若金门陈坑人决定二月初二日不设醮,便会提前告知新加坡陈坑人,使之得以筹备齐全,于二月初二日举行醮仪。金门陈坑人另于八月初八水府三神明千秋圣诞日做醮。陈坑村头家的任务便是协助村

---

① 邻为金门村里以下的行政单位。

第十一章
陈坑的聚落宗教

庙主事乡老、财务管理员筹办一年两次的醮仪,头家于每年农历春节期间交接,各甲确定好当值头家后,宫庙主事者便会召集各甲头家开会,抽签分配当年做醮各甲须承担之任务。做醮任务分配如下:

(1)办牲礼:准备设醮用五牲二份(每日一份)、三牲、菜碗、淡盒三份、酒;各寺庙各日三牲一份、酒一瓶。

(2)搭铁架:搭铁架帆布;醮仪后整理寺庙、广场;办金帛及糊纸用品。

(3)拆铁架:请法师;醮仪后整理厨房;拆铁架帆布并将其归位;巡五方时加派一名人员担牲礼金帛。

(4)五方:准备五方旗石符竹符;巡五方时加派一名担石竹符。

(5)什差:备设醮所需桌椅;备放兵收兵所需草料水;设醮时宫内差用;备摆客桌时各项用品。

(6)准备斗灯;派随坛乡老三名;准备盐米及献供用品。

除分担工作外,二十四位头家还需出面协商、联络传达甲内各户意见,以及登记、收缴各户人口钱。头家人口钱收缴完便交至村庙财务管理员处,由管理员记录、保管。此外在"镇五方"时,各甲四位头家须抬各甲所属神辇,若轮值头家年老不适,则应自行雇请他人抬辇绕境①。当值头家除可平分做醮所用祭品外,还能分得法师所敕头家符一张。

昔时陈坑村各户长在儿子新婚后便自然成为乡老,无须再轮值头家,但现因聚落内年轻人外流,当值头家往往不在金门居住,遇此情况,其父母便须代替行头家之责;即便是仍在聚落居住的年轻人,也鲜参与醮仪。换言之,在某种程度上,做醮已成为老年人的负担。

---

① 公司另有一神辇专供大尊温府王爷金身"出巡"之用,村人习称"八座";此金身出巡并不常见,最近一次距今已十多年,抬此神辇之人,均为王爷亲自指派。

(二)乡老

乡老和长老统称"老大",前者在宫庙宗教仪式担任献祭者,后者则为宗祠祭祀献祭者,两者皆由儿已婚的男性担任。陈坑乡老人数约90多人,每次建醮所需三名随坛乡老由承担该任务之头家出面延请。做醮时随坛乡老须全程在宫庙附近等候,配合法师科仪行上香、跪拜、献酒等,醮期后随坛乡老可分得糖塔各一。

(三)经费与开支

陈坑村宫庙日常事务均由主事长老与财务管理员负责打理,除了做醮花费,公司经费还用于应付象德宫、仙鹤寺与李将军庙的日常什用、水电费等,并维持各庙宇整洁,方便信徒祭拜。公司经费的来源,约有以下数端:

(1)香油钱:象德宫与仙鹤寺平常备有各种金纸、香枝供香客免费使用,信徒可随己意往香油箱投钱,村庙财务管理员每隔一段时间便会打开香油箱点收、保管,并于建醮时向村人公布香油钱收入数额。

(2)缘钱:是需要开具收款证明并且张贴公布出来的捐献,也称为"添缘",通常在做醮期间由宫庙财务管理员收受,并将每一捐献的数额和姓名写在小纸上,并贴于公告板。

(3)谢醮:陈坑做醮时,村人有受神佛恩惠者常"谢醮"答谢神佛,谢醮者通常出资上万元以充建醮之资。做醮逢行"进金纸"科仪时,法师会为谢醮者各备疏文一份,上书谢醮者全家老少生辰八字并诵念之,以祈福求安、补运添寿。

(4)人口钱:每逢建醮时,陈坑各家户便按先前向头家所报的人口数缴交人口钱,一口10元,由各甲头家负责收齐后,交予村庙财务管理员。

(5)契子费:陈坑两庙所奉神明,只有玉女娘娘和王府千岁收有众多契子,俗称"干儿",并各编有一本"干儿簿",上列众契子芳名。

每逢二月初二日、五月十六日建醮,玉女娘娘众契子便需缴交契子金,王府千岁契子则于八月初八日缴交,契子金为一人30元,交予村庙财务管理员,由其负责统计并张贴公布。

(6)村公所厨房租金:昔日陈坑村村公所兴建时,公司出资于其旁加盖铁皮屋厨房一间,供村人婚丧喜庆办桌请客之用。村人每用一次,须向公司缴交2000元,并交由财务管理员保管。

(7)机场回馈金:陈坑村位于金门尚义机场附近,因飞机起降噪音影响村民安宁,机场每年划拨一定经费给予陈坑村所属正义里之社区发展协会,用于资助正义里范围内举办的各式聚落性活动,并由正义里社区发展协会负责分配、安排使用此经费。每逢陈坑村做醮,均有机场回馈金资助,金额不定,如农历甲申年(2004)五月十六日温府王爷千秋做醮为2万元,而今年农历八月初八日水府建醮则为4万元。

三、聚落性宗教活动

为方便描述,可将陈坑的宗教活动划分为家庭宗教活动、聚落性宗教活动和超聚落性宗教活动三类。本节重点介绍聚落性宗教活动,其余两类,仅在此简述。家庭宗教活动指村人在家宅内进行的宗教活动,其祭祀对象涵盖神、鬼、祖先;金门地区的超聚落性宗教活动除了佛教、一贯道等"大传统"宗教外,还盛行"查某佛"、"三姑"等属民间信仰的宗教活动,两者并不相互排斥,而是齐力助金门人减少内心之不确定性,因篇幅所限,无法详细介绍[①]。陈坑的聚落性宗教活动主要为问坛活动及醮仪,前者昔日多依村人所求举行,旨在请神明

---

① 陈坑境内目前有一查某佛私坛济世,金门全岛,数中堡一查某佛最"兴",田野调查期间,陈坑有婚嫁喜事三桩,其中两件皆赖此查某佛玉成,才得以速配;"三姑"则为牵亡灵神媒,金门已无"三姑",故金门人皆至福建泉州石井、漳州角美"问三姑"。

为村人医病并排忧解难,时至今日,已鲜见私人要求公司开坛。后者在正常情况下一年举行两次,分别为二月初二日、五月十六日醮仪,及八月初八日醮仪。

(一)问坛活动

昔时陈坑人大多讨海捕鱼为生,村庙所属男性仪式人员——乩童与听字——也不例外,讨海人需趁破晓鱼群觅食时出海下网,实不便常于晚间赴村庙接受信徒问事。幸陈坑村祀奉神明体恤人情,于20世纪70年代初採女乩童三名,虽有一名不成①,但余下两女乩童皆颇"兴",其一为玉女三娘娘乩身,另一女乩童则属付府旗牌将军,两乩童各搭配女听字一名。除此批女乩童外,自70年代以来,陈坑共採乩童五次。最早为王府大人採乩,紧随之后,为三女乩童;后来第三次採乩,但所採三乩童均不成;最后二次採乩神明,先是朱府王爷,后为苏府王爷、玉太星君。若採乩顺利,各神明均会採得乩童、听字各一名,两者皆习称所属神明为"头家",新乩童、听字须由老乩童、听字陪同,一同"坐禁"受训。现今陈坑有乩童、听字各三名,其"头家"分别为朱府王爷、苏府王爷与玉太星君;两女乩童一已"退驾",另一则因身体不适常年卧床,但建醮所书榜文上,两女乩童与听字之名依然位列乩童、听字之中。

昔日因象德宫地处聚落边缘,夜行不便,陈坑村皆于仙鹤寺开坛,为村人、乃至从金门各地慕名前来的信徒处理各种身心困扰②。现今陈坑人已鲜少求村庙开坛以解决问题,村庙一般只在做醮前几周开坛请示境内王爷建醮相关事宜;若逢聚落中宗祠、宫庙重修,也

---

① 根据报道人所言,本章中所谓"採乩不成"均指"当法师在村庙庙埕行採乩科仪时,当事人虽有走向长凳,并坐下,但此后因各式缘由没有顺利完成、通过成为乩童必备的训练、测试"。

② 因与此内容相关的田野资料凌乱无序,故藏拙,有兴趣者,烦请参见李翘宏1994;金门沙美万安堂2008。

会开坛请求境内王爷降驾,复审村内主事者延择日馆所定动土、上梁、奠安吉日。

笔者第一次田野调查的时间临近八月初八日,村庙开坛问事,得以观之。开坛时一听字备好四张"透寿"①,在其上书"敕令某神明到坛扶乩,急急如律令"②,随即将四张"透寿"依次折成令牌状叠放一起,并用"甲马"三张绕匝一圈。主事乡老上香后持之过炉,随即至宫门外朝天礼拜、引火烧化,谓为"放纸头"。听字则至大殿神桌旁,用透寿、甲马、金钱三种金帛参差相续卷成长筒状,于烧金纸用的筒中徐徐延烧,直到王爷驾临为止,称之为"烧纸头"。据报道人言:神明时常出巡,并不总是坐镇宫中,"甲马"即其座驾,可载其返回;"金钱"为银两,用于差遣小兵去请神明回宫。这种请神的方式源于法师所传"关王爷"方法中的一种,称为"桌头关"。非设醮时,行"桌头关"无须动用金鼓,但请神耗时稍长,此次便烧了将近20分钟,王爷方才驾临③。听字"烧纸头"时,主事乡老用甲马、金钱两种金纸叠成扁条状,点燃持之过炉后,便至放置于神桌前两板凳处,持之扫过两板凳椅面与椅面下,为洗净之意。之后,乩童便上香,并口念"请头家出驾相助",随后至宫外静待。待乩童感应王爷将起驾,便进入宫内,双眼紧闭,坐在先前已用金纸"洗净"的板凳上,两手撑膝,全身上下左右晃动,愈来愈烈,直至王爷驾临。

此次开坛,公司三乩童除一因正值服丧期间不能进宫庙外,其余两乩童均到场,但只苏王爷乩童起驾。开坛原为请王爷确认八月初八日做醮相关事宜,如是否如期照常做醮、各家户须备金帛数量有无

---

① 本章所述透寿、甲马、金钱等金帛样式,详见本书第十二章史艳兰一文。

② 四张透寿上神明依次为温府王爷、玉女娘娘玉太星君、朱邢李三府王爷、苏邱梁秦蔡五府王爷。

③ 醮仪期间,只乩童参与的首项科仪需"烧纸头"与"动金鼓",即首日晚的"进金纸"科仪;余下需乩童参与科仪皆只"动金鼓",乩童便可起驾。

更改、确定做醮起鼓吉时等等。上述做醮相关事宜确认无误后,王爷便派符七张,其中起鼓符三、安坛符三,另有一盐米符,均为做醮而备。

(二)醮仪

陈坑村一年两次醮仪都延请法师行二朝醮,二月初二日/五月十六日醮仪与金门各地醮仪相似,八月初八日醮仪却独具特色。

如前文所言,水府王府千岁、蔡府按君大人与付府旗牌将军三神明1944年驾临陈坑时,有言每年皆须为之庆生。祂们为庇佑渔民出航平安、渔获丰收之海神,恩泽广被于陈坑讨海人,当时陈坑村内有七牵网组,他们便商定每年由一牵网组轮值做头家,于每年八月初八日在象德宫庙埕置香案桌,并延法师行简单科仪祭拜水府。直至1973年陈坑人为三神明塑金身并建宫伺奉,才开始延请法师行二朝醮庆水府千秋,起初仍由各牵网组或机动船头家轮流出资做醮[1],公司在90年代中期才接手负责筹办八月初八日水府醮仪。

以2011年水府三神明诞辰法师所行二朝醮为例,其科仪段落安排和大致内容如下:

表11-2 建醮科仪简述

时间	名称	科仪本	内容简述
前晚	搭坛		调整宫内桌椅,摆设醮坛,法师在主神案桌后面张挂神像画、神牌,主事长老从仙鹤寺请若干尊神佛金身,置之于象德宫主神案桌上,与象德宫伺奉神祇一道观礼。
	安坛		在醮坛上放一份安坛金纸,乡老上香后烧化。

---

[1] 此时期的陈坑已不再行牵网渔法,机动船取而代之。

时间	名称	科仪本	内容简述
		首日(八月初七日)	
早晨	辰时起鼓		七点吉时击鼓一阵,主事长老与若干头家开始摆设宫外供桌。
	闹坛		数种南管乐器齐动,增加闹热气氛。
	发奏	发奏科	发关文上奏天庭向玉皇大帝暨众神禀报此次醮仪性质,请三界诸神并颂赞之,犹如发帖请客。
	贴敬联		挂联"圣德无私招百福,神明有应祝千秋",横批"祝寿植福"于宫内神桌上头。
	祝圣	祝圣科	请远近各神祇入座以观礼。
	宣经	太上灵宝老君经 太上天尊说十一曜神经 太上说东斗主算护命妙经	法师诵念经文。
午	献供	二朝科	此日为敬天公,三法师齐诵经,三随坛长老齐跪拜,轮番献香、献花、献灯、献茶、献果、献疏牒经文、献水、献宝、献饭等十种物品以飨诸神。
	宣经	太上南斗六司延寿度人妙经 太上西斗记名护身妙经 太上中斗大魁保命妙经	法师诵念经文。
	拜斗	太上玄灵北斗本命延生真经	点七星烛台洗净礼赞,颂唱经文,拜读祝寿植福疏文,内含村中主事长老、乩童、听字、随坛乡老、乡老名,村内各户户长名及各户人口数。
晚	闹厅		与闹坛相同。

时间	名称	科仪本	内容简述
	进金纸	开路关咒	在宫外供桌前举行,法师诵念开路关咒,陈坑乩童与听字配合进公司所备玉皇、花园、南北斗三路"桶盘",为全村人添钱添寿添水米;后三法师替谢醮者依次诵念祈玉皇、南北斗、花园庇佑疏文,谢醮者须按序手捧献玉皇、南北斗、花园三份金纸跪拜于供桌前。
	送天公		将宫外供桌上纸糊天公亭连同神明所派各家户皆备一份的金纸火化于宫前,乩童亦起驾相送。
次日(八月初八日)			
清晨	起鼓		做法同首日,但无须定要吉时,法师方便即可,陈坑主事长老与若干头家开始摆设宫外放置纸糊水龙宫之神案与客神观礼之"客桌"。
	闹坛		做法同首日。
	宣经	太上南斗六司延寿度人妙经	法师诵念经文。
	进表	三坛天枢表文科式	三献酒,拜表文、发表官上奏天庭祈求平安祥福,火化表文和纸糊表官、金纸。
	宣经	三官感应妙经:天官	法师诵念经文,这部经书分三段诵念。

时间	名称	科仪本	内容简述
	进金纸	开路关咒	法师于宫外供桌前诵念咒语,乩童与听字配合进公司所备进水府"桶盘";后三法师替谢醮者诵念祈水府庇佑疏文,谢醮者须手捧献水府金纸跪拜于供桌前。
午	献敬	二朝科	做法同前日,但此日为敬众神。
	放兵	放兵科	在宫前右侧设香案请出中坛三太子与下坛虎爷神像,法师诵念经文,依五方各做五次召、点、排兵科仪,并割舌,以舌血敕点五方旗、竹符、石符及家户、头家符以备用。
	出榜		法师在榜文前放鞭,榜文上书村中主事长老、乩童听字、随坛乡老、乡老名,村内各户户长名及各户人口数。
	镇五方		各甲头家抬辇,乩童起驾,法师相随沿五方绕境,每至一方,法师先行吹角、放鞭三次,再乩童礼拜,后各方附近居住家户备饭菜及五方金纸一份祭拜。
	拜水龙宫		详见下文。
	贴门符		法师分为两组,在头家带领下,前往各家户安镇,吹牛角、放鞭各一次。
	宣经	三官感应妙经:地官	法师诵念经文。
晚	闹厅		同前。
	宣经	三官感应妙经:水官	法师诵念经文。

闽南陈坑人的社会与文化

时间	名称	科仪本	内容简述
	造桥度限	布造金桥科	法师设布桥,村人若干过布桥。
	辞神收军	收兵科	辞谢诸神,召兵马回殿,并掷筊确认全部召回。
	谢坛安位		拆下挂画神牌,收拾法器,恢复宫内原样,送仙鹤寺神佛金身回殿,烧香;火化安位金纸。

　　如上表所示,陈坑八月初八日建醮次日科仪别具特色[①]。首日科仪以送天公收尾,后撤下当日宫外供桌摆设之供品待次日重新摆设。次日清早,主事长老与若干头家一同摆设供桌以备行后续科仪。供桌由五张方桌在象德宫正门前庙埕连接排列而成,离正门最远端方桌尽头放置纸糊水龙宫一座以示水府宫殿,长宽50厘米左右,高约80厘米,东宫伺奉之李府将军、清邱胡三府将军两神印与水龙宫同置一张方桌上,正面均朝向宫门。紧连此方桌,近宫门方向设有三方桌,上奉有廿四份烟酒茶分列于两侧,每侧十二份,方桌中间摆设果品牲礼若干;三方桌两侧各置二长凳,凳面均以毛巾覆盖,其上共有金纸廿四份,以几片薄瓦压覆防风,瓦片间各夹香一炷。临近宫门一方桌较空,以便法师放置行科仪所需法器,桌脚另有纸糊"小王船"一艘,首尾长约70厘米、最宽处约25厘米,桅杆高15厘米左右,象征乩童起驾至水府所乘神船。此方桌旁另设一方桌,专供四谢醮者摆放供品。

　　陈坑人称醮期次日宫外所摆供桌为"客桌",以王府大人为首的水府众神明虽早在1944年便驾临陈坑,但其"客神"身份不变。此外陈坑东宫所奉与水府众神明同属"阴神"的李清邱胡四将军也落位

---

　　① 金门各地醮仪参见翁志廷2007;黄逸歆2007。

"客桌"观礼。昔时"客桌"只备十二份烟酒茶,至公司接手筹备水府建醮事宜后才改为廿四份,方便平分给陈坑廿四位头家。

此"客桌"之摆设至下午"拜水龙宫"前均无变动,此仪式行于"镇五方"后。另置一方桌于庙埕近海面侧,上只摆设"水龙宫",若干盘饼干、蜜饯。紧邻此香案桌两旁地面上置有陈坑各渔船所备金纸、鞭炮一份,计十份;金纸由"库银"层层堆叠而成,高约60厘米,贴有红字一张,上书"XX号渔船叩谢"。陈坑各家户皆须备饭菜等祭品陈列于此香案桌前方之地面上,纸糊"小王船"也搬至桌脚旁。"拜水龙宫"时,先由法师诵念书有陈坑各渔船船名疏文为陈坑讨海人祈福,各渔船头家亦持香跪拜。后法师延请海面众"好兄弟"前来赴宴,乩童在起驾"镇五方"后一直不退,相伴于侧,行"监筵"之责。一为督促陈坑人整齐陈列祭品;二则维持"筵席"秩序,规劝众海面"好兄弟"有序享用筵席,切勿争抢,以保证每位"好兄弟"均能"吃饱喝足"。在旁的陈坑人或合掌祭拜,或面朝大海跪拜。

待法师确认众"好兄弟"已然"吃饱喝足"便诵念经文敬辞,之后两名讨海人一持纸糊小船,一奉纸糊水龙宫在前,法师、乩童、乡老相随于后,行至设于象德宫与海滩间专供建醮时烧金纸、化纸糊制品处,敬辞水府众神明并化纸糊"小王船"、"水龙宫"。据说早期公司为水府做醮,均于下

图 11-2 拜水龙宫

午四五点化"水龙宫"、"小王船"后便结束醮仪,不行晚间闹厅、过布桥科仪。此外陈坑逢闰年会行"送王船",王船龙骨长为三尺二,各家户须于醮期次日大清早,"客桌"神明落座、王船安位之后,备好金帛、饭菜与小包柴米至王船前"拜船头"。陈坑"送王船"的意义与一般传统上的"送王船"不同,陈坑人将柴米油盐酱醋茶等日常用品置于王

船中,然后由神明降乩指派人员将此船送入海中,以接济海上亡灵(黄振良、王建成 2006:49—50)。显然"拜水龙宫"具有普度之意,但所延"好兄弟"均来自海域。耆老告知,昔时陈坑与金门各地一样,于七月十五日普渡。不料有一年因所竖灯篙过高,从各路招来过多"好兄弟",宴飨不

图 11-3 监筵

及,后竟发大水,此后陈坑便不再于七月十五日举行普度。

起初水府三神明到访陈坑时,以夺走五名陈坑渔民生命的海难为征兆。如余光弘所言,水府三神明"在被奉祀之前常与鬼的表现无异,其惯常争取奉祀的伎俩都是'作弄或作客'(trick-or-treat)"(余光弘 1999)。此时陈坑八月八日庆水府圣诞以讨海人为主,旨在祈求水府三神明"不作恶"。讨海人行船捕鱼,不确定性因素甚多,亟需宗教慰藉;加之陈坑海域暗藏波涛,时有海难发生,如《邂逅陈坑渔村》载:据该村族谱中的记载,从康熙年间该族的第二十世至今[1],至少有十四位渔民海上亡故(黄振良、王建成 2006:179),因此陈坑讨海人借庆水府圣诞,减轻对行船讨海不确定性的恐惧。此后水府三神明中的付府旗牌将军在陈坑成功"採乩",陈坑的民间造神运动有了"厚植其根基的重要方法"。信徒每有所求,皆能如愿,水府三神明"神威显赫的口碑"便有了"群众基础"(上引文)。于是陈坑人为水府三神明塑金身、立小祠奉祀,并在圣诞日请法师行醮仪庆生,水府三神明成为陈坑人的"保护神"。起初"庆水府圣诞"的简单仪式便融入金门各地常行二期醮仪。此种结合造就了现今陈坑八月初八日醮仪的特色——"镇五方"后即行"拜水龙宫"仪式。在某一程度上,此二

---

[1] 如今,陈坑辈份最高三人均为第二十五世。

仪式可谓为两日醮仪众多科仪中最具聚落性的。鲜见参与醮仪的年轻人,在"镇五方"时纷纷现身;大多时候略显冷清的庙埕,在"拜水龙宫"时,方有热闹气氛。直至2000年,陈坑人将水府三神明迎请至村庙象德宫奉祀,并仿照五方宗教设置物,为之立黑旗一面以代表其辖下水府兵将。在陈坑人看来,此时的"客神"已具备防范海域孤魂野鬼入侵陈坑聚落的神力,水府三神明既可将部分来自海域的"好兄弟"招致麾下,为其所用;又能安抚、接济、普度"好兄弟",以庇佑陈坑聚落安宁。

结 语

综合本章所述,陈坑人对庇佑聚落"合境平安"之神明、守卫五方之军将有明确认知。五方的设置,清楚界定陈坑聚落的地域范围,村庙管理及聚落性宗教活动则凝聚陈坑人我群之认同。从田野调查所得资料可知,作为一个单姓血缘聚落,陈坑的宗族组织形塑的是陈坑人与超聚落同姓氏者间的认同感,此种认同感具有扩张、包容性;反观聚落性宗教,形塑的是陈坑人与陈坑聚落之地缘排他性的认同感。两者共同动员、组织陈坑人,使之团结一致利用各种资源进行地方建设,正如金门俗语所言:有宫有庙,住着才会兴。

Mary Douglas 认为,社会的开放性是影响宗教信仰变迁的重要变量(Douglas 1996:18)。军事管制解除之后,原本封闭、传统的金门日渐开放,与台湾、大陆的交流日益频繁,其宗教信仰受此影响,自然出现变迁。上文提及,为研究之便可将汉人的宗教信仰分为家庭宗教、聚落宗教与超聚落宗教。笔者在本章中便着重于描述陈坑的聚落宗教,此种选题乃基于对本次田野调查性质、时间等因素的考量。回想本次田野经历,印象最深刻的是陈坑超聚落宗教的蓬勃发展:陈坑人频繁求助于其他聚落中享誉金门的"查某佛";信仰从台湾流传而来的"一贯道"、"济公坛"的村人人数也颇为可观;关于泉州石井、漳州角美"三姑"的灵验事迹,更是常常"耳濡"。但若无长时间的

闽南陈坑人的社会与文化

田野工作及跨聚落的比较,超聚落宗教的研究几无可能。在个人看来,超聚落宗教的研究对我们理解解严后金门民间信仰的变迁至关重要。

参考文献

余光弘
 1996 参与观察与参加观察:以兰屿经验为例略论参与观察的阶段与深度,台湾大学考古人类学集刊 51:59—72。
 2000 台闽地区汉人民间信仰中"上身的"现象初探,台湾大学考古人类学集刊 54:97—113。

余光弘、黄有兴(编纂)
 2005 续修澎湖县志(卷十二)宗教卷,澎湖:澎湖县政府。

李仕德(总编修)
 2009 金门县志(2007 年续修),金门:金门县政府。

李翘宏
 1994 官澳的寺庙与仪式象征,余光弘、魏捷兹主编,金门暑期人类学田野教室论文集,台北:"中央研究院"民族学研究所,第 103~128 页。

金门沙美万安堂
 2008 金门沙美万安堂各尊王爷乩文辑录,金门:金门沙美万安堂。

林丽宽
 2004 金门的王爷信仰,杨天厚、林丽宽著,金门采风:宽厚文史工作室作品选集,金门:宽厚文史工作室。

翁志廷
 2005 金门苏王爷之信仰研究,铭传大学硕士学位论文。

章开沅(编纂)
 1997 清通鉴(第 2 册),长沙:岳麓书社。

黄振良、王建成
 2006 邂逅陈坑渔村,金门:金门区渔会。

黄逸歆

2007 金门民间信仰研究——以金沙镇太守崇祀与明进士黄伟关系为例,台湾师范大学硕士学位论文。

曾光棣

1999 澎湖的五营:以空间角度来看,澎湖:澎湖县立文化中心。

Douglas, Mary

1996 (1970) *Natural Symbols: Explorations in Cosmology* (2nd edition). London: Routledge.

第十二章

陈坑岁时祭仪与供品 ▶▶▶

◎ 史艳兰

前　言

　　田野调查前虽然已经略做文献阅读,对闽南的民间宗教有一梗概性的了解,但初到陈坑,其密集的、牵涉甚广的岁时祭仪还是给笔者留下深刻印象。村人在每月初一、初二、初八、十五、十六、二十八日以及祖先祭日等均有祭仪。随着田野工作的进行,逐渐发现陈坑岁时祭仪既与同源同流于闽南文化的台湾、金门的民间宗教密切相关,同时由于陈坑、金门与大陆及台湾之间特殊的地理区位,其民间宗教又发展出许多地方特点。以岁时祭仪为例,由于战地经历的影响,金门发展出每月初二、十六日拜车,中秋拜天公等地方性祭仪,而即便在金门一岛之内,村与村之间也在大同中呈现不少小异,如陈坑每月二十八日拜村落东郊有应宫。因此本章拟通过对陈坑岁时祭仪及其供品的梳理和分析,试图发掘陈坑岁时祭仪所承载的丰富文化内涵。

本章主要分为岁时祭仪和供品两部分。第一部分拟从日常性家庭祭仪和村落性祭仪两方面对陈坑的岁时祭仪略作介绍;第二部分重点讨论供品,试图通过对陈坑不同类型供品的分析,呈现岁时祭仪在陈坑人社会生活中的特殊意义,并探讨陈坑人对于神、鬼、祖先的认知。

金银纸作为村人区分神、鬼、祖先的象征之一,承载村人对于日常社会生活的记忆和认知,本章呈现了在陈坑岁时祭仪中所用的金银纸。此外,考虑到近年来传统民间糕点供品制作的逐渐式微,为保存和传承这种民间传统工艺,也将祭仪用传统糕点的制作方式记录下来。

一、陈坑的岁时祭仪

在陈坑,岁时祭仪通常习称为"拜拜",每和村人谈及这个话题,大家均先自我感慨——"拜拜!太多了,一个月没有几天不做拜拜的!"确实,不论是从内容还是形式来看,村人每月操办的祭仪均极其繁多。根据陈坑岁时祭仪规模及隆重程度,可分为日常性家庭祭仪和村落性祭仪两个大类。

(一)日常性家庭祭仪

日常性家庭祭仪是指在陈坑人日常生活中各家户自行举行的祭拜仪式。主要包括每月例行的家庭祭拜和年节祭拜。家庭祭拜有:初一、十五日拜神明、佛祖;初二、十六日拜门口军将、车、地基主及祖先。年节包括春节、清明、端午、半年、中元、七夕、中秋等,一般以春节、中元、中秋、冬至四大节日为重。

在家庭祭仪中,初一、十五日拜神明、佛祖相对随意、简单,在家中焚香、烧纸钱即可,部分老人也前往村庙敬拜。初二、十六日之祭仪则较正式、庄重。"拜军将"多在家门口进行,陈坑人也习称为"拜

闽南陈坑人的社会与文化

门口"或"犒军"。有人认为军将是象德宫主神辖下之护境兵将,在初二、十六日巡逻村境护佑村民,也有人认为军将成分复杂,其中既有暗神①,也有天神,类似于巡逻队,共同巡视人间。不过在分类上"军将"更偏属暗神。拜车是金门岁时祭仪的一大特色,陈坑亦然。拜车习俗大概始于三十年前,村人认为,只要有空间的地方,就有神存在。拜拜繁多的陈坑,在历史发展和社会流变中形成了这一文化习俗。因而在每月初二、十六日,有车之家户均要例行拜拜。祭仪多接续进行,先拜地基主、门口、再拜车,不过拜车需单独准备供品。

大部分家庭对三代以内的祖先祭日比较重视,且有的祭仪非常隆重,如父母祭日。这一天,远走他乡的子女均从各地赶回,准备丰盛饭菜拜拜。除此之外,平日的祖先祭仪则相对随意。

陈坑的年节祭仪最重要的是四大节日。春节祭仪从大年初一日持续至初九日。

图 12-1　拜车祭仪及供品

初一日拜神明、祖先,初四接神,初九拜天公。遵照金门习俗,大年初一俗称"开正",须依黄历取吉时焚香开门,以求一年万事大吉。早上妇女须备饭菜祭拜祖先,谓之"拜正饭"。村人对其非常重视,有的老人为了拜拜甚至放弃到台北等地和子女过节团聚,留在"乡下"敬拜神明和祖先。正月初九日,俗称"天公生","天公"即玉皇大帝,也称"元始天尊",是日也有很多人前往太武山进香。此外陈坑人还在农历八月十五中秋节敬拜天公。

七月俗称"鬼月",是陈坑年节拜拜最繁多的月份。俗信七月初

---

① 暗神指游离于人间的鬼魂等,村人统称为比较阴的部分,介于祖先和神明之间。

第十二章

陈坑岁时祭仪与供品

一日"鬼门关"开启,孤魂野鬼得以在人间终月游荡,七月陈坑的祭仪主要即在祭拜孤魂野鬼。陈坑家家户户在开鬼门的当日傍晚,都在门口祭拜被尊称为"老大公"或"好兄弟"的无主游魂,所有的供品上都要插一炷香,供桌旁须备盥洗用品,以为长途跋涉的"好兄弟"梳洗后享受供品。太阳下山后,各家户都要在门口悬挂一盏"路灯",为"好兄弟"提供照明;路灯每夜均要点亮,并插三炷香,直到七月底为止。七月十五日为中元节,1954年后,当局规定七月初一、十五和三十日为统一的法定祭祀时间,民间多选在七月十五日进行隆重祭拜,因此拜老大公被人们与中元节画上等号,形成中元节几乎是就普渡节的概念。陈坑全村统一的普渡活动在八月举行,因此,七月十五日仅以拜老大公为主。七月三十日"关鬼门",当日家家户户均要行"谢灯脚"仪式,备一份简单供品,拜门口送"好兄弟"回家,次日清晨收回路灯。

七月初七日即七夕,是牛郎、织女一年一会之日,也是村人比较重视的岁时祭仪。七月初七日又称为"七娘妈"生,当日陈坑人须祭拜"七娘妈"。七娘妈即神话传说中的织女,黄昏时在门口或庭院前祭拜,供品有油饭、荤素菜碗、七娘妈亭、七娘妈衣,以及白粉、胭脂花等旧时的化妆品。往昔家有幼童者,父母须为其配制钱穿绳而成的"钱带",以祈求平安健康。七夕也要拜被认为是儿童守护神的床母,敬拜者立于卧房门口,拈香祈祷,恭请床母出房与七娘妈共享供品,并祈求床母保佑子女平安成长。

八月十五日中秋节,是仅次于春节、冬至的重大传统民俗节日,也是金门民间祭拜祖先的重点时刻,俗谚有拜祖先"做春秋"的说法,即指二月十五日的春祭和八月十五日的秋尝。每逢这两天,皆需以最丰盛的荤素菜肴在自家客厅供拜列祖列宗。陈坑中秋节要分别拜祖先、天公、月亮(俗称月娘妈)。通常早上拜天公,中午拜祖先,晚上拜月娘妈。要特别提及的是,以前陈坑并无中秋节拜天公之习俗,1958年"八二三炮战"期间,激烈的炮火给村人生命带来巨大威胁,生活终日惶恐不安。在枪林弹雨之中恰逢中秋佳节,便纷纷祭拜天公,以求保佑平安。此后,拜天公遂成为一种习惯,沿袭至今。但和平年代祭拜之意义已发生某些微妙变化,一些有十六岁以下孩童的家庭,通常备十六头面猪、九只面羊作为供品,祈求保佑家中小孩平安健康成长。

(二)村落性祭仪

与日常性家庭祭仪相比,村落性祭仪以村落集体村庙中所供奉之村落守护神为主要祭拜对象,此类祭仪昭示村民对村落空间中集体福祉的重视。根据其行为模式,其又可分为个体性祭仪和群体性祭仪两种类型。

1. 个体性村落祭仪

个体性村落祭仪是指村人个体在固定时间分别前往某一固定地点进行祭拜。此类祭仪主要有每月初八日祭拜水府、二十八日拜有应宫。

初八日的祭拜对象是村庙象德宫门口左侧的一面黑旗,村人称此黑旗即象征水府将军及其部将。象德宫兴建于清乾隆年间(1736—1795),位于前往尚义方向的下坡道左方,背靠成功坑道最高点,背山面海,听涛观霞,气象万千。因其地貌似大象之雄立海滨,浑然天成,故名曰"象德宫",为一座二进式加护龙的宫庙建筑。宫内主祀温王爷,与仙鹤寺并为陈坑境内之主要守护庙。据村人回忆,拜黑旗是为了纪念陈坑村民在1944年发生的海难。最初本在另址专设水府庙,主祀王府天师(水府、扶桑大帝),配祀蔡府按君大人、傅府旗牌将军等,并在每年八月初七、初八做醮两日,每隔二至三年亦会有送王船仪式,以接济海上亡灵。后来村人认为小庙犯到村中龙脉,才迁到现址,将水府将军安置于温王爷的庙宇中。虽然拜黑旗,祭仪则须先拜天公、温王爷,再拜水府,且拜水府的供品不能带进温王爷庙宇。象德宫祭仪结束后,部分村人还要分别拜村落另两个庙宇——天海寺和仙鹤寺。因而每月初八日是陈坑一个重要的祭祀日。

有应宫又称将军庙或东宫,位于陈坑村郊东南,即金门日报社正门右前方。1949年在军队驻守金门初期,陈坑陈景兰洋楼曾作为军医院,有将士受伤在此就医后不治死亡,村民乃在此地建庙,以慰军魂。庙内主祀李府将军及胡府、清府、邱府元帅。有村人认为有应宫仅是一座民间小庙,而非正式庙宇。此庙宇规模虽小,但香火很旺,村人每月二十八日都要前往祭拜,供品是简单金银纸及点心。此外,每年七月二十八日村人均要进行一次较正式、隆重的个体性村落祭仪。

2. 群体性村落祭仪

群体性祭仪主要指祭祀活动以村落为共同范畴有组织地进行。全村一年中群体性村落祭仪主要有四次,为村落守护神玉娘妈和温王爷诞辰各做醮一次、每年八月初八日犒军以及冬至祭祖。

二月初二日是仙鹤寺主神玉娘妈生日,全村要设醮谢神。仙鹤寺主祀玉女七姊妹,配祀哪吒三太子、玉太星君,及苏、邱、梁、秦、蔡五位王爷与朱、邢、李三王府等神像。祭仪一般持续两日,首日主祭天公,次日拜众神。

五月十六日为象德宫温王爷生日。村人认为,象德宫很灵,尤其是台风来临或有不好事情发生时,象德宫均庇佑村人化险为夷。因黑旗所象征的水府将军及部将也寄居在象德宫,故每年八月初八日之做醮也在此开展。

冬至也是陈坑人最重要的岁时祭仪之一,陈坑有这样的说法:"过年不回家,等于你没有老婆;冬至不回家,等于你没有祖先"。因此,冬至陈坑各房的后裔都会从各处赶回祭拜祖先。冬至祭祖一般为闰年十二月二十一日、平年十二月二十二日。冬至的祭拜由族人轮流负责,俗称"做头",每年11个头家,负责准备祭拜祖先的供品,以及族人祭祖仪式结束后阖族聚餐(俗称吃祖)的宴席。做头是金门人极重视的社会义务,在贫穷的年代,有的人家纵使卖儿鬻女,也要尽力备办丰盛的食物以祭祖及宴飨族人。

二、岁时祭仪中的供品

祭仪固然重要,但祭拜者的心意也要通过供品来表达。不同供品也表明了特定物品对于陈坑人日常生活的特殊意义,同时,供品的流变也记载着地方社会的变迁。在对不同供品进行详尽梳理的基础上,笔者将就陈坑关于神、鬼、祖先的认知进行提要性概括,以发掘陈坑岁时祭仪所承载的丰富文化内涵。

(一)供品的种类

陈坑岁时祭仪中的供品种类繁多,按笔者所见及对村人的访谈,将其主要分为金银纸、菜碗、点心等几类。

1. 金银纸类

闽南、台湾以及金门地区的金银纸非常的繁杂,以下呈现的仅限于在陈坑岁时祭仪中所用的金银纸。主要分为金纸、银纸、纸钱三类。

表 12-1　金纸

名　称	说明	用途
1. 大太极 35 厘米×33 厘米	金箔上有红色"祈求平安"、"天官赐福"字样。	拜天上的正神,天公、佛祖、神明。

名　　称	说明	用途
2. 小太极 32 厘米×28 厘米	有红色"祈求平安"字样；缺少"天官赐福"字样，此为与大太极不同处。	拜天上的正神，天公、佛祖、神明。
3. 大寿金 14.5 厘米×13.8 厘米	贴有金箔，有"财子寿"三仙，及"祈求平安"字样；侧面盖有"天官赐福"、"大寿金"字样。	拜天公、七娘妈、月娘妈、玉娘妈。
4. 透寿 15.3 厘米×10.5 厘米	印祈求平安字样；有"福禄寿"三仙。	
5. 台寿 19 厘米×13.7 厘米	正面贴金箔，有"财子寿"三仙及"祈求平安"字样；形式同大运金。	拜神明。

闽南陈坑人的社会与文化

名　　称	说明	用途
6. 小寿金 13.7 厘米×8.7 厘米	正面帖金箔，有"财子寿"三仙及"祈求平安"字样；尺寸较大寿金、透寿金小。	拜门口、天公；也用于拜床母、土地公等小神；农历 12 月 16 拜梁神，也用小寿金。
7. 运金（大运金）14 厘米×9 厘米	正面贴银箔，有"祈求平安"字样；形式与透寿金（中寿）一样，但有切割的痕迹。	与小运金相比，使用更普遍，寺庙、车祭中均使用。
8. 小运金 15.5 厘米×10.5 厘米	正面贴金箔，有"补运金"字样。	在较正式的祭仪中使用；大庙、公庙中使用。
9. 二五金 9 厘米×7 厘米	正面贴金箔；分"大二五金"、"小二五金"。差别仅在于尺寸大小。	常用于祭拜祖先，祖先祭日一定使用；且女儿祭拜娘家祖先只能准备二五金，故又称"公妈金"、"菜碗金"；祭拜地基主、地基祖；祭拜老大公（好兄弟）；普通拜神明不用，做醮犒军用少许。

名　称	说明	用途
10. 花金 14 厘米×9 厘米	正面贴金箔，有"莲花座"图案。	拜菩萨、注生娘娘。
11. 尺金 14 厘米×14 厘米	正方形，正面贴金箔，印有"祈求平安"字样。	拜天公、七娘妈、玉娘妈等神明；冬至祭拜家庙或宗祠祖先。
12. 七娘亭	有印刷和纸糊两种。纸糊七娘亭有单层和双层之分，单层七娘亭主要支架由竹片围成长方体，面积较小的面作为底座，支架上再搭两根竹架，长方体中用竹片固定，竖有七位娘娘的剪纸图，后面一排四位，前面一排有三位。	拜七娘妈。

闽南陈坑人的社会与文化

名　　称	说明	用途
13. 小九金 8.5 厘米×7 厘米	正面贴金箔。	拜神明、祖先。
14. 公妈金 16 厘米×13 厘米	正面贴金元宝图案金箔。	上一辈祖先祭仪时使用。
15. 刈金 16 厘米×13 厘米	正面贴金箔；形似二五金，但较其宽。	拜祖先。
16. 五色 7 厘米×7 厘米	正面为红色，上有切割纹路。	拜天公、七娘妈、月娘妈等神明；犒军。

名　称	说明	用途
17. 改年 19 厘米×7.5 厘米	正面有"太上天尊"图像,写"改年"二字,后附"改命钱",有转运之意。	拜天公、七娘妈、月娘妈等神明;用于拜菩萨和庙等。
18. 本命十二星相 13 厘米×7.5 厘米	写"本命十二星相"字样,印有相同的形象三排,每排四人。	用途与本命相同,敬拜天公时二者择一使用。
19. 神灯 12 厘米×7.5 厘米	有"神灯"字样。	拜七娘妈、月娘妈等神明。

名　称	说明	用途
20. 灯座(大灯)54 厘米×30 厘米	底色为红色,上有神明及三界公。	拜天公。
21. 中灯 29 厘米×19 厘米	底色为红色,上有神明及三界公;尺寸比大灯小。	仅用于拜天公;做醮。
22. 小灯 27 厘米×16 厘米	底色为红色,上有神明及三界公。	拜天公;做醮用;也可用于王爷指派。

名　　称	说明	用途
23. 莲花金 17.2 厘米×17.2 厘米	消灾纸钱。	拜菩萨。
24. 命钱 14.2 厘米×7.8 厘米	黄色,有波浪切割纹。	用途与运金一样,拜天公,拜七娘妈、月娘妈等神明。

表 12-2　银纸

名　　称	说明	用途
25. 二五银 9 厘米×9 厘米	正面贴银箔;分"大二五银"、"小二五银"。差别在于尺寸大小。	祭祀祖先、老大公。

名　　称	说明	用途
26. 刈银	正面贴银箔;形似二五银,但较其宽。	拜祖先。

表 12-3　纸钱

名　　称	说明	用途
27. 库钱 14 厘米×12.2 厘米	正面有波浪切割纹。	拜老大公(好兄弟)。
28. 更衣 19 厘米×8.5 厘米	以长方形黄纸制成,印有衣服、裤子、梳子、镜子、剪刀、鞋子等衣物。	一般用于犒军和祭拜老大公。

名　　称	说明	用途
29. 往生钱 17.2 厘米×17.2 厘米	四角印有"极乐世界"字样，有红底和黄底两种，红底表示质量较好，与莲花金大小一眼，差别在于内印图案不同，纸质也有差别。	意谓帮助先人，添增冥福，或者往生西方净土；祭拜往生者，也可用于清明节扫墓；折成莲花座，或金元宝。
30. 阴阳钱 13.5 厘米×7.8 厘米	正面有"同治元宝"的钱币图案，共两排，每排五个。	拜暗神。
31. 甲马 13.5 厘米×7.5 厘米	绘有军旗、盔甲、马匹、箭、号角等兵器图案。	拜门口、犒军；犒赏天兵天将或送神迎神时作为神马及盔甲所使用。
32. 墓纸 14 厘米×7 厘米	有红、绿、黄、白、蓝等色，又称为"五色纸"。	清明扫墓使用、不必焚烧；扫墓时用碎石子、土块压在坟墓上，代表修缮坟墓之意。

名　　　称	说明	用途
33. 冥都银行 16 厘米×6.5 厘米	有仿美金、人民币、台币等形式。	拜祖先。

以上表格中归纳的金纸、银纸、纸钱是陈坑人各类祭祀仪式中需要焚烧的纸类物品。对于三者与普通纸类的差异一般可以通过其上印制的颜色、图案、文字等进行辨别，如墓纸上包含有红、绿、黄、白、蓝五色，"改命钱"上印制"改年"二字及"太上天尊"图像等等。当然金纸、银纸、纸钱三者之间也存在差异，首先，可以直接从颜色上进行区分，即金纸一般在表面涂有金色锡箔或贴上金色锡箔纸，银纸常以银色为底并贴银色锡箔纸，纸钱则多以黄色或白色为底。其次，可以通过三者印制的不同图案和文字加以区分，金纸上多印制有"祈求平安"、"天官赐福"等象征吉祥平安的词语，或印制上"星相"、"灯神"、"三仙"、"太上天尊"、"三界公"等神仙图像，而纸钱则比较多样化，或模仿历史上使用过钱币的文字和图案，或模仿当今世界各国使用的钞票文字及图案，或根据祭祀对象需要画上兵器、衣物、生活用品等图案，等等。再次，是三者在使用功能上的差异，即三者在不同祭祀场合的使用上有明确区分，或根据不同的祭祀对象采取不同的搭配标准。此乃三者最重要也是最本质的区别，此举常由专人方可做到。笔者根据田野过程的努力仍只能掌握大略。村人也大多不太清楚祭仪中金银纸的具体搭配，只大致知晓祭祀神、鬼、祖先所需的不同种类的金银纸。具体的搭配工作主要由专营金银纸生意的店家完成。通常金银纸在暗神、宅主、好兄弟、神明以及祖先等祭仪中使用。在金纸、银纸和纸钱的基础之上，金纸店又做进一步细分，如把金纸分

为大金、小金,大金仅用于神明敬拜;二五金、尺金、小九金等小金却可在一般家庭祭仪以及敬拜小神、暗神时和其他银纸、纸钱混合使用。但是,祭拜鬼魂、暗神的库钱、阴阳钱以及祭拜祖先的更衣等纸钱则必须和敬拜神明的金纸作严格区隔,绝不可用于神明敬拜。

而随着社会的发展,金银纸制作工艺及使用也不断发生流变。首先,如同流通的商品一样,金银纸出现了质量上、中、下等级别的细分。村人根据个人消费能力及喜好选择和购买。在许多祖先祭仪中,金纸消费数量不断增加,呈现出替代此前大量用银纸祭拜的趋势。甚至有村人抛弃传统的金银纸分类搭配规则,按照个人喜好自行准备,当用量较多时,即前往镇集较大的金纸店批发购买。其次,工艺流程不断简化。以七娘亭和本命十二星相为例,以前七娘亭均用纸糊,骨架部分用竹片支撑,七位娘娘的头以白陶土捏制,并配装饰。随着工艺技术的发展,这一复杂工序逐渐改为印刷后折叠,现今甚至出现了平面印刷的"纸本"。本命十二星相早先为先制作竹制底座及骨架再根据顾客要求贴剪纸生肖,粘贴过程极其繁琐。现今则被平面印刷替代。工艺流程的简化为大众提供了诸多便捷,但与此同时,传统工艺所承载的历史意义也一去不复返。

（纸糊）　　　　　　（叠纸印刷）　　　　　（平面印刷）

图 12-2　七娘亭

2. 菜碗类

菜碗主要指公共性村落祭仪中的饼干、糕点、干果类的甜点、水果等。

水果可以是菜碗的一部分，同时，现今陈坑亦有人家用来代替传统大礼祭仪中的三牲或五牲，俗称三果或五果。因此，三果、五果意寓水果的种类而非数量。水果作为供品也有一些禁忌，在俗称"鬼月"的农历七月，因凤梨在闽南话中有"旺来"之意、香蕉因其闽南话发音为"招"，李是"你"，桃为"来"，因此村人不用凤梨以及不同时用香蕉、桃、李祭拜以避"招鬼来"之嫌。但在平时，凤梨却是陈坑敬拜神明时最常用的水果，以取求神明保佑"兴旺发达"之意。此外，因番茄、芭乐多籽，释迦像佛祖，村人多不用番茄、芭乐、释迦敬拜神明。

化妆品主要用于神明以及冬至祭祖的祭拜。包括女性用的面粉、胭脂、口红等。七夕祭拜中还要特意准备七娘花（俗称胭脂花，常见有白、紫两种颜色）给七娘妈佩戴。

3. 点心类

在各类祭仪中，常见的点心类供品有发糕、红粿、春卷等，最为常见，这里主要介绍发糕、红粿及专用于闰年拜祭土地公的菜粿的制作方法。

（1）发糕之制作方法

发糕有"发"之寓意，在祖先、神明以及暗神祭仪中均有使用，也常见于寺庙做醮、清明节拜拜，是陈坑最普遍、最常用的点心类供品。制作发糕时，前一晚用温水溶解酵母菌，并加入面粉搅拌至糊状，称"醒面"。次日一早"喂面"，即在发酵过程中不断加入面粉搅拌以使其膨胀。中午再次"喂面"后，以3∶1（后加入之面粉、糖及地瓜总量为3，发酵面为1）之比例加入适量面粉和糖及适量地瓜。在不断搅拌、搓揉糖、地瓜和发酵面粉的过程中，再视面团干湿程度加入适量面粉，搓揉完成标准为三光，即手、砧板以及盆里的面粉都要用完。揉面后让其再次发酵，持续时间与发糕制作时气温有关，夏季大约为1~2小时，冬季4~5小时，直至面团完全发酵膨胀方可。

完全发酵后，须再次搓揉面团，依蒸糕容器大小取适量面团，并揉捏成圆形放入垫有专用于蒸制发糕之塑料纸的碗中，装满蒸笼容量后沿碗沿将塑料纸剪开,并在面团上用剪刀划十字形状,即可放入蒸锅。小型发糕蒸一小时即可,村人俗称一炷香时间,此类发糕多用于祭祖;形状较大的发糕则主要用于村庙做醮,蒸制时间为一个半小时,即一炷半香时间。蒸好的发糕犹如盛开的花朵,村人借用这一音意,在拜拜中以求神明、祖先保佑家庭兴旺发达。

图 12-3　蒸糕容器

(2) 红粿的做法

红粿类型甚多,一般包括猪、羊、龟、桃、钱、圆(圆锥形的红圆)等形状,主要用于神明敬拜。红粿由面皮和内馅做成。因多用花生做馅,故又称为花生糕做红粿一般需要花生、地瓜、糯米面、色拉油、

图 12-4　发糕

白糖、食用色素、芭蕉叶或粽叶等材料。内馅的具体做法为:先炒花生米,然后去皮,舂碎,加适量糖搅拌,并加少许盐。花生、糖之比例为2:1。馅皮做法则将适量地瓜煮熟后去皮、搅碎至烂泥状;同时在适量糯米粉中加入热水,搅拌,并加入搅碎的地瓜、面粉以及食用色素,食用色素须先用水稀释,在加入面粉过程中缓慢并均匀洒开,然后不断搓揉,搓揉标准也是三光。糯米粉和地瓜的配额为1:1。现在,村人较倾向使用熟米面,即用热水搅拌的糯米面,因其口感较好,有弹性和嚼劲,地方俚语为"比较Q"。

内馅做好后,将揉好的面扯成鸡蛋二分之一大小的面团,捏成圆

形,厚度大约为5厘米,在面皮中舀入适量花生馅,捏合,并捏回包花生馅前之形状,然后放入龟、钱、桃、红圆、八角、猪、羊等模型中,用手轻轻按压,相应形状之红粿糕即成。最后将之放入涂有色拉油的芭蕉或棕叶上,用剪刀将多余叶面剪除,蒸6至7分钟即可。

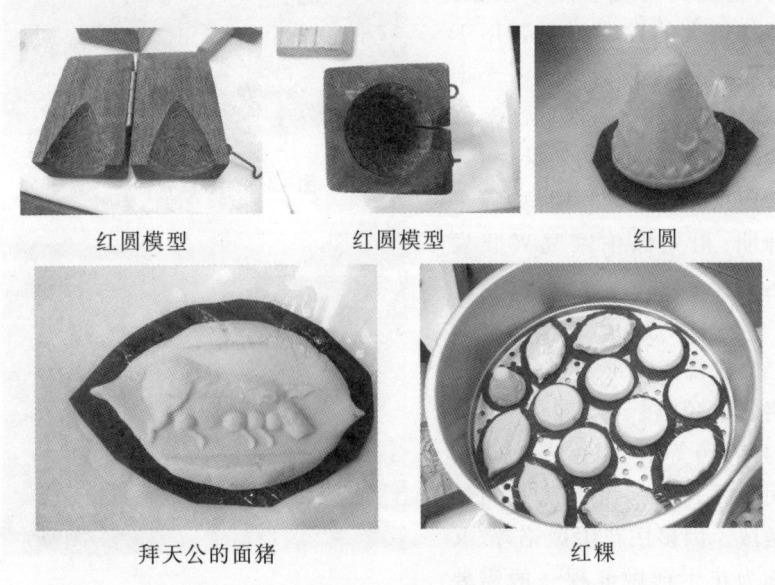

红圆模型　　　　　红圆模型　　　　　红圆

拜天公的面猪　　　　　　　　红粿

图12-5　红粿及其模型

红粿为祭拜天公的必备供品。村人特别强调,拜天公的红粿不能随意送人。按照陈坑习俗,办丧事的人家当年过年不能拜天公,因而也不做红粿。丧家亲朋好友、左邻右舍会送上自家制作的红粿。相反之若随意送红粿,即有诅咒他人家里办丧事之含义。在村落的发展中,社会在变迁,因此村落祭仪也在变化,既增加了新的内容,也有很多古法发生改变,其中最主要的变化均体现在供品上,而它又与人们的生活、社会变化有关。比如红粿的大小,以前形状大,这与当时物资比较匮乏密切相关:食物稀少,人的饭量也大,以大红粿祭拜神明,随后可满足口腹之欲;现在,食物种类、数量增加,人的饭量亦减少,红粿也随之变小。再比如花生馅的制作,以前用石臼舂花生,现在用果汁机搅碎;且还倾向在花生馅内加放食盐,以帮助消化。

(3)菜粿

村人认为农历闰年会诸事不顺,所以在闰年二月初二日特别制作菜粿祭拜土地公,以求庇护。村人说当天须制作菜粿十三个,其中十二个有馅,用于祭拜,留下一个没有包馅的放在门槛上,以供狗儿食用,以期渡过难关。菜粿的材料也分为皮和内馅两部分。皮由太白粉(也叫芡粉)、地瓜粉、面粉等做成,内馅有蒜、高丽菜,红萝卜、大头菜等。主要做法为:以太白粉和面粉(或地瓜粉)做皮,两者比例为3∶1。面和好后,内包馅,放蒸笼蒸熟即可。

(4)绿豆糕

绿豆糕也是村人常用的供品之一。常用于七月祭仪及普渡做醮,且在普渡做醮中用量较多,一般以蒸笼的笼作为计量单位。

绿豆糕的主要用料由绿豆、糕粉、酥油、砂糖等组成。一般先将绿豆和砂糖用石臼压成粉后混合,放入蒸笼,用铜镜压实、压平,利用粿刀划成菱形,放入竹蒸笼蒸熟即可。

以上为村人在过往祭仪中常用且常做的糕点类供品,不过,如今亲手调制的家户已越来越少,村人多选择前往商店购买。点心供品的种类也日益繁多,如麻花、米香、萨琪玛等。特别是在清明及重大祭仪时,购买糕点均成为祭仪中必不可少的开支,因而当地也发展出蓬勃的糕点制作业。

(二)不同祭仪中的供品

总体而言,陈坑的祭仪主要分为拜神明、暗神、祖先三类。本节以供品来组织材料,试图从不同祭仪中的供品来分析村人对神、鬼、祖先的分类以及岁时祭仪在陈坑人社会生活中的重要意义。

1. 祖先祭仪中的供品

祖先祭仪包括个别家庭在祖先祭日、年节的祭拜以及冬至祭祖。年节祭拜一般在清明、七月初一日、七月十五日、七月三十日、中秋以及除夕进行。

(1) 祭日及年节祭拜

除清明节外,祖先祭仪中的金银纸使用没有相对固定的搭配准则,村人随意使用往生钱、刈金、刈银(形与刈金一样,只是将贴金色锡箔纸改为贴银色锡箔纸)、公妈金、寿金等均可,刚过世及世系较近之祖先宜多用金银纸。今陈坑一些富裕人家亦往往买大量金银纸供奉祖先。但是,除女儿回娘家拜祖先必备金纸外,以前村人祭祖多用银纸,随着生活观念的变化,现今祖先祭仪中金纸使用量逐渐增多,大部分家庭采取一半金、一半银纸的搭配。

食物的准备也有诸多讲究。祭日均要准备丰盛饭菜,如祭祀对象为刚过世或较近的祖先,供品通常须布满供桌。最低标准为八大碗,隆重者荤素菜、饼干和水果均要配备,荤素菜的烹制还须蒸、煮、煎、炸俱全。荤菜包括鸡、鸭、鱼、猪肉、海鲜等,素菜多为时令蔬菜。村人也有意在供品中将祖先在世时的食物喜好呈现出来,部分家庭还摆放子女从各地带回之点心、名产。此外,发糕也是祖先祭仪中常用的供品,以希冀祖先保佑兴旺发达。

清明节之祭仪则须准备专用墓纸,同时配备银纸。食物方面,除了发糕、菜碗,春卷为必备供品。

图 12-6　祖先祭日中的供品

(2)冬至祭祖

每年冬至是陈坑及金门集体祭祖的时刻。祭祖仪式共分为三部分:清晨各家各户先煮汤圆拜神明佛祖;然后准备饭菜祭拜祖先;最后各姓氏子孙在宗祠内举行祭祖仪式,以求慎终追远。祭祖结束后要举行盛大的"吃头①"活动。"做头"是陈坑成年男性社会生活中很重要的内容,参与做头者须为宗族内已婚男丁。做头既是义务同时也是荣誉,一般一生中做一次头即可。

冬至祭祖为宗族之重大活动,礼仪肃穆,供品的布置也颇为讲究。主要由头家准备的简单汤饭、宗族集体订制的满汉全席和大量金纸等组成,其中头家敬拜所用之金纸十分讲究,为天金2大把,透寿4把,大寿2把,尺金1把,二五金2把,台寿1把。从放置祖先牌位的长案桌到大门的水平方向,相同的供品设三排。具体如下:先放头家准备的供品,包括红烛和简单汤、饭。接着是满汉全席,大致包括以下供品:五湖四海、八小碗、菜碗、八中碗、菜碗、果雕、五牲、红龟、糖塔、红龟、清酒、金纸等。五湖为用猪肉雕刻或面捏制成的五种动物形状,以虎、豹、狮、大象、龙、凤等为主,四海是意指鱼、虾等海产品四种。八小碗是指用猪肉做的动物形状,具体做法为先刻后煮,也有用猪内脏雕刻的做法。八小碗后之菜碗主要由点心、茶叶、烟、打火机、化妆品等组成。八中碗与八小碗内容大同小异,只是大小有别。八中碗后的菜碗包括水果、蜜饯、甜点,各以四盘为一列。果雕用白萝卜、芋头或红萝卜等刻成,分别代表春、夏、秋、冬四个季节,一般以玫瑰、梅花、玉兰、牡丹、菊花等花形为主。五牲为猪、鸡、鱼、猪头、猪肚、羊等,一般不用牛和狗,祭拜时鱼头必须面向祖先(如下图)。五牲总喻大礼,表示对祖先的诚意和敬意。在具体祭仪中,牲

---

① "吃头"有"新婚头"和"老头"两种模式。"新婚头"指结婚即有"吃头"的权利,同时也要负"做头"的义务。新婚头是"吃头"的大宗。"老头"是若族中一直没有新婚者,则挑年长的老人"做老头",因"老头"得之不易,故被视为一大荣耀,一般只有长寿的人才有此良机。

礼可以是全貌，也可以用部分代替。也有人用五果替代五牲。总体而言，牲礼规格象征对祭仪之重视程度。

祭祖结束后的"吃头"也很讲究，昔时陈坑"吃头"第一道菜必须是冷菜，为事先蒸熟并剔除骨头的鱼肉和鸡肉。现今基本形制仍在，但不论是菜色还是菜量均有所变化，比如，从健康角度考虑，冷菜已改为热菜等。席间族人在觥筹交错中互相交流，有些从未见面或不常见面的族人也得以借机把酒言欢，因此"做头"的意义远大于酒食的满足。"吃头"结束后，头家还要准备传给下年轮值头家之供品：包括蜡烛、香、金纸以及过头龟①等，以让其祭拜祖先告知将有做头的荣誉和义务。

2.暗神祭仪中的供品

暗神祭仪主要指对鬼魂的祭拜，村人统称为"比较阴的部分"，熟谙祭仪分类的金纸店老板将其称为暗神。总体而言，陈坑的暗神祭仪主要包括初八日祭黑旗、二十八日拜有应宫以及整个七月的祭仪。暗神祭仪的供品特点主要体现在对金银纸及食物的选择上。在某种程度上，供品是村人对祭仪重视程度、与祭拜对象亲疏关系，以及神、鬼、祖先分类的重要体现。

村人购买祭祀暗神的纸钱时，销售纸钱的复成商店店主一般按照一半暗神、一半正神的分量搭配。

每月初八日拜黑旗与二十八日拜有应宫之金银纸基本无异，包括二五金、尺金、小九金，更衣、大寿金（或透寿），阴阳钱等；但每年七月二十八日村人对有应宫进行相对正式、隆重的祭仪时，会另加银、库钱和更衣等祭拜暗神专用的纸钱；七月拜"老大公"主要用更衣、库钱、尺金、二五金、二五银、小九金等。现更衣、库钱、阴阳钱等均为专用于祭鬼魂之纸钱，常用于小神祭仪的二五金、尺金、小九金等在暗神祭仪中也较为常见。七月祭仪中，专属暗神祭仪之供品明显增多，主要包括更衣、库钱、二五银等。必须指出的是，拜鬼魂和神明的纸

---

① 过头龟形似红粿龟，但形状较其更大。

第十二章
陈坑岁时祭仪与供品

钱是严格区隔的,如,村人拜黑旗前必定先敬拜神明,但祭拜黑旗——即鬼魂之供品,不能拿进象德宫。祭仪顺序也非常讲究,一般均先拜天公、神明,再拜黑旗。

拜黑旗的食物可谓包罗万象,有鱼、火腿肠、炖肉、苦瓜、南瓜、青豆、茄子、面包、芒果、荔枝、西瓜、粽子、干咸菜等等。数量上,村人一般装满两个篮子,一篮盛饭菜,另一篮装零食、水果等,水果、零食、饼干等用于神明敬拜,饭菜主拜黑旗,同时也可兼用饼干、零食以及水果。二十八日有应宫之祭拜以饼干、零食、水果等为主,至七月二十八日村人才以饭菜大拜。七月祭仪同样以饭菜为重,也有用生米、冬瓜等生食之情形,其中中元节最隆重,七月初一日次之,七月三十日简单的饭菜即可。

3. 神明祭仪中的供品

正月初九日拜天公、七夕拜七娘妈及八月十五日拜月娘妈、天公均是陈坑人重要的神明祭仪活动。供品既彰显祭仪对当地人的重要意义,同时,供品的处理和选择又显示出浓郁的地方特色。

敬拜神明的金纸最为讲究,不能掺杂任何银纸,且又有大、小金之分,用于不同等级之神明祭仪。其中,天金、透寿、小运金专用于敬拜天公;大寿金、小寿金、天金、台寿、运金、花金、五色、通改、神灯、中灯、命钱、本命十二星相等则用于一般寺庙、神明敬拜,且天金、改年、五色、运金、星相等均须同时使用;拜门口以改年、甲马、尺金、小九金、五色、小寿金等小金为重。七娘妈的祭仪除了一般金纸,还须配有七娘亭和七娘衣。

食物的准备更具特色。正月初九日及八月十五日早上拜天公,也有一些人家改在晚上祭拜。祭拜时,均要准备五牲(鸡、鸭、鱼、肉、猪头)或三牲(鸡、肉、鱼)以及饼干、水果、干茶等菜碗,通常五牲形制配十六碗,三牲配十二碗,再加面线、红粿、清酒和茶水等作为供品。正月初九日之红粿由红钱12个、面龟状1对、桃状1对、红圆12个组成,八月十五日的红粿则是猪状9个,羊状16只。村人认为,八月十五日敬拜天公可保佑家中孩童健康、平安的成长。晚近因赴台湾

闽南陈坑人的社会与文化

本岛求学、就业人数增多,年假时间又不长,一般都择家人全聚时敬拜,很少在初九日举行。也有人家将昔时之牲礼改以水果替代(五牲即五果,三牲即三果)。正月初九日除了主拜天公,还须敬拜观音、灶王爷、土地公等。一般先拜天公,再将敬拜天公之供品一分为三,分别敬拜观音、灶王爷、土地公等神明,当然,拜天公的供品也可祭其他鬼神,但祭鬼神后之供品则不能拜天公。

七夕要准备供品敬拜七娘妈和床母。以前月出方可行拜礼,现多改为下午五点左右进行。七娘妈的供品包含菜、油饭、发糕、红蛋、鱼肉、细面、芋头等。其中油饭、红蛋、细面、芋头必不可少。油饭与村人记忆中牛郎、织女的故事密切相关,村民尤为强调喜鹊误将七天报成七夕,致使牛郎织女一年仅能见一面。因而一年364天牛郎吃饭的碗都无人清洗,而织女在见面日须将这三百多天之碗洗好,长时间在水里浸泡,湿气比较重,所以用麻油这一在地方文化系统中属于热性食物的拌油饭供奉织女,以除湿气。村人还认为,每年七夕都会下雨,这是织女的泪水,因为织女在洗碗时总禁不住伤心流泪。细面代表长寿。芋头寓意孩子长高,发糕寓意白白胖胖。此外,还须配七朵胭脂花(紫色或白色)以及香粉等敬拜七娘妈。有的人家还准备穿红线之通钱,祭拜后留与小孩佩戴,以保平安。

图 12-7　七夕供品与麻油饭

床母则配以豆腐、油饭等简单供品即可,村人认为豆腐寓意小孩白白胖胖。昔时村人不仅在七夕祭拜床母,每月的初二、十六日皆要例行祭拜,一般在床沿放少许豆干、小菜、金纸即可,拜毕将香插在柜子或抽屉的缝隙,并焚化金纸。今这一习俗已不多见,家有16岁以下小孩之村人多在七夕祭拜床母。

拜拜结束后,七娘衣、七娘亭与金纸一起焚烧,香粉、胭脂花以及七娘亭烧后骨架一起甩到房顶。可见,陈坑人有自己明确的供品分类,常根据不同的祭祀对象选择相应的金银纸和食物。在食物祭拜中,生米、冬瓜只能在暗神祭仪中出现,且不常见,煮饭与否既反映了祭拜对象与人的亲疏关系,也从某种层面反映了村人对祭仪的重视程度。

结　语

本章从陈坑岁时祭仪出发,以祭仪中供品的整理和分类为重点,在此基础上对陈坑民间宗教信仰进行了呈现。归纳起来,陈坑岁时祭仪主要表现出两大特点:

一是密集性。在田野调查过程中,笔者及田野调查团队师生无不为陈坑岁时祭仪的频繁而惊叹。村人在每月初一、初二、初八、十五、十六、二十八日以及祖先祭日等均有祭仪。据一位报道人介绍,她初一、十五日要分别拜三间庙,跑四个地方;初二、十六日要拜九辆车,地基祖、门口等;初八日拜海边……再加上祖先祭日,一个月有一半多的时间都在拜拜!金纸店老板也细数了其中元节前后之祭仪:除了老大公、祖先,还要分别拜新家、老家,以及店里的地基祖。许多家庭因年节期间祭仪太多,不得不采取提前祭拜的方式来分担,比如村人会将七月十五日拜地基祖的祭仪提前。在祭祀氛围中,陈坑一个专营金纸小店一年的销量就达到几十万台币。

二是地方性。车祭、八月十五日拜天公、每月初八日拜黑旗及八月初八日做醮都是陈坑也是金门特有的岁时祭仪。据村人介绍,车祭兴起于摩托车、轿车等现代车辆交通工具出现并普及之后,一般于每月初二、十六日举行,主要是为了祈求车辆在出行时减少故障,避免车祸等事故的发生。八月十五日拜天公则源于炮战期间村人祈望和平、平安的心理诉求。而每月初八拜黑旗及八月初八日做醮更是陈坑特有的祭仪,与陈坑历史上的一次海难事故直接相关,是陈坑人历史记忆的重要形式。

从前文也可以看出,陈坑民间宗教信仰虽然极其繁杂,但其岁时祭仪主要围绕神、鬼、祖先展开。关于台湾的民间宗教信仰,Wolf认为:信仰行为所体现的意义在很大程度上取决于人对日常社会的认知,即神、鬼、祖先在日常生活中应对的是不同群体,这些行为实践在具体的祭仪以及供品中又不同程度地呈现出来。(Wolf 1974)因此,当村人在生活中遇到相关困境时,总会找相关祭祀对象进行祭拜。

参考文献

叶钧培、许志仁、王建成
  2001 金门饮食文化,金门县艺文资源调查报告(饮食文化类)。

林丽宽、杨天厚
  1993 金门的民间庆典,台北:台原出版社。
  1996 金门岁时节庆,金门:金门县政府。

曾景来
  1998 台湾的迷信与陋习,台北:武陵出版有限公司。

Wolf, Arthur P. (ed.)
  1974 *Religion and Ritual in Chinese Society*, Stanford University Press, California.

第十三章

陈坑村的辟邪物

◎ 周　璐

前　言

　　陈坑人对辟邪物的信仰源自于一种对自我的保护。村民在村庄外围设立村落辟邪物，形成第一道防御系统；又在面对村庄内部存在的威胁时，设置家宅辟邪物，形成保护家庭的第二道防御系统。有形的器物与无形的信仰结合起来，层层守卫族人或家人的平安健康。

　　在为期54天的田野调查中，笔者主要通过与村民、法师、营造工匠等报道人的访谈获得资料，有关辟邪物设置的相关仪式却是无缘得见。通过本章的描述与分析，希望能将陈坑村辟邪物的概况呈现出来，以增进我们对金门民间信仰的认识。

　　本章除前言和结语外，另分为四节。第二节介绍陈坑村辟邪物的概况，包括种类、数量和分布状况；第三节介绍四种村落辟邪物，包括最初的环卫体系，以及军队进驻后产生的一系列变化；第四节介绍十一类家宅辟邪物,其中涉及辟邪物的形状、材质与安放位置等;第五节集中讨论辟邪物的设置原因和设置方式,力求反映辟邪物设置的有效性与灵活性。

一、分布概况

辟邪物在陈坑人的生活中十分常见,表现出种类多,数量大,分布密集的特点。村人相信在面对来自外界的神秘威胁时,借由某些特殊的图像或器物可以驱邪制煞,禳灾解祸。

(一)种类

金门民间辟邪物的种类十分繁多,常见的传统辟邪物包括风狮爷、石敢当、瓦将军、烘炉、照墙、鲎甲[①]、兽牌、黑令旗、蒜头、朱笔、铁符、桃木剑、八卦等。长久以来,金门岛民或单一或组合地从这个范围内选择适用的辟邪物,为村落及家宅挡风制煞,驱邪避凶。孤悬于海上的地理位置,加上漫长的军事管制,封闭的环境使这些传统辟邪物得以世代传承,存留至今。

军事管制解除之后,金门封闭的社会环境开始发生变化。随着与异地交流的加强,有关辟邪物的观念也开始逐渐改变。在传统辟邪物基础上加以改良而成的八卦镜、照镜、山海镇等,由于其制作更为精细,获得更为便捷而被广泛使用,成为如今最常见的家宅辟邪物。除此之外,近年来许多金门人从台湾请地理师设置的辟邪物,由于地理师门派的不同而产生各种样式独特的新型辟邪物,形状图式不一而同。

陈坑村辟邪物设置具体情况如表13-1所示。

[①] 鲎甲或称鲎壳,取海生节肢动物鲎身上的中段硬壳制成,可直接用来做辟邪物,也有将其彩绘成虎头,制成虎头牌,悬挂在门楣之上,作为驱邪镇宅之用。

表 13-1　陈坑村辟邪物的种类及数量

名　称	数　量
风狮爷	1
观音石	1
瓦将军	3
烘炉	3
石敢当	4
照墙	7
照镜	6
山海镇	6
八卦镜	17
八卦砖	7
盆栽类	14
网袋	2
剑狮	2
其他	3

说明：文中所列辟邪物的种类、数量以及分布状况皆为笔者力所能及之统计，或有疏忽遗漏，望读者海涵。

(二) 分布

一般而言，位于平坦之处的闽南聚落，在建屋时顺山势龙脉为主屋正厅朝向，因此全村房屋会朝统一方向修建。而陈坑村位于金门岛南侧的象山山脊上，地势起伏凸凹不平，聚落内四处可见大块风水石，形成复杂的穴位分布，没有大片平坦空地供房屋兴建，因此陈坑村老宅的朝向大都背山面海，而后期陆续修建的房屋则朝向各异，从而导致辟邪物应对方向的复杂性。

陈坑村的主体聚落大致分为三部分，每部分中设置辟邪物的家户以略低于三分之一的比例均衡分布。就总体而言，全村约有住房170栋，其中能够确定设有辟邪物的房屋共有45栋，具体详情参见图 13-1"陈坑村辟邪物分布图"。

闽南陈坑人的社会与文化

图 13-1　陈坑村辟邪物分布图

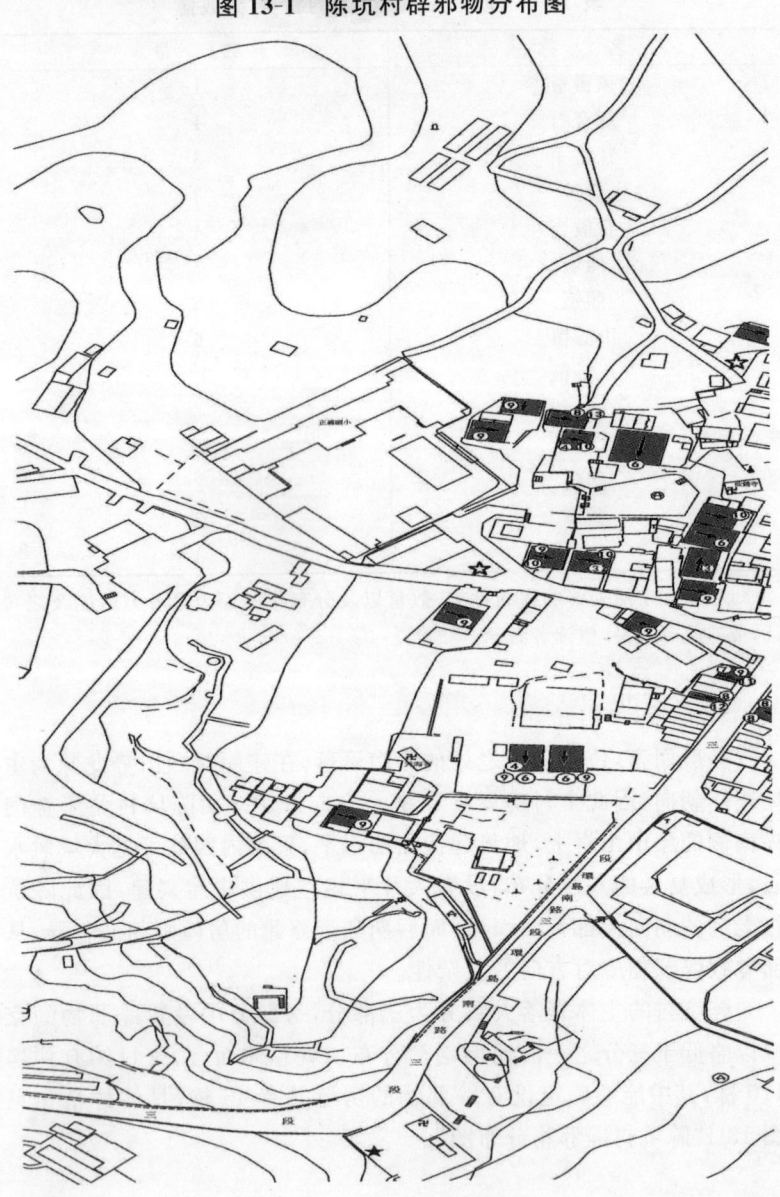

第十三章
陈坑村的辟邪物

二、村落辟邪物

陈坑村可考的村落辟邪物共有四种,其中风狮爷与观音石分列在村落四方,形成保护村落的第一道防线;象德宫门前的照墙守护着神灵的住所,为所有村人驱邪辟凶;水尾宫默立于村庄东北角,防制冲煞,聚敛财气。

(一)风狮爷

风狮爷原称"石狮爷"、"石狮爷公"、"石狮爷伯",属村境外第一道安全防御体系,常年戍守村郊,肩负着严防邪煞入侵的警戒任务,岛民相信其有挡风、止煞、镇邪、防虫等功能。[①]

陈坑村原有风狮爷四座,其中三座属村落所有,一座为私宅所立。属私宅所有的小型风狮爷原本立于73号屋主旧宅前瓦上,如今已遗失。三座村落型风狮爷分列在村庄外围的西、北、南三个方位,呈环卫状守护村庄;如今位于西、北两个方向的已不见踪迹,仅存南方风狮爷一座。这三座风狮爷的作用除了镇风去煞外,主要是与五营旗互相补充,共同守卫村庄的安宁。存留的南方风狮爷由于面向大海,还兼有防制海啸等水患的功能。

西方风狮爷原位于正义国小前三岔路口附近,约于20世纪50年代初遗失。1949年军队进驻后,在陈坑村西面山坡上修建营房,为方便交通而将营区前的小路拓宽,当时立于路边的西方风狮爷就此被埋入地下,不见踪迹。北方风狮爷原位于陈坑村北部山坡上,遗失时间与西方风狮爷大致相同。军队为修建汽车保养厂而开建地基时,将风狮爷埋入地下,自此无迹可寻。

由于陈坑村民原本并不十分注重敬拜风狮爷,因此西、北两尊风

[①] 杨天厚、林丽宽:《金门风狮爷与辟邪信仰》,台北:稻田出版公司,2000年。

狮爷的遗失,并没有对村人生活产生不良影响,村民也就未曾试图将其挖出还原,或是在原位重新塑立。

南方风狮爷供奉于陈景兰洋楼右前侧山坡上,坐东北向西南,面向辽阔的海湾,是目前陈坑村唯一的一座风狮爷。这尊风狮爷通体由花岗石雕刻而成,高190厘米,由石狮与底部石台两部分组成。其中石狮高124厘米,宽48厘米,嵌入石台内46厘米;底部石台高112厘米,长宽各约175厘米。风狮爷面相憨厚可爱,圆目隆鼻,咧嘴露齿,手持绣球、彩带,葫芦状的雄性特征稍显夸张,背部雕有线条流畅的卷鬃和尾髻,原本鲜亮的彩绘如今已随着时间的流逝而日渐斑驳(图13-2)。

图 13-2　南方风狮爷

此尊风狮爷原本供奉在更靠南边约五六米处的位置,1960年军队在陈景兰洋楼成立官兵休假中心之后,决定在该处修建盥洗台及厕所。为了安置风狮爷,宗亲会用公地与民房交换,获得擎天山庄北面的坡地,随后在驻守官兵的帮助下将风狮爷移至现在的位置。

这尊风狮爷究竟立于何时已无法考证,村民最早的记忆中就已经有它的存在。在老一辈村人的回忆中,过去对风狮爷的敬拜比之今日隆重许多。每年农历五月十六日风狮爷诞辰,或者正月初九天公生时,村人都会准备些许供品,带上包馅的米糕,点三支线香,烧一叠金纸,慰劳日日夜夜驻守于南郊的狮爷伯。但如今仅有居住在附近的少数村人会在节日自由前往敬拜,守村护境的风狮爷,似乎在成为游客新宠的同时,逐渐被村人淡忘。

(二)观音石

观音石属灵石类辟邪物,此类辟邪物通常利用本身为石块这一特点来达到辟邪目的,而雕于其上的文字与图案则更增其威力。

陈坑村有全金门唯一的一块观音石,由整块花岗岩雕成,长、高各50厘米,宽45厘米,四面皆雕有不同造型的观音像,因此得名观音石(图13-3)。观音石原本位于村落最东面,今168号民宅后方,与风狮爷、五营旗共同形成保卫村落的第一道防线,其周遭的土地亦被称为"观音石田"。

图13-3 观音石

1949年军队进驻金门后,急需修筑大量军用设施,但由于金门当地缺乏石料,因此一切可以动用的石块,如石碑、墓碑等图13-3,都被搜集起来用做军事设施建材。观音石就在当时被移至他处,用于修筑汽车修理厂的地基,从此长埋于地下。1980年前后陈坑村进行乡村整建时,将观音石挖出,但由于原先那块"观音石田"已经杂草丛生,无法立即将其放回原位,因此就近安放在73号民宅附近,直至今日。

(三)照墙

照墙又称照壁,竖立在屋宅大门正前方以防制冲煞或阻隔光线,一般作为家宅辟邪物而被普遍设置。但此处所谈及的照墙由于竖立在陈坑村最主要的村庙象德宫门前,目的在于保护温王爷不受外界冲煞,与整个村庄的安宁息息相关,因此属于村落辟邪物。

此面照墙由来已久,至于为何要在村庙门前竖立照墙,却是说法不一。有一说是曾经有一段时间,村庄突然开始动荡不安,村人为此请示神明,神明指示为象德宫内塑立的温王爷像正好冲煞到海湾对面的欧厝村,为了挡煞,欧厝村民在面向陈坑的位置塑立了一尊石将军,石将军手持弓箭射向温王爷,温王爷反受冲犯,从而导致陈坑村的不安宁。村人了解前因后果之后,遵照神明指示,在象德宫门前设立照墙一面以化解问题。另一种说法是军队进驻金门岛后,为了改善当地少植被多风沙的自然环境,栽种大量木麻黄来防风固沙,成片的木麻黄就种在象德宫所在山坡下,从温王爷的视角看出去是一大片随风摇摆的树枝,村人认为是对王爷的不敬,因此设立照墙以遮挡其视线。这两种说法中第一种说法流传比较广泛,是最常听到的版本,但因年代久远,欧厝的石将军和成片的木麻黄都已无迹可寻,无论哪一种说法都无法得到证实。

近年来陈坑村开发旅游业,村落整建工程频繁,我们在陈坑村进行田野调查时,象德宫门前的广场正在扩建中。原先距离庙门较近的照墙已被拆除,新的照墙立于广场最末端,但由于其尺寸建材与传统照墙设置规则不符,未能最终确立其形态。

(四)水尾宫

水在五行中象征财富,因此当有水流经由村庄流向村外时,村人通常会在村郊或水边修建水尾塔或水尾宫,意为将水收集起来,象征聚集财富。陈坑村原有水尾宫一座,规模很小,位于村庄东北角沟渠下游,宫内供奉土地公,平日鲜少有人拜祭。1949年进行军事建设时,为了取水尾宫后方的大石块做建材,不慎将其炸毁,从此无迹可寻。

三、民宅辟邪物

陈坑村的民宅辟邪物设置十分普遍,种类繁多,安置年代、用材及安放位置等都呈现出多样性,但每一种辟邪物的内部又显示出若干一致性。

(一)瓦将军

陈坑村现存有瓦将军三座,分别位于34号、87号和91号民宅屋顶。这三座瓦将军的造型都是手呈拉弓射箭状的武士骑在狮子上,但手中的竹制或木制弓箭均已损毁,称谓及朝向等略有不同(图13-4)。

表 13-2　瓦将军

门牌	名称	材质	安放位置	应对方向
34号	瓦将军	陶土	民宅前瓦	坐东北向西南
87号	蚩尤	陶土	民宅屋脊	坐南向北
91号	麒麟	陶土	民宅屋脊	坐西向东

同是红土烧制的瓦将军,不同派别的泥水师傅流传下不同的传说,赋予瓦将军不同的名称;而武士的弓箭及狮面所朝的方向,一般被认为即是煞气的来源。

如今我们看到的这三座瓦将军都是从祖辈手中传承而来,由哪一代人在何时安置都已无从得知,安置缘由和安置仪式也无法考证。但一致的是,后人在翻修旧宅时都很谨慎的将其取下,小心保存,新宅落成之后再安至原位,完好地将这些古物保存至今。

图 13-4　瓦将军

(二)烘炉

以烘炉做辟邪物在陈坑村也有三处,分别置于屋脊、照墙和院门门墙之上,十分鲜明地反映出烘炉在安放位置上的灵活性。安置烘炉时,可以是单独一个,可以是三个一组,也可以与盆栽、照墙、八卦砖等辟邪物形成组合(表13-3)。

表 13-3　烘炉

门牌	材质	安放位置	应对方向	组合
121号	陶土	院门门墙	坐西向东	两边各设盆栽一盆
161号	陶土	照墙顶端	坐北向南	与八卦砖、照墙组合
48号祖厝旁	陶土	民宅屋脊	坐东南向西北	单独设置

由于金门风势较大,烘炉一般都要用水泥固定。烘炉作为辟邪物讲究内里有火,因此一定要在可以用火制的情况下才比较适合使用烘炉,否则可能适得其反。以121号民宅旧屋门墙上的烘炉为例,报道人在安置烘炉时,在烘炉内放有檀香木削制的木条,其上再覆盖檀香木屑,先在神像前烧纸符,再将燃烧的符放进烘炉中,点燃檀香,让其慢慢燃烧;之后将烘炉固定在门墙上,两边摆放一盆仙人掌一盆芦荟,烘炉的安置仪式就结束了。除檀香外,炭、五谷等皆可放置于炉内。

(三)石敢当

陈坑村如今有石敢当四块(表13-4),全部属于家宅辟邪物,造型简单,只是在石块上刻写"石敢当"三字,没有复杂的花样。与瓦将军类似,这四块石敢当也是由先辈所设置,虽然从它们竖立的位置仍可看出其功能,但设置的过程和年代已经无从考证。

表 13-4　石敢当

门牌	材质	安放位置	应对方向	作用
19号	花岗石	门右侧	坐东北向西南	挡巷冲
20号	花岗石	屋后壁	坐西北向东南	挡巷冲
73号	花岗石	门右侧	坐东北向西南	挡路冲
78号	花岗石	门前石柱	坐东南向西北	挡路冲

这四块石敢当中，如今仅剩 73 号民宅右壁的一块仍可清晰辨认其字迹（图 13-5），其余三块或因年代久远而磨损，或被杂草藤蔓所覆盖。据屋主回忆，这块石敢当在仍居旧宅时就已存在，用于防制路冲。修建新房时，屋主将其从旧宅拆下，待新房落成后重置于正门右侧墙壁。在重新安置的过程中，没有举行任何仪式。而"石敢当"的"石"字往往多出一点（刻于"口"字上方），一说是刻石师傅为防止辟邪物本身的煞气反噬而故意刻错，另一说是为了方便法师或道士为灵石开光而有意为之。

图 13-5　石敢当

（四）照墙

作为家宅辟邪物的照墙在陈坑村共有 7 座（见表 13-5），全部设置在家门正前方，有些是单独砌的一面墙，有些是将正对屋门的部分围墙加高而形成照墙。所用的材料有水泥、石砖、石块等，最常见的做法是以砖石砌墙，再用水泥覆盖。在照墙上加配不同辟邪物，如八卦砖、烘炉等，其目的均是以组合形式加强辟邪物的功效。

表 13-5　照墙

门　牌	材　质	应对方向	设置方式
60 号	石砖、水泥	坐东南向西北	另砌墙壁
104－1 号	石砖、水泥	坐西向东	另砌墙壁
118－3 号	石砖、水泥	坐西北向东南	加高围墙
120 号	石砖、水泥、石灰、瓷砖	坐北向南	加高围墙,有装饰
160 号	石砖、水泥	坐北向南	加高围墙,上置八卦砖
161 号	石砖、水泥	坐北向南	加高围墙,上置八卦砖及烘炉

设置照墙的主要目的是防制道路、树木、电线杆等物冲犯到正厅的神像和祖先牌位,同时还可以隔离光线,避免阳光直接照射在祖先牌位上。鉴于照墙的作用主要是保护神像及祖先牌位,因此当祖先牌位的位置发生转移或冲煞的来源消失时,照墙会失去其作用而成为单纯摆设。如 160 号与 161 号民宅正前方原本是与官兵休假中心配套的饭店,神像正对饭店的屋檐,下雨时雨水顺着屋瓦流下,是对神明不敬,因此设立照墙加以阻隔。但随着饭店的拆除,冒犯神明的因素不复存在,照墙的实际作用也就随之消失。

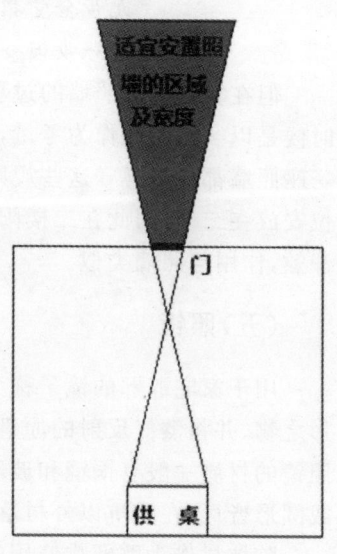

图 13-6　照墙尺寸规则

照墙的设置主要与泥水师傅有关,根据相关报道人解释,照墙的尺寸因与正门距离的远近而有所区别,原则上一定要完全遮住门口,即站在供桌两侧位置沿对角线向外看时,两侧和顶部都不能看到墙外(见图13-6)。

照墙至大门的距离应遵循的法则为:开门滴水为界,四尺五寸为一步,单步为吉,双步为凶,最多不能超过11步,吉凶的判断参看地支进年,有以下口诀为据:

申子辰年坤申兑寅午戌年艮寅震
己酉丑年巽己离亥卯未年乾亥坎
一步青龙招吉庆二步朱雀动官方
三步玉堂生贵子四步五鬼不顺当
五步贪狼会匿方六步横祸动瘟瘼
七步人家并富贵八步招客惹祸殃
九步金堂招福禄十步灾祸远行亡
十一步田蚕多且旺十二步人死并重丧

但在实际设置照墙的过程中,照墙的大小与到门厅的距离很多时候是以实际情况作为考量,以不妨碍日常生活为准,因此并不是每一座照墙都严格遵守这些规则。如今有些家庭由于将神像及祖先牌位安放在二楼,因此在二楼阳台设置铁板、木板或者帆布遮挡光线及冲煞,作用与照墙类似。

(五)照镜

用于家宅辟邪的镜子称为"照镜"或"倒照镜",取其可以反照有形之物,并将煞气反射的原理,安置时多悬挂于门楣或镶嵌于墙内。照镜的材质一般有铜镜和玻璃水银镜两种,形状没有特别要求,方形或圆形皆可,在陈坑以外村落亦发现三角形照镜。

陈坑村作为辟邪物使用的照镜都安置于门楣上,材质为玻璃水银镜,大小不一,但都用圆镜,取团圆之意(表13-6)。

表 13-6　照镜

门　牌	材质与形状	安放位置	应对方向
28 号	玻璃水银圆镜	三楼门楣	坐东南向西北
99－3 号	玻璃水银圆镜	三楼门楣	坐西向东
110－1 号	玻璃水银圆镜	院门门墙	坐西向东
118－5 号	玻璃水银圆镜	二楼门楣	坐西向东
124－5 号	玻璃水银圆镜	三楼门楣	坐西北向东南
142 号	玻璃水银圆镜	一楼门楣	坐西向东

这些镜子大多就近取材，化妆镜或汽车后视镜都可用，在玻璃行、五金行、佛具店等也可以买到用八卦形木框固定专用于辟邪的镜子。选择照镜作为辟邪物宜悬挂在室外，对屋角、树木、电线杆等造成的冲煞都能起到化解的作用。例如 110 之 1 号民宅院门上方的照镜，就是屋主为化解北方宗祠的燕尾脊对家宅造成的冲煞而设。

（六）山海镇

山海镇作为辟邪物取山海辽阔，收纳万物之意，由山海的力量来包容一切侵扰。最初的山海镇只在木板上书写"山海镇"三字，或仅绘制山海的形状，寥寥数笔便可借得自然的巨大力量来抵御一切邪秽。如今所见山海镇则大多将字与画相结合，同时增加许多新的内容。

图 13-7　山海镇

陈坑村设置山海镇的家户并不多见，且多分布于成功街道两侧，呈东西向朝向（表 13-7）。

表 13-7　山海镇

门牌	安放位置	应对方向
83 号	一楼门楣	坐西向东
99—1 号	一楼门楣	坐西向东
121 号	三楼门楣	坐西向东
133—4 号	二楼门楣	坐东向西
134 号	一楼门楣	坐东向西
135 号	一楼门楣	坐东向西

这些山海镇皆为商家所售,制作精美,除绘有山海图案外,还在图案上方画有八卦,两边书写"我家如山海,对我正生财"等字样(图13-7),表示以山海的博大将一切冲煞等不利因素转化成财气等有利因素,比起单纯的制煞而言,更多了一层积极的意义。此外,由于山海上方绘有八卦图案,也有家户将其看做八卦类衍生之辟邪物,而直接称其为"八卦"。

(七)八卦

相传八卦为伏羲所画,民间相信其有降妖除魔的作用,因此由八卦衍生出的辟邪物不胜枚举,如八卦和照镜组成的八卦镜,八卦和兽牌组成的八卦兽牌,将八卦绘制在米筛上而成的八卦米筛等。陈坑村常见的八卦类辟邪物主要有八卦砖和八卦镜两种(表13-8)。

表 13-8　八卦类辟邪物

门牌	种类	材质	安放位置	应对方向
9 号	八卦砖	陶土	院门门墙	坐东北向西南
19 号	八卦砖	陶土	院门门墙	坐东南向西北
42—1 号	八卦镜	铜	二楼门楣	坐西北向东南

第十三章
陈坑村的辟邪物

门牌	种类	材质	安放位置	应对方向
43号	八卦镜	铜	门右侧	坐东北向西南
43−2号	八卦镜	铜	三楼门楣	坐东南向西北
63−2号	八卦镜	铜	三楼门楣	坐西北向东南
64−2号	八卦镜	木	后门门楣	坐西北向东南
65号	八卦砖×2	陶土、铜	院门门墙	坐西北向东南
67号	八卦镜	铜	三楼门楣	坐东北向西南
80−1号	八卦镜	铜	正厅门楣	坐西向东
81号	八卦镜	铜	三楼门楣	坐西向东
85号	八卦镜×2	铜	一、二楼门楣	坐西向东
85−1号	八卦镜×2	铜	一、二楼门楣	坐西北向东南
85−2号	八卦镜	铜	一楼门楣	坐西北向东南
91−1号	八卦砖	陶土	院墙	坐西向东
106号	八卦镜	铜	一楼门楣	坐西向东
106−1号	八卦镜	铜	一、二楼门楣	坐北向南
142号	八卦镜	铜	二楼窗外	坐西向东
160号	八卦砖	陶土	照墙顶部	坐北向南
161号	八卦砖	陶土	照墙顶部	坐北向南
162−1号	八卦镜	铜	二楼门楣	坐西北向东南

八卦砖也叫瓦八卦，用土烧制，上面绘有八卦图案。在陈坑村发现的八卦砖主要被安置在大门门墙上和照墙上，有单独一面与其他辟邪物形成组合的，也有两面呈倒"V"型放置的。这些八卦砖设置的时间都比较早，有些砖上八卦的图案已经模糊不清，有些随着祖厝

的破败而被废置。

相较于传统的八卦砖而言,近年来产生的八卦镜在陈坑村显然更为普遍。这些八卦镜绝大部分安置在门楣上,少数置于大门门墙上或窗外。八卦镜顾名思义,就是将八卦与镜子组合起来,通常是在木制或铜制的八卦牌中间加一面圆形的镜子(图 13-8);镜子有凸透镜和凹透镜两种,以凸透镜最为常见。八卦凸镜主要用于制煞,化解屋角、屋脊、电线杆等带来的冲撞;八卦凹镜多用于纳福,有收聚财气的作用。

图 13-8 八卦镜

(八)盆栽类

盆栽类辟邪物系取生活中常见的植物作为材料,透过法师或道士施法,从植物本身的特点引申出象征意义作用于家宅。陈坑村可见的盆栽类辟邪物主要有仙人掌、芦荟和麒麟花[①]。此类辟邪物设置的位置主要是门墙或院墙上,安置数量可以是一盆,三盆,或是与其他辟邪物组合应用(表 13-9)。

仙人掌和麒麟花被认为有辟邪功效的共同特点是有刺,尖利的刺可以抵挡妖魔鬼怪;芦荟则是因为茎叶肥大多汁,具有防患火灾的意义。此外作为辟邪物的植物还要求易养活、耐干旱,因为盆栽一旦被设置为辟邪物,就与家宅的运势紧密相关,如果枯死也会带来不好的影响。

---

① 麒麟花,即虎刺梅($Euphorbia splendens$),大戟科藤蔓状多刺植物。

表 13-9　盆栽类辟邪物

门牌	种类	安放位置	应对方向	组合
9号	芦荟、仙人掌×2	院门门墙	坐东北向西南	八卦砖
19号	仙人掌	院门门墙	坐东南向西北	八卦砖
20号	仙人掌	院墙	坐西北向东南	无
72号	芦荟、仙人掌×2	院门门墙	坐东南向西北	无
80-1号	麒麟花	院门门墙	坐西向东	无
91号	仙人掌	院门门墙	坐西向东	无
91-1号	仙人掌	院墙	坐西向东	无
115号	仙人掌	院墙	坐西向东	无
121号	芦荟、仙人掌	院门门墙	坐西向东	烘炉

（九）网袋

网袋是传统辟邪物中最常使用的一种。传统的网袋一般取麻绳或尼龙绳编织的渔网一块，将铁剑、蒜头、朱笔、桃木剑、镜子等器物置于其中，悬挂于门楣。网袋中所装器物都有驱邪挡灾的作用：铁剑是利器可震慑邪祟，蒜头取其气味辛臭，朱笔所沾的鸡血是生命力强的象征，桃木属阳性，能够驱逐鬼怪，镜子称为照妖镜，可辟邪魅。此外在传统辟邪物中，也常选用某一职业具有代表性的器物，因此网袋所用之网是小片的渔网（或近似之物），除具有使大蒜气味散发出来的实际作用外，其本身就已具有辟邪功效。

图 13-9　镜与网袋

早期村庙神明常会指示村民以网袋作为辟邪物,每家每户都会悬挂,但如今在陈坑村发现的网袋仅有两处,且都已经被废弃(表13-10)。

表 13-10　网袋

门牌	安放位置	应对方向	内容物
40 号	大门右侧	坐东北向西南	无法辨别
142 号	一楼门楣	坐西向东	蒜头、朱笔

其中 142 号民宅门楣上的网袋还可清晰辨认出内置的蒜头与朱笔(图 13-9),而 40 号民宅院门旁的网袋则已破旧不堪,内容物也无从辨别。

(十) 剑狮

狮为万兽之王,其声能慑服百兽,因此民间用来辟邪镇宅。剑狮的形象由清朝水师的刀剑盾牌演变而来,狮头面貌凶猛,眼大鼻圆;额头画"王"寓意狮中之王,威力无比,有时为增强威力加画八卦图案;口啣"七星宝剑",象征斩妖除魔,剑柄在左侧寓意祈福,在右寓意辟邪,啣双剑意为增强辟邪效果。剑狮所用素材多以木雕、铜铸、泥塑或陶瓷为主,安置于门楣、院墙或照墙之上,起到驱邪或祈福的作用。

在陈坑村仅发现剑狮两面,一为铜铸,一为木雕(表 13-11)。

表 13-11　剑狮

门牌	材质	安放位置	应对方向	剑柄方向	作用	组合
80-1 号	木	正厅门楣	坐西向东	右	辟邪	八卦镜
83 号	铜	二楼窗外	坐西向东	左	祈福	无

悬挂于 83 号民宅二楼窗外的铜制剑狮,与八卦相组合,口中宝

剑剑柄在左侧,目的在祈求家中孩童平安健康。80之1号民宅的木制剑狮(图13-10),与八卦镜相组合,色彩艳丽,雕纹细致,额头绘有八卦,剑柄在右侧,目的在于化解门前灯柱对家中神像及祖先牌位造成的冲煞。

(十一)其他

近年来陈坑人从台湾请地理师或风水师设置辟邪物的现象屡见不鲜,但由这些地理师或风水师设置的辟邪物中,样式新颖,完全有别于传统的辟邪物则只发现三处(表13-12)。

图 13-10 剑狮

表 13-12 其他辟邪物

门牌	材质	安放位置	应对方向
39号	陶土	民宅屋脊	镇宅
118-3号	金属	正厅门楣	坐西北向东南
121号	木	一楼门楣	坐西向东

39号民宅屋脊上的葫芦形陶罐为镇宅之用,但已断裂,如今只残立半截。121号民宅悬挂的木牌上有朱笔画符,是为化解佛堂被房屋阻挡而产生的不敬而设。118之3号民宅门楣上设有以三角、十字组合的金属圆环一枚(图13-11),用于保家宅安宁。这些外来辟邪物数量稀少,外形

图 13-11 独特的新型辟邪物

独特,即使设置的家户也不知其称谓,图案或形状的象征意义也无从得知。

四、辟邪物的设置

陈坑人在设置辟邪物时呈现出极大的灵活性,无论是设置的原因还是过程都鲜有完全相同的情形。本节将村民与法师提供的信息进行归纳总结,得出以下。

(一)设置原因

笼统来说,设置辟邪物的目的不外乎使自家免受灾祸侵扰,但提及设置的时机,每家每户都有自己的故事。陈坑人设置辟邪物的原因大致可以分为两类:禳解已发生的灾祸和避免可能发生的灾祸。

以化解灾祸为目的而设置辟邪物的情形在陈坑村最为常见。问及为何设置辟邪物时,"家中不安宁"是最常听到的答案。"不安宁"实则包含多种状况,如家人生病或发生意外、人口损失、夫妻不和、工作不顺等等。当打破平静生活的事件突然发生时,村人会怀疑是否存在某些来自超自然界的威胁,影响到家宅的运势,从而引发灾祸。在这种情况下,户主会请教法师、乩童等专业人士,如果发现是家宅受到某些冲煞,即在受到冲撞的位置安设适用的辟邪物,借此化解煞气,守护家人平安。例如99之1号民宅屋主设置辟邪物是因户主因公受伤,妻子不慎跌下楼梯,其子又小腿骨折等一系列事故接连发生时,恰逢相识的风水先生前来做客,认为住屋的风水座向不佳,因此建议悬挂山海镇一面,用以转换运势。

设置辟邪物以预防灾祸时,基本前提是已经发现潜在的威胁。基于这种目的设置辟邪物的家户,一般都是在发现家宅受到某些冲犯,但还未引发灾祸的情况下,为避免可能发生的伤害而设置辟邪物。辟邪物在挡煞驱邪的同时,自身却也是煞气的来源,因此鲜有家户愿在房屋没有受到冲撞的情况下设置辟邪物。会对房屋造成冲煞的常见情形主要有：房屋建于村庄外围或马路两侧；正前方房屋高于自家房屋；阳光直射神像和祖先牌位；大门正对道路、巷道、屋角、屋脊、树木、灯柱、电线杆、门、窗、桥等。如72号民宅主人便是在发现对面新宅高于自家房屋时，担心会对家宅造成危害，因而在院门门墙放置盆栽以预防灾祸。

陈坑人设置辟邪物时，主要以其有效性为考量，并不拘泥于数量和类别。同一家户会根据不同时期的不同原因，在不同位置安放种类各异的辟邪物。以121号民宅为例，旧宅前院门墙上的烘炉与盆栽，安置于二十年前，原因是家中神龛被正前方房屋遮挡；新房一楼大门门楣安置朱笔画符的木牌，则是为解决正前方新盖的五层楼房挡住三楼佛堂，使佛像视线受到阻碍的问题；而新房三楼的山海镇，则是在家中感到诸事不顺时设置，目的在于化解冲煞，改变运势。

(二)设置方式

从陈坑村形形色色的辟邪物中不难看出，在村民心中，几乎所有方便取得或可引申出特定象征意义的器物都可做辟邪之用，而这些图像或器物成为辟邪物的先决条件就是要经过一定的仪式。传统的仪式操作者不外乎法师和乩童，但随着时代变迁，如今村人设置辟邪物的方式已变得更加多元化。

按照传统方法设置辟邪物的途径一般有两种：一是请法师检视房屋的风水座向，二是通过乩童请示神明。是否需要设置辟邪物，如何设置等问题都交由法师或乩童决定。

由法师设置辟邪物时，对于选择何种辟邪物没有严格的要求，可以根据法师的建议与屋主的喜好，以及取得器物的难易程度灵活选择。法师在检视房屋之后，首先找出需要化解的问题，确定辟邪物设置的方位和朝向，也可对所用辟邪物的类型提出建议。之后由屋主自行备妥合适的器物，再由法师选择吉日吉时开光加持，赋予器物辟邪的力量。法师开光时要准备的道具有笔、镜子、朱砂、香、金纸等。为一般辟邪物作法比较简单，只要以笔沾朱砂在器物表面画符咒，例如在固定的符头符尾之间写上"奉敕令"等字样,再挑选合适的时辰将辟邪物安设到相应的位置即可。

为风狮爷、瓦将军之类人形辟邪物开光的过程比较复杂,首先要以笔沾朱砂,在辟邪物的额头、眼睛、鼻子、耳朵、前胸后背等处点红,同时念诵咒语。不同器物适用的咒语略有区别,此处以村落型风狮爷开光点眼时所使用咒语为例:

左眼开右眼开,招财进宝入寺庙。
开左耳听四方,正是日月一般同;
开右耳听得是,添丁维福来闾里。
开神鼻知香味,弟子吉庆多祥瑞;
开神口食天禄,弟子富贵居财国。
开左手护阳间,弟子四时无灾难;
开右手庇本境,弟子八节有余庆。
开神肚心如一,彰善贬恶无差移。
开左脚降福祥,腾空驾驭信无穷;
开右脚垂德泽,往来变化诚莫测。
开背后镇庙中,庇佑村中个兴隆。
开光已毕神自在,神若自在具安排。
左眼光,右眼光,
左眼看闾里,右眼看英才,
神眼日月一双开,千祥万福入境来。

通过乩童设置辟邪物时,首先要请示神明,然后按照神明透过乩童的指示来安置辟邪物,依此途径设置的辟邪物,种类、数量、安放位置等完全由神明决定。屋主遵照神明指示准备好器物之后,乩童会画三张符令贴于器物之上,并书写"××王爷镇"字样,然后挑选吉时安置。

神派辟邪物也是通过乩童传达神明的指示而设置的。当村庄遭遇不吉之事时,村人会询问神明,然后遵照神明透过乩童的指示设置辟邪物。神派辟邪物要求村中每家每户都要安置,最为常见的为网

第十三章
陈坑村的辟邪物

袋、令旗、仙人掌和鲨甲等。上文中提到的象德宫门前的照墙以及仅存的两处网袋都属神派辟邪物。如今在陈坑村,可以看到每家门旁都贴有三道纸符,其功能也等同于神派辟邪物。

无论用哪种方法安置的辟邪物,在安置当天都要选择吉时燃香祭拜,之后有些家户每年会在固定时节祭拜,有些则不再重复。

在访谈过程中发现,虽然目前陈坑村设置辟邪物的家户不少,但完全按照传统方式设置的却屈指可数。原本民间辟邪物就是以"有效用就好"为最大原则,因此设置过程的简化或变更,并不会影响村辟邪物在村人心中的有效性。近年来较常见的设置方式也可分为两类,一是聘请地理师或风水师安置,二是由屋主自行安置。

就第一种方式而言,金门当地比较少见地理师和风水师,因此此类专业人士多来自岛外。如果地理师在检视房屋之后只是指明冲煞的原因和方位,以后安置辟邪物的一系列具体工作全部由屋主自行完成;若地理师提供已经过开光仪式的辟邪物,则屋主只要将其悬挂或安放在适当的位置即可。例如39号民宅屋脊处的陶罐,便是屋主在听取地理师判定家中气浮,可在屋顶安置辟邪物以镇家宅等建议之后,自行用陶土烧制而成,安装过程中的烧纸钱向家神说明缘由等仪式也全部由屋主独立完成。而99之1号民宅的山海镇则是由风水师完成开光仪式之后从台湾寄来。

在第二种方式中,从判断房屋是否受到冲煞,到选择合适的辟邪物进行安置,全部由屋主自行判断及决定,安置辟邪物的整个过程都未见专业人士的协助,显得更为简单。例如42之1号民宅的屋主在建好新房之后,发现自家二楼阳台正对前方40号民宅的燕尾脊,屋主认为有冲撞,内心不安,因此从金城镇购回八卦镜一面,挑选吉日吉时,将八卦镜在自家神龛的香炉上绕一圈,称为"过火"或"过神坛",再烧金纸给家神,告知家神因房屋受到冲煞,需挂八卦镜以保平安;之后将八卦镜悬于正对燕尾脊的位置。这一过程中"过神坛"的仪式也可在村庙的香炉前进行,但由于会冲撞神明,夺走灵气,一般不被允许。另外"过神坛"和烧金纸告知家神的仪式有时只进行一项。除此之外,也有些家户选择用毛笔在器物上点红漆来代替"过神坛"。这些简单的仪式功效等同于开光,村人认为均能赋予器物辟邪禳灾的力量。

结　语

　　以上所呈现的是陈坑村辟邪物的整体情况。值得注意的是,陈坑人对于辟邪物是否确实起到作用并不在意。相较于驱邪避凶的实际功效而言,村人设置辟邪物的目的更趋向于求得内心的安宁。更有不少报道人在谈到辟邪物时,直接将其归为"迷信"或"江湖术士的把戏",由此便产生了一种微妙的矛盾:设置辟邪物,却不相信其能发生效用;在将辟邪物认定为旧时迷信的情况下,仍会选择安置一二以宁心神。然而即使在这样矛盾的情形下,依然可以深刻地感受到,对陈坑人而言,辟邪物是生活中被视为理所当然的器物,于内心不安时设置辟邪物,就如同生病就医一样,在村人眼中有着简单而直接的逻辑关系。

　　陈坑人以一种融入生活的姿态完好地传承着先辈留下的辟邪习俗,并在逐渐受到外界影响的今日,将传统与现代相结合,不断为这一习俗注入新的元素。在商业化运作席卷而来的今天,辟邪物的商品化已成为不争的事实。就积极意义而言,批量生产的辟邪物虽较过去而言少了几分古朴神秘,但更符合现代人追求简单快捷的心理,使"辟邪物"这类器物以商品的形式顺应现代社会的发展而存留下来。但从另一个角度来看,计算陈坑村现有辟邪物的种类和数量即可看出,易于获得的八卦镜、照镜、山海镇等器物占据大半江山,而烘炉、瓦将军、石敢当等传统辟邪物则全都传承自先辈,多半已废置不用。如此发展下去,十年后,二十年后,金门辟邪物的种类是否还会如今日这般丰富多彩?

　　在金门极其普遍的辟邪物,作为先民面对未知世界时对抗邪煞的武器,辟邪习俗中包含着人对平安健康的期盼,在人类为生存而努力适应环境的过程中起到重要的心理安慰作用,其中所蕴含的文化意义与价值,值得我们更加深入的探讨与思考。

参考文献

杨天厚、林丽宽
  2000 金门风狮爷与辟邪信仰,台北:稻田出版社。
杨天厚、叶钧培
  2009 守护的神祇,金门:金门县文化局。
张云盛
  2006 金门居民宗教风水观,金门:金门县文化局。

第十四章

陈坑村的婚俗及其变迁 ▶▶▶

◎ 郭仙芝

前 言

本章的撰写是以在金门县陈坑村田野调查的资料为依据,主要通过访谈、实物参观及订婚现场观察等方法获取资料,以呈现陈坑村的婚姻仪式及其变迁。

田野调查时间为 2011 年 6 月 20 日至 8 月 12 日,共 54 天。调查期间正值盛夏,是村人认为不宜结婚的季节。幸运的是在此期间陈坑村先后有三人举办订婚仪式,能亲临现场,详细了解订婚仪式过程。

陈坑村的传统婚姻多遵循"父母之命,媒妁之言"。自由恋爱盛行后,男女双方自主挑选结婚对象,父母较少干涉子女的婚姻大事。年轻人大多不愿按传统婚俗举办婚礼,但现今陈坑村传统婚礼与新式婚礼并存。新式婚礼只需在法院公证即可获得社会的承认,而现

第十四章 陈坑村的婚俗及其变迁

在举办的传统婚礼一方面受宗教信仰和人文环境的规范,须完成诸多仪式,才能获得神明、祖先、父母及宗族的认可;另一方面也受法律的约束,婚后须凭结婚证书办理户口登记。调查期间主要侧重陈坑村的传统婚俗。

嫁娶婚虽是陈坑村的主要婚姻形式,但仍存在童养媳婚、招赘婚等其他婚姻形式,由于调查时间有限,未能对其他婚姻形式展开调查。本章主要介绍嫁娶婚的缔结,全文共分六节,除前言和结语外,第二、三、四、五节按婚俗相关事件的发生顺序,分为订婚前的准备、结婚前的准备,婚礼和婚后仪式四部分记述。在资料允许的情况下,也对陈坑婚俗今昔的变迁略作比较。

一、订婚前的准备

中国的婚嫁程序自周代开始即遵循"六礼",即纳彩、问名、纳吉、纳征、请期和亲迎六个环节。随着时间的推移,婚俗中的各种礼节发生较大变更,但"六礼"的基本模式并没有多大改变(吴存浩 2005:2)。陈坑村的婚姻仪式基本上按照"六礼"举行,但某些礼节根据本村特色而有所更改,纳彩即提亲,委托媒人转达对方联姻的意图;问名主要是委托媒人询问女方的名字、生辰八字;纳吉则为合八字;纳征即下聘,为正式订婚;请期即男方挑定黄道吉日,委由媒人前去女家,与女方家长沟通,并达成共识,确定婚期;亲迎即前往女家正式迎娶新娘。

(一)提亲和合八字

中国古式婚姻需"三媒六证"才能成为合法婚姻。陈坑村的婚姻至今仍遵循古礼,聘请媒人前往女家提亲表达男方缔结婚约的意愿。但媒人的角色,从古到今已发生较大变化。最初为专业媒婆,经常走家串户,帮助男少女物色对象;1949年后,媒人多由亲朋好友充当,一般将本村人或亲戚介绍给对方;近年自由恋爱盛行,男女双方已情投意合,到订婚时请一名亲戚或朋友充当现成的媒人,转达双方的意愿。不管由谁充当媒人,但其作用仍在于牵线搭桥以撮合男女婚姻,协助男女青年完成订婚仪式和商量结婚事宜等。

自由恋爱盛行以前,男女双方互不相识,交通也闭塞,一般仅能从媒人口中或亲戚的探听中获取对方的信息,因而双方的了解非常有限。众所周知,媒人大都能说会道,巧舌如簧,往往颠倒黑白,提供的信息不能全信,许多老人家回首婚姻往事都如此感慨。但婚姻大事关乎两人的终身幸福,不能马虎,不论媒人如何吹嘘,"合八字"理所当然成为婚姻成败的关键,其内容主要包括测八字和看属相。民间认为如果两者的属相或八字相冲,是不宜结合的。陈坑村通常"合八字"时是男家将媒人送来的女方生辰八字,供奉在神龛前;三天内如果男家诸事顺利,合家平安,且家中无打破碗盆、吵架等不吉利事发生,则表示女方的八字合格。更为讲究者会持男女双方的生辰八字前往命相馆占卜问卦,再做定夺。现在虽为科学时代,但请算命先生测八字之风依然盛行。自由恋爱结合的婚姻,一般较少采取传统的"合八字",有的为了避免影响结婚当事人的感情甚至省略此一步骤。

(二)选定吉日

婚姻为子女的终身大事,父母非常看重订婚、结婚的日子,万事力图吉利。1960年以前男女双方尽管亲事已定,但仍然不能见面。据老人家说,结婚之前男子如果到达未婚妻的村庄,会被村人拦住赶回来,胆大者仍会设法偷偷观看未婚妻的相貌。订婚、结婚的日期一般由父母全权做主,他们通常以黄历或通书为准绳,挑选与男女生辰八字相宜的日期。

挑选吉日时村人忌讳农历的四、五、六、七等月。四月因其"四"的读音与"死"接近,在中国一直被视为不吉利的数字;"五"在闽南话中与"误"同音,村人较少选在此月结婚,以免两家亲事不和睦或沟通过程产生误会;六月为一年的一半,此月结婚恐有半路夫妻之嫌;七月俗称鬼月,因此忌讳在该月办婚礼,且农历六、七月正值酷暑,食物易变质,也不宜操办婚宴。此外男方家中如有长者去世,则要在百日内完婚,否则须守孝三年后方可办喜事。

男方父母选定吉日之后,委托媒人前往女家,征求女方家长的意见,并达成共识,此即为"请期"。现在男女青年会根据工作时间,与父母共同商议结婚日期,通常多选在假期。

(三)送聘礼

男方准备的订婚物品即聘礼,订婚当日早上委托媒人送至女家,即六礼中的"纳征"。同桃宗亲及邻居前来观看时,聘礼已整齐摆放在八仙桌上,男方父母会邀请当中的女眷插"枝仔花"(见图14-1①),分享新郎的喜悦。男方

图14-1 三色花

准备的聘礼每样物品以偶数为吉利,发夹、衣服、化妆品原本均需12样,但现在村人观念大有改变,根据实际情况调节物品的数量。如衣服最早为四色布料,后改为12套成衣;现在年轻人一方面追求时髦,另一方面担心婚后体型发生变化,衣服有人只送6套,有的甚至不要求送衣服。笔者在其中一户人家观礼时,记录订婚专用花篮(又称礼篮或谢篮)盛装的物品参见表14-1。此外男方准备的订婚物品还有寿金、香、红烛、礼炮两份,喜饼(早期为桔饼)12盒等,供女方订婚当日祭拜神明、祖先。

---

① 最外层者为"枝仔花",中间圆形花朵为"春",另一种形状似桔花者称"吉"。

闽南陈坑人的社会与文化

表 14-1　订婚礼篮内容

礼篮一	礼篮二
上层：春、吉、"枝仔花"三色花（见图1），数量依女方亲属中女眷多寡而定，以偶数为吉利。	上层：发夹 12 件。
中层：四对金首饰，包括项链、手镯、耳环、绑有红线的金戒指各一对。	中层：聘金，数额以偶数为吉利。
底层：化妆品三样。	底层：化妆品三样。

送聘途中其他人不可帮媒人提礼篮，媒人也不能让礼篮落地。抵达时女家待媒人将聘礼一一摆放在八仙桌后，方可用男方送来的寿金、香、红烛、礼炮祭拜家中的神明和祖先。祭拜时准新娘的母亲或祖母在神明面前诉说："今天我的女儿或孙女，姓×名××与某村的×××订婚，求神

图 14-2　礼篮

明保佑他们。"仪式结束后女方家长亦邀请前来观礼的姑、姨、妗、婶等女眷插花、吃喜糖，分享订婚的喜悦。女方须送媒人和礼车司机各一捆红线，他们将其挂在身上以沾染喜气。

男方送来的聘礼女方除金饰和化妆品全收下外，其他均退还一部分，如退回 12 朵花、6 盒喜饼等，数量都以偶数为吉利；开明之家会将聘礼全部退还，但在早期女方会收下之前商量好的聘金，多余部分仍退还男方。此外女方还须回赠衬衫、领带、领带夹、一对绑有红线的戒指、芋头、韭菜、一条印有喜字的"双喜巾"、一包五谷、四盒糖果等吉祥物，委托媒人带回男方。在经济条件允许下，女方还会回赠

皮鞋、西装、皮带、金项链等衣饰。女方回赠的吉祥物有一定的用途，如芋头和韭菜须种在地里，芋头象征多子多孙，韭菜则象征天长地久；"双喜巾"在结婚当日充当手帕包在新娘花的手捧处①；五谷则象征子孙绵延等。

媒人返回时男家燃放鞭炮迎接。待媒人将带回之物整齐摆放在八仙桌时，男家用退回的寿金、香、红烛、礼炮等物祭拜神明和祖先。订婚仪式正式完成后双方各有一份订婚证书，此仪式不仅是陈坑村传统合法婚姻的必要条件之一，而且意味着男女本人已确定婚姻关系，两家从此成为亲家。

图 14-3 双喜巾

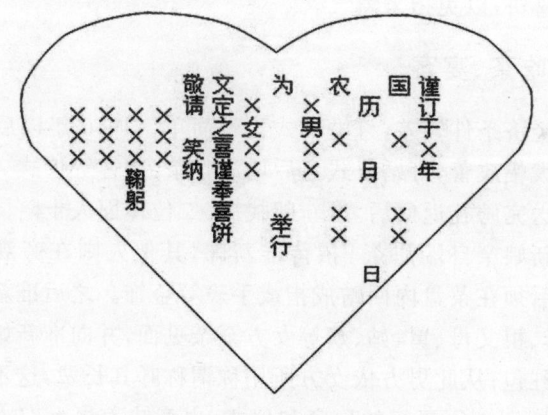

图 14-4 喜饼盒上订婚卡

---

① 盘担时男方又将双喜巾带回女方。

(四) 送喜糖、喜饼

早期由于生活条件艰苦,订婚仪式完成后男方将十二颗一包的喜糖分赠亲友和邻居,女方则以"枝仔花"赠送亲友和邻居。近年生活水平的提高,喜糖演化为各式各样的喜饼,其上还张贴精美的心形订婚卡,格式基本一致,如图14-4所示。

女方也不再送花,亦改赠喜饼;赠送范围也由邻居扩展到全村。订婚所需喜饼的数量依男女双方亲戚和村庄人口而定,全由男方采购。喜饼有大小盒之分,大盒饼一般赠送亲戚,而小盒饼则送村人,按"口灶份"(一口灶即一户)分发。由于数量较大,男方通常在订婚之前就将喜饼送至女家。

送喜饼时有些禁忌,如喜饼不可直接送至订婚未满12日的人家,须暂时寄放在邻居或其他人家,以免"喜冲喜";有丧事的人家也不宜赠送喜饼,以免招来煞气。

(五) 吃茶、宴客

昔日经济条件较差,订婚仪式比较简单。1960年以后家家户户生活条件大幅改善,订婚仪式之后增添吃茶、宴客等仪式。

媒人送完聘礼返回后,准新郎找一、二位体面人士陪同前往女家喝茶。准新娘亲自端甜茶[①]招待准新郎,其他人则在旁观礼。准新郎喝过茶后须在茶盘内回赠戒指或手表等金饰。之后准新郎正式与岳父、岳母、祖父母、舅、姑、姨等女方至亲见面,并向准新娘的长辈和晚辈赠送红包;从此男方依女方所用称谓称呼其长辈,这不仅标志订婚是合法婚姻必须履行的程序和仪式,也意味着男女双方的身份在订亲之后发生性质上的变化。接下来准新娘坐椅上,准新郎站其前互相为对方戴戒指。交换戒指后改为准新郎坐椅上,岳母亲自为准

---

① 1多为苏淮茶(金门的特色茶)或冬瓜茶。

新郎戴金项链。有些人家吃茶仪式比较简单,无赠红包和戴项链之仪节。

吃茶过后男家中午若宴客,即可带准新娘回家。订婚宴请的宾客主要为男方亲戚,女方亲戚一般仅一至二桌。喜宴上的菜肴一般为拼盘(大盘之上有数小盘)、燕菜、虾、鱼、鸡、芋头排骨酥、对菜(以碗压成圆形的菜两两盛于同一盘中)、三鲜、鱼丸汤等十二道极富有金门特色的地方菜。自从酒宴的桌子由八仙桌改为圆桌后,每桌所坐人数由 8 人变成 10 或 12 人。参加订婚酒宴的宾客不必赠送礼金。但有的来宾为表祝福和谢意,相约在金门日报刊登"天赐良缘"、"白头偕老"、"天作之合"、"永结同心"之类祝福语。据金门日报职员报道,此风气自金门日报创立以来即有,早先并不十分盛行,但现在此类订婚喜讯频频见报,已成为金门的特别习俗。

二、结婚前的准备

为了使婚礼顺利进行,男女双方一般提前一个月购买结婚用品,准备各项事宜。婚前习俗既有求神、谢神的仪式,也有感谢乡亲和亲友的仪式。下文主要按时间先后顺序逐一叙述。

(一)布置新房、安床、翻铺

结婚之前男家一般会提前购买新床、化妆台、衣橱等家具,安置于新房内。早期贫寒之家若买不起新床,通常向邻居或亲友借用,婚后再归还,有的甚至找几块木板临时搭建一张床。

新房的布置以婚床为中心而展开,老式的木床上有顶棚,周围有围栏,还挂有绸缎的床幔,新婚时将其装饰得喜气洋洋,既显示喜庆,又表达家人希望新婚夫妇和睦相处、早生贵子、幸福美满的良好祝愿。现在受潮流影响,木床多改为弹簧床。早期室内未设洗手间,新房的床头边置一夜壶且以布遮拦,供新娘解手,村人称之为"床头巷"。新房内每件家具张贴大红双喜字。闽南式老建筑物的新房门外挂有一块绣有红桃、双喜、鸳鸯等吉祥图案的粉红色布,类似门帘,村人称之为"门篱"。此外男家的其他房间及较显眼的家具、窗户等上都要张贴"喜"字,大门上并贴有喜联。

新床摆放在新房内时,须举行安床仪式,先挑选黄道吉日,一般在结婚前6至12日举行。用六寸的砖块垫床脚,砖块与每个床脚内垫一枚铜钱,寓招财之意。床放置的方向须与房梁平行,如垂直于房梁,则视为不吉。安置好后准备三碗汤圆拜床母,祈求床母保佑未来的新郎和新娘睡得安稳。

图 14-5　婚床和床头巷

结婚前夕找生肖属龙、父母双全、长相俊俏的男童,与新郎同睡一晚,预祝新郎早生贵子;第二日晨新郎须向男童赠红包;此仪式俗称翻铺。如果无法找到生肖属龙者,可改选其他生肖的男童,但忌选生肖属虎者。

(二)送请帖和订酒宴

婚期确定后男女双方一般提前一个月前往印刷店订制喜柬,按男女双方家长的身份印制,分别发送邀请各自的亲友;双方家长同时具名宴请宾客的现象并不多见。近年印制喜柬的印刷店市镇中随处可见,结婚前一周即可拿到外观精美并烫金的结婚喜帖。昔日印刷店稀少,仅能在文具店购买半成品,再请村人以毛笔逐张填写。如今请帖完全由电脑印制,只是包装请帖的封面还须请人代写。请帖一般在婚期前一周送给亲友。女方亲友收到喜柬后,即可前往女家送金饰、礼金等贺礼,俗称"添妆";添妆礼品的轻重与送礼者的经济状况及同新娘的关系亲疏有关。新娘家为表谢意,按礼的大小以猪肉回赠。同村人一般不送喜帖,仅由新郎亲自挨家挨户告知;自从里公所(正义里的办公处)设有广播系统后,可由村长广播通知乡亲喜宴的时间和地点。

昔时设婚宴须考虑场地、厨师、桌椅、菜单等事项,婚宴一般设在自宅或借用左邻右舍,当酒宴规模扩展至宴请全村人时,通常借用宗祠、里公所或在村中较为宽敞的地方搭建喜棚。喜宴忌露天摆设,若搭设喜棚,还须在喜棚入口悬挂一块大红彩绸,以与其他酒宴相区别。昔日婚宴大都聘请外烩厨师烹煮,通常在酒宴场地附近搭设临时厨房进行洗、切、煮、炖等工作。由于会做酒宴的大厨不多,手艺较佳者更少,聘请厨师不易,尤其在农历十月以后到新年前后这段结婚旺季,请厨师更不易,因此须提前预订厨师。早期社会经济条件有限,一般每户人家仅有一张八仙桌和几条长板凳,要办喜宴仅能向左邻右舍挪借桌凳。近年宗亲会以公款订制数十套折合式桌椅,供全村人租。酒宴菜单则在桌数确定后由厨师列出,主人按菜单购买鸡鸭鱼肉及一切所需之物。置办酒宴须办事项多又烦琐,但陈坑村人具有高度互助精神,无论谁家办酒宴,街坊邻居都会帮忙。近年饭店餐厅林立,足可应付婚宴,新人无须再为此操心。

(三)拜圆

结婚前3～8天新郎亲自携带"汤圆"前往母舅家和舅公家,俗称拜圆。因拜圆须搓大量汤圆,此日家中女眷及村中关系较好的妇女合力帮忙搓汤圆。汤圆搓好后先煮六碗,其中三碗祭拜家中的神明,另三碗祭拜祖先。祭拜后新郎开始拜圆之旅。

拜圆旅途中新郎须带红、白糯米团,及与之成比例的白糖,及祭拜用的香、烛、礼炮等物品。拜圆即向母舅、舅公宣告婚期。新郎送来的糯米团,由母舅或舅公家人帮忙搓成圆团。母舅或舅公家同样将煮好的汤圆,盛三碗拜神明,另盛三碗拜祖先;剩余的汤圆分赠左邻右舍。新郎返家后众人帮忙挨家挨户赠送熟汤圆。现在拜圆所送汤圆已改为购自超市的袋装冰冻汤圆,为新郎家省去不少麻烦。

（四）挂母舅联、新郎灯、新娘灯

结婚前一日拜天公时，须在客厅内挂好母舅联①、喜幛②、新郎灯及新娘灯。母舅联为母亲的兄弟、堂表兄弟所送，除送"联对"外，母舅还送鞭炮、红烛、红包或两瓶酒等四样礼品，但男家会退还红包；如果母亲的兄弟比较多，唯恐客厅空间不足，两位母舅可以协商合送一份母舅联。外祖父和舅公收到喜帖时则向男家送福禄寿③和地毯；如果外祖父或舅公已过世，福禄寿可由母舅赠送。姑、姨、姐、表亲等则赠送喜幛。近年送喜幛者已不多见，大都改为赠送现金。送母舅联、福禄寿、地毯、喜幛的宾客如又送礼金，男家会将其退还。

图 14-6　福禄寿和母舅联

---

①　一对用红色绸缎写的对联，故又称"联对"；左联的左上方写有"新婚誌喜"几字，右联的右下方为母舅的署名。
②　一块长方形红色绸缎，上书"永浴爱河"、"天作之合"、"白头偕老"等祝福语，右上方注有"新婚誌喜"，左下方为赠者的署名。
③　有福、禄、寿三星的镜屏，村人称其为福禄寿，闽南话称其为"财子寿"。

第十四章
陈坑村的婚俗及其变迁

早期悬挂母舅联时按尊卑顺序①逐一挂在福禄寿两侧,现改为按长幼顺序②悬挂,如果排序有误会引起母舅的不满。喜幛也须按照一定顺序挂在客厅的两侧,依序为姑丈、弟媳的父母、姐妹夫的父母、叔伯的亲家公、姨丈、姐妹夫、表兄弟等。陈坑人结婚时会将一对新郎灯(俗称"子婿灯")高挂在客厅的灯梁下,灯的一面以大红字书写姓氏——陈,另一面则书写堂号——太子太傅,其间再以吉祥喜气的图案装饰。女方所送的新娘灯,则悬挂在神案上方的房梁下。在闽南话中"灯"与"丁"同音,所以婚礼上喜用"灯",蕴含添丁、宗族兴旺之意。家中有几位男子结婚,即挂几对新郎灯,挂满灯梁后则以新旧更替的方式轮换。母舅联、福禄寿、喜幛、新郎灯、新娘灯在客厅内悬挂的位置如图 14-7。

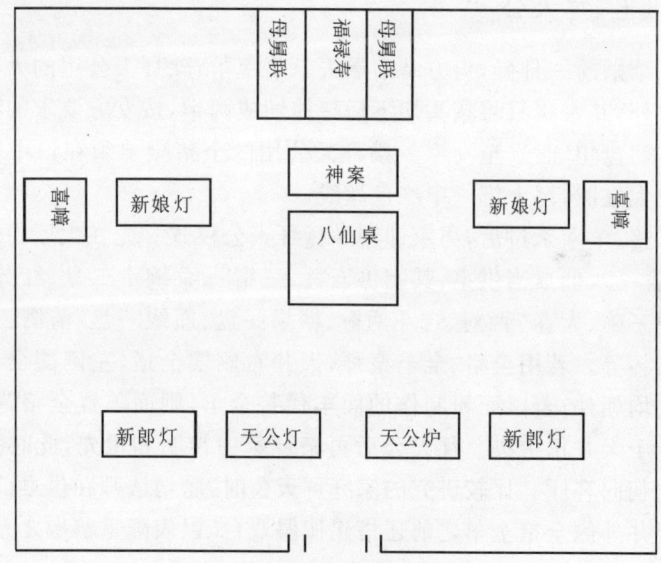

图 14-7　新婚家庭客厅布置

---

① 按与新郎之母的亲疏关系排列,即母亲的亲兄弟在前,堂表兄弟在后。
② 不论亲疏关系,按年龄大小排序。

图 14-8　新娘灯和新郎灯

(五)拜天公

结婚前一日晨,男方聘请屠夫杀猪宰羊,除拜天公用的大猪完整保留外,其余猪只将猪头切下后猪体切成两半,按女方要求的猪肉数量,于"盘担"时送至女家。祭拜天公用的全猪全羊须在口中塞入一桔或大红圆,尾上绑一串红色丝线。

猪、羊宰杀过后,男家即刻举行拜天公仪式。先在大厅内灯梁下方,置一八仙桌当供桌,其上供五牲、三宿①、菜碗十二盘、红圆一盘、汤圆三碗、大春②两对、吉花两对、糖果一盘、面线一盘、清酒三杯、清茶三杯等。若用全猪、全羊祭拜,天井右侧摆全猪,左侧摆全羊,猪、羊头均朝外;若以面粉制作的面羊代替全羊,则面羊置全猪背上,一同位于天井正中央。拜天公后再祭拜家中神明和祖先,此时猪和羊头均朝向客厅。比较讲究的家庭拜天公时,聘请法师在供桌前作法,在天井外侧全猪全羊之前还搭建傀儡戏台,以表隆重恭敬之意。

---

① 用白糖填充宝塔、龙、凤三者的模型,再染成粉红色,即为三宿。
② 比订婚时用的春花稍大。

(六)盘担

结婚前一日男方准备两空箱供女方装嫁妆,又以篮装盛面线、桂圆、冬瓜排、桔饼、春花、吉花、香、红烛等物,委托媒人同猪肉一起送往女家,此为"盘担"。篮中物品女方均退还一半。是日女方聘屠夫将骨头从猪头到猪尾完整剃出退还男方。村中谚语说:"肉可以给人吃,但骨头不能给人啃"。女方收下的猪肉,一部分作为亲友添妆时的回礼,另一部分用以宴请宾客。如果所送猪肉的数量未达到女方的要求,男方可按"吃肉折钱"的方式,即折合现金支付女方。盛行在饭店宴客后,猪肉多折换成现金。当日女家用男方送的少量猪肉切成12小块煮熟后,新娘母亲从12块上各撕下一小片肉喂新娘,以祈新娘婚后不愁吃。

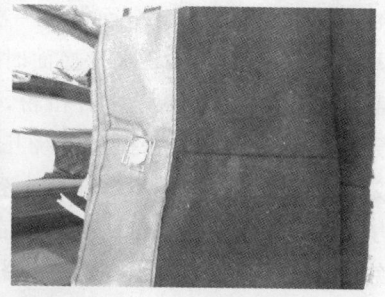

图 14-9 花帕和余思裙

媒人送完猪肉返回时,女方即托媒人将嫁妆带往男家。因时代和家庭经济条件不一,嫁妆内容和数量差别极大。但新娘家所送之物,基本为枕头、被套、衣服、大小脸盆等日常用品。此外还有一些婚礼必需物,如黑、白格子相间的"花帕",具有避邪的功能,以后可用之背负婴儿;黑色布料制成的"余思裙"(见图14-9),上端为小条蓝带,新娘捞饭、切发粿时须系此裙,公婆去世也须系在丧服外;夜壶①须置于洞房内的床头巷,现已成为形式。男方送的大箱通常以之装新娘的衣服,其四角垫白银、金子或现金,所垫数量与女家经济条件有关。新娘家还会附送一小箱以之装新娘的内衣和鞋,但鞋仅能放一双,否则代表新娘多舌。

是日男方还委托媒人带去一份结婚证书,由女方补充完整。该证书由男方购买,双方各请村中善书法者帮忙填写。证书上的主婚人为男女双方父母;证婚人多为村中威望较高者;介绍人则为媒人。婚礼完成后,新婚夫妇凭结婚证书到户证事务所办理户口登记。

(七)挽面

昔时女子出嫁之前,会找人帮忙挽面,将脸上汗毛拔除,以便新娘上妆,所以挽面实际上是种成年仪式。据报道人说,出嫁女子一般在结婚前3至6日已全面做过一次挽面,出嫁前一日又会象征性地从额头到下巴再挽12次。挽面时准备清水一碗、白粉一盒、白线一截。挽面者先在新娘脸上扑白粉,做润滑之用,再以二尺多长的白线浸湿对折,中间在右手拇指上绕几匝,一头拿在左手上,另一头用牙咬紧,拉开成剪刀状,然后在脸上各部上下滑动,借两根细线卷绕之力将脸部细毛拔除。自从美容店在金门兴起后,年轻人不愿再忍受挽面之痛,均到美容店化妆。结婚前夕准新郎和准新娘都要以鸡蛋煮水洗澡,也象征成年。

三、婚　　礼

古式婚礼分三天完成,而1950年以后的革新婚俗一般在一天内

---

① 从女家送至男家时,夜壶内装以红纸分开包好的两根排骨、两块木炭、两条冬瓜糖等,再置一红包;红包则赠送提夜壶至洞房者,此工作多由媒人或新郎晚辈负责。

第十四章
陈坑村的婚俗及其变迁

完成。婚礼程序与古式婚礼大同小异,部分简化,部分增添新的内容。

(一)亲迎

出嫁当日吃早餐时,新娘坐在高椅上,脚下垫一矮凳,母亲端来一碗米饭,新娘以鸡腿下饭;母亲则在一旁念道:"高椅坐,矮凳垫脚,吃饭配鸡腿,"祈求女儿婚后能衣食无忧。部分报道人说,新郎在亲迎当日晨与新娘同样以米饭和鸡腿当早餐。

昔日农业社会条件比较艰苦,男子娶亲时常无力请傧相、花童,仅能委托媒人前去迎接新娘。生活条件改善后,新郎由四位男傧相、一至两位女傧相、两位花童陪同前往女家迎娶新娘。男、女傧相的职责在于协助新郎新娘完成婚礼仪式。迎亲队伍抵达女家时,新娘的弟或侄到礼车前鞠躬行礼、开轿门迎接新郎,新郎须向他赠红包。亲迎的主要仪式为吃鸡蛋茶和吃见缘桌。女家应该对迎亲的新郎给予最高的礼遇和美好的祝福,但亲迎仪式中也存在戏弄新郎的风俗。

吃鸡蛋茶时,花童、媒人及男、女傧相陪同新郎同坐一桌,所谓鸡蛋茶是甜水中加两鸡蛋,每人最多吃一鸡蛋,另一鸡蛋则以筷夹断,如果食尽两鸡蛋,就是不懂礼貌。厨师常在鸡蛋上做手脚以捉弄新郎,即将晒过的熟鸡蛋再煮,并在其上抹油,如此处理过的鸡蛋滑溜不易下箸。新郎为免出洋相或被女方亲属取笑,通常在结婚之前向有经验者请教解围方法,即将筷的下端咬断,如此就能稳住滑溜溜的鸡蛋;另一种方法是以拇指按住鸡蛋,将筷从中间穿破,再夹起食用。

吃完鸡蛋茶,立即呈上碱面、冬粉、鱿鱼丝等点心。如果厨师有意为难新郎,可将冬粉油炸,一夹即断,不过新郎以免出丑,一般不吃冬粉。

接下来吃见缘桌。除男傧相四人、女傧相、花童两人、媒人、新郎外,女方要派一名执酒瓶者负责斟酒招待客人,及一位端菜者。如果人数不够十人或十二人,女方还要找一位与新娘同辈或晚辈之人作陪。见缘桌一般上八道菜,猪肝或鸡肉一上桌,新郎即要马上停筷,

423

否则女方亲属会取笑新郎"不识相"。吃过见缘桌,新娘的弟或侄负责端来洗脸水,供新郎擦脸。新郎须对厨师、执酒瓶者、端菜者、陪客、端水者赠红包。此外新郎还要在见缘桌上放一红包,作为酒菜钱回赠女方。如果厨师处处为难新郎,新郎也可以其人之道,还治其人之身;赠送厨师金额为单数的红包,因为金门习俗施舍乞丐的金额是单数。

见缘桌撤除后,新郎在客厅内等候新娘。此时新娘的母亲为穿着婚纱①的女儿戴订婚和添妆时亲友送的所有首饰,以此显示新娘的福气;昔时母亲还要在出嫁女儿的头巾上插一支银碌笔和一对芦竹心。此时新娘母亲并以红纸包缘钱②交给媒人,这些缘钱将广撒新郎家。新娘穿戴好之后,由媒人挽扶,与新郎背对背相接,当二人臀部接触时即转身对视,以前新郎与新娘在此时才首次目睹对方的容貌。新郎以右手挽新娘,并立叩拜女家的神明和祖先,并拜别岳父、岳母;在喜乐的伴奏下,新郎陪同新娘走上轿车。

(二)上轿

新娘于喜车③内时,母亲或一位福命双全的女性长辈以放一对缘钱的蜂蜜水,为新娘从口到手心,再到脚底沾蜜水,祈求新娘婚后讲话甜甜蜜蜜,得人喜爱。之后将此对缘钱置入新娘口中含着,希望新娘到夫家后有好人缘。抵达夫家时,新娘立即将缘钱吐在客厅的地面上,象征缘随人到。现在随着环保意识的提高,村人认识到铅属于重金属,若含在口中可能会导致中毒,新娘大多不愿再含缘钱。

---

① 古时新娘凤冠霞帔,新郎身穿长衫马褂;民国时新娘改穿旗袍,新郎则为中山装;20世纪50年代后西式礼服逐渐在金门流行。

② 形如硬币的铅片,因在闽南话中铅的发音与缘相同,故名缘钱。

③ 昔时男婚女嫁的交通工具为花轿,其颜色因人而异,新娘坐红色花轿,媒人则坐黑色花轿;军管时期花轿改成军用吉普车;后租用计程车迎娶新娘,生活水平提高后,计程车逐渐改为自用轿车。

轿车开动时,父亲即要端一碗水中放些缘钱的缘钱水,向喜车顶部泼去,意味嫁出去的女儿,泼出去的水,表示女儿出嫁后应称心如意、白头偕老。轿车开动未久,新娘则要将母亲为她准备的放心扇和姻缘扇中的放心扇以红包裹着从车窗往后扔,扔扇禁回头看;新娘的弟或侄拾扇后置衣襟上带回,放入新娘闺房的抽屉内,留在娘家做纪念,以请父母放心,女儿嫁后会幸福美满,故名"放心扇";另一种说法认为"扇闽语与姓同音,意谓女嫁从夫姓,而仍留念娘家之姓也"(金门县立社会教育馆1992:421)。姻缘扇则要带到新郎家,放在夫家以求好姻缘。在迎亲途中,如果与另一迎亲队伍碰面,新娘须下轿互换捧花。

喜车抵达男家时,媒人比新娘先踏进新郎家门,边走边撒缘钱,从里到外,直至洞房内。俗话说:"人未到,缘先到",广撒缘钱,是祝愿新娘在夫家广结人缘;如果有未撒完的缘钱,须扔在新郎家的水井内。

(三)进门、拜天公、送入洞房

喜车抵达目的地时,新郎以左手搀扶新娘下轿,以左为尊,男家则以最高的礼遇对待新娘。媒婆迎娶时,则由媒婆牵新娘下轿。古时花轿到家门时,新郎先踢轿门,才扶新娘下轿,显示女子在男权社会处于较低的地位。喜车一到,鞭炮声接连不断,中、西乐器齐奏响起,整个村庄因新人的到来显得非常热闹。村人闻鞭炮声,也纷纷赶来看热闹。

新娘跨过净炉,驱除不净,越过门槛,方可进入大厅内,否则会被婆家视为不懂礼数。公公见媳妇进门,即焚香为新人拜天公做准备。此时拜天公男女所处的位置与在女家时相反,二人跪拜天公、神明和祖先。奉子成婚的新娘一方面不能拜天公,另一方面拜神明和祖先时须站着鞠躬,以免对腹中胎儿不利。新娘到达男家所受到的"礼遇",似乎与新郎去女家迎亲时所受到的"礼遇"有对等之处,在往后的仪式中也存在戏弄新娘的风俗,为婚礼增添趣味。

大约 1950 年以前，陈坑村的婚俗仍然遵从"父母之命，媒妁之言"，婚前新娘既不能与夫君见面，也不能与婆婆相识。村人认为婚前新娘与婆婆见过面，婚后婆媳关系会比较紧张。因此直到婚礼当日，新娘才与未来婆婆见面。拜天公仪式完成后，媒人搀扶新娘与已在客厅内等候的婆婆背对背相接，与新郎正式见面的方式类似。待二人转身，婆婆在新娘的头巾上插大春、吉花各一对，俗称添花，预祝新娘早生贵子。在男尊女卑的时代，婆婆站在门槛上等候新娘并为之添花，以显婆婆的威信。之后新郎、新娘被送进洞房，稍事休息。在新娘进门所举行的仪式之先后，存在不同的说法。据部分报道人说，新娘进门时，是先入洞房休息，后行添花和拜天公的仪式，但其内容和意义相同，仅是顺序不同而已。

在洞房内媒人或姑、姨等长辈端来两碗汤圆，为新人举行换圆仪式。新郎与新娘互喂对方吃汤圆，一般吃两颗即可，象征团团圆圆、万事圆满。其后演化为换茶仪式，即汤圆换成甜茶，新郎、新娘先饮各自杯中的茶，然后交换茶杯再饮对方的甜茶；此仪式又称饮同心茶，象征二人永结同心。行换圆或换茶仪式时，主持人通常在旁念四字吉祥话，如早生贵子、白头偕老、夫妻同心等。时过境迁，婚姻仪式已简化，现在已没有换圆或换茶仪式。

（四）拜寺庙、拜宗祠、拜高堂

在传统婚俗中，新娘成为男家的正式成员须完成众多仪式，其中既有天地诸神的认定，也有男方列祖列宗和父母的认可。

中午宴席结束后，新郎、新娘开始祭拜之旅，行走的路线为象德宫——仙鹤寺——天海寺——北宗祠——南宗祠——同桃宗亲的祖厅——家中客厅。父亲提着内装香、金纸、供品等物品的花篮，走在队伍的最前面，其后为两名提新郎灯的男童，再后为一名拿草席的男童和乐队。媒人领着新郎、新娘紧随队伍，最后面还有一群凑热闹的乡亲。新郎须向三位帮忙的男童赠送红包。

祭拜之旅先从主祀温王爷的象德宫拜起。在陈坑村的祠庙中，

第十四章
陈坑村的婚俗及其变迁

象德宫的地位最高,村人称之为境主,其他寺庙诸神都要以温王爷为尊。到达时男童在跪拜的地面上铺好草席,新郎之父在供桌上摆供品,在香炉上点香。一切准备工作做好后,新郎、新娘也已走进象德宫内。二人跪在草席上,新郎屈身跪拜,新娘捧着花跟着点头,行三拜之礼。三拜后父亲焚烧金纸,再赶往仙鹤寺、天海寺做同样仪式。拜寺庙的顺序不是按寺庙的远近,而是按寺庙地位的高低;这三座寺庙,天海寺地处中间,其他两座分布在两侧;按照祭拜之旅的路线,新郎、新娘须走不少回头路。所以报道人回首结婚当日的情景时,都说未完成祭拜之途,人已疲惫不堪,不知当时走过多少地方,麻木地随着队伍往前走,这正是许多年轻人不愿办传统婚礼的原因之一。

接下来前往宗祠行祭拜之礼。陈坑村有北、南宗祠两个,但南宗祠新建不久,还未奠安,其内也未供奉祖先牌位,因而目前不用行祭拜之礼;如果两家宗祠都供奉祖先牌位,则以北宗祠为尊。宗祠内祖龛的右侧为文昌帝君,左侧为土地公和温王爷。新郎与新娘先对文昌帝君和土地公行三拜之礼,再对祖先行四拜之礼,其情景与拜寺庙相似,不再叙述。此时村中捉弄新郎者已在宗祠门口摆设几条长板凳,要求新郎将新娘抱过去。新郎在内将新娘抱在板凳上,媒人在外帮助接新娘,看热闹者则在旁助威。如果摆设的板凳有三条以上,很难将新娘抱过障碍,为免被取笑,新郎会与捉弄者协商,以板凳换香烟的方式安抚他们。

拜完寺庙和宗祠,新郎、新娘还须到叔、伯等同桃宗亲的祖厅祭拜列祖列宗。据报道人说,祖厅一般设在房屋的最高层。当时新娘身穿西式婚纱和高跟鞋,爬上爬下实属不易。最后返回家中敬拜高堂。早期拜高堂须行十二拜之礼,且每拜须起身后再拜。现在已不再如此讲究,拜四次即可。

(五)捞饭、拜灶君、切发粿、摸箸笼

捞饭、拜灶君、切发粿、摸箸笼四项仪式一般在婚礼当日下午进行,目的都是让新娘熟悉夫家的环境,前三项仪式在1950年以后已

慢慢消失。

新娘腰系"余思裙"在厨房行捞饭仪式，一手执有漏洞的瓢，象征性地在装米饭的鼎内捞三下；另一手执姻缘扇，象征性地敲打厨壁上挂着装筷的箸笼；捞出的米饭置入饭锅内以饭巾包好。新娘晚宴间离席后，就以此锅饭置座位上代替她。

举行拜灶君仪式时，新娘执"火箸"——处理灶内灰烬的大铁筷，象征性地在灶内翻动，并由旁人在边念道："烧火不会生烟，煮粥快滚"，其意是预祝新娘生火时不被烟熏，煮粥时粥易沸腾。捉弄新娘者会在"火箸"上抹炭灰，新娘一触摸，雪白的手套立即成黑色。

新娘仍腰系"余思裙"转往客厅，象征性地在置于八仙桌上的发粿划两刀成十字形，他人再切成小块，逐一分给参加中午宴席的姑、舅、姨、姐等至亲。

婚礼当日下午若有空闲，还会在巷头即客厅与天井间的小巷举行摸箸笼仪式。捉弄新娘者将盛筷的箸笼悬挂于巷头屋檐下，要求新郎抱着新娘摸箸笼中的筷子。当新娘拿筷时，捉弄者故意上下拉动吊绳为难新娘。此仪式不仅能增添婚礼的乐趣，还可以协助新娘尽快融入夫家。

（六）送茶

婚礼当日下午，女家会派一男一女、两男两女或三男三女到新郎家送茶，其成员一般由新娘的弟妹或侄辈组成。所送之茶多为苏淮茶，盛于崭新的热水瓶内，送至洞房内，供一对新人饮用。新郎则须向每位送茶者赠送红包，并以点心热情招待，然后送他们回去。

（七）分相、敬茶

新娘将带来的见面礼赠送男方长辈，称为"分相"；此仪式一般在婚礼当日下午举行，新娘依对象赠送相应的礼品。婆婆和祖母的见面礼一般为金桔花一支、鞋子一双、金发夹一支或金戒指一枚；公公与祖父的礼物通常为带沿帽一顶、"双连巾①"一条;其他长辈则按户送条"双连巾"。

之后新娘须向参与分相的长辈们奉上冬瓜茶或苏淮茶等甜茶,希望以之获得他们的喜欢和疼爱,此仪式则为敬茶。每位长辈端起茶杯时,都会在茶盘上置内装金饰或现金的红包,作为给新娘的礼物。

(八)婚宴

传统婚俗中婚宴分两次宴请宾客,中午主要宴请母舅、舅公、姨、姑等外戚,设母舅桌,即由母舅坐大位,为感谢母亲抚养功劳,习俗上以母舅为大;晚宴邀请宗亲及村人,设新娘桌,即由新娘坐大位。早期因经济条件有限,晚上主要宴请宗亲及左邻右舍。随着生活水平的提高,宴请的范围不仅扩展到全村,而且人数从每户一名增至两名,且越来越讲究排场;有些富有之家甚至邀宴范围遍及全金门,所摆宴席达三百桌以上。

婚宴颇有讲究,如果母舅未入席,酒宴不能开动,体现母舅在旧社会处于尊贵的地位。新娘桌上生肖属虎的年轻人忌与新娘同桌,一般由新郎、男傧相、花童、三位男童(提新郎灯者和拿草席者)及媒人与新娘同桌;新娘的座位先由婆婆坐几分钟才可入座,以表示对婆婆的尊重;新娘在婚礼这日忌多食,面对酒宴的每道美食,即使饥肠辘辘,也不能亲自动筷,前两道菜由媒人夹入碗中,第三道菜一上桌新娘立即起身回洞房,其位置由一锅饭代替。

现由于交通发达,婚宴流行于晚上在饭店邀请亲朋好友及村人,新娘桌和母舅桌同设一桌。此时的新娘已不再腼腆,不仅可以大胆进食,还可跟随新郎及男方家长向各桌亲友敬酒。酒宴结束后,新娘还须捧着盛糖果和香烟的茶盘,与新郎并立饭店入口送宾客。所有宾客出来时,都向新郎新娘致祝福语,女宾客及孩童从茶盘中拿糖

---

① 两条毛巾相连,其相接处还缝块缘钱。

果,男宾客则拿香烟。

(九)闹洞房

昔时婚礼常持续三日,近年仅需一日即可礼成,因此闹洞房的时间有所变化。"古式婚礼当天并不宴请宾客,新娘有三天内更足不出户,而由媒人在新郎家陪伴,直至第三天晚宴过后才开始闹洞房。据言这种婚俗直到抗战胜利以后,再逐渐改变结婚当日宴请宾客,当然闹洞房仪式也改从结婚当天夜里开始;有时不但闹到通宵达旦,甚至连闹三天之久"(杨天厚、林丽宽1996:60)。

据1960后结婚的陈坑乡亲报道,闹洞房仪式于婚礼当日夜里在客厅内举行。参加闹洞房者皆为至亲好友及街坊邻居,一般都懂得分寸,即使有过分之处,新郎、新娘在洞房花烛之夜也会坦然接受、笑脸相迎。闹洞房的方式常以言辞为主,较少伴随动作或借用道具,如要求新人唱歌、讲故事、说表达爱意的话等;其次也有以动作为主并使用道具者,如让新人同啃一个苹果等。该仪式不仅能密切新郎与新娘的夫妻关系,也能帮助新娘迅速丢掉少女的羞涩,尽快融入婚姻与夫家。

四、婚后仪式

婚后的仪式不多,但仍非常重要,主要为表达子媳的孝心、父母的寄托,从中也能看到传统女子应具有的妇德。

(一)端送洗脸水、下厨

新嫁娘为公婆端送洗脸水的时间,随着婚礼的变迁也有所改变,昔时是在婚后第四日晨,现今改在第二日晨。"早期婚礼预防新娘碰上不洁事物,如身带重孝之人,往往要在洞房内禁足三日,直到第四天才可任意踏出房门,也才为公婆端送洗脸水,善尽妇道。但迎亲仪式自从改为新郎亲迎后,替公婆送洗脸水已改在第二天早上"(上引书:61)。新郎的祖父、祖母若健在,新娘还须为祖父母端洗脸水以表孝心。

我国最迟自唐代即有新人于婚后三日下厨的习俗。王建在其《新嫁娘》中写道:"三日入厨下,洗手做羹汤。未谙姑食性,先遣小姑尝"。至今各地仍有此俗,仅是新人烧饭的时间及方法存在差异(2005:381)。陈坑村主要为婆婆考察新嫁娘的厨艺;据报道人说,新娘归宁后即可下厨房按照婆婆的要求准备饭菜。也有报道人说,新娘在婚后第二日即可入厨房做饭菜。

(二)归宁

婚后第三日新郎携带猪脚、水果四色、饼干两色、发粿、面线、金纸、香、红烛、鞭炮等物品,陪同新娘第一次回娘家,俗称为归宁又名回门。新郎在此日还须向女方长辈和晚辈赠金额不等的红包。女家并未全收新郎带来的物品,金纸、香、红烛、鞭炮等部分归还;收下的水果、饼干,通常赠送宗亲和邻居,通告邻里新婚女儿的归宁。讲究排场者也会发请帖在女儿的归宁日宴请宾客。新婚夫妇返家前,女方家长要回赠两瓶香油、一对带尾甘蔗、带路鸡、红圆、米糕等物品,香油象征油(有)来油(有)往,早期为抹在头发上定型用的香油,后改为食用油;甘蔗预示子孙节节高升;带路鸡须放入新房内,先钻入床底的带路鸡若是公鸡,则预示先生男孩,反

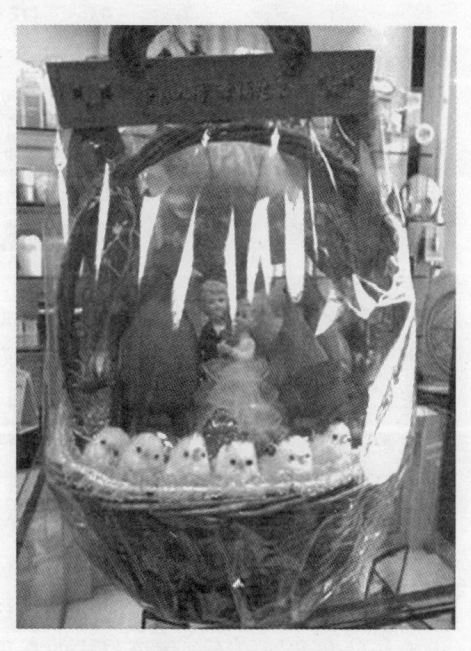

图 14-10 现在的带路鸡

之则代表先生女孩。现在甘蔗和带路鸡做成模型一起装入花篮内置新房内的化妆台上,富裕家庭者甚至以黄金打造带路鸡。

  天黑后新婚夫妇才依依不舍离开女家。村人说新人待天黑才回,易生男丁。到家后以女家回赠的米糕,盛大碗祭拜神明,盛小碗祭拜床母。金门习俗认为床母贪吃,祭拜的供品不宜太多,也不宜多拜,否则床母会作怪,即令人睡不安稳。男家还将带回的红圆、水果、饼干等食品分赠宗亲和邻居。

结　语

  婚姻的缔结不仅使个人社会角色发生重大变化,是人生的重大转折点,而且它关乎家族的绵延,也是宗族的大事。在陈坑村的传统婚俗中,男女结为合法夫妻不仅要获得活人的同意,也须得到天地诸神和列祖列宗的认可,充分体现在宴客、拜寺庙、拜宗祠、拜高堂等仪式中。

  近年金门的政治、社会、经济状况面临极大的变化,陈坑村的婚俗也无法避免的随之改变,无论婚姻仪式还是婚姻观念都发生不少变革。1949年以前金门婚俗主要受闽南文化影响,严格遵循古礼;战地政务时期金门深受台湾影响,婚俗中增添吃茶等仪式,新婚夫妇也流行拍婚纱照;近年年轻人则向往西式婚礼,追求自由、浪漫,盛行在台湾旅行结婚。总体而言,婚姻仪式在某些方面趋向简化,很多仪式不再严格遵守传统礼俗,表现得较随意。如在调查期间,观察到的吃茶仪式是在仓促中完成,与报道人所描述的情景相差甚远,似乎觉得准新郎和准新娘不理解该仪式的真正意义。正因为现在熟悉传统婚俗的人甚少,即使媒人也对传统礼俗一知半解,婚礼中各环节才表现得不严格。婚礼从另一方面说又走向隆重化,随着经济条件的改善,聘礼和嫁妆的内容越来越丰富,订婚、结婚、回门也盛行宴客,且婚宴越来越讲究排场。

  年轻人在现代文化的影响下婚姻观念也发生较大改变,即大多

第十四章
陈坑村的婚俗及其变迁

不愿按传统婚俗举办婚礼,多去法院公证,之后便宴请宾客,有的甚至连婚宴都省了。也许若干年以后,陈坑村传统婚俗的某些仪式将不复存在。本章对该村婚俗的记录,期望能留给后人有关陈坑先人如何举办婚礼的一鳞半爪。

在为期不到两个月调查期间,陈坑人以极大的热情配合了我们的工作,不厌其烦地回答我们的提问,为我们提供了丰富而宝贵的资料,使得调查工作得以顺利完成,在此对所有帮助过我们的陈坑人表示衷心的感谢!也要感谢金门大学闽南文化研究所同学的鼎力相助,不仅为我们提供丰富的文献资料,还在百忙中还当我们的翻译员。

参考文献

吴存浩
  2005 中国民俗通志·婚嫁志,济南:山东教育出版社。

金门县立社会教育馆
  1992 金门县志,金门:金门县政府。

杨天厚、林丽宽
  1996 金门婚嫁礼俗,金门县金城镇:金门史迹维护会。

第十五章

陈坑的生育与养育习俗 ▶▶▶

◎ 刘 芳

前 言

本章系根据在金门陈坑村田野调查之资料汇整而成[①]。此次田野调查自2011年6月20日开始,至8月12日结束,调查与陈坑生育及养育相关的民间习俗。查阅相关文献,发现对该主题的叙述、讨论多集中于生育礼俗部分,对于幼儿成长各阶段的通过仪式,如三日、十二日、满月、四月、周岁、成年礼等均有较详细的介绍。为避免与以往记述重复,本次调查中未搜集通过仪礼部分的资料,而是着重记录生养习俗中常与超自然力有关的民间祈子法术及婴幼儿疾病疗

---

① 调查期间得到陈坑人热情协助,谨致最诚挚的谢意。金门大学闽南文化研究所的师生,以及金门地方文史工作者亦给予许多宝贵的意见,且提供丰富的文献资料,在此衷心感谢他们的帮助。

法,希望能展现陈坑村独特的风俗民情。资料的搜集主要通过访谈报道人、将报道人所述内容进行交叉比对,并再次求证及整合资料三部分进行。调查时村中仅有的两位查某佛对访谈颇为忌讳,加之调查时间有限不能另寻报道人代替,故本章祈子法术部分欠缺与私坛查某佛相关的资料。

全文共分八节,除前言和结语外,第二节描写婚礼中及婚后民间祈子习俗;第三节介绍陈坑人观念中庇护妇孺的神明;第四节主要描述民间信仰中的求子法术;第五节是对孕期与分娩后安养惯习的简述;第六节介绍抚育婴幼儿的风俗;第七节主要描述与家庭养育主题相关的民间医疗。

一、祈子习俗

传统社会中祈求子孙绵延的心愿表现在婚礼中和婚后的仪式行为中,形成富有地方特色的祈子习俗。

(一)婚礼中的祈子礼俗

婚礼中的诸多仪式各有其含义,围绕对新人的美好祝福而进行,前辈学人已有许多详尽的描写,本章不拟赘述。此处所列均为陈坑婚俗中与祈求早生贵子,儿孙满堂相关的仪式。

1. 安床

昔时新人所用的卧床需要组装,并择良辰吉时安置于卧房内,以保佑子孙绵延、家道兴旺。结婚多年不孕,常归咎结婚时在安床方位及安新床仪式上有所缺失,以至婚后多年依旧无子,补救方法是找一位命理师选择吉方求子;随后还应买新床及新床单,再择吉日安床。

2. 翻铺

结婚前新床安置妥当后,请一生肖属龙或蛇(小龙)的男童在新床上翻滚,据说可使新婚夫妇早生麟儿,俗称"翻铺"。或者结婚当日请一位福寿双全的老人,手持五子(松子、瓜子、莲子、白果子、枣子),

念诵吉祥话,同时将五子往床帐四方撒,以祈求多子多孙,生龙子龙孙。

3. 子孙桶

迎娶当日,嫁妆中应有子孙桶,即旧时家户所备的马桶,专供女子方便之用。昔时马桶系木制,后多为搪瓷材质,桶身绘有花鸟虫鱼等图饰,并贴一方红纸,以示喜庆。桶内置以红纸包裹的生排骨及木炭各一块,排骨系取意"骨头会生肉",比喻女方嫁入夫家后,将勤俭持家,添财添运,且为夫家延续香火;木炭闽南话读 tuā,与绵延、传播同音,以期新人能生生不息,子孙满堂。负责挑子孙桶的通常都是新人亲戚中辈分低于新郎者,将子孙桶挑入新房时须口诵吉祥语,祝福夫妻家和,生子生孙得福报。

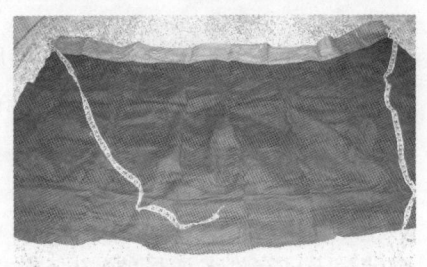

图 15-1　花帕

图 15-2　余思裙

4. 花帕与余思裙

嫁妆中有黑白格相间的四方布,正中以红线绣一卍字形图案,四脚缝约两寸长对折的红布条,称为花帕。初生婴儿满月后,须用此花帕包护方可外出。若夜晚离家,家人亦须将其披盖于孩童身上,咸信可辟邪禳灾。昔时还须备余思裙一条与花帕搭配,亦为嫁妆之一,此裙尺幅较大,为一扇形黑布,窄处为一条蓝色布。蓝布正中以红线绣一卍字形图案,两边脚缝有花色系带,称为牡丹带。孕妇生产时,系于腰间,亦可辟邪解厄。

(二)婚后祈生习俗

若妇人婚后不孕,民间亦有相关仪式表达早生贵子的期盼,缓解延续香火的焦虑。

1. 听香

闽南古俗"听香",即指正月十五元宵夜,妇人于夜深人静时燃香祷告神明,讲明欲听香的方向,并掷筊,若得圣杯,即表明神意认可,可手持一支燃香循圣杯指示方向前行,听到的第一句话来占卜吉凶及运势顺逆。《金门县志·礼俗》记载"十五日,上元……或拈香僻巷,窃听人语,以卜休咎,名曰听香,盖即古镜听遗意"(李怡来 1992:408)。此俗演变流传,其形式及内容多有增补,卜问之事不止预知一年吉凶,亦有未嫁女子听香卜佳婿,或久婚不孕妇人听香卜麟儿等。昔时妇人希望以此祈神意排解心中疑惑。报道人称,昔时一年中可行两次"听香",元宵节的"头香",卜问一年之事,最是灵验,中秋节"听香"的灵验性次之。

2. 认养儿女

陈坑人称认养儿女为"带弟姐"、"带弟妹"。若婚后久未生育或者连续弄瓦,则会抱养别家的幼女为养女,希望为自家带来子嗣。报道人称,昔日认养儿女以求生子颇为灵验,村中仍流传两三例。一例为邻村一妇人,婚后十二年未生育,抱养一女后,隔年即生育一女婴。另一例为村中人,婚后十八年无子,抱养一女,两年后即育一男婴。昔时妇人若不孕,亦盛行蓄养童养媳招弟续香火的风俗。

3. 迎斗灯

村里每年建醮时,均有"迎斗灯"仪节,由当年的头家抽签决定负责此事者。斗灯内置五谷,如红豆、绿豆、黄豆、糙米、花生等,五谷落地易繁殖,意喻"迎斗灯"之头家将会多子多孙。陈坑俗谚云:

ŋiã tao tieŋ, ai cu tieŋ; ŋiã tao tieŋ, sĩ hao sĩ。

意为:迎斗灯,爱出丁;迎斗灯,生后生(子),皆为祈愿早日生养男嗣之意。报道人称,若某位头家祈盼家中多添子孙,其余头家会在抽中签后将签让予这位头家,以求"迎斗灯"的福运为其带来子嗣。

二、生育与养育相关的神明

陈坑人对于专司保佑妇孺的神明有其特定概念,通常以个人信仰、住家位置及日常活动范围为依据,选择敬拜的对象。因调查时间较短,加之语言隔阂及个人能力所限,关于村人所拜之私坛,无法进入搜集资料,故此处不做介绍,仅对村人熟知的与生育和养育相关之神做一说明。

(一)注生娘娘

陈坑各家户神龛多敬奉注生娘娘,此外村庙象德宫、仙鹤寺和天海寺均以注生娘娘为配祀之神,位于面向神桌的右侧位置。村人相信,注生娘娘是专职照护妇幼的神明,而十二婆姐[①]、花公花婆均在注生娘娘的麾下,共同协助其施展法力照护婴幼儿。往昔金门医疗水准不高,一旦遭逢病痛,村人惯于求神拜佛。若家中婴幼儿微恙、常哭闹,村人多会去庙里祈求注生娘娘予以保佑,待其通过神媒告知求问之人,于某时辰去某处以某种祭品敬拜某种神灵,如此即可化解难题。例如,注生娘娘会告诉求问者,备齐饼干、水果、金纸等供品,于星月初现时,在自家屋檐下,望月祭拜十二婆姐,祈求其保佑幼儿痊愈、健康。现今随着医药水准提高,村人多选择去卫生所或医院看病取药,但是敬拜注生娘娘保平安依旧是村人日常生活中的重要宗教实践之一。

(二)七娘妈

陈坑人多信奉七娘妈,但并未见供奉七娘妈之神像,只在七夕时

---

① 有人认为婆姐应有三十六位。

于家门口祭拜。是日午后约莫四五点,置一桌于门口,上设供品,同时另置一碗油饭,三炷香和寿金于桌沿边专拜床母。必要的供品包括:一座七娘亭、数碗油饭(多则八碗,敬七娘妈与床母;少则两碗,一碗合敬七娘妈,一碗敬床母)、蒸熟的芋头、花糕、生面线、七朵胭脂花、七张七娘衣;另外也可加供麻油鸡,时令鲜果等。《金门县志·礼俗》(李怡来 1992:410)记载"七夕,日落星现时,陈瓜果,油饭,面线于屋檐前,祭天孙,解去端午所系之长命锁缕,别五色丝串铜线系小儿[项],云可得七娘保佑"。旧时此日陈坑长辈会将红线系于铜钱上,挽一吊串①,挂于家中孩童颈上,咸信挂此吊串者,七娘妈会护佑其平安成长。若是尊崇古礼的家庭,会将吊串系挂至孩童年满十六岁成丁,期间每年七夕换一根红线。如今此风俗不再如旧日盛行。

(三)床母

民间传说床母是保护幼儿安眠、少病痛、好养育之神祇。昔时固定于每月初二、十六日,在卧房内摆放一碗饭、少许青菜、豆腐祭拜之。陈坑老一辈认为婴幼儿自出生至七岁之间最不易养育,若其夜哭不安、体弱多病,更要常拜床母,祈求其予以照护。如今孕妇在医院生产后,归家当天也须先拜床母,以保佑婴儿今后好带,夜晚安眠不哭闹。有的人家会拜至婴儿满月,另有人家直至其周岁才止。

三、祈生巫术

往昔村中亦盛行祈生巫术。此类法术之施行有些可由亲朋邻居为之,有一些则须请宗教专业人士如法师等施行。

(一)换肚

妇人小产或连续生女婴,为祈求下一胎如愿产子,通常会行"换

---

① 闽南话 tiaocuan,发音似吊串,实为吊坠。

肚"仪式。产后十二日内,外家(娘家)准备一公猪的小肚(膀胱),内填瘦猪肉,将其置于陶壶①内煮熟。陶壶嘴上还须系挂两颗以红纸包覆的桂圆。外家人在天未亮时,将此壶端至产妇家,沿途不可言语,即使有相熟之人召唤,亦不能作答。待产妇接受后须将陶壶内之小肚食尽,陶壶则置于卧床下。如此即表示妇人之腹肚已被换过,可随心意生育。小肚内塞满瘦肉,意为不可空肚;因其本身带有尿道,遂象征生养男嗣,陶壶嘴上系挂之桂圆亦是模拟巫术。

根据报道人补充,往昔生活颇为贫苦,小肚价格便宜,且因其容量小,需填塞猪肉量较小,故以之作为换肚之物。但小肚煮熟后口味较差,较难下咽,因而家庭经济状况逐渐好转后,村人多以猪肚(胃袋)代替,瘦肉酌量放,以免产妇无法吃尽,削减此法术的灵力。盛放食物的陶壶也渐改为一般的茶壶。

(二)落花园与巡花丛

俗信每个人的元神都是一株花,生长在注生娘娘掌管的中宫花园内,另有顾花童子、花公、花婆协助其照看花丛。元神之花长势旺盛,阳间的人才可身体强壮,无病无灾,运势顺畅;若有花根被虫蚁咬噬,枝干歪斜,花叶凋零,或蜘蛛网覆于其上,甚至游魂在花丛附近徘徊等状况出现,将会干扰花株的健康生长,阳间的人亦会随之身染病痛或者厄运当头。此时可请求神媒"落花园",查看花丛,排除干扰花株健康生长的因素,从而化解病痛或厄运,闽南话称之为 *kaihue-powun*,意为培土,扶正花株,令其易于生长。

昔日幼儿身体有恙,家人无钱请医买药,常会去庙中向神明求助。一般由家中女性长辈前去,携带饼干、糖果等供品及该幼儿的生辰八字。先上香,焚烧金纸,告知神明来意并请其起驾巡视花园,随后呈念此幼儿的生辰八字;待神明起驾,附身乩童,求问者再次禀明来意;神明查看花丛后可能告知来人须拜求花公、花婆,并指派符令,

---

① 多为旧时煎中药方剂的壶。

第十五章
陈坑的生育与养育习俗

命其于夜间,将此符令先放置于家中卧房床铺之上,面床敬三炷香后,烧掉此符,且须跪拜禀告,大意为:领某神明之意来求拜花公、花婆,希望能保佑此孩童病患早去,身体安泰,若能如愿,许诺日后必答谢;第二日和第三日仍同样在夜晚以三炷清香敬拜花公、花婆。

上述仪式生效后,必须答谢花公、花婆,答谢时间多在村庙建醮之日,须特别准备一盆纸花,花盆为红色桶状,花枝两侧站立一男一女,即为顾花童子,另外备水、米①,将此花、水、米连同供品置于神桌上。待法师进三路②时,神明将会下花园,巡视花丛;随后附身乩童,依例询问答谢之人,纸花要供于寺庙内还是带回家中,若放于庙内须供放之日数。一般信众为避免损坏纸花,多希望供在庙中三日③,期间每日去庙中烧香叩拜,日期一到,将此花盆置于金炉内烧化。而水、米则待建醮结束后带回家炊煮饭菜。

若有人请教神明,化解幼儿病患,神明落花园巡看花丛后,亦会亲自处理花株所遭遇的状况。例如有一只小虫在此幼儿的花根下,神明即将其移除,并告知信众无需顾虑,难题已解。至于答谢与否,全赖求教之人自愿为之,并无定规。

综上所述,落花园仪式其实共有两次。第一次是信徒于庙内求教,神明于当时落花园,巡查花丛,发现花株面临的问题,并找到化解之法;第二次是建醮当日,神明下花园,信徒请求神明将花盆和水、米敬供于花园以示答谢。但也有人仅在建醮之日,供奉花盆、水、米和金纸等进花园,以祈求顾花童子用心照护家人的元神花株。

(三)栽花换斗

村庙建醮进三路时都会进花园、巡花丛,年长的陈坑村人对此仪式并不陌生,但是另一与花园相关的法术"栽花换斗",则并不为一般

---

① 昔日多以罐头瓶装水、米,如今多用罐装饮料瓶。
② 进三路指建醮时去天公、南北斗星、中宫花园三处请神,并进献金纸。
③ 纸花盆可供于庙内三日、六日或者十二日,依信众所愿自定。

人所知。以下对此法术的描写,系根据访谈张法师①的资料整理而成。

金门民间咸信妇人若久婚不孕,可能是其元神之花的生长遭遇干扰,致使花株上之苞蕾颓而不发,甚至花朵凋零;栽花换斗法术可为之更换花盆,或重新栽一株新花,其后妇人将顺利受孕,生育子嗣。此处之"斗"特指"金斗"或者"金盆",相传是注生娘娘的法器,以金斗养花,此花将会"贵气"、"好养"。此法术专在妇人求孕时施行。

信徒带供品至神明面前,燃香请神,说明来意;神明起驾附身于乩童,信徒将来意再禀告一遍;神明指示信徒该准备多少金纸并画一张符,符上书不孕妇人的生辰八字;另派信徒准备一盆真花,多为莲招花(美人蕉CannaL.)②、一盆纸花③、一方花帕,及水、米各一瓶;待到村庙建醮当日,带齐指派之物,举行栽花换斗之仪式。

建醮时将纸花和供品呈献于神桌,莲招花、水、米则置放神桌旁之椅上,并以花帕覆盖;法师念路关,待路关开到中宫花园,即开始吟诵十二月栽花歌(见附录三),并掀开花帕,象征性地往花盆内浇水。若求问妇人之生辰为上半年,栽花歌只吟唱至六月,否则要一直唱至十二月止;吟诵毕,将此莲招花再以花帕包覆④,由求问者带返家,置于夫妻卧房内,三日后移栽至院内或家门前,必须每天细心照料这株莲招花,使其生长旺盛,枝繁叶茂。水、米亦带回家,用于炊煮饭菜。至于纸花则随符令和数张金纸一起烧掉,灰烬以金纸包好,置于妇人枕下;三日后再将其扔上屋顶或埋入莲招花下。信徒亦可将纸花供于庙中,三日后烧化。现今求问者为求省事,简化处理纸花的步骤,

---

① 张法师并非陈坑人,但因多年参与陈坑公坛及私坛的宗教事宜,对陈坑甚为熟悉。

② 施此术时真花多为莲招花,易栽植繁衍,求其连招贵子之意。莲招花及下文中出现的植物之学名均查自《中国植物志1959—1992》。

③ 纸花与落花园、探花丛时所备纸花大致相同,惟其花朵数目必须为五朵白花,两朵红花,喻意五男两女。

④ 以花帕遮盖,因花帕可辟百邪,亦勿使路人见此花。

第十五章
陈坑的生育与养育习俗

多于建醮当日即将其附于神像等物一起烧掉,并不另行带回家或供于庙内。

法师指出是否行栽花换斗之术,全赖神明附身童乩后下的"指令",若有"指派"即于建醮日施行,若无再以他法化解。张法师从未在陈坑村庙建醮时行此法术,皆因村庙神明从未如此分派。

陈坑村的其他报道人(包括乩童与听字)均称对栽花换斗之术所知不多,村人多认为此术应为私坛查某佛所专为,因其施法较为自由,无需"看日"也无需听字在场传译。村庙只在进三路时行落花园、进金纸,未曾听闻有过栽花换斗仪式。象德宫旗牌将军已退休之乩童表示曾施行过"栽花换斗"之术;根据其描述,施行此术不必准备真花,相关过程与落花园、巡花丛时 *kaihue powun* 并无二致,且称"栽花换斗"在建醮"还愿"时进行。她又补充因玉女娘娘与旗牌将军之建醮日分别在农历二月、八月,而只有在建醮日才可施行"栽花换斗"或其他"还愿"的仪式,故此法术多于农历二月及八月施行。与法师所述相对照,或许报道人所谓的"栽花换斗"其实是上述之落花园、巡花丛,陈坑村的村庙中似乎如法师所言,并未做过栽花换斗的仪式。

一位陈坑长者曾听闻村中有人施此法术,专为帮助久婚不育之妇人,但非由法师施行。仅由家人拔一株莲招花,携至不育妇人所住房屋后,栽种于花盆内,此后日日浇水,仔细看顾,不可令其枯死。此举无需燃香祷念,只要注意尽

图 15-3 莲招花

443

量避人耳目为之即可。

查阅文献资料发现所记载"栽花换斗"为妇女改换胎儿性别时施行的法术,而且多在祈求生养男丁时施行。如《庆典礼俗》所述"凡妇女连续生男或生女,就需试行'栽花换斗'法术,以祈生男或生女如愿,均属于期望改变子息性别的法术"(李丰楙 2010:31)。《台湾冠婚葬祭家礼全书》亦记载"栽花换斗就是变换胎儿性别的方法"(林明义 2006:91)。谢玉萍于论文《金门传统生育礼俗之探讨》的"栽花换斗"一节中指出"这种民俗活动乃是妇女怀孕后,变更[胎儿]性别的特殊活动"(1995:53)。但在陈坑人观念中,"栽花换斗"并非改换胎儿性别或专为求男嗣之术,而是单纯在妇女求孕时施行的法术。且村人认为去向注生娘娘等神明求生男,"生出来后多不十全",意指会有身体残疾,强求神意之后果不佳,故生儿育女顺其自然较好。

四、孕产习俗

传统社会中妇人生养子嗣既能延续家族香火,亦可确立其在夫家的地位,故由此衍生出一些安养习俗,以保母子周全。

(一)孕期禁忌

胎神是保佑孕妇及胎儿之神,多盘桓在家中屋内、门窗及梁柱等处。陈坑人认为若妇人怀孕,全家人必须遵守相关禁忌,不可随意挪动家具,尤其是孕妇卧房中的物件;亦务必保持安静,忌敲打喧闹,如钉钉子之类的行为应尽量避免,否则就会触犯胎神,导致胎儿"动着"或"伤着"。胎神在村人观念中是要注意规避及防范之"神",谢玉萍指出胎神并非仅是保护胎儿之神,也会伤害胎儿,所以胎神与一般民间所奉保胎扶幼之神明,如注生娘娘等有所不同;孕妇及家人对胎神更要小心谨慎对待,不可触犯禁忌(谢玉萍 1995:58—59)。

土神为除胎神外,孕妇和家人也须避免触犯之神。土神既有自家的土神,也有附近邻舍家的土神。报道人均称孕妇不能"犯着"任何土神。但是这些土神并非直接与孕妇和胎儿相关,惟其被触犯时才会在孕妇身上显现效果。若孕妇出现胎动腹痛或流红等异状,有可能是自家或者邻人动土,即修建屋墙等触犯土神所致。故孕期切勿于家户附近动土,以免惊扰土神,伤及孕妇、胎儿。当被追问土神究竟为何"神"时,报道人称其可能是地基主或土地公,具体指何神明则不得而知。

煞气更是孕妇格外要避讳的凶险。往昔妇人怀孕后忌参与宗教活动,以免其不洁之身冲犯神灵。如今村人渐有另外一种观念,即孕妇和胎儿处于虚弱状态,易被侵扰,故要多加保护,勿使其出入庙宇或葬礼等煞气强烈之处。孕妇忌观看做醮,若看到乩童挥舞黑令旗,极可能导致孕妇流产。

怀孕期须遵循的禁忌除对上述神煞敬而远之外,还涉及许多日常行为。如忌以针缝补衣物,忌捆绑、夹取物品,忌观看傀儡戏等。若是不幸触犯到神煞等,或孕妇感觉不适,家人为保周全,通常都会进行相应的安胎禳灾仪式。

(二)安胎术

将要整修房屋时,若家中妇人有孕在身,则须贴"动土镇煞符",以"安土镇煞"。昔时妇女怀孕可能羞于告知公婆,也可能因其他原因,短期内不自知,若是家中动土,则恐触犯土神、胎神,故均于修屋建墙时贴此符以保平安周全。请专业人士画符为较正式的做法,较简单的方法是家人自行在须动土处撒盐米,并以扫帚挥扫数下即可。

另有保胎符用来安胎保胎,家人可自画后将符烧化,灰烬放入清水,由孕妇喝下。此符亦可从村中长老或者法师、道士等宗教专业人士处求得。

镇杀(煞)符左侧书:"若有触犯胎神将符可粘于动土之处用之吉"。右侧书:"此符能起杀压土神禳胎神极验甚速矣"。保胎符左侧书:"如孕妇有犯胎神甚危将此符化火调水食胎自安"。右侧书:"此保胎灵符内灵符救母子内全七字宜正写明白"。镇杀(煞)符与保胎符均系报道人家藏《吕逢元通书便览》(吕锡福 2001)所录。

图 15-4　镇杀(煞)符

图 15-5　保胎符

另外报道人强调,画安胎符时切忌"顿符头",一般画符完毕后,以笔尾轻点一下该符符首位置,即"顿符头",若安胎符也依此施为,恐对孕妇腹内胎儿不利。

报道人还提到许多民间保孕妇胎儿平安的习俗。除去药房抓安胎饮之外,还可于孕妇房间内放置四色牌①与使用过的《通书遍览》,将其或置于枕头下,或放于屋角椅凳上,亦可佑护孕妇和胎儿不受邪气侵扰,平平安安。四色牌中有将有相、有士有卒;而通书遍览内有许多符令,据说均可解厄辟邪。

(三)产后护理

生产后当日产妇吃金桔饼炒蛋,用以压肚。而坐月子期间更要多吃猪腰、猪心等食物。一四十多岁的女性报道人说村人认为"怀胎

---

① 四色牌是由四种颜色组成的纸牌,源于中国古老的象棋,是将象棋转化成纸牌类的游戏。由黄、红、白、绿四种颜色组成,每种颜色又分为:将、士、相、车、马、炮、卒七组牌。

好过坐月内",怀胎时多吃进补之物,"不仅养小孩而且补大人",比坐月子时吃补品更为有益。

但昔时生活贫苦,日常三餐仅能勉强糊口,遑论进补之物。现年七十岁以上的女性报道人均称怀孕时跟家人饮食无异,且劳作一如平常,十分辛苦。

五、抚育婴幼儿风俗

幼儿如体弱多病,民俗中有相应的化解方法,且多与一般医疗保健措施无涉;陈坑人养育婴幼儿时,亦有许多相关的民间巫术。

(一)收惊

幼儿受惊表现的症状是夜晚啼哭不止,或惊吓后便青,即台湾谚语所谓"怕到拉青屎",则须请村中会收惊的妇女做一简单仪式化解。收惊时先准备一个茶杯,装满大米,再将其以受惊幼儿的衣服包紧,勿使米粒从杯中洒落;收惊者手持以衣包紧的米杯,依次轻触幼儿的额头、胸口、手心和脚底部位,同时吟诵十二生肖歌。点触部位要依序进行,第一遍先额头再胸口;第二遍先额头,再胸口,加之点手心;第三遍在第二遍的操作基础上再加点脚底。每遍皆需唱十二生肖歌,歌毕则动作止,此时打开衣服,细查杯中米是否下凹[①],若果有此迹象,即表明幼儿确实受惊,须再次加米至全满,进行第二遍,第三遍收惊。每遍所念诵的十二生肖歌谣为:"鼠惊鼠收,牛惊牛收,虎惊虎收,兔惊兔收,龙惊龙收,蛇惊蛇收,马惊马收,羊惊羊收,猴惊猴收,鸡惊鸡收,狗惊狗收,猪惊猪收。"

仪式毕将米置于幼儿的枕下,三日过后煮熟,加些许青菜和豆腐,报道人称此饭菜为 *pong pong tua*,取意"小孩子会长大长好",并

---

① 一般以衣服紧裹着的米杯都会有轻微下凹现象。但加满一两次后就不会再下陷。

以之祭拜床母。拜完后此饭菜只能由家中女性食用。

陈坑村会收惊者多为年长女性,不仅要经验丰富更要能完整吟诵十二生肖歌。据说昔时村中会收惊的人较多,现今越来越少,全村不过只有四人而已,调查期间访问了其中三位。其中一位报道人称,包米杯之物为花帕方可;而另一报道人认为必须以受惊幼儿之睡衣包覆米杯,且点触身体部位时,须将十二支点燃的香支同时握在拿米杯的手中,特别要轻点胸口心脏之处,因为受惊主要为心被惊吓。

除了请村中富有经验者帮忙外,亦可求道士、法师等宗教人士收惊。据说近年有金门人将受惊者的衣物寄至台湾本岛,请专人收惊,作法完毕再将衣物寄回。

(二) 收契子

婴儿出生后,家人多会为其排八字,往昔是请教神明,现今则以前往命相馆为主,若是被告知此子命中有双重父母,则须过继给他人,方可保其一生平安;家人会请福寿双全之人收其为"契子"。契子即义子或干儿子之意,拜契子后,幼儿不仅有两对父母,也可符合其命格,实为一举两得,故在村中较盛行。

若幼儿身体羸弱,村人谓之"比较难养",亦可拜做神明的契子,以求得其佑护。求神收为契子须准备一份金纸及幼儿本命生肖纸一张,呈明来意即可;一般不掷筊以征求神明同意,但是若家人为求慎重而掷筊,未得到圣杯即表示神明不同意,须再求或另寻他庙。拜请作为神明契子当日,还要交付十元至百元不等的契子钱,金额可随各人家庭经济状况而定,此后每逢神明建醮、神诞前后也要再交。建醮时神明会派红圆、契子符、香火袋等予契子。其中符和香火袋必须随身携带,或以红线穿起挂于脖颈,或以别针缝于衣领袖口等处。更换新符或香火袋之后,旧的置于家中香炉内烧化,亦可放于神龛内供奉。

陈坑人欲拜为神明契子时,往往就近去村庙求拜,比如仙鹤寺的玉女妈、象德宫的旗牌将军处,亦有人去金门其他香火旺盛、神力灵验的寺庙处拜。报道人指出,以前仙鹤寺的玉女妈很灵验,附近村人均来朝拜,收的契子亦非常多;彼时请求神明收契子要先上香将来意禀明,然后掷筊,若得圣杯,表示神明允诺,再从庙中执事者处取水和米,再拜拜,待神明收过契子钱后,将水、米带回家混入饭、汤中煮食。相较之下现在愿做玉女妈契子者较从前减少许多。

前已述及,每人的元神都是一株花,孩童均依附于母枝上,由婆姐照护,直至十六岁成丁后才自成一枝。一般神明契子到十六岁成丁便可不必再拜其契父母,但是也有继续拜至年老的例子。

(三)讨"祀子"

昔时若婴儿出生后,夜啼不止,身体羸弱,家人求医求药均不得治疗,焦急疑惑之下求问神明,神明可能会告知其为亲人魂魄作祟,即幼儿之父早亡的兄弟姊妹意欲将此子过继到其名下,以求香火祭祀,谓之"讨祀"*tiosi*。如果父母无奈应允,即以一张红纸,贴于此亲属之牌位上,拜拜后,告知已将此幼儿过继给他(她),今后拜拜的时候拜祭他(她)。据称如此即可解婴儿之症。

(四)谢差仔

往昔小儿突发急症,如夜晚高烧、吐泻不止等,家人可去请教村中家藏《居家必备》一书的长者,书中录有"逐日神符"一节,村人称之为"差仔簿",家人告知其孩童近日所去之处,又于何时现何种病症,老者据册中所载推算其触犯何方神煞,并以何方法化解之。

例如此册中所录"初二日值神将张仲卿司马卿:病者东南得之,家亲老鬼作病,初头疼口乱不宁,热多冷少,四肢无力,呕吐不止,用金白帛替身向东南三十步化吉。小儿得病吐泻惊喘不止,犯行珠婆姐走马天罡用替身东方化吉"。家人据其所指,备齐供品与幼儿之替身于指定之处拜谢之,即可解厄。目前成功村载有"差仔簿"的书册仅剩两本。经过比对,报道人所提供的"差仔簿"内容与《玉匣记》中的相关记录大致相同。

（五）过关煞

旧俗认为每人命中都带劫数,须借神明之力——化解。婴儿出生后,家人为保其在成长过程中安度重重难关,顺利长大,通常会请法师为其"过关煞"。据说此番仪式毕即可化解关厄,从此一生平安。报道人称民间家藏《通书遍览》中即有此"关煞"图。如其所录:"将军关:凡辰酉戌年未时生人犯此关二岁忌见弓箭",表示生于辰酉戌年未时的幼儿命中将会犯"将军关",从出生到两岁期间忌讳看见弓箭一类的兵器,否则会有厄难。若其已举行"过关煞"仪式,即使看见此类兵器,亦可安心。

六、幼儿疾病的民间疗法

陈坑三四十年前曾有一位擅推拿先生嬷,能自配药粉专治婴幼儿疾病。报道人称先生嬷是"秘医",虽未有正式的营业执照,但因常以家传秘方治愈幼儿病症,而被村人看重。往昔医疗卫生欠发达,家中幼童偶染小恙,哭闹不止,家人无计可施之余,会请先生嬷诊治。可是请其看诊需要交付一定的就诊费,当时只有经济状况稍可的人家才能请得起,平常人家则多赖传统经验自行化解幼儿疾患。这些疗法既在一定程度上缓解幼儿的病痛,又抚慰与平复家人焦急困顿且无奈的心情。下面就将昔时村人较常用的医治婴幼儿之法做一概述。

（一）招猴损

村人认为不可对孩童说含有"猩猩"或者"猴子"的话,尤其忌称其长得像猴子,否则孩童会"长不大",面容黄瘦,形体枯缩,且哭闹不休,难养育。若幼童果现此种症状,即称招猴损 diokaosun,要请法师"打猴"或者"抓猴"。

《金门县志·礼俗》记载:"养小孩禁言猴子,云能令儿猴损,小儿鹄形鸠面,不思饮食者,名曰猴损(其实是疳积之病)。患者以桃枝打之,云能去病,亦有请道士禳解者,或乞灵于寺庙菩萨"(李怡来1992:418)。陈坑人一般于法师安门符时,将幼童抱出,请其施术。法师先将法鞭轻绕在幼儿的颈上,接着手持号角吹一声,再将法鞭拿下,猛甩一下,即"抓猴"成功。家人亦可带幼儿去石匠铺"过炉灶",以花帕包裹幼儿,抱其于炉灶上,象征性的过一下,即表示齐天大圣过火焰山,被困于此,此后不会再纠缠幼儿。因俗信猴子怕大闸蟹,故也有以大闸蟹和苦瓜须煮汤喂小孩喝下,以化解此症。

村中一位年约七十岁的女性报道人讲述,昔时其子听到别人说猩猩、猴子之类的话,触犯到忌讳,变得爱捣乱、哭闹,她用鸡屎蘸在手上,抹于孩子的额头、手心和脚底,孩子就不闹了。另一报道人则称家人可购买一块雕有猴子的玉石挂坠,系挂在幼儿脖颈上,且不准其再吃香蕉,直至症状全消。

在访谈中多数报道人认为所谓的"招猴损"实际上是因为往昔生活艰难,食物匮乏,导致幼儿营养不良所致。如今已不再有此种症状。

(二)腹泻

肚痛腹泻是幼儿常见的疾病之一,以前陈坑流传有"土方"可治。平日将蟑螂的粪便收集起来备用,待一定数量后放于铁锅内,加少许盐热炒,研磨成粉状,装入瓶内保存。幼儿罹患腹泻时,即用此粉加水喂服。20世纪50—60年代,有些金门人由新加坡等南洋国家带回治疗腹泻的药粉,但在彼时的经济水准下,唯有富裕人家才有能力购买,普通清贫之家依旧以此土法治疗。另有村人讲,可抓一只蛤蟆,划破其腹部后贴于幼儿肚皮上,亦能止腹泻。一位年约四十岁左右的女性报道人称,若出生六个月之内的婴儿腹泻,可将奶粉量减半;稍长些的孩子则可服用五塔散、追伤活血散等药。

(三) 腹胀

小儿腹胀难受，家中女性长辈会撮少许香粉于手心，再加几滴茶油，两手互搓至发热后，在幼儿的肚脐周围推搓，直至其将体内胀气排出为止。香粉 tenghun 是昔日女子涂抹面上的化妆品，亦可以痱子粉代替，茶油昔时妇女作为发油。除直接置香粉、茶油于手心之外，还有一种方式同样可行，报道人亲做示范，先双手抚搓头发，接着摸擦脸部，以示已将发油及香粉擦到手心，之后双手互搓，即可以上述方法医治患儿。

(四) 发烧、咳嗽及喉咙红肿

若小儿发烧亦可以上述治愈腹泻时所用之蟑螂粉缓解病症，由家人涂抹在其牙龈之上，并加以揉搓，即可退烧。一报道人称，家中曾有一根鹿角，蘸水研磨出粉浆后，兑水送服之，因鹿角为凉性药材，故专治幼儿发烧。另一被村人认为是凉性的食材为糖腌冬瓜条，幼儿咳嗽时泡水喂服。几种自家栽种的植物亦被看做治病良方，如风葱（大葱 AlliumL. hoŋchaŋ）干枯呈白色的叶子洗净后煮水，可治小儿咳嗽。还魂草（学名待查）laoacao 或者 guangongcao，嚼碎泡水服用，解幼儿咳嗽之症。发烧咳嗽通常伴随喉咙肿痛，致使饮食难以下咽，早期无吸管，村人以麦秆蘸药粉吹送于喉部。

图 15-6　风葱

图 15-7　还魂草

(五)流涎水

依据金门民间风俗,婴儿出生四个月时须举行"收涎"仪式,家人以两三块饼干轻轻擦拭婴儿嘴唇,并口念吉祥话,希其完成收涎礼后不再流口水。此外陈坑人记忆中另有一法可治小儿流口水,窃取别家厨房灶头所用之抹布,拭擦幼儿口唇后,扔在自家屋顶上;俗信待此抹布晒干,幼儿亦随之不再流口水。通常家人都会先与邻舍商量妥当,务求偷取抹布时被其发觉,但又不致被抓住,邻人须佯装恼怒,假意谩骂数声,如此小儿的嘴巴会干得更快。

(六)麻疹、水痘及哮喘

幼儿得麻疹,忌吹风,不可外出,饮食须为凉性,可以上述糖腌冬瓜条泡水喂服。若患水痘,切忌淋雨。此外未满四个月的婴儿,亦不可淋雨,否则会得哮喘之症,若得此症,至其年满十六岁成丁后才能痊愈。期间若偶发作,亦可多吃冬瓜条等凉性食物。

(七)其他抚幼习俗

昔日金门医药卫生不甚发达,加之两岸情势紧张,药品均仰赖台湾、南洋等地提供,但是家贫药贵,故求神拜请赐药之风盛行。许多庙宇或私坛为信众派发符令和药粉,以解其忧患,民众多以其治疗病症。陈坑村曾有两尊私坛神明,神媒均为女性,其神力不凡,加之"主事者"为妇辈,故幼儿每有患病不适,家人均请教其派发符令,故在当时颇为村人所重。

因医药匮乏,保育观念欠全,婴幼儿多病甚至夭亡之现象较多。陈坑人为求幼子平安成长,又加上许多日常行为的禁忌。如村人观念中,婴儿出生后的第七日与第九日最为脆弱,易夭折,要防范忌讳小心照护,不可使其伤病、跌损等。若此二日安然度过,则家人大可宽慰,此幼儿日后定能少犯病厄。倘若出生后十二日内均平安无事,表明其今后将无痛无灾,平安一生。出生后四个月内幼儿应尽量不抱其外出,尤忌夜间带其出行。此外农历初八,十八,二十八,孩童出门时均须挂带平安符或香袋等辟邪物。

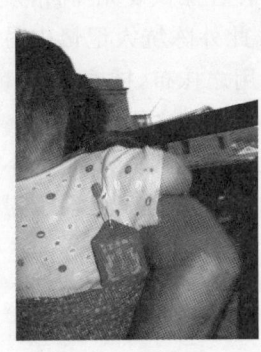 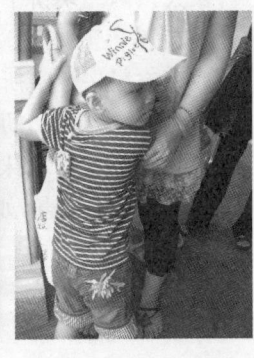 

图15-8 符袋　　　图15-9 符袋　　　图15-10 古币挂串、符袋

结　语

传宗接代、延续香火的传统价值观渗透于生育和养育的主题。期盼宗族繁衍,家业有继亦使得陈坑人对生养过程的各阶段尤为重视。如何应对此一过程中出现的种种情况,是为人父母者经常要面对的问题,借助超自然力的各种化解之法由此应运而生。在人力所不能及处将祈盼、焦虑诉诸神灵,借不可知的神秘力量达成心愿,化解疑虑。如"栽花换斗"即为祈求神明照护元神花株,以顺利得孕的法术;待孕期亦有保护孕妇及胎儿的禁忌和符箓;婴儿从出生到十六岁成丁这一"漫长"成长过程中,民间亦形成了许多养育习俗来化解婴儿和孩童可能遇到的灾病,这些俗行俗信沉淀为陈坑地方性知识体系中重要的一部分。在实地调查中亦发现,若将查阅金门相关文史资料与陈坑的实际情况相较,难免出现不相符合的情形,如在陈坑人的历史记忆中,"换肚"这一祈子的模拟巫术最早所用的是猪小肚

而非猪肚;如"栽花换斗"一类的祈子仪式,亦仅于妇女求孕时施行,至于改换胎儿性别或专求男嗣则不在其考量范围内。陈坑村被置于金门或闽南民俗文化背景中,其自身之特殊性往往被忽视。随着时代变迁,生养过程中许多不可控制的情形逐渐为现代医学科技所克服,传统的民俗知识亦失去用武之地,成为老一辈的记忆。人事更迭,如今陈坑人中承载这些独特历史记忆的耆老已不多见,调查期间所访问之年轻人均对本章主题不甚了解,后继乏人的民俗知识似乎注定面临消亡的命运。

尽管许多习俗已淡出村人的生活,可是随之亦有另一些礼俗愈发为陈坑人所看重,以拜契仔为例,除求拜村庙神灵外,村人亦盛行去金门其他庙宇,拜求灵验的神明认其子女为契子,据称为此"添缘"数目常达千元台币。不论是今俗还是旧例均为满足村人祈求子嗣延绵,家道兴旺的心理所需,在今日科技昌明,医药卫生发达的背景下,这些习俗仍有其存在价值。

参考文献

李丰楙
  2010 庆典礼俗,台北:空中大学发行。

李仕德(编修)
  1991 金门县志·人民志,金门:金门县金湖镇出版。

吕锡福
  2001 吕逢元通书便览,台北:竹林书局出版。

余光弘、魏捷兹(合编)
  1994 金门暑期人类学田野工作教室论文集,台北:"中央研究院"民族学研究。

余光弘、蒋俊、赵红梅(合编)
  2008 闽西庵坝人的社会与文化:2006年厦门大学人类学研究所福建宁化县石壁镇南田村田野调查实习报告,厦门:厦门大学出版社。

闽南陈坑人的社会与文化

林有来
  1971 居家必备,新竹:竹林书局。
林明义(编)
  1995 台湾冠婚葬祭家礼全书,台北:武陵出版有限公司。
谢玉萍
  1995 金门传统生育礼俗之探讨,铭传大学应用中国文学系(硕士论文)。
中国植物志编委会
  1959—1992 中国植物志(1—71卷),北京:科学出版社。

第十五章 陈坑的生育与养育习俗

附录一

小儿冲犯关煞便览

◀覽便煞關犯冲兒小▶

詳查小兒關煞定局	閻王關	天吊關	四季關	和尚關	金鎖關	落井關	深水關	五鬼關
	凡七八九十二月子午寅卯生人犯此等犯天德月德可解化。	凡寅年戌年辰時生人犯此時主俱恨不寧眼睛直望	凡正二三月壬辰時丑未年生人犯此關主一歲出凶喜為吉	凡子午卯酉年辰戌丑未時生人犯此關忌入菴寺見僧尼。	凡二月申卯時生人犯此忌帶合樂器圖手銭。	凡己月申酉中戌時生人犯此忌井泉池湯溝湯。	凡正三月寅卯時生人犯此關忌病痘災害。	凡壬子丙子庚子戊寅年寅時生人犯此關忌入菴觀寺觀。

百日關	白虎關	湯火關	天狗關	浴盆關	四柱關	雷公關	短命關	斷橋關
凡正月寅巳時生人犯此關百日內忌出入門前。	凡金木水火土生人犯此關主多血光灾厄。	凡子午卯酉年時生人犯此關主痘疹之患。	凡八字五行全養生犯此月內怕見關犬吠聲。	凡二三月申戌時生人犯此忌沐浴太早。	凡寅年巳亥辰巳時生人犯此關忌生蘭竿竹梳太早。	凡子辰月寅卯時生人犯此關忌聞雷聲及高聲叫喊。	凡正二月寅卯時生人犯此忌怖夜啼之患。	凡正二月忌過橋及水照影。

千日關	將軍關	鐵蛇關	雞飛關	鬼門關	夜啼關	水火關	下情關	急脚關
凡年寅申巳亥時生人犯此關忌三歲上落高低之患。	凡辰酉戌年未時生人犯此忌二歲悉馬錯。	凡金木水火土生人犯此關忌麻痘之灾。	凡辰戌丑時生人犯此關忌對雞啼叫。	凡甲子午丙子戊子生人犯此關忌夜出入門外。	凡正二三月未時生人犯此忌夜間啼哭不寧。	凡正二三月寅時生人犯此忌頭虛寒疾病及小心水火。	凡正二三月寅時生人犯此忌開刀斧之聲。	凡正二三月亥時生人犯此關忌跌撲蕎麥之患。

457

闽南陈坑人的社会与文化

原文如下：

    1. 阎王关凡七八九十二月子午寅卯时生人犯此等带天德月德可解化。

    2. 天吊关凡寅午戌年辰时生人犯此关主烦恼不宁眼睛直望

    3. 四季关凡正二三月壬辰时生人犯此关忌一岁出入凶喜为吉

    4. 和尚关凡子午卯酉年辰戌时丑未时生人犯此关忌入庵寺见僧尼

    5. 金锁关凡正二月申卯时生人犯此关忌带合银器皿手锐

    6. 落井关凡午己卯申戌时生人犯此关忌见井泉池塘溪涌

    7. 深水关凡正二三月寅申时生人犯此关忌病疹灾害

    8. 五鬼关凡壬子丙子庚子戊寅年寅时生人犯此关忌入庵堂寺观

    9. 百日关凡正月寅巳时生人犯此关百日内忌出入门前

    10. 白虎关凡金木水火土生人犯此关主多血光灾厄

    11. 汤火关凡子午卯酉年午时生人犯此关主疤瘌之患

    12. 天狗关凡八字五行全者生人犯此关月内怕见闻犬吠声

    13. 浴盆关凡正二三月申时生人犯此关忌沐浴太早

    14. 四柱关凡正二月己亥年辰巳时生人犯此关忌生栏杆竹椅太早

    15. 雷公关凡寅午申酉辰未亥时生人犯此关忌闻锣鼓雷声及高声叫喊

    16. 短命关凡子辰年巳时生人犯此关主惊怖夜啼之患

    17. 断桥关凡正二月寅卯时生人犯此关忌过桥及水照影

    18. 千日关凡午年寅申己亥时生人犯此关忌三岁上落高地之患

    19. 将军关凡辰酉戌年未时生人犯此关二岁忌见弓箭

    20. 铁蛇关凡金木水火土生人犯此关忌瘌痘之灾

    21. 鸡飞关凡辰戌丑时未生人犯此关忌鸡对面啼叫

    22. 鬼门关凡甲子丙子戊子生人犯此关忌夜出入门外

    23. 夜啼关凡子午丑未时生人犯此关主夜间啾唧不宁

    24. 水火关凡正二三月未时生人犯此关主脓血疮疾太多及小心

水火

25. 下情关凡正二三饿子寅时生人犯此关忌开刀斧之声
26. 急脚关凡正二三月子亥时生人犯此关忌跌棋惊吓之患

附录二

落花园诵词

建醮日法师进三路，进花园（中宫）时所吟唱之词。

　　　　往中宫大路关
　　一步推香二步推三步推香过衙门
　　提起脚松手也松青铜宝镜照生童
　　手执令旗分世界金枪打开花园路
　　直入花园花味香直入酒店面带红
　　入卜纸店库钱纸此钱不是阳间用
　　将此银钱作咱钱四时花开四时香
　　正是某府探花丛一探元神共八字
　　二探命运共水米三探灯火炎炎光
　　一盏明灯对面照看卜一丛草叶青
　　五男二女来调枝某府须着仔细看
　　看卜男花女花丛春来牡丹开透枝
　　金桔开花笑咪咪夏来茉莉正当时
　　一盆四英对面开秋来蕃蕉开透枝
　　绿竹开花盆盆景冬来梅花开雪白
　　蜡梅开花青莲色四时开花有定期
　　吉凶祸福报阮知某府直来探花丛
　　　　看花直入花埔
　　走到中宫大门兜顾花童子把门头
　　顾花童子列二边某府行过献纸钱
　　走到中宫二门兜栽花婆姐把门头

栽花婆姐列二边某府行过献纸钱
走到中宫三门兜分花婆姐把门头
分花婆姐列二边某府行过献纸钱
走到中宫四门兜推生婆姐把门头
推生婆姐列二边某府行过献纸钱
走到中宫五门兜押生婆姐把门头
押生婆姐列二边某府行过献纸钱
中宫坐殿四时开婆姐宫内两平排
注生娘娘中央坐审问阳间甚分明
有罪发落在地岳无罪开除到阳间
善男信女坐莲台彩伞斜东又斜西
照见善恶尽都知恐有金生又冤缠
善恶到头终有报恐有簿上注定期
若有魂魄中宫来今有银钱来改释
买得士女身伶俐放还魂魄去归伊
某府为伊进银钱进送银钱补运钱

相辞

某府看花都完备花公花婆请相辞
手执令旗出花埔神兵火急如律令

收收

急收急回收回花埔急收急回花埔大门兜
急收急回花埔路急收急回十二街

转花埔

一步推香二步推三步推香过中宫
提起脚松手也松青铜宝镜照生童
手执令旗分世界金枪打开花园路
直入花园花味香直入酒店面带红
走到花埔大门兜花公花婆把门头
花公花婆列二边某府行过献纸钱

某府须着仔细看探卜男花女花丛
看卜男花在左边看卜女花在右边
探卜一丛草叶青五男二女来调枝
看卜百花开正透看卜一丛对八字
一丛牡丹一盆花金菊开花笑咪咪
一盆严桂对脚兰一盆夜合对芍药
水仙开花好排弹一丛枯梅是梅花
一丛牵牛假牡丹一丛布田对茉莉
一丛木笔百子年一盆月来开透枝
一丛菊虎瓜菊一盆英瓜真清香
一池莲花五色开一丛茶花真古椎
梅花雪月本三清雪白梅香月更明
四时开花四时香蜡梅开透真清香
一丛绸春对日春一列金凤五色红
一丛鸡髻向日葵一丛百合开含蕊
一丛树兰对脚兰一丛素心是官兰
一丛大精开透枝一丛玫瑰清香味
一丛玉兰开含蕊含笑开透真成对
桂花开透真清香桔花开来满枝红
指甲开花真秀气百花开透称心意
桔花本是风彩红看花一丛过一丛

附录三　　　　十二月栽花歌

栽花换斗　花园栽花

拜请正月是春天牡丹开花团团圆
仙童栽花正及时蛟龙赶水花叶青
含笑开花第一枝百花逢春来朝依
众双里双众众双正月好花栽过了
二月栽花春天时好花栽来治盆边

栽卜长春来朝枝就请仙童来朝枝
栽来栽去栽卜利春花仙童栽过了
众双里双众众双二月好花栽过了
三月好花拾来栽好花红白一齐开
好花拾来栽盆上臭花拾来栽园边
众双里双众众双三月好花栽过了
四月栽花盆盆青阳间栽花正当时
栽卜好花来结子就请仙童来栽花
栽卜好花盆盆青众双里双众众双
四月好花栽过了五月栽来莲花红
抛藤素英日夜香紫荆开花树尾香
众双里双众众双五月好花栽过了
六月正是半年时原来好花来朝枝
就请仙童来浇花浇卜好花盆盆青
众双里双众众双六月好花栽过了
七月正是七夕冥牛郎织女会佳期
是男天上送麟儿是女月中丹桂枝
众双里双众众双七月好花栽过了
八月十五中秋冥登莲花开清香味
梅花结子满树是众双里双众众双
八月好花栽过了九月正是重阳时
黄枝开花满树是树薇开花枝枝是
众双里双众众双九月好花栽过了
十月正是阳春天石榴开花又结子
柑桔结果满树枝众双里双众众双
十月好花栽过了十一月正是冬天时
金针开花金丝丝莲招开花红支支
众双里双众众双十一月好花栽过了
十二月正是年兜冥栽着好花盆盆青

第十五章

陈坑的生育与养育习俗

恩主看花真满意花公花婆来接去
付托童子着注意每日浇花莫延迟
天上麟儿送给依众双里双众众双
　　　相辞
某府看花都完备花园无事请相辞
手执令旗出花埔神兵火急如律令

闽南陈坑人的社会与文化

第十六章

陈坑的外来媳妇

◎ 陆 姣

前 言

本研究是以陈坑村外来媳妇来金门适应状况为主题,采用民族志田野调查方式,透过数个个案的深入访谈,根据东南亚和大陆嫁入陈坑的妇女所陈述的生活经验,来了解她们婚后在陈坑的生活调适。根据访谈所得,本章主要针对文化、心理及经济的适应展开探讨,并考察在适应过程中社会期望及她们的自我期望的不同,也适当穿插在此期间政府的政策对她们产生的影响。

本章所述的外来媳妇,专指大陆及东南亚外籍女性配偶,严格来说,这些嫁进金门,居住时日一两年甚至更久的妇女,她们或已落户入籍,取得正式的居民身份证,已是名正言顺的金门公民,而非外籍或大陆人士。因此沿用外籍配偶/媳妇/新娘或大陆配偶/媳妇/新娘的称呼并不妥当,但本章为了有针对性地研究属于她们来金门的经

第十六章
陈坑的外来媳妇

验及适应状况,故仍使用外籍配偶、大陆媳妇等称呼加以区分。

田野调查之前笔者对她们的了解仅限于道听途说,既有来自新闻报刊各种耸人听闻的消息,也存有社会将她们定义为弱势而造就的刻板印象,诸如封闭、防备、沉默等。开始调查之初,曾小心翼翼,交谈中尽可能避免提问,多以倾听为主,生怕措辞不慎,对她们造成伤害,也怕过多接触叨扰她们的生活。然而经过在陈坑 54 天断断续续的相处,笔者切身感受到刻板印象所带来的误导。她们中的多数人非但不是逆来顺受地沉默者,而是开朗健谈,对事物自有其主见与思考。她们在外界印象中所谓的警惕与防备,只因她们厌倦了来自社会各界猎奇眼光的过分关注,以及诸多预设了标准答案的提问,未能正视她们作为个体的独立性,也无法切实传达她们的心声与需求,故不愿与人多谈,绝非源自拒绝与冷漠。相反的若能不预设立场,抛弃成见,认真聆听她们生活的点滴,便会发现她们愿意敞开心扉与人分享自己的经历,倾诉苦闷、结交朋友,与土生土长的金门居民一样热情好客,善意待人。奈何逗留时间有限,仍有一些外来媳妇没有机会认识访谈,而所访所得也未必能尽窥全貌,但求在现有资料的基础上,将她们于日常生活中主要面临的问题如实陈述。

访谈中不时会听到"问谁都差不多"的答复。外来媳妇个人遭遇的相似性,由此可见一斑,同样的身份,类似的处境,面对陌生文化的感受,是有相似性,但也会有差异性。这些来自大江南北五湖四海的外来媳妇,性格各有千秋,人生经历迥异,对事对物的看法也大相径庭。她们并非一个同质同类的群体,远非"外籍"、"大陆"、"桂林"、"印尼"、"越南"这些身份或地域的词语所能概括的,不是她们原来就天然自成一个群体,而是来金门后共有的经历,使她们分享了相似的遭遇、感受,又经由台湾社会对她们冷漠的归类,正是这些酸甜苦辣的经验,与社会所设下的边界,才让她们成为一个群体,也才创造出"外籍新娘"这个想象的共同体。因此本章虽有尝试概括分析她们所面临的共同问题、相似感受,却无意构建共同模式来套用在每一个独立且差异的个体上,以求尊重个人特质在适应过程中不容忽视的作用。

一、研究意义及资料概述

大陆及外籍配偶自 2003 年的移民潮开始,受到民众与政府的关注,现今在人口突破四十万大关之际,更被台湾媒体热炒为继福佬、客家、外省、原著民族群后的台湾第五大族群。户政司统计表显示,自 2003 起,外籍与大陆配偶的总人数的确呈逐年稳步增长趋势(表16-1)。夏晓鹃(2003:6)指出:"台湾现今每四对新婚夫妻之中,便有一对是国人与外籍配偶联姻,外籍配偶中又以东南亚及大陆新娘占大宗"。

表 16-1　外籍与大陆(含港澳)配偶人数

单位:人

总计	大陆地区配偶			港澳地区配偶			外籍配偶					
	计	男	女	计	男	女	计	男	女	计	男	女
2003 年底	301414	21494	279920	185222	9274	175948	9767	4800	4967	106425	7420	99005
2004 年底	336483	23313	313170	204805	9815	194990	9874	4837	5037	121804	8661	113143
2005 年底	364596	24844	339752	223210	10256	212954	10217	5075	5142	130899	9513	121386
2006 年底	383204	25630	357574	238185	10677	227508	10933	5133	5800	134086	9820	124266
2007 年底	399038	26297	372741	251198	11033	240165	11223	5222	6001	136617	10042	126575
2008 年底	413421	27092	386329	262701	11408	251293	11472	5304	6168	139248	10380	128868
2009 年底	429495	28911	400584	274022	11867	262155	11771	5413	6358	143702	11631	132071
2010 年底	444216	30274	413942	285158	12488	272670	12079	5534	6545	146979	12252	134727

资料来源:户政司、"入出国移民署"。

陈坑村隶属于金门县金湖镇,截至 2011 年 8 月底,外籍与大陆配偶结婚人数位居金门县第二(表 16-2)。金门县县政府民政局统计资料经金门县外籍配偶家庭服务中心统计整理,截止2011年4月,设籍人口:98641人,总户数:32796户,大陆及外籍配偶人数:2024人,平均1/16.20户。在陈坑138户分灶的家户调查中,除去18户空房,7户拒访,共获知22户家庭有外籍或大陆配偶(已离异、回乡、迁出的也包括在内,仅统计女性配偶),约为1/5。现将仍居住在陈坑的外来媳妇资料整理成表16-3,基于对报道人隐私的保护,文中不用真实姓名而以编号代替。

表16-2　金门县各乡镇大陆及外籍配偶人数统计表

地域别		外籍部分											合计
乡镇别	大陆	印尼	越南	泰国	马来西亚	菲律宾	柬埔寨	日本	韩国	文莱	缅甸	新加坡	港澳	其他	
金城镇	453	49	62	3	4	1	2	6	2	0	0	3	3	7	142
金湖镇	399	26	45	0	2	2	2	1	0	0	1	1	2	1	84
金沙镇	247	38	31	2	1	0	0	3	1	0	0	0	1	2	79
金宁乡	305	53	62	0	0	0	0	2	1	0	0	1	2	3	126
烈屿乡	162	8	13	1	5	1	0	0	4	23	0	2	3	2	59
乌坵乡	5	1	0	0	0	0	0	0	0	0	0	0	0	0	1
合计	1571	175	213	6	12	4	4	13	5	23	1	7	11	15	491

资料统计时间:2011年8月1日。
资料来源:同上

　　表中17位外来媳妇中,有4人因多方因素(回国探亲、时间不便、家人反对等)只登记了基本资料,并未接受访问。表中资料不包括已迁离陈坑的外来媳妇。

表 16-3　陈坑外来媳妇统计表

编号	原籍	职业	
		妻	夫
A01	广西	家庭主妇	公职人员
A02	广西	家庭主妇	农民
A03	广西	家庭主妇	码头工人
A04	广西	零工	公职人员
A05	广西	家庭主妇	水电包工
A06	广西	永续就业	农民
A07	福建	家庭主妇	码头工人
A08	福建	永续就业	公职人员
A09	福建	家庭主妇	公职人员
A10	越南	家庭主妇	建筑工
A11	越南	永续就业	建筑工
A12	越南	家庭主妇	建筑工
A13	越南	家庭主妇	公职人员
A14	印尼	餐饮业员工	建筑工
A15	印尼	陶瓷厂工人	渔民
A16	印尼	餐饮业员工	无业
A17	印尼	家庭主妇	军人

二、文化适应

　　探究外来媳妇适应问题时,受访者常以当地的文化习俗、风土人情为开场。来自海峡对岸,甚至异国他乡的外来媳妇,在她们二、三

第十六章
陈坑的外来媳妇

十年中习得的是一整套与金门地区相异的文化,饮食起居、价值观念乃至行为举止,都有不同程度的差异,在进入金门接触当地文化时,都会经受冲击与考验。鉴于文化的内涵极其宽泛,下文仅集中探讨半数以上受访者都提及的语言与拜拜问题。

(一)语言

语言是文化的载体,语言能力的高低,直接影响个体与社会的互动,也会对个体理解所处群体的文化产生深远影响。报道人中10人表示,初到金门语言是她们面临的困扰之一。同有闽南话语言背景的大陆媳妇也存在言语沟通上的困惑:"同样一句话,说的是这个意思,别人会觉得是别的意思。"地域不同,语言相通尤是如此,何况所学语言隶属完全不同语系的外籍媳妇。

据报道人回忆,来自越南、印尼的媳妇通常会经过1~3个月的语言培训,培训内容皆为基本生活用品的名词诵读,诸如桌子、椅子,以及简单日常对话速成,诸如吃饭、如厕。来金门初期与夫家日常交流尚且困难重重,遑论思想的沟通与情感的交流。但因个人境况(原生环境语言相似度,夫家对媳妇学习语言态度及所提供的帮助)与语言天赋的差异,婚后适应情况又有所不同。

相较之下,大陆媳妇在语言上被认为更有优势。在陈坑无论是大陆媳妇的夫家,还是村民,除少数年事已高的老人家,都或多或少能说或听得懂一些普通话。尤其所有受访者的丈夫都能以普通话交流,因此以普通话为母语的大陆媳妇被认为不会有太大语言障碍。在访谈中,大陆媳妇表示,尚为新妇时也遭遇过沟通不良的问题,主要集中在婆媳交流上。大陆媳妇婚后以家庭主妇居多,相比工作在外的丈夫,与操持整个家的婆婆有更多相处机会,是否能以闽南话交流就显得尤为重要,沟通上的障碍造成的会错意、做错事,经常伴随人际关系的裂痕。即便会讲普通话的公婆,因其相互交流多习惯闽南话,若非特别与媳妇交谈,多数仍选择闽南话为主要生活用语,对听不懂方言的媳妇而言,亦容易因此产生难以跨越的距离感,觉得自己是"局外人"。也有大陆媳妇表示:"公公婆婆都会[普通话],家里都说普通话,觉得很自在没有什么不习惯"。在媳妇掌握闽南话之前,家人多使用普通话交流,更容易拉近与她们的距离,制造融洽亲切的谈话氛围,让她们感受到新环境对其接纳而非排斥的态度。家庭之外,语言的熟悉程度直接影响到他人的评价和社交圈的宽窄,在陈坑即使会说普通话,村民间的交流也习惯使用闽南话,他们之间彼此熟悉,见面打招呼拉家常更是日常便饭,而不会闽南话的外来媳妇出门遇见热情的村民,却因语言的障碍无法做出妥善回应,以受访者的原话,即面临"别人问十句,你却答不出一句"的窘境,索性躲在家里,以免一问三不知的尴尬。而这种消极的应对方式导致村民口中"见不到""不认识"的疏远,易被误解为封闭,不够合群。一旦突破语言沟通的障碍,许多问题或许就能迎刃而解。

　　克服"听不懂"约莫需花两三年,但对"说不出"的尴尬,外来媳妇却表示不是很在意。相较之下,她们更愿意在繁体字的识写上多花心思,而不愿练习闽南话的发音与对话。通过访谈的接触发现,她们均已经具备一定的繁体字书写能力,哪怕尚为新妇,亦能略通繁体字的阅读及书写,即使有"麻烦,繁琐"之想,也未因此放弃,究其原因,除语言环境使然,亦有政府机构组织培训的功劳,更有幼儿教育,文书填写等现实需要提供动力。其中,育儿过程中与子女共同学习的过程,帮助尤其明显。

　　能听得懂,写得出,对语言工具性地掌握足以应付生活的问题。在被问及会否担心因无法说闽南话而影响融入,部分表示并不担心,部分则表示"不想融入"。深究"不想融入"的背后,发现即使是表示不想融入的外来媳妇,也同样对金门对陈坑持有肯定与好感,对于这里的自然环境、环境卫生、福利政策、淳朴民风、稳定治安皆表示赞许。故而对融入的抗拒,绝非简单的优劣高低的比较,而是有更深层的心理因素。

　　台湾社会倡导文化多元,可在各类媒体的宣传中窥得一二。但这种多元的融入,往往在落到实处时易被简单改写为同化,把"你们"

变得跟"我们"一样。在针对外来媳妇语言学习的普通班或专班,存有浓厚"同化主义"思维,教学目的在于适应在台生活,未有考虑她们原生文化的维持(邱琡雯 2000)。生活中,不同的视角,不同的观点,不同的做法,放在外来媳妇身上,更容易被简单归类为"落后",是"不懂"。尤其大陆媳妇婚嫁之前多是有过工作经历,并非未曾涉世的懵懂少女,她们在或长或短的社会经历中已经形成一套对周遭世界的看法,以及行为处世准则,并以此为据自力更生养活了自己。因此,即便她们能适应新环境及生活,却未必愿意全盘放弃多年堆积起来的阅历,如婴儿般彻底接受新的文化,如若这新文化对她们原本所学还持否定态度则更是如此。这种表面看似"不合作"的态度,事实上却是她们对自我价值的肯定,语言上保留出的这段距离,也是给异文化所留出的空间。

(二)拜拜

访谈中,6 位受访者提到金门的拜拜给她们留下的深刻印象:繁复、隆重。其中一位表示"大家都这么觉得",一位则表示她的两个朋友也如此认为。金门尚风水,多拜拜,经历讨海岁月的陈坑渔村自不例外。祭神、祭鬼、祭祖、拜天公、拜灶公、拜前世、拜地基主,庆岁时节日、新婚生子。除过年、清明、端午、七夕、中元、中秋、冬至等节日皆有祭拜,每月初一、十五尚有家内祭拜,初二、十六则是犒军和拜地基主,此外还有祖先忌日以及村庙的祭拜活动,每次祭拜所需供品也各有讲究。对此陌生的外籍和大陆媳妇,时常发出"几乎天天拜,物物拜";"连车也要拜!"的惊叹。

据一位来自印尼的媳妇回忆,在她老家也兴拜拜,集中在三月与七月,主要供奉鸡鱼肉三牲和水果,烧金纸,即便是扫墓祭拜,只需携带水果,便不会失礼。初一、十五日隆重程度也不过如此,每家每户只购置力所能及的供品,携至庙中,拜一次,众人相聚共食,此后剩余食物若有需要则可随意带走,以免浪费,贵在心意而不在供品多寡。金门则不同,每月初一、初二、十六日都要拜,其频繁程度完全不能相提并论,七月尤盛。另外拜拜已不再是自家的事,将受全村注目。老人家喜欢"煮大碗、煮多菜,煮好看,煮好料。"初来乍到的媳妇仅为一次例行的拜拜常须忙碌一整天,遇隆重节日如神明诞辰,前夜就着手准备。哪家的媳妇会拜、哪家的媳妇不会,以及每次祭拜媳妇在供品准备上多寡、用心程度,都会成为老人家热议的话题。煮多煮好,令人满意,能为自己赢得夸赞"这么厉害,煮这么多,这么好料!"。若没有亲自煮食而以现成的水果饼干替代,会被认做懒惰。因对供品力求丰盛,每次拜拜所剩饭菜从三月到七月仍旧可能在冰箱冷冻,徘徊在全家餐桌上。

"婆婆平时都省吃俭用,可是到了拜拜时候就会要大碗,大只鸡,吃不掉很是浪费";"拜拜很麻烦,以前家里也有,但是没这么多,这里一次拜拜的都够吃一个星期了,一次烧金纸是以前家里一年的量"。一方面,外来媳妇表示,初来金门最不适应的地方就是频繁的祭祀,祭拜流程与做法令她们感到陌生与无措。另一方面,外来媳妇的公婆、妯娌、叔伯以至热心的邻里,都乐意提供帮助与指导,协助她们尽快适应日常祭祀活动。观之实际情况,此种磨合未能完全如愿。传统祭拜活动在年轻一代中甚少能再照搬古礼,无论从祭拜的时间、程序的多寡,还是从食物的种与量上,都经历不同程度的简化,神明诞辰之日的祭拜活动也甚少得见年轻人的身影。外来媳妇中亦有人表示索性不拜,因拜拜须长年累月的坚持,如有缺席,便会有老人家询问缺席原因,不如以不懂为托词,不参与当地祭拜。而参与祭拜活动的受访者也表示,至今仍不甚明了各种祭拜的意义。

村人舆论中好媳妇的标准之一是会妥善料理神、鬼、祖先的祭拜,公婆也的确希望通过日积月累的实践而习惯成自然,使得传统的岁时祭仪能成为家族新成员的心灵寄托。但这些外来的年轻媳妇既因年龄与长辈的差距而有不同心境,又未曾习染金门的历史记忆与情感,更欠缺当地文化常年历久弥新的濡化,在接受繁复的宗教祭仪之前,时常会追问各种拜拜的意义。即使是同样受到闽南文化熏陶的大陆媳妇,也因为现今福建其他地区岁时祭仪的简化,对金门的拜拜也同样望而生畏。其实不仅是大陆或外籍媳妇所面临的宗教代沟，台湾媳妇对于传统保守的金门祭仪同样陌生。能将金门的风俗古韵及独特的文化习俗传承与延续的是长久浸润于此的老人，少了记忆沉淀的情感，年轻媳妇感受到的只有现实中的琐碎。在最初的学习过程中因不懂而犯错，因犯错而被公婆指责叨念的打击，容易使她们从此形成抗拒的心理；参与拜拜过程中经受邻里舆论的评价与监督，更容易产生强加于己的印象；更有甚者，拜拜过后食物的去化造成的排斥感，都会让原本"借由拜拜获得心理寄托"的理想无法获致，反而转变成为一种身心两方面的沉重负担。

三、心理调适

13位受访者中，在被问及来金门后"最大变化是什么？"，11人当即就婚姻所带来的角色变化抒发感慨：即由为人女转化成为人妻、为人媳的心路历程。"变化最大之处的地方，当然是从女儿变成别人家的媳妇啦"。媳妇的身份，是她们社会关系网的首要定位。2人未最先提及婚姻，但在其他关于适应的讨论中不时涉及婚姻的话题。较之本地或台湾媳妇，外来媳妇除须面对所有婚姻所伴随的普遍磨合与适应过程，仍须应对她们身份所带来的特殊难题。

（一）双向的期待

台湾社会传统文化对媳妇的要求是乖顺勤俭，在家相夫教子，生儿育女，服侍公婆，在外则和睦亲邻。随着时代的改变，越来越多的台湾女性已不愿意再迎合传统文化的期待，扮演传统意义上贤妻良母的角色，也不再将家庭作为确立自身价值的唯一归宿，转而向家庭之外的公共领域追求自我实现。问及迎娶外来媳妇的家庭，许多人表示他们之所以漂洋过海甚至远渡重洋寻觅良缘，在于"金门女孩太挑"，"她们（印尼/越南/大陆媳妇）比较传统"。由此可见，在嫁为人妻之时，这些外来的媳妇就已经同时肩负着夫家对妻子、对媳妇的想象与期待。据一位媳妇回忆:"刚嫁进来第一天,公公就对我说:嫁鸡随鸡嫁狗随狗"。"婚后随夫"的传统婚姻观,体现在外来媳妇身上,便是期待她们尽快全盘接受夫家的生活方式,该生活方式相较于女方原生家庭,在台湾社会被普遍认为是"更好的""更正确的",是世俗所接受的合理模式。婚姻是夫妻双方及其家庭双向的磨合,在这群外来媳妇身上,因受制于社会环境的压力,在独自面对陌生规则与要求时,甚少能在一开始便表达不同意见,也无法获得来自亲友的支持,故在婚姻初期,往往妥协为单方面的成全。

"女主内,男主外"的传统社会分工观念下,贤妻的责任与义务之一便是操持家务。人生地不熟常造成外来媳妇主动或被动长期赋闲在家,履行此妻职尤显义不容辞,虽未必具有强制性,却足以左右来自社会的评价,更关乎她们能否博得夫家好感与整个夫家的接纳。较之本地媳妇,饮食起居、生活习惯上的差异,令大陆与外籍媳妇在适应这个角色时,需加倍付出。

"以前在家不做饭,现在要学做饭"。无论是未下过厨房的新人,还是经验丰富的老手,皆因菜的种类与做法的差别,不得不重新学起。初来乍到的时日,做不惯也吃不惯,是她们常常面对的苦闷。"总觉得整碗饭没味道,太清淡,以前在家乡则是'咸是咸,辣是辣,味道分明'"。对饮食强烈的不适应通常都出现在初期,刚嫁入此地的几个月间普遍胃口差,饭量小,造成体重下降,身形消瘦。访谈中发现口味并不完全受地域因素限制,对于"甜不辣[①]"的看法也是因人而异,在五花八门的金门菜色中也总能找到符合口味的食物,更有不少受访者表示掌厨之后可根据自己口味调整,熟能生巧。既然不适应并非完全来自对食物口味的差异,还有何种因素起了作用?"刚来时不敢多吃,怕婆婆不喜欢"。"面对公婆压力大,吃不下"。身为新

[①] "甜不辣"传自日本一道家常菜——鱼板,将鱼肉打碎加工后油炸而成,日本南方地区称之为"てんぷら/天婦羅/天麩羅"。"甜不辣"即是台湾对该读音 tenpura 的音译,戏指不同的口味。

妇,难免须小心翼翼地面对夫家的品评,即使着手学习做菜,也多迎合夫家的口味偏好。初来乍到,由于紧张与压力,在家不敢多吃,更别提挑剔食物的好坏。

在竭力满足来自社会与家庭的期待的同时,外来媳妇也须面对自身的期待与外在现实的考验。金门古雅闲适,与台湾本岛的喧嚣与紧凑的节奏大相径庭,陈坑更是与世无争宁静淡泊的古村落。若对金门的最初定位为台湾本岛,其繁荣程度、城乡差别、人口密度、生活方式等落差不言而喻。她们对婚姻,对台湾、金门的期许,与她们所面临的现实,往往存在相当的差距。"地方好小","都是树,好偏僻啊","大概嫁到乡下了","这边人都早早睡,晚上黑漆漆都没人了"是来自她们最真实朴素的感触。与原先期待的繁华闹市不同,相当一部分外来新娘们来金后感受到了强烈的心理落差。颜锦珠(2002:42)认为:"嫁入台湾之前,由于男女双方认识时间短、交往不深,台湾人到当地又摆出一副阔气样,让人误以为台湾家家生活富裕,父母认为女儿嫁到台湾可以觅得幸福,至少物质生活不虞匮乏,又可以改善家庭生活环境,一举两得,因此对于台湾的生活有了一些先入为主的观点,来台后却发现现实与想象有极大落差,在心情与角色转换之际,感受到强烈的失落感"。外来媳妇是否会存有失落感,其程度如何,与婚前或由中介,或由男方所提供的信息量有很大联系。她们的婚姻多经媒人或亲朋好友介绍,即便是婚前有过较长时间交往的夫妇,也因地域或政策的限制,使得女方在结婚前少有机会赴台获得最直观的信息,对双方家庭的了解浅尝辄止,对其身后的社会文化背景所知甚少。恋爱过程中为了博取女方好感,男方通常会选择性地罗列优势回避劣势;为促成婚事,媒人也会有意无意营造出过分美好的假象。信息的不对称下,双方对未来生活构想,对未来伴侣的期待,多基于自己社会对对方社会的评价,或道听途说而来的各种是非传言。男方对妻子"传统,顺从,乖"形象的期望,女方对新的生活环境的期许,当两者出现的错位会形成较大的心理落差,易在今后的生活中造成摩擦甚至裂痕。"一开始不知道金门与台湾的区别,以为嫁来就是台湾,会很繁华,谁知道是个小岛";"相亲时候看到身份证,上头印着属于福建省。老婆还问:'不是说台湾吗,怎么是福建,是不是骗人?'"反之越是对当地经济状况与生活环境真实描述,越能帮助她们描绘出贴近真实的未来生活图景,"嫁过来时就知道这里是乡下,所以没有觉得失望"。此外大陆配偶对金门的想象与现实的落差还受她们来金门前的生活背景、个人经历的影响,"以为这里起码和上海差不多,没想到差那么多"。

在社会与家庭对外来媳妇传统性满怀期待的同时,她们与原生家庭剪不断的经济联系,却为世人所诟病。"为钱而嫁"、"为淘金而来"的刻板印象,让诸如"要看好家里的钱,外籍新娘会把钱通通寄回家"。成为每个迎娶外来媳妇的家庭必然遭遇的劝诫。而对原生家庭的援助,对这些远嫁他乡的女儿而言,或许只是尽了身为孝顺儿女的责任。去台湾、金门是嫁得好,若就此音讯全无不给家里补贴便是不孝顺,无法给亲朋好友一个交代。即便真的嫁得不如意,资助家庭之事,亦不能怠慢,既为使父母宽心,也为防落下不顾家的口实。中国传统婚姻所强调的伦理道德,以传宗接代为目的,《礼记·昏义》云:"昏(婚)礼者,将合二姓之好,上以事宗庙,而下以继后世也,故君子重之"。婚姻非仅是夫妻双方个人的结合,也是双方家庭结合。渴望在经济上扶助原生家庭,并非这些媳妇们的贪求,而是在她们背井离乡缔结婚姻,从此履行无偿家内劳动时,与男方达成的默契。这种默契非是娶妻时对原生家庭一次性聘礼回报,而将是在婚姻持续期内始终应负的责任。矛盾还出现在社会看到夫家为迎娶新娘已支付过相当金额的聘礼时,认为已付出了足够的诚意,今后应当两清。但从迎娶外来媳妇的丈夫口中得知,当年他所花去的三十万台币聘金,仅有五千是送给女方娘家的聘礼,其余全数落入中介之手。较之中介肥满的荷包,外来媳妇的家庭所得可谓杯水车薪。

总之,双方期待的落差通常在婚姻的前几年表现比较明显,也成为决定外来媳妇去留的一项因素,长年的接触交往,熟悉过程中的沟通磨合,有助双方打破刻板印象而重新构建合理的期待与评判,婆婆能从媳妇身上找到新品质,"媳妇不是外人,也是女儿,跟自家女儿一样"。"我媳妇可漂亮了"。或是普朴实简单的一句"媳妇很好"都是对外来媳妇的真诚接纳。媳妇也能从金门宁静安稳的生活中寻得乐趣与归属,"公婆很明理,我很幸运"。"这里生活很宁静,挺好"。"刚嫁来时候不懂,现在知道婆婆的叨念是老人家表达关心的方式,觉得感激"。"平平顺顺就好"。终成外来媳妇对金门生活的总结。

(二)社会互动

询问村民对外来媳妇融入情况的看法,多有提及交流互动的重要性,实际状况显示,12名外来媳妇都表示初赴金门的几年,家庭是她们主要的行动天地,也几乎是她们活动与交际的全部场所。家庭成为她们与社会的边界,她们的社会生活往往局限于家庭生活。究其原因,得到诸如"婆婆不喜欢"、"老是被问"、"见人不知道说什么"、"不会说话,听不懂"的回答,夫家的态度、社区的过分关注、语言的障碍,将她们的生活范围限缩至家内。

颜锦珠(2002:44)在论及此种情形时提出:"家人也许是担心她的安全,不让她出门;也许怕她出去与外界接触之后,学到一些'坏'习惯,就不好控制她了"。来自印尼的媳妇谈到她自身生活范围是如何由最初的家庭内部逐渐延伸到朋友圈子,渐渐适应的过程。在描述自己夫家时总都是带着愉快而轻松的笑容的她,屡次庆幸自己的幸运,得遇明理的公婆与丈夫,不似个别同批嫁过来的姐妹,受到夫家诸多限制,以至她每次相约出游,皆因得不到朋友婆婆的同意而作罢。她认为夫家对媳妇的管制可能出于对她们安全的担忧,一如她初次学车时公公"注意安全,小心红绿灯,红灯要停。"的再三嘱咐,都是源自关切之心。但她也认为,即便她们最初对截然不同的社会环境懵懂无知,经过学习和时间的熏陶也会成长,家庭应给予她们足够信任,相信她们明辨是非及自我保护的能力。

初入金门,周围投来的好奇或差别的眼光,屡屡提醒她们作为他乡异客的身份。最常听到的问题,无非是"你是从哪里来的?""为什么嫁过来?"。对新成员的关注,是农村特有的人情味的体现,而对于初来乍到的媳妇们,每天面对陌生人例行公事般的询问,以及随之而来的探究目的的追问,不免产生抗拒。在媒体铺天盖地宣传"大陆、印尼越南等地生活水平人口素质皆不如台湾","外籍新娘大陆新娘都是为钱而来,一心摆脱落后贫穷";甚至将她们污名化为"来台淘金者"、"从事卖淫工作的犯罪者"及"中共派来台湾的特务"。此种形势下,即使说者无意,难免听者有心。询问"你家里是不是很穷"无异于"你是不是为了钱而嫁",久而久之,单单"缘分"二字便囊括了所有,成为最简单易行的搪塞。

陈坑为单姓血缘聚落,村民几乎都属于陈氏宗族,居住分布以祖孙三代同堂的家户为主,邻里乡亲非亲即故。就在一步一亲戚,两步一熟人的村落中,新媳妇初为人妻,便同时面临对公婆、姑嫂、叔伯所构成的夫家大家庭。背井离乡,远离亲朋好友嫁入他乡,会及邻里的亲属网络,往往令她们措手不及,感到孤立无援。"在婆婆管得多的时候,压力大,就只能哭。不会说这里的话,又不喜欢看电视,只好常常打电话回家";"坐也不是,站也不是,连手都不知道应该放在哪里。出去就是笑着打招呼,也不知道该说什么,没有东西聊,只好躲进房间看电视,被婆婆念也没办法"。

来自社会猎奇眼光的关注让她们不堪其扰,难以改写的刻板印象着实令她们无奈。"刚嫁过来时候,婆婆很是疼爱我。早起帮厨,婆婆会说:'不用起那么早,睡晚点没关系。'在外面见人就夸媳妇很好很乖。可是后来听人家闲言琐语说多了,就开始抱怨媳妇不好了";"这里人很热心,刚搬到这里时,有人会到你家教你煮饭!可是你和别人说话,说的时候是这样子,传来传去就被得完全不一样了";"本地媳妇就很少说,总说我们"。相较本地媳妇,金门外来媳妇带来的新鲜与陌生感,更容易成为众人谈论和比较的话题,时常被评头论足。加之金门乃有名高福利养老之地,老人家平日聚在一起,家长里短就是生活。三人市虎,众口铄金,真实情况往往因为口耳相传的变更,最终面目全非,何况是语言与文化背景迥异的外来媳妇,沟通上

第十六章
陈坑的外来媳妇

的不利造成的偏差，更易成为谣言和误解的源头。整个社会对外籍新娘的宣传与评价又往往以负面居多，在不信任的大环境下，谈话间总会引出许多堤防的话题，诸如："要看好家里的钱，外籍新娘会把钱通通寄回家"。就是对外籍新娘本人，也时常带着劝解提醒："不要到处乱跑"。带着试探询问："有没有寄钱回家？"时间一长，婆婆对新媳妇的热情称赞逐渐冷却，媳妇在家面临"煮东西给你吃不满意，替你生孙子也不满意，还说我们不做事"的委屈。

怀胎十月，一朝分娩。在崇尚多子多福，不求富贵荣华，但求儿孙满堂的金门传统中，每一位媳妇都承担着替夫家传宗接代，生儿育女的使命。对外来媳妇而言，孩子的诞生，让他们与这片陌生土地联系更深更紧，往往是她们归属感产生的重要契机，透过孩子来增加与所处社会的互动，却因此被周围评价为"她们很会生"，"都是外籍或大陆新娘在生"。据陈坑的外籍与大陆配偶在正义国小中所占入学比率：2010 年为 17/64，2011 年幼稚班为 7/10。乍一看，这两年新移民子女的人数增长确有超越本地之趋势，但仍需指出，村中年轻人口外流严重，许多年轻夫妇多在台湾发展，子女自不会在村里的学校就学，她们所生的孩子也未再列入新生人口的统计。22 户有外来媳妇的家庭中，多育有两个孩子，且不打算继续生育，仅二户育有超过两名子女。在台湾社会提倡"生一个太少，生两个正好"生育观的社会引导下，外来媳妇却因此受到苛责，委实有欠公平。

金门宗族构成严谨，排辈分明，陈坑也是如此。重男轻女观念依旧存在，生下男丁被计入陈氏族谱，女子则通常不被计入，现今因男女平等观念盛行，在进兴支派 2008 年所制新谱即纳入女儿和女婿的资料，但老族谱并无记录女眷的习惯。儿子娶媳妇，父亲可晋升长老，拥有特定身份的长老享有开启祖厝门的荣耀。冬至祭祖之时，村民也一般会邀请辈分高，子孙多（通常按男丁算）的长者前往祭祖，多子多福之观犹在。面对外界"生多"的评价，外来媳妇觉得十分委屈："是婆婆要生，不是我们要生。生不到儿子就要一直生下去"。外来媳妇多赞同："一个孩子太孤单，既然政策鼓励，多生一个做伴也好。

但是不想生多,带孩子养孩子很辛苦"。

　　怀孕期间须进补,金门坐月子必定是鸡鸭鱼肉等大荤伺候,鼓励大吃大喝,食物又以油腻肥美为佳,有时甚至顿顿吃鸡顿顿吃肉。金门人的热情好客已名闻遐迩,在陈坑村更是互相熟识,谁家生儿育女,街坊乡亲总会送来亲自煮的饭菜,或是专给孕妇进补的麻油鸡。但这仍旧无法取代孕妇所需的长期照料。令一些外来媳妇倍感心酸与思亲的,是在怀孕期间的经历,若仍在老家,定有疼爱自己的母亲,或是其他得闲的亲戚乡亲帮忙照顾,可身在异乡,便少了这层依靠。丈夫在外工作,妯娌又不熟悉,乡亲虽是热情,仍羞于相托,因此无人照看。"没人帮自己做饭,饿了只得顶着个大肚子干活。那时候特别思念家乡的父母。"。奈何昂贵的路费,以及限制重重的探亲制度让远在故乡的亲人心有余而力不足,无法前来照看,让她们感到前所未有的孤单与无助。

　　根据移民署《大陆地区人民进入台湾地区许可办法》,大陆配偶父母来台停留时间为"一年三次,每次不得超过两个月"(第二十条),于2010年6月8日修正发布,定为"一年两次,每次不得超过三个月"。并增加关于大陆配偶怀孕期间政策的放宽,若子女怀孕七个月以上或已生产,或流产后两个月未满者,家属获准来台时间,除放宽的三个月、还可再延长三月,亦即一次最久长住台湾半年(第三、第二十、第二十一条)。但即使根据放宽后的政策,大陆配偶父母在台停留时间也不能超过半年。此外未获得身份证前,因居留政策若欲取得定居身份,每年在台停留时间至少183天,大陆配偶产后也无法回家乡坐月子。加之两岸审批所花去的时间,若从怀孕七个月起方申请女方家属入台,恐怕已经无法赶上怀孕期间的照料。若要雇人照顾,则每月花费一、二万的费用,对一个仅靠丈夫单份收入维持的普通家庭来说,将是一个不小的负担。

四、经济适应

  台湾整体经济水平普遍被认为优于大陆，远超越南、印尼等东南亚国家。而金门更以高福利为傲，连大陆央视都曾于近年播报过诸如"金门县福利政策好使得户籍迁入人口屡创新高"的报导。常有村民提起"生孩子政府有补助，福利好，她们不用工作"，故将此地外来媳妇的低就业率与政府的生育补助挂钩似乎顺理成章，加之笔者所接触的受访者确有10人为家庭主妇，仅依靠夫家及政府福利扶持，未有参加工作。向报道人求证这一假设：生育补助是否真如此可观，甚至足以替代女方工资收入？得到的答复却与假设截然相反。"不够用。"是最多的答复，更有强调"连买奶粉的钱都不够"。实际情况究竟如何，可从简单的计算看出端倪。

  金门县政府的生育补助：每胎2万元台币（下同），双胞胎6万元，三胞胎以上每胎可补助4万元。若是全职母亲，家有0～3岁以下幼童或12岁以下的残障小孩，带1个每月补助3000元、带2个补助5000元、带3个补助6000元。金门县长又于2010年表示，要将0～3岁的补助延长至0～5岁，但尚未定案。

  但抚养婴儿的开销却惊人，一罐奶粉1800克，约600元，婴儿每餐约需300毫升奶粉，一日五餐，一周消耗一罐。照此计算一个孩子一月光吃奶粉花去2400元。政府每月3000元的补助基本花完。若选择"惠氏S26"此类中高档奶粉，价钱会更高，一月可花去4000元左右奶粉钱。

  养育子女的开销并不止于喂食。尿布以"帮宝适"为例，一箱112片/大号92片/加大号72片，约2000元，若每片使用2～3小时，睡眠时间可用更长时间，则一天约需6～8片，一个月要用180～240片，每次买一箱，每月使用一箱半，即须花费约3000元。

  至于育儿所须购置的周边商品，如衣服、鞋子、婴儿床、娃娃车、玩具等，都是一笔不小的费用。衣服一套基本价约200元，仅属居家服，如若追求更高质量，则 500 元以上都有，难以估量上限。婴儿生长速度快，每月长 2 公斤都不算最快，因此服装更换重购也相当频繁。孩子的玩具更是五花八门，价格也参差不齐。

  由此可见，仅凭政府的生育补助，抚养孩子尤有不足，何况负担母亲基本的生活开销。虽各家账目存有偏差，但育儿所需支出的基本项目应是大同小异。既然生育补助不足以维持开销，更遑论衣食无忧不愁吃穿的生活，工作似乎是当下改善生活最合理的途径。在访谈中也有不少受访者对整天在家忙于家务感到无聊与苦闷，并不时透露出对参与工作的渴望。为了子女的未来，她们也表示希望积攒储蓄，为子女今后求学中的花费未雨绸缪。但实际情况确是，多数选择放弃或暂不工作。在陈坑的外来媳妇中，以印尼籍配偶参与工作的比例要高出大陆配偶许多。据村民观点，大陆配偶未参加工作被认为无需工作，是"命好，嫁得好"。也有认为"福利好，不用工作。"。

  《台湾地区与大陆地区人民关系条例第十七条条文修正草案》自 2009 年 8 月 14 日施行生效，该修正案除保障大陆配偶生活之基本权利，参照外籍配偶之规定，全面放宽大陆配偶工作权。修正大陆配偶于通过面谈入境后，无须申请许可，也无须等待 2 年，在台换发依亲居留证件后，即可工作（修正条文第十七条之一）。

  在此之前，大陆配偶只有在台湾依亲居留期间，才可申请劳委会核发工作许可证，经核准后方可在台湾工作。而申请条件颇为苛刻：（1）低收入户。（2）扣除大陆配偶的收入，符合主计处公告之台湾地区最低生活费标准。（3）配偶年满 65 岁。（4）台湾地区配偶为中度身心障碍、重大伤病重伤者。（5）大陆配偶遭受家庭暴力，经法院核发通常保护令者。且大陆配偶如果非法打工，会被认定为从事与许可目的不符之活动或工作，依亲居留证将被撤销，强制出境。

  相较大陆配偶，外籍配偶在工作权的取得上限制较少。外籍配偶只要符合国籍法第 4 条规定，申请归化为台湾籍，在核准期间申请居留证，有居留证就可以工作，也可随时更换工作。

因大陆配偶由团聚转为依亲居留需要满足两个条件中任意一个,即结婚已满两年或已生育子女,故修正前除满足5个条件,还有为母或已婚两年的限制。而嫁为人妇后,若无法参与工作,便只能负责家庭生活,2年的时间绝大多数已为人母。此后即便按照法律已经获得可申请工作的资格,也多顾虑尚且年幼的孩子需要照料,且居家已久,索性长期或者永久的成为全职家庭主妇。她们常常陷入一个循环的怪圈:因难以工作而专注母职生儿育女,又因子女的照顾,而放弃寻求工作,却又为子女的将来而需要靠工作挣取积蓄。

即便能踏上工作岗位,大陆配偶所获得的工作类型也极为有限。在大陆已获中专学历的大陆媳妇表示,曾有份检验员的稳定工作,加之五年的工作经验,原以为再找工作理应不难。但是来到金门后,因学历不被承认,掌握技术也无从施展,"只能做最糟糕的活。"如今虽已取得身份证,仍只能做高粱醋装瓶的粗重活。亦有外来媳妇分析:"工作难找,金门地区本来就少工作,我们外籍配偶工作更难找,除了永续就业①如果想挣多些(2万~3万)就只能找到苦工一般辛苦的工作"。2010年8月19日台湾立法机构通过三部相关法律修正案,有限制地开放大陆学生赴台湾大专院校就读及正式承认大陆学历。获得认可的学历多为诸如北京大学、清华大学等"985工程"学校,共计41所学府。此政策针对大陆学生赴台求学,所开放的学历也很少能打破外来媳妇就业时的门槛限制。

结　语

本章试图探讨外来媳妇在金门适应状况,以及她们所面临的共同问题。需要反复强调的是,外来媳妇并非一个同质同类的群体,她

---

① 金门"永续就业"也被戏称为"八百壮士",是由政府出资为广大民众提供就业岗位,工作种类对学历技能没有过多要求,多为清扫街道等市容环保类工作,工资按日结算,每日八百,节假日休息,每月工资约在2万元左右。

们来自不同的地域,受到各地迥异的文化熏陶,也因个人经历不同,对事物有着不同看法。因此本章力图呈现的是她们在来到金门后,因面临相似的大环境,而在心理、经济、文化的适应中所经历的共同经验,以及肩头背负的社会期望。在双向的期待中与社会的互动,也是她们主要面对的适应难题。

　　在金门一般民众眼中,娶外籍或大陆媳妇的原因,无外乎"金门小姐眼光高,看不上";"现在的小姐都要三高:职位高、薪金高、学历高",或男方自身择偶条件不佳,如丧偶离异、残疾、年事高、贫穷。"下地务农,打鱼,农村生活普通女孩不愿意,才选择外地。""有钱人也会选外配,因为不想挑,本地小姐难伺候。反正是为传宗接代。"在这样的社会认知下,非但外来媳妇地位堪忧,迎娶他们的家庭也承受相当压力。在陈坑所见,迎娶外来媳妇的家庭,男方多在公职部门、建筑业、农业、渔业等就职,多因工作时间的不稳定(三班倒),或因工作性质辛苦,无机缘结识女性,在适婚年龄时选择通过相亲或介绍缔结一门务实稳定的婚姻,寻找愿踏实过生活的伴侣。而外来媳妇也被当作弱势群体来看待。对于这个定位,她们的感受是复杂而矛盾的。社会关注到她们生活上面临的困难,给予注目与帮助,令她们感动,但"弱势"的定位,时常会伴随一种高低的判断,又令她们感到无可奈何。在遭遇意见分歧的时候,往往会被先入为主认为那是"不懂",因教育程度相对不高,及大陆印尼越南被定位为落后,因此反驳的声音往往显得无力。文化上的陌生,也让她们始终处于矮人一截的位置,所有人都可以是她们的老师与前辈,谦恭地学习被认为是理应采取的最适态度。

　　此外不时传出的逃跑的外来媳妇的新闻,为钱而嫁的恶名,也给本分过日子的她们贴上了不可信任的标签,而关于家暴的报导,使她们有时沐浴在同情怜悯的目光之下。不说经历数年耳濡目染的村民,光是处境类似的外籍配偶与大陆配偶间对彼此的看法都受舆论引导,对于"大陆配偶携款逃离","印尼新娘又遭家暴"等外界描述,成为互相间最初的想象。与大都市人与人间的距离与陌生不同,农

第十六章
陈坑的外来媳妇

村近邻近亲之间往来频繁,口耳相传的故事更贴近生活。"某某村某某大陆新娘携款逃跑","某某村某某人遭遇家暴"等这些具体到村落的身边的故事,在被谈论之时更易被接受与相信。大陆新娘对外籍新娘看法常关注政策上的不公与差别待遇,对自身群体内"逃跑新娘"的现象或表示不理解或试图划清界限。外籍新娘对大陆新娘的看法也会倾向于对各色传闻的关注。

陈坑村民最初接触外来媳妇时或多或少会受来自各界报导的影响,即有先入为主的印象。但身处人情味浓厚的村庄,街头巷尾多是熟人,人与人的互动更为频繁,一人的一举一动,一言一行,都会在被他人看在眼里记在心里,加之村落面积较小,绕村而行约能在三十分钟内回到出发点,但凡出行与其他村民相遇,寒暄几句不可避免。随着与日俱增的相互接触与相处,村民每日招呼问安,日常攀谈的,是每一个外来媳妇个体,而非空泛的"大陆新娘""越南新娘""印尼新娘"。不再单靠社会给予的评价观点来理解与判断,更易发掘实实在在的个人特质,有村民在被问及对外来媳妇看法时,答复:"每个人都不一样"。如今村中外来媳妇的人口已占家户的1/5,她们不再是边缘的少数,也非是某家某户的特例,她们交往的圈子已不局限在同为外来媳妇的人群中,也与本村年龄相仿友善热情的村民建立起深厚友情,本村的友人对她们减少孤独感,提升融入信心起到不容忽视的作用。她们远渡重洋的婚姻也逐渐被接受为普遍的婚嫁现象,成为惯常,奇而怪之的眼光也随之减少,转而从个人特质与生活细节来接受看法与评价。

外来媳妇自身则常通过三种途径寻求调适,即同乡情谊、投入工作、寄托儿女。来自印尼或越南的媳妇则与同批次出嫁的姐妹们情深义厚,相互扶持。大陆媳妇来自五湖四海,倾向以居住地远近与老乡情意结交友人,而取得工作后的外来媳妇则在工作伙伴中结交朋友。除了经济上的需要,还来自于拓展交际圈的渴望,排遣因背井离乡孤身一人所伴随而来的苦闷,赋予生活以充实的意义。此外,子女的出生也在她们与社会的互动中扮演了至关重要的角色,几乎所有外来媳妇都认为：自从有了孩子，才觉得自己有了归属感。无亲人朋友相陪的孤独，挥之不去的"外人"之感，常在养育子女后日渐淡化。家庭生活因孩子的出现而承载了新的寄托与期望，照顾孩子的时光也让长期固守家庭生活的她们不再感到虚度年华，通过守候孩子成长，勾勒对未来的憧憬与期盼。

近年来相关研究调查也逐年递增，在台湾期刊论文检索系统中搜索十年内以"大陆/外籍新娘"为题的学术性资料，共有59篇，五年内发表的占其中31篇，搜索"外籍/大陆配偶"，十年内共计202篇，其中188篇为五年内所着。而外籍配偶特别是大陆配偶政策的也在她们不懈地争取下不断修正，福利照料渐趋完善深入，使她们境况有所改观。在笔者为期52天的短暂接触中发现，她们不乏乐观聪慧，凭借自身努力筹划着自己与家人的美好未来，她们与金门人同样热情好客，同样勤劳勇敢，她们迫切需要的或许并非社会过分的关注与异化，而是公平的权利以及尊重与平等的眼光。

参考文献

黄振良、王建成
  2006 邂逅陈坑渔村，金门县金湖镇：金门区渔会。

颜锦珠
  2002 东南亚外籍新娘在台生活经验与适应历程之研究，嘉义大学家庭教育研所硕士论文。

夏晓鹃
  2003 从全球化下新女性移民人权反思多元文化政策，全球客家文化会议演讲稿。

邱琡雯
  2000 在台东南亚外籍新娘的识字/生活教育：同化？还是多元文化？，社会教育学刊 29：197—219。

图书在版编目(CIP)数据

闽南陈坑人的社会与文化/余光弘,杨晋涛主编.—厦门:厦门大学出版社,2013.6
ISBN 978-7-5615-4645-1

Ⅰ.①闽… Ⅱ.①余… ②杨… Ⅲ.①乡村-社会调查-调查报告-金门县 Ⅳ.①D668

中国版本图书馆 CIP 数据核字(2013)第 121672 号

厦门大学出版社出版发行
(地址:厦门市软件园二期望海路 39 号 邮编:361008)
http://www.xmupress.com
xmup@xmupress.com
厦门集大印刷厂印刷
2013 年 6 月第 1 版 2013 年 6 月第 1 次印刷
开本:880×1230 1/32 印张:15.5 插页:2
字数:420 千字 印数:1~1 500 册
定价:42.00 元
本书如有印装质量问题请直接寄承印厂调换